教育部《普通高中语文课程标准》推荐书目

· 最新 ·

语文新课标必读丛书

古文观止新编

李剑亮　张金泉　陈兰村 编著

浙江出版联合集团
浙江文艺出版社

出版说明

语文是最重要的交际工具，是人类文化的重要组成部分。语文教育不仅要培养学生的技能，更在于造就人，让学生"精神成人"。文学作品特别是中外文学经典的影响力是无可估量的，一本书能够让一个人受益终身，甚至能激励一代人的成长。

教育部《全日制义务教育语文课程标准》和《普通高中语文课程标准》(简称"新课标")的基本精神，是要培养新一代公民具备良好的人文素养和科学素养，具备创新精神、合作意识和开放的视野。"新课标"将中小学生的阅读和鉴赏放到重要的位置，并明确规定了不同阶段的学生的阅读总量。依循"新课标"的精神和要求，2003 年和 2004 年，我社分别推出了"语文新课标必读丛书"第一辑、第二辑，受到广大中小学师生的欢迎。

丛书出版以来，读者朋友给我们提出了许多建设性的意见，在此我们深表谢忱！为了更好地打造这个丛书品牌，我们多次邀请教育界、学术界、出版界的专家把脉会诊。在听取各界反馈意见后，我们根据中小学语文教学的最新动态，对"语文新课标必读丛书"作了书目的整合和内容的补充修订。

新推出的丛书有以下特色：

一、选目精当,强调人文精神。我们在收录教育部"新课标"建议课外阅读的相关书目的基础上,又增加主流教材要求阅读的名篇佳作以及中外优秀文学作品选本,从中总括出最能代表中华民族文化、世界文化精髓内涵的人文资源,让学生在审美欣赏中得到情操的陶冶、情感的升华。

二、版本精良,体现浙文社优势。这套丛书荟萃了浙文社的"外国文学名著精品丛书"、"中国现代经典作家诗文全编系列"、"世纪文存"、"学者散文系列"等在出版界颇具影响力的丛书的精华,得到了国内一流的作家、翻译家、学者的悉心襄助,保证了图书的上乘品质。

三、增加导读和附录,加强实用功能。为了便于学生阅读理解,更好地掌握作品的思想内涵、文学特点,增强阅读与欣赏的自学能力,提高学习与测试的实用程度,我们在新版中增加了导读和附录的内容。导读部分主要涵盖了作家个人生平介绍、作品文本解读、主要人物形象分析、相关知识链接、文学常识背景、同类作品比较阅读、学业测试提示等相关内容。

在创建学习型社会、提倡全民阅读的背景下,我们推出这套丛书,希望能够让中小学生朋友喜欢。让我们携手进入阅读的精神家园,领略这片丰美而自由的天地!

浙江文艺出版社

目　录

前　　言

　　中国古代文学遗产,博大精深,光辉灿烂,不仅是中华文化,也是世界优秀文化宝库中的珍品。那汪洋恣肆、优美抒情的古代散文,更是历史源远流长,作品浩如烟海。

　　从创作历史看,中国古代散文源自于先秦历史散文和诸子散文。《左传》和《孟子》分别是历史散文和诸子散文的代表作,汉代的史传散文和政论散文,即由此发展而来。随后经唐代韩愈、柳宗元的大力提倡,散文的艺术风格在其自身的变革中得到充分发展,影响及于宋代欧阳修、王安石、苏轼等人。最后,历晚明小品至清代桐城派而完美终结。

　　从体制风格看,古代散文又讲究骈、散之别。奇句单行,不求对偶、不讲声律者,为散文,其语言接近自然状态。与此相对应,讲究对偶、声律,运用辞藻和典故者,称骈文。骈文所讲究的对偶,有言对(词语对偶)和事对(人事典故对偶),有正对(把相同的两件事对举)和反对(把相反的两件事对举)。对偶句又常用四字句和六字句格式,如:"渔舟唱晚,响穷彭蠡之滨;雁阵惊寒,声断衡阳之浦。"(王勃《滕王阁序》)骈文的体制决定了它的风格是匀称、铿锵、优美和典雅的。

　　面对如此丰富而又复杂的古代散文,读者首先碰到的一个问题是,该选择哪些作品来阅读?

　　于是,古往今来,便有一些好事者着手编撰一些"文选"之类的读本,旨在为那些想阅读文学作品的人指点迷津。这其中也曾出现了一些流传广泛、影响深远的选本。清康熙年间吴楚材、吴调侯编选的《古文观止》,就是文选的代表之作。该书书名中的"观止"二字,出自《左传》。《左传》襄公二十九年记载,吴公子季札在鲁国观乐舞《韶箾》时,以为尽善尽美,无以复加,赞叹道:"观止矣!若有他乐吾不敢请已!"可见,在二吴看来,他们所选的古文极好,堪称最佳读本。而且,他们的这种自我评价,在随后的文学阅读实践中,被众多的读者所认可。

但,这并不是说,我们今天面对二吴的《古文观止》就无所事事。因为,不同时代的读者,毕竟有其不同的阅读理念和审美观点。基于这种不同的阅读理念和审美观点,我们在面对前人的宝贵遗产时,自然可以用今天的眼光加以重新审视,而后用心去提取其中的精华,以滋补今天读者的心田。为此,我们在吴楚材、吴调侯编选的《古文观止》的基础上,从纷披繁缛的著作中选出千古流传的名篇,重新编选了这本适合高中学生阅读的《古文观止》。共计篇目 105 篇,涵盖了先秦至明清的散文佳作。各篇分作"题解"、"正文"、"注释"、"译文"四个部分。各部分的作用如下:"题解"交待阅读该文所须明了的背景知识,同时希望它像乐曲的前奏,起到引发读者兴趣的作用;"正文"自然是提供给读者阅读的重要文本,故而在版本的选择上,尽量采用善本或其他一些权威的版本。"注释"与"译文",是引导读者理解和欣赏原文的一种辅助,力求文简意赅,明白晓畅。书后则增添附录,将出自于各文篇的成语一一列举,提供规范的例句,便于读者参照、练习使用。

张金泉、陈兰村两位先生参与本书的编写工作。在编写过程中,我们参考了前辈时贤的诸多成果,限于体例,不及逐一标注,在此一并致谢意。错谬之处,敬请读者指正。

编者

郑伯克段于鄢^①

《左传》

题解

《左传》全名《春秋左氏传》，相传为春秋时左丘明作，是解说《春秋》的著作，我国第一部叙事详细的编年体史书。它记述了从鲁隐公元年(前722年)到鲁悼公十四年(前453年)各国社会变革的方方面面，尤长于记叙战争事件和外交辞令。篇章结构完整，议论精辟，文字简洁，对后代文学、史学和语言的发展都有影响。故选辑十四名篇入录。《郑伯克段于鄢》记叙王室中母与子、兄与弟之间的夺权斗争，以庄公与谋臣的对话为主线，凸现庄公的阴险狡诈：一面放纵，一面监控，最后致命一击。情节曲折交错，语言生动简练。其中"多行不义必自毙"、"其乐也融融"等语，今天仍被人们引用。

原文

初，郑武公娶于申^②，曰武姜^③。生庄公及共叔段^④。庄公寤生^⑤，惊姜氏，故名曰"寤生"，遂恶之。爱共叔段，欲立之。亟请于武公^⑥，公弗许。

及庄公即位^⑦，为之请制^⑧。公曰："制，岩邑也^⑨，虢叔死焉^⑩。佗邑唯命^⑪。"请京^⑫，使居之，谓之京城大叔^⑬。祭仲曰^⑭："都城过百雉(zhì)^⑮，国之害也。先王之制：大都不过参国之一^⑯，中五之一，小九之一。今京不度^⑰，非制也^⑱，君将不堪^⑲。"公曰："姜氏欲之，焉辟害^⑳？"对曰："姜氏何厌之有^㉑？不如早为之所^㉒，无使滋蔓^㉓。蔓，难图也^㉔。蔓草犹不可除，况君之宠弟

乎?"公曰:"多行不义必自毙㉕,子姑待之㉖。"

　　既而大叔命西鄙、北鄙贰于己㉗。公子吕曰㉘:"国不堪贰,君将若之何㉙? 欲与大叔,臣请事之;若弗与,则请除之。无生民心㉚。"公曰:"无庸㉛,将自及㉜。"大叔又收贰以为己邑,至于廪延㉝。子封曰㉞:"可矣。厚将得众㉟。"公曰:"不义不昵㊱,厚将崩㊲。"

　　大叔完聚㊳,缮甲兵㊴,具卒乘㊵,将袭郑㊶,夫人将启之㊷。公闻其期,曰:"可矣。"命子封帅车二百乘以伐京㊸。京叛大叔段,段入于鄢,公伐诸鄢㊹。五月辛丑㊺,大叔出奔共㊻。

　　书曰㊼:"郑伯克段于鄢。"段不弟㊽,故不言弟;如二君,故曰"克";称郑伯,讥失教也,谓之郑志㊾。不言出奔,难之也㊿。

　　遂置姜氏于城颍51,而誓之曰:"不及黄泉52,无相见也!"既而悔之。颍考叔为颍谷封人53,闻之,有献于公。公赐之食,食舍肉54。公问之,对曰:"小人有母55,皆尝小人之食矣。未尝君之羹56,请以遗(wèi)之57。"公曰:"尔有母遗,繄(yī)我独无58!"颍考叔曰:"敢问何谓也59?"公语之故60,且告之悔。对曰:"君何患焉61! 若阙(jué)地及泉62,隧而相见63,其谁曰不然64?"公从之。公入而赋65:"大隧之中,其乐也融融66!"姜出而赋:"大隧之外,其乐也洩(yì)洩67。"遂为母子如初68。

　　君子曰69:"颍考叔,纯孝也70。爱其母,施及庄公71。《诗》曰72:'孝子不匮73,永锡尔类74。'其是之谓乎75!"

注释

　　①郑伯:郑庄公。古代封建社会分五等爵:公、侯、伯、子、男。郑国,春秋时期的诸侯国,在今河南新郑一带。郑国的爵封为"公",作为郑国的国君,郑庄公本应称郑公,但由于他对弟弟失于管教,所以《春秋》称其为"郑伯",以示贬意。克:战胜。段:郑庄公弟。鄢:地名,在今河南鄢陵。　②郑武公:庄公父亲。申:古国名,在今河南南阳市。　③武姜:武,是丈夫的谥号;姜,是娘家姓。武姜,即武公妻姜氏。　④共叔段:即段。共,古国名,在今河南辉县。叔,小弟。段失败后逃亡到共国,所以称共叔段。　⑤寤生:难产。与常情相反,胎儿脚先出来。寤,通"牾",逆、倒。　⑥亟:屡次。　⑦及:到。即位:就

任,指继承王位。 ⑧制:古地名,在今河南荥(xíng)阳市东北。 ⑨岩邑:险要的城市。岩,险要。邑,人聚居的地方。 ⑩虢叔:原东虢国国君,其国被郑武公吞并。焉:那里。 ⑪佗:同"他"。唯命:"唯命是听"的省略。 ⑫京:古地名,在今河南荥阳市东南。 ⑬大:通"太"。 ⑭祭仲:郑国大夫。 ⑮都:都会;城市。城:城墙。雉:当时城墙长三丈、高一丈算一雉。 ⑯参国之一:国都的三分之一。参,同"三"。国,国都。 ⑰不度:不合法度。 ⑱非制:不是先王的制度。 ⑲堪:承受;忍受。 ⑳焉:哪里;怎么。辟:同"避"。 ㉑何厌之有:即"有何厌"。厌,满足。 ㉒为之所:给他安排个地方。所,处所。 ㉓滋蔓:滋长;蔓延。 ㉔图:图谋。 ㉕毙:倒下。 ㉖子:您,尊称对方。姑:姑且,暂且。 ㉗既而:不久。鄙:边境,此指边境地区。贰:两属;从属两方。此指背叛庄公。 ㉘公子吕:字子封,郑国大夫。 ㉙若之何:拿他怎么办。 ㉚无生民心:不要使民众产生疑惑。心,疑惑;顾虑。 ㉛无庸:不用。 ㉜及:遭受。 ㉝廪延:古地名,在今河南延津北。 ㉞子封:即公子吕。 ㉟厚:指地盘增大。众:民众。 ㊱昵:亲近。 ㊲崩:崩溃。 ㊳完:指修筑城墙。聚:指屯聚粮食。 ㊴缮:修补;整治。甲兵:盔甲兵器。 ㊵具:备办。卒乘:步兵或战车。 ㊶郑:指郑国国都。 ㊷夫人:即姜氏。启之:开城门接应他。启,开。 ㊸帅:率领。车二百乘:拥有二百辆战车的军队,约一万五千人。古制一车配有带甲士兵三名、步卒七十名。 ㊹诸:"之于"的合音字。 ㊺五月辛丑:即五月二十三日。 ㊻出奔:逃亡国外。 ㊼书曰:写道。《左传》为解说《春秋》而作。"书曰"指《春秋》写道。 ㊽不弟:不像做弟弟的样子。 ㊾郑志:郑庄公的心意。 ㊿难:为难,困难。 (51)置:安置。城颍:古地名,在今河南临颍西北。 (52)黄泉:在地下的泉水,意指死后埋于地下。 (53)颍考叔:郑国大夫。颍谷:郑国边城,在今河南登封西南。封人:掌管疆界的官。 (54)舍:放在一边。 (55)小人:谦称。 (56)羹:带汁的肉食。 (57)遗:送给。 (58)繄:句首语气词。 (59)何谓:即"谓何"。 (60)故:缘故。 (61)患:担心。 (62)阙:挖掘。 (63)隧:地道。 (64)其:语气词,加强反问。 (65)赋:赋诗;诵诗。 (66)也:句中语气词。融融:融洽和乐的样子。 (67)洩洩:舒畅快乐。 (68)初:当初;先前。 (69)君子:指道德高尚的人。这里是《左传》作者下论断时的托称。 (70)纯孝:大孝。纯,诚挚。 (71)施:扩展;影响。 (72)诗:即《诗经》,我国最早的诗歌总集。 (73)匮:穷尽。 (74)锡:通"赐"。尔类:你们同类。 (75)其:表示委婉语气。是之谓:即"谓是"。之,复指"是"。

译文

当初，郑武公娶了申国的女子，叫武姜。她生了庄公和共叔段。庄公出生时难产，使姜氏受了惊吓，所以取名叫寤生，姜氏因而厌恶他。她宠爱共叔段，想要把他立为王位继承人。她再三向武公请求，武公都不答应。

到庄公继承了王位，武姜又替段请求把制邑作为他的封地。庄公说："制邑是个危险的地方，虢叔就死在那里。其他地方我听凭您的吩咐。"于是请求京邑，庄公就让段到那里去，人们称呼他为京城大叔。大夫祭仲说："都邑的城墙超过一百雉，是国家的祸害。先王规定的制度：大都邑的城墙不能超过国都的三分之一，中等都邑不能超过五分之一，小都邑不能超过九分之一。如今京邑的规模不合法度，违背先王的制度，您将不能控制！"庄公说："姜氏要这样，哪能躲得开祸害呢？"祭仲说："姜氏哪会有满足？不如早给他（共叔段）个安排，不让祸害滋长蔓延。滋长就难以对付了。蔓生的野草尚且难以铲除，何况您的宠弟呢？"庄公说："多做不义的事情，必将自己倒台，你姑且等着吧。"

不久，京城大叔命令西部边区和北部边区私下背叛庄公而臣属于自己。公子吕说："国家不能容忍有两个政权，您准备怎么办？如果想把国家送给他，我请求去侍奉他；如果不想，就请铲除他。不要让民众滋生二心。"庄公说："不用，他将会祸及自身。"京城大叔又把怀有二心的两个边区收为自己的地盘，并扩大到廪延。公子吕说："现在可以行动了。再扩大就要夺走民心了。"庄公说："对君主行不义，对兄长不亲，扩张地盘越大最后必然崩溃越快。"

京城大叔修筑城墙，屯积粮食，修缮盔甲和兵器，整顿步卒和战车，阴谋偷袭国都，夫人姜氏则准备开城门接应。庄公得知他们起兵的日期，说："可以行动了。"命令公子吕率领二百辆战车的大军讨伐京邑。京邑人反叛共叔段，共叔段逃往鄢邑，庄公讨伐到鄢邑。五月二十三日，京城大叔逃亡到共国。

《春秋》写道:"郑伯克段于鄢。"是说共叔段没有尽做弟弟的本分,所以不称他为弟;兄弟之间好像两个国家的国君争斗,所以说"克";称呼庄公为郑伯,是讥讽他没有教好弟弟,这也表明了庄公的本意。不说"出奔",是史官下笔有为难之处。

于是,庄公把母亲姜氏安置到城颍,发誓说:"不进坟墓,不再相见!"后来,他又后悔了。颍考叔当时是颍谷地方掌管疆界的官,听到这件事,就向庄公进献。庄公赏他吃饭,他边吃边把肉留下。庄公就问他,他回答说:"小臣有母亲,我的食物她都尝过,却没有尝到国君的肉羹。请让我留给她。"庄公说:"你有母亲可以送肉羹,而我却没有这福分!"颍考叔说:"敢问这话怎么讲?"庄公讲述了缘由,并告诉他自己的后悔。颍考叔回答说:"您顾忌什么呢? 只要挖地见到泉水,在隧道里相见,谁还说您不是呢?"庄公听从了。庄公进入隧道时吟诗:"走入宽广的隧道里,欢乐融融。"姜氏走出隧道时吟诗:"宽广的隧道外面,心里更欢乐舒畅。"于是,母子恢复了以前的关系。

君子说:"颍考叔,真是孝心纯正,爱自己的母亲,并且扩大到庄公身上。《诗经》说:'孝子的孝无穷无尽,永远把自己的孝心给予同类人。'大概就是说这种情况的!"

臧僖伯谏观鱼[①]

《左传》

题解

本文描写鲁隐公准备去棠地观看捕鱼,而臧僖伯予以劝阻之事。在臧僖伯看来,隐公前往外地观赏捕鱼,是不符合礼义的。为此,臧僖伯以古往今来的礼制为前提,以君王是"纳民于轨物者"为出发点,来劝阻隐公。文章强调,君王应按礼法行事,并以此来引导百姓也依礼行事,否则会自乱其政。在劝说方法上,臧僖伯以小见大,层层深入。他明知道隐公前往外地的目的是游玩,但他不加以点破,只是说捕鱼之类的事,是奴仆和一般官吏所考虑的事。这样就避免了与隐公的正面冲突,也符合君臣之礼,显示了臧僖伯高超的论辩技巧,有很强的说服力。

原文

春,公将如棠观鱼者②。臧僖伯谏曰:"凡物不足以讲大事③,其材不足以备器用④,则君不举焉。君将纳民于轨物者也⑤。故讲事以度轨量,谓之'轨';取材以章物采,谓之'物'。不轨不物,谓之乱政。乱政亟行,所以败也。故春蒐(sōu)夏苗,秋狝(xiǎn)冬狩⑥,皆于农隙以讲事也。三年而治兵,入而振旅⑦,归而饮至⑧,以数军实⑨。昭文章⑩,明贵贱,辨等列,顺少长,习威仪也。鸟兽之肉不登于俎(zǔ)⑪,皮革、齿牙、骨角、毛羽不登于器,则君不射,古之制也。若夫山林川泽之实,器用之资,皂隶之事⑫,官司之守,非君所及也。"

公曰:"吾将略地焉⑬。"遂往,陈鱼而观之。僖伯称疾不从。

书曰:"公矢鱼于棠⑭。"非礼也,且言远地也。

注释

①臧僖伯:即公子姬彄,封于臧,僖是他的谥号。鲁国大臣。 ②公:鲁隐公。如:往。棠:在今山东鱼台县西北。 ③讲:讲习。大事:指祭祀与军事。 ④器用:指祭祀所用的器具与军事物资。 ⑤轨物:指法度和礼制。 ⑥春蒐夏苗,秋狝冬狩:对四季打猎的不同称呼。蒐,搜索,指猎取未怀胎的兽。苗,指猎取踏坏庄稼的兽。狝,杀死兽。狩,围猎各种兽。 ⑦振旅:军队回来后加以整顿。 ⑧饮至:诸侯外出朝觐、盟会、作战回来在宗庙中饮酒庆贺。 ⑨军实:指车马、人数、器械及缴获的物品。 ⑩文章:服饰、旌旗的

颜色和花纹。　⑪登：装入；陈列。　⑫皂隶：地位低下的奴仆。　⑬略地：巡视边境。　⑭矢：陈列；陈设。

译文

　　春天，鲁隐公准备到棠地去看捕鱼。臧僖伯劝阻说："凡是不能用来讲习祭祀和军事的物品，不能用来做礼器和兵器的材料，国君就不要对此有所举动。国君是要把百姓纳入法度和礼制中的人。所以，讲习祭祀和军事来衡量法度的程度，叫做法度；选取材料来彰显礼制的文采，叫做礼制。不合法度，又不合乎礼制，就叫做乱政。乱政的次数多了，就会走向败亡。所以，春夏秋冬四季的田猎，都在农闲时候进行，并用以讲习军事。每三年，就要出城军事演习一次，回城时则要整顿好队伍，回到宗庙去祭祀，饮酒庆贺，清点人马和战利品。彰显器物的文彩，明确贵贱的区分，辨清等级的差异，排列少年和长者的顺序，这是讲习军队威仪的表现。鸟兽的肉不用于祭祀，它们的皮革、牙齿、骨角、羽毛，不用来制作军用器具，国君就不会去射杀，这是自古以来的制度。至于山林川泽的物产，一般器具的材料，那是奴仆们的事情，是官吏的职责，不是国君所应考虑的。"

　　隐公说："我将要去巡视边境。"于是就前往棠地，让人陈设捕鱼的器具并在那里观赏。僖伯借口有病没有跟随同去。

　　《春秋》记载说："隐公在棠地陈设鱼具。"是说隐公此举不合礼法，并说是在远离国都的地方。

曹刿(guì)论战①

《左传》

题解

全文紧扣"论战",依序记叙鲁庄公与曹刿的几番对白,展现出齐鲁长勺之战的全过程。论说简练,层次分明,场面精彩,语言简明。毛泽东同志的《中国革命战争的战略问题》把这次战斗称为"中国战史中弱军战胜强军的有名的战例"。

原文

齐师伐我②,公将战③,曹刿请见④。其乡人曰⑤:"肉食者谋之⑥,又何间焉⑦?"刿曰:"肉食者鄙⑧,未能远谋。"乃入见,问:"何以战⑨?"公曰:"衣食所安⑩,弗敢专也⑪,必以分人。"对曰:"小惠未遍⑫,民弗从也。"公曰:"牺牲玉帛⑬,弗敢加也⑭,必以信⑮。"对曰:"小信未孚(fú)⑯,神弗福也⑰。"公曰:"大小之狱⑱,虽不能察⑲,必以情⑳。"对曰:"忠之属也㉑,可以一战㉒。战则请从。"

公与之乘(chéng)㉓,战于长勺㉔。公将鼓之㉕。刿曰:"未可。"齐人三鼓,刿曰:"可矣。"齐师败绩㉖。公将驰之㉗,刿曰:"未可。"下视其辙㉘,登,轼(shì)而望之㉙,曰:"可矣。"遂逐齐师。

既克㉚,公问其故,对曰:"夫战㉛,勇气也。一鼓作气㉜,再而衰㉝,三而竭。彼竭我盈,故克之。夫大国,难测也,惧有伏焉。吾视其辙乱,望其旗靡㉞,故逐之。"

注释

①曹刿:鲁国人。 ②我:指鲁国。 ③公:鲁庄公。 ④见:拜见。 ⑤乡:春秋时国都及其近郊设乡,是基层行政单位。 ⑥肉食者:指掌权的贵族。 ⑦间:参与。 ⑧鄙:鄙陋,指目光短浅。 ⑨何以:即"以何",用什么;凭什么。 ⑩衣食所安:衣食等用来安养身体的东西。安,安养。 ⑪专:独享。 ⑫遍:遍及;普遍。 ⑬牺牲玉帛:祭神的供品。牺牲,指祭神用的牛羊猪。玉,玉器。帛,丝织物的总称。 ⑭加:增加,夸大。 ⑮信:诚信。 ⑯孚:为人信服。 ⑰福:保佑。 ⑱狱:诉讼案件。 ⑲察:明察。 ⑳情:实情。 ㉑忠:尽心竭力。 ㉒可以:能够用来。 ㉓乘:乘车。 ㉔长勺:鲁地名,相传在今山东莱芜市东北。 ㉕鼓之:击鼓命令军队进攻。鼓声是古代进攻的信号。 ㉖败绩:溃败。绩,功业。 ㉗驰之:驱兵追击。 ㉘辙:车过后的轮迹。 ㉙轼:古时车厢前面供人凭依的横木,这里指扶着车前横木。 ㉚既:已经。 ㉛夫:句首语气词,用来提起下文。 ㉜作:振作。气:士气。 ㉝再:第二次。 ㉞靡:顺势倒下。

译文

　　齐军进犯我鲁国。鲁庄公准备迎战,曹刿请求接见。他的同乡人说:"当官的权贵在谋划它,你又何必参与呢?"曹刿说:"当官的权贵目光短浅,不能深谋远虑。"于是入宫进见。曹刿问:"您靠什么出战?"庄公说:"衣食等养生物品,我不敢独享,必定分给众人。"曹刿说:"小的恩惠还没有遍及百姓,民众是不会跟从的。"庄公说:"献神的牺牲玉帛,不敢虚报,必定诚实报告。"曹刿说:"这小诚信未能令人信服,神灵不会保佑您的。"庄公又说:"大小诉讼案件,虽然不能明察,但是必定据实处理。"曹刿说:"这属于尽心竭力为民办事一类了,能凭它打一仗。如果开战,请让我跟随您。"

　　庄公同曹刿乘一辆战车,在长勺会战。庄公要击鼓发动进攻。曹刿说:"还不行。"齐军三次击鼓之后,曹刿说:"可以了。"齐军终于大败。庄公准备驱兵追击,曹刿说:"还不行。"他下了车,审视齐军留下的车行痕迹,登上车,扶着车前横木观察远处的齐军,才说:"可以了。"于是追击齐军。

　　大胜之后,庄公询问如此指挥的缘由。曹刿说:"战争,是凭勇气的。首次击鼓,能振奋士气;再次击鼓,士气就要衰退;到第三次击鼓,士气已经穷尽了。他们士气穷尽而我们士气旺盛,所以战胜了他们。齐国是大国,很难捉摸的,我担心他们有伏兵。我审视他们的车行痕迹杂乱,远望他们的旗帜顺势倒下,所以敢追击他们。"

宫之奇谏假道①

《左传》

题解

　　谏是臣下对君上的规劝,宫之奇用尽苦心之谏,虽然未见采纳,却得到人们的普遍认同,文中"唇亡齿寒"一语,至今仍被传用。"假道"本是不难识破的阴谋,虞国国君贪图眼前利益,于是是非全颠倒了。一次君臣对话成了激烈的辩论。宫之奇以重大历史教训作对照,以经典为依据,切中要害,层层深入。他先说国事当前,要认清敌友;再论国家利益重于亲族血缘;进而说明神灵也是见利忘义的。族权和神权是古代社会的精神支柱,早在两千年前,宫之奇便看出二者的虚伪,称得上独具只眼。

原文

　　晋侯复假道于虞以伐虢(guó)②。宫之奇谏曰:"虢,虞之表也。虢亡,虞必从之。晋不可启③,寇不可玩(wán)④,一之谓甚⑤,其可再乎?谚所谓'辅车相依⑥,唇亡齿寒'者,其虞、虢之谓也。"

公曰："晋，吾宗也⑦，岂害我哉?"对曰："大伯、虞仲⑧，大王之昭也⑨。大伯不从⑩，是以不嗣⑪。虢仲、虢叔⑫，王季之穆也，为文王卿士⑬，勋在王室，藏于盟府⑭。将虢是灭⑮，何爱于虞? 且虞能亲于桓、庄乎? 其爱之也⑯，桓、庄之族何罪⑰? 而以为戮，不唯逼乎⑱? 亲以宠逼，犹尚害之，况以国乎?"

公曰："吾享祀丰洁⑲，神必据我⑳。"对曰："臣闻之，鬼神非人实亲㉑，惟德是依㉒。故《周书》曰㉓：'皇天无亲㉔，惟德是辅。'又曰：'黍稷非馨㉕，明德惟馨㉖。'又曰：'民不易物㉗，惟德繄物㉘。'如是，则非德，民不和，神不享矣。神所冯(píng)依㉙，将在德矣。若晋取虞，而明德以荐馨香㉚，神其吐之乎?"

弗听，许晋使。宫之奇以其族行，曰："虞不腊矣㉛。在此行也，晋不更举矣㉜。"冬，晋灭虢。师还，馆于虞㉝，遂袭虞，灭之，执虞公。

注释

①宫之奇：虞国大夫。谏：直言规劝。假道：借路。 ②晋侯：晋献公。复：又。三年前晋曾向虞国借路攻打虢国。虞：古国名，在今山西平陆东北。虢：古国名，在今山西平陆和河南三门峡一带。 ③启：开启；引发。 ④寇：入侵者。玩：忽视。 ⑤甚：过分。 ⑥辅：颊骨。车：牙床骨。辅与车二者相依相连。 ⑦宗：同宗。晋、虞都是姬姓国。 ⑧大伯、虞仲：周朝太王的长子和次子。虞国的子民是虞仲的后代。 ⑨昭：古代宗庙始祖居中，子居左为昭，子之子居右为穆。 ⑩不从：不从父命。指大伯让国于小弟王季。 ⑪嗣：继承。 ⑫虢仲、虢叔：王季的次子和三子，是虢国的建立者。 ⑬文王：周文王。是虢仲、虢叔的兄长。卿士：掌国政的大臣。 ⑭盟府：掌管立功受赏文书的王家机关。这段话表示虢国在宗族中的地位比虞国高，虢、晋关系比虞、晋亲近。 ⑮是：帮助宾语提前。复指"虢"。 ⑯"且虞能亲于桓、庄乎"二句：此二句倒装，相当于"其爱之也，且虞能亲于桓、庄乎?"其：指晋国。 ⑰桓、庄：晋献公曾祖父桓叔和晋献公祖父庄伯。 ⑱"而以为戮"二句：此二句指晋献公为巩固政权，在

十四年前一举杀灭桓、庄后代的事。逼：威胁。 ⑲享祀：祭祀；祭献。此指祭品。 ⑳据：依附；保佑。 ㉑实：语助词，无义。 ㉒是：帮助宾语提前。复指"德"。德：有德的人。 ㉓周书：已亡佚。引语今见于伪古文《尚书》。《尚书》是我国上古历史文件和部分追述古代事迹著作的汇编。 ㉔皇天：上天。皇，大。 ㉕黍稷：指五谷类祭品。黍是黄黏米；稷是不黏的黍米。馨：芳香。古人认为鬼神是享用香气的。 ㉖明德：光明美好的德行。㉗易物：改换祭品。 ㉘繄：句中语助词。 ㉙冯：通"凭"。依仗，倚托。㉚明德：修明德行。荐：奉献；献上。 ㉛腊：年终祭典。 ㉜更：再。举：举兵。 ㉝馆：接待宾客的场所，此指留宿。

译文

晋献公再次向虞国借路去征伐虢国。宫之奇规劝说："虢国是虞国的屏障。虢国要是灭亡了，虞国必然跟着灭亡。晋国的侵略野心不能挑逗，不能轻忽入侵者。借道一次已经够严重了，岂能来第二次呢？谚语说'面颊和牙床彼此依靠，缺了嘴唇，牙齿就会寒冷'，大概就是说虞国和虢国的。"

虞君说："晋国是我的同宗，怎么会害我？"宫之奇说："大伯和虞仲，都是周太王的儿子。大伯不听从父命，因此没有继承王位。虢仲和虢叔是继承王位的王季的儿子，做过周文王的重臣，立有大功，并记载在盟府的档案里。晋国连虢国也要灭绝，会爱惜虞国吗？况且晋君爱惜虞国，能胜过国内的桓、庄亲族吗？晋爱惜同宗，桓、庄家族有什么罪，却把他们斩尽杀绝，不就是因为感到他们威胁到他了吗？亲属之间由于宠幸而形成威胁，尚且要杀害他们，何况国家之间呢？"

虞君说："我的祭品丰盛又洁净，神灵一定会保佑我。"宫之奇说："我听说，神灵不是笼统地保佑人，而是保佑有德的人。所以《周书》说：'上天没有亲疏，只辅助有德的人。'又说：'黍稷不是神灵享用的芳香，光明德行才是神灵享用的芳香。'又说：'民众不改换祭物，只有德行才是真祭物。'如此看来，没有德行，民众就不和睦，神灵也不享用祭品。神灵所依附的，就在德行了。如果晋国攻取了虞国,修明了德行,从而献上芳香的祭品,神灵难道会吐出来吗?"

虞君不听取,反而答应了晋国使者。宫之奇率领家族出走,说:"虞国坚持不到年终大祭就要灭亡了。在这次攻灭虢国的行动中,晋国不用再发兵了。"冬天,晋国灭了虢国。班师途中,留驻在虞国,乘机偷袭虞国,并消灭了它,俘虏了虞公。

子鱼论战①

《左传》

题解

泓水之战是楚宋争霸的关键一役。本篇前半部分记战争的爆发和经过,后半部分是宋国关于战败教训的大讨论,也是重点所在。军官子鱼以亲身体验,当面批驳宋襄公"那种蠢猪式的仁义道德"(毛泽东《论持久战》),说理严谨而有气势。司马迁因赏识子鱼而将之载入《史记》。《左传》记战争很多,文字各具特色。《曹刿论战》阐述成功经验,《子鱼论战》总结失败教训,《郑伯克段于鄢》的"克"其实也是"战",凡此等等都值得推敲和借鉴。

原文

楚人伐宋以救郑②。宋公将战③,大司马固谏曰④:"天之弃商久矣⑤,君将兴之,弗可赦也已⑥。"弗听。

冬十一月己巳朔⑦,宋公及楚人战于泓(hóng)⑧。宋人既成列⑨,楚人未既济⑩。司马曰⑪:"彼众我寡,及其未既济也⑫,请击之。"公曰:"不可。"既济而未成列,又以告。公曰:"未可。"既陈而后击之⑬,宋师败绩⑭。公伤股⑮,门官歼焉⑯。

国人皆咎公。公曰："君子不重伤[17]，不禽二毛[18]。古之为军也[19]，不以阻隘也[20]。寡人虽亡国之余[21]，不鼓不成列[22]。"子鱼曰："君未知战。勍(qíng)敌之人[23]，隘而不列，天赞我也[24]。阻而鼓之，不亦可乎？犹有惧焉。且今之勍者，皆吾敌也。虽及胡耇(gǒu)[25]，获则取之[26]，何有于二毛？明耻教战，求杀敌也。伤未及死，如何勿重？若爱重伤[27]，则如勿伤；爱其二毛，则如服焉。三军以利用也[28]，金鼓以声气也[29]。利而用之，阻隘可也。声盛致志[30]，鼓儳(chán)可也[31]。"

注释

①子鱼：宋襄公兄。名目夷，字子鱼。战：宋楚泓水之战。　②楚人：楚国人。齐桓公死后，宋、楚争霸，公元前 638 年，宋纠合卫、许、滕诸国攻郑，从而引发这场战争。　③宋公：宋襄公，名兹父。　④大司马：主管军政的长官。　⑤商：商朝。周灭商以后，封商的后代于宋地，相当于今河南东部以及山东、江苏、安徽相交地区。　⑥赦：免罪。　⑦冬十一月己巳朔：十一月初一。　⑧泓：水名，在今河南柘城西北。　⑨既成列：已经排成行列。既，已经。　⑩济：渡河。　⑪司马：即上文"大司马"。　⑫及：趁。　⑬陈：同"阵"，排among阵势。　⑭败绩：溃败。　⑮股：大腿。　⑯门官：亲军侍卫。　⑰君子：对人的敬称，此指有德行的人。重：再。　⑱禽：同"擒"。二毛：指头发花白的老人。　⑲为军：用兵。　⑳以：用；凭借。阻隘：险要艰难的地方。　㉑寡人：古时诸侯对下的自称。亡国之余：亡国的遗存。亡国，指商。㉒鼓：击鼓命令进攻。　㉓勍敌：强敌。勍，强有力。　㉔赞：助。　㉕胡耇：老年人。　㉖获：擒获。　㉗爱：爱怜；怜悯。　㉘三军：古代诸侯大国有上、中、下三军。这里泛指军队。利：有利时机。　㉙金鼓：泛指军中发令工具锣等物。声气：宏扬士气。　㉚致：导致；振奋。　㉛儳：不整齐。

译文

楚国为援救郑国讨伐宋国。宋襄公准备迎战，大司马公孙固规劝说："上天抛弃商朝很长久了，君王要振兴它，那是上天不会赦免的。"宋襄公不听从。

冬天十一月初一,宋襄公与楚军在泓水会战。宋军已经布好队列,楚兵还没有完全渡过河。大司马请求说:"他们人多,我们人少,趁他们还未渡过河,请下令攻击他们。"宋襄公说:"不能。"楚军渡过河,没有形成队列,大司马又请求出战。宋襄公还是说:"不能。"等楚军排开阵势以后,才下令出击,宋军大败。宋襄公大腿受伤,身边卫士全被杀死。

全国人都归罪于宋襄公。宋襄公却说:"君子不会再次杀伤受伤的人,不捉拿头发花白的老人。古人用兵,不依仗险要地形攻击敌人。寡人虽然是亡国者的后代,也不发令攻击不成队列的敌人。"子鱼说:"您没有懂得打仗。强大的敌人,受地形阻碍而没有形成队列,是上天在助我。乘楚兵受阻碍而下令出击,不是很好吗?就是这样也还要小心不能取胜。而且如今强大的,都是我们的敌人。即使碰到老人,能捉就捉住他,哪管头发花白?让士兵明白耻辱教士兵作战,是为了杀敌。敌人受伤却没有死,怎能不再攻击呢?如果怜悯受伤的敌人,当初就不应当伤害他;如果怜悯头发花白的敌人,就应当向他投降。军队就是抓住有利时机来作战的,以金鼓发令是用来激励士气的。抓住有利时机用兵,利用险要地形攻击敌人是应当的,鼓声大作,士气振奋,利用敌军混乱发动进攻也是应当的。"

寺人披见文公[①]

《左传》

题解

本文虽是记叙,却更像小说。全篇仅二百余字,写尽寺人披求见遭拒以及他慷慨陈言,终于惊醒梦中人,使晋文公渡过生死关的曲折情节。一般说来,史书中只记载人物的言论和行动,但在这里言论和行动凝聚着复杂的内心活动。文章告诉我们要正确认识曾经反对自己的人,寺人披昔日追杀文公是忠君,今日向文公告密也是忠君。

原文

吕、郤(xì)畏逼②,将焚公宫而弑(shì)晋侯③。寺人披请见。公使让之④,且辞焉⑤,曰:"蒲城之役⑥,君命一宿,女(rǔ)即至⑦。其后余从狄君以田渭滨⑧,女为惠公来求杀余⑨,命女三宿,女中宿至。虽有君命,何其速也?夫袪(qū)犹在⑩,女其行乎!"对曰:"臣谓君之入也⑪,其知之矣。若犹未也,又将及难。君命无二⑫,古之制也。除君之恶,唯力是视。蒲人、狄人⑬,余何有焉?今君即位,其无蒲、狄乎?齐桓公置射钩而使管仲相(xiàng)⑭,君若易之,何辱命焉⑮?行者甚众,岂唯刑臣⑯。"

公见之,以难告。三月,晋侯潜会秦伯于王城⑰。己丑晦⑱,公宫火。瑕甥、郤芮(ruì)不获公⑲,乃如河上⑳,秦伯诱而杀之。

注释

①寺人:古代宫里供使令的小臣。披:人名。文公:名重耳,春秋五霸之一。　②吕:吕饴甥。郤:郤芮。都是被推翻的晋惠公的亲信。逼:威胁。③弑:古代称臣杀君、子杀父为弑。晋侯:指晋文公。　④使:派人。让:责备。　⑤辞:辞谢;遣退。　⑥蒲城之役:指当年晋献公派兵到蒲城讨伐晋文公的战争。　⑦女:通"汝",你。　⑧狄君:狄部族的君主。田:围猎。渭:渭水,在今陕西中部,是黄河的最大支流。　⑨惠公:晋惠公,名夷吾。⑩夫:那。袪:袖管。在蒲城追杀时,寺人披曾砍下晋文公的袖管。　⑪谓:以为。⑫无二:没有二话;没有二心。⑬蒲人、狄人:敌对的蒲城人和狄族人。⑭齐桓公:名小白,春秋五霸之首。置:搁置;放弃。射钩:指当初齐桓公与兄公子纠争位,管仲拥护公子纠,射中齐桓公衣带钩一事。管仲:名夷吾,字仲。由好友鲍叔牙推荐,得到齐桓公重用,成为他称霸诸侯的第一功臣。相:为相。⑮辱命:屈尊下令。⑯刑臣:受过宫刑的宦官。　⑰秦

伯:秦穆公。他率军护送晋文公返国当政,此时尚滞留在黄河边。王城:在今陕西大荔县东。 ⑱己丑:三月三十日。晦:农历月终这一天。 ⑲瑕甥:即吕饴甥。 ⑳如:往。

译文

吕饴甥、郤芮害怕受威逼,策划火烧王宫,从而杀害晋文公。寺人披请求晋文公接见。晋文公派人责备他,并拒绝说:"蒲城之战,国君命你一个晚上赶到,你立即赶到。这以后,我陪狄族首领在渭河边打猎,你为晋惠公来搜索杀我,命你三个晚上到达,你第二个晚上就到了。虽然有国君命令,为什么这般急速呢?那被你砍下的袖管还在,你还是走吧!"寺人披回答说:"我以为你回国主政,该懂得做国君了。如果还没有,就又要遭劫难了。对君命不能有二话,是古来的规矩。铲除国君厌恶的人,务必尽力。蒲人、狄人,跟我有什么相干呢?如今您登上王位,就没有蒲人、狄人那样的敌人吗?齐桓公抛开射钩的怨恨,任用管仲为国相,您如果改变像他一样的做法,何劳您下驱逐令呢?要走的人很多,岂止我这个宦官?"

晋文公听了立即接见他,寺人披把吕、郤作乱的事报告了他。三月,晋文公到王城秘密会见秦穆公。三十日,晋国王宫起火。瑕甥和郤芮没有抓到晋文公,于是来到黄河边,被秦穆公诱杀了。

介之推不言禄①

《左传》

题解

本文记叙介之推母子在人生转折关头的一番谈话,两人一问一答,环环紧扣。介之推诚挚、高尚的内心情感以及功成不居之心溢于言表。文章颂扬了介之推功成身退,淡泊名利的高尚情操。

原文

晋侯赏从亡者②,介之推不言禄,禄亦弗及。推曰:"献公之子九人③,唯君在矣④。惠、怀无亲⑤,外内弃之。天未绝晋,必将有主。主晋祀者⑥,非君而谁? 天实置之,而二三子以为己力⑦,不亦诬乎⑧? 窃人之财⑨,犹谓之盗⑩,况贪天之功以为己力乎⑪? 下义其罪⑫,上赏其奸⑬;上下相蒙⑭,难与处矣⑮。"其母曰:"盍亦求之⑯? 以死谁怼(duì)⑰?"对曰:"尤而效之⑱,罪又甚焉。且出怨言,不食其食⑲。"其母曰:"亦使知之,若何⑳?"对曰:"言,身之文也㉑。身将隐,焉用文之? 是求显也㉒。"其母曰:"能如是乎? 与女偕隐㉓。"遂隐而死。

晋侯求之不获,以绵上为之田㉔,曰:"以志吾过㉕,且旌(jīng)善人㉖。"

注释

①介之推:又名介子推、介推。禄:爵禄。　②晋侯:晋文公,名重耳。春秋五霸之一。亡:逃亡国外。　③献公:晋献公。他听信宠妃而迫害前妻的儿子。　④君:晋文公。　⑤惠:晋惠公,他是晋献公之后的国君。怀:晋怀公,晋惠公之后的国君。　⑥主晋祀者:主持晋国祭礼的人。谓执掌晋国国政。　⑦二三子:几个人;那些人。指跟从晋文公流亡而得到赏赐的人。力:功劳。　⑧诬:欺骗。　⑨窃:偷。　⑩盗:抢劫财物的人。　⑪贪:贪图。⑫义:正义。认为是正义的。　⑬奸:邪恶,诈伪。　⑭蒙:蒙骗,隐瞒。⑮处:相处。　⑯盍:何不。　⑰怼:怨恨。　⑱尤:埋怨,过失。　⑲其食:指俸禄。　⑳若何:怎么样。　㉑文:文饰;外在表现。　㉒显:显赫;出名。㉓隐:隐居,即退居山野。　㉔绵上:古地名,在今山西介休东南。田:祭田。即用作祭祀的田产。　㉕志:记载。　㉖旌:表彰。

译文

晋文公赏赐跟从他流亡的部下,介之推不求禄赏,因而爵禄也没有轮到他。介之推说："晋献公的九个儿子，唯有晋文公还在。晋惠公和晋怀公没有亲附的人，遭到国内外的抛弃。上天不想灭绝晋国，必定有新的君主。主持晋国祭祀的，不是晋文公还能是谁呢？其实是上天的安排，可是那几个人认为是自己的功劳，不就是欺骗吗？偷人的钱财，称他为强盗，何况贪图上天的功劳算作自己的功劳呢？下面人把犯罪当作正义，上面人奖赏他们的欺诈，上下互相蒙骗，这就很难同他们相处了。"介之推的母亲说："何不也去请求封赏呢？不求而死怨恨谁？"介之推回答道："知道他们错了还要效仿他们，罪过就更大了。而且口出怨言，就不能再得他的俸禄。"母亲说："也让他知道这一切，怎么样？"介之推答道："言论，是人身的文饰。人都要退隐了，文饰有什么用呢？这是追求显赫啊。"他母亲说："你能够这样做吗？我跟你一道去隐居。"于是，母子去隐居，一直到死。

晋文公寻找他们不着，就把绵上作为他的祭田，并说："用来记载我的过错，并且表彰高尚的人。"

展喜犒（kào）师①

《左传》

题解

"犒师"，其实是问师，问得入侵者无言以对。鲁君选使得人，谋臣策划得当，使臣辞令得体。展喜从齐、鲁同是周王室元勋，立有"世世子孙，无相害也"的盟词立论，斥责齐侯侵鲁，一违王命，二背祖宗，三失天下心，层层推进，势不可当。使齐孝公理屈词穷，最终鲁不战而胜。

原文

　　齐孝公伐我北鄙②,公使展喜犒师③,使受命于展禽④。齐侯未入竟⑤,展喜从之,曰:"寡君闻君亲举玉趾⑥,将辱于敝邑⑦,使下臣犒执事⑧。"齐侯曰:"鲁人恐乎?"对曰:"小人恐矣⑨,君子则否⑩。"齐侯曰:"室如县(xuán)罄(qìng)⑪,野无青草,何恃而不恐?"对曰:"恃先王之命⑫。昔周公、大公股肱(gōng)周室⑬,夹辅成王⑭。成王劳之⑮,而赐之盟⑯,曰:'世世子孙,无相害也。'载在盟府,大师职之⑰。桓公是以纠合诸侯而谋其不协⑱,弥缝其阙而匡救其灾⑲,昭旧职也⑳。及君即位,诸侯之望曰:'其率桓之功㉑。'我敝邑用不敢保聚㉒,曰:'岂其嗣世九年,而弃命废职,其若先君何? 君必不然。'恃此以不恐。"齐侯乃还。

注释

　　①展喜:鲁大夫。犒师:用酒食、财物慰劳军队。　　②齐孝公:名昭,齐桓公儿子。鄙:边境。　　③公:鲁僖公,名申。　　④展禽:名获,字禽,鲁大夫。即柳下惠,以善于礼仪著称。　　⑤齐侯:即齐孝公。竟:通"境"。　　⑥寡君:臣下对别国称自己国君的谦词。举玉趾:称人脚步的敬词。　　⑦辱:屈辱。敝邑:称自己国家的谦词。　　⑧执事:指侍从左右供使令的人。不说"犒齐侯"而说"犒执事",也是外交辞令。　　⑨小人:春秋时代通称劳力者为小人。⑩君子:春秋时代称贵族为君子。⑪县罄:古代悬挂在架子上的敲击乐器,内空。县,同"悬"。罄,通"磬"。⑫命:盟词。古代天子与诸侯结盟的誓言。　　⑬周公:姬姓,名旦,周武王弟。曾辅佐周武王灭纣。武王死后,由他摄政,辅佐年幼的成王,巩固了周政权。被封为鲁公,是鲁国的建立者。大公:姜姓,吕氏,名望。辅佐周武王灭商成功,是齐国的建立者。大,通"太"。股肱:辅佐。　　⑭夹辅:在左右辅佐。成王:名诵,周武王儿子。⑮劳:慰劳。　　⑯盟:盟誓;盟约。　　⑰大师:辅佐天子的高官。职:掌管。　　⑱桓公:齐桓公,名小白。齐国国君,春秋五霸之首。纠合:集结;联合。诸侯:西周、春秋时天子分封的地方政权,要服从中央命令、定期朝贡述职。协:和;合。⑲弥缝:弥补。阙:通"缺",缺点、错误。匡救:挽救。　　⑳昭:彰明;显扬。

㉑率：遵循。桓：齐桓公。　　㉒用：因；由。保聚：聚众保守。

译文

　　齐孝公侵犯我鲁国北部边境。鲁公派大夫展喜去慰问齐军，叫他先去听取展禽的意见。齐孝公率军还没有进入鲁国国境，展喜迎上去，说：“敝国国君听说您亲劳大驾，屈尊前来敝国，特派我来慰问您左右的人。”齐孝公问：“鲁国人怕吗？”展喜回答说：“小人怕了，君子不怕。”齐孝公说：“家里空得像悬磬，田野连青草也不长，凭什么不怕呢？”展喜回答说：“依仗先王的命令。从前周公和太公辅佐周王室，后又共同扶持成王。所以，成王慰劳他们，并赏赐盟书，上写道：‘世世子孙，不要互相伤害。’盟约还在盟府收藏着，由太师掌管着。齐桓公凭它联合诸侯来处理他们的纠纷，弥补他们的缺失，从而解救他们的灾难，这彰明了齐国辅佐周王室的旧有的职守。到君王即位，诸侯都满怀希望地说：‘他必将遵循桓公的功业。’敝国因而不敢聚众保卫。又说：‘难道他继位九年，就抛弃王命废弃职守，将怎么对得起先王呢？君王必定不会这样做。’依仗这个所以不怕。”齐孝公于是撤军回国。

烛之武退秦师①

《左传》

题解

　　烛之武一番说辞，说服了入侵者，保存了郑国。用的是替对方设想的方法，既不是辩解，更不是恳求。当时郑国是受秦、晋二大国觊觎的小国。烛之武让郑国在夹缝中生存的战略切合三国各自的利益，最能维护郑国的安全。后世常用的“东道主”一语，就出在本篇。

原文

晋侯、秦伯围郑②，以其无礼于晋③，且贰于楚也④。晋军函陵、秦军汜(fán)南⑤。

佚之狐言于郑伯曰⑥："国危矣！若使烛之武见秦君，师必退。"公从之。辞曰⑦："臣之壮也，犹不如人；今老矣，无能为也已⑧。"公曰："吾不能早用子，今急而求子，是寡人之过也⑨。然郑亡，子亦有不利焉。"许之。

夜，缒(zhuì)而出⑩，见秦伯曰："秦、晋围郑，郑既知亡矣。若亡郑而有益于君，敢以烦执事⑪。越国以鄙远⑫，君知其难也，焉用亡郑以陪邻⑬？邻之厚，君之薄也。若舍郑以为东道主⑭，行李之往来⑮，共其乏困⑯，君亦无所害。且君尝为晋君赐矣⑰，许君焦、瑕⑱，朝济而夕设版焉⑲，君之所知也。夫晋，何厌之有？既东封郑⑳，又欲肆其西封㉑，若不阙秦㉒，将焉取之？阙秦以利晋，唯君图之！"

秦伯说，与郑人盟㉓，使杞子、逢孙、杨孙戍(shù)之㉔，乃还。子犯请击之㉕，公曰："不可。微夫(fú)人之力不及此㉖。因人之力而敝之㉗，不仁；失其所与，不知(zhì)㉘；以乱易整㉙，不武。吾其还也。"亦去之㉚。

注释

①烛之武：郑国大夫。　②晋侯：晋文公，晋是侯爵国。秦伯：秦穆公，秦是伯爵国。　③无礼于晋：指晋文公流亡时，途经郑国遭拒。　④贰于楚：背叛晋国，投靠楚国。贰，两属。　⑤军：驻军；屯兵。函陵：古地名，在今河南新郑北。汜南：汜，水名，在今河南中牟南。　⑥佚之狐：郑国大夫。郑伯：郑文公。　⑦辞：推辞。　⑧无能为也已：不能有作为了。也已，相当于"矣"。⑨是：这。寡人：古代诸侯对下的自称。　⑩缒：用绳子缚在身上吊下城。⑪执事：古代指侍从左右供使令的人。这是外交辞令，实际指秦伯本人。

⑫越:跨过。鄙:边邑;设为边邑。　⑬陪邻:增加邻国的疆域。秦在晋之西,晋又在郑之西。　⑭东道主:东方通道的主人。　⑮行李:外交使臣。⑯共:同"供",供应。　⑰尝为晋君赐:指秦穆公曾帮助晋惠公登位的事。尝,曾经。　⑱焦、瑕:晋地名,都在今河南陕县附近。　⑲济:渡河。指渡过黄河。设版:筑防御工事。版,筑土墙用的夹板。　⑳封:侵占;扩张。㉑肆:放纵。　㉒阙:损害。　㉓盟:在神前立誓缔约。　㉔杞子、逢孙、杨孙:都是秦国大夫。戍:留守。　㉕子犯:晋文公舅父狐偃。　㉖微:如果不是。夫人:那人。　㉗因:靠。敝:坏;损害。　㉘知:同"智"。　㉙以乱易整:以冲突代替联合。　㉚去:离开。

译文

　　晋侯、秦伯率兵包围郑国都城,是因为郑曾对晋侯无礼,并且投靠楚国。晋兵进驻郑国的函陵,秦兵进驻郑国的汜水南岸。

　　大夫佚之狐对郑伯说:"国家危急了!如果派烛之武去见秦国国君,秦军必定退兵。"郑伯听从了他。但是烛之武推辞说:"我壮年时候尚且比不上别人;如今老了,不能有作为了。"郑伯说:"我不能早用您,如今危急才来求您,这是我的过错。但是,郑国亡了,对您也不利的。"烛之武答应了。

　　夜里,烛之武缒绳出城,拜见秦伯说:"秦、晋包围郑国都城,郑国已经知道自己要灭亡了!假如亡郑有利于您,我就请烦劳您左右办事人了。跨越别国谋求在遥远的地方开辟边邑,您知道是很艰难的。何必用亡郑去扩大邻国的疆土呢?邻国势力的扩大,就是您实力的削弱。如果您放开郑国,让它做东道主,贵国使臣往来,我们会提供补给的,对您也没有害处。况且您曾给晋君恩惠,晋君许给您焦、瑕二地。可是,他早上渡过黄河,傍晚就构筑防御工事了。这是您所清楚的啊。晋国哪有满足的时候?东边已经向郑国扩张,又想放肆地向西扩张,如果不侵占它西边秦国利益,又能到哪里去取得土地呢?损害秦国让晋国获利,请您盘算是否值得!"

　　秦伯听了很赞同,就与郑国结盟,并派杞子、逢孙、杨孙三大夫留守,于是回国去了。子犯请求追击秦兵。晋文公说:"不能。如果没有那人的鼎力相助就到不了今天。依靠他的力量却伤害他，是不仁爱；丧失自己的盟友，是不明智；以冲突代替联合，不合武道，我们还是回去吧。"于是晋军也撤离了郑国。

蹇 叔 哭 师①

《左传》

题解

殽地战役之前，秦穆公要出兵攻打晋国东面的郑国，征求老臣蹇叔的意见，蹇叔坚决反对，但秦穆公不听。面对秦穆公的贪婪和顽固，作为元老的蹇叔只能付之一哭。他对出发的军队痛哭，对从军的儿子痛哭。哭出了爱国赤心，哭出了亲子之爱，哭出了无力回天的郁闷和对决策者的愤慨。

原文

杞子自郑使告于秦曰②："郑人使我掌北门之管③，若潜师以来④，国可得也⑤。"穆公访诸蹇叔⑥，蹇叔曰："劳师以袭远⑦，非所闻也。师劳力竭，远主备之，无乃不可乎⑧？师之所为，郑必知之。勤而无所⑨，必有悖（bèi）心⑩。且行千里，其谁不知⑪？"公辞焉⑫。召孟明、西乞、白乙⑬，使出师于东门之外⑭。蹇叔哭之，曰："孟子⑮！吾见师之出而不见其入也！"公使谓之曰："尔何知，中寿⑯，尔墓之木拱矣⑰！"

蹇叔之子与师⑱，哭而送之，曰："晋人御师必于殽（xiáo）⑲。殽有二陵焉⑳：其南陵㉑，夏后皋之墓也㉒；其北陵㉓，文王之所辟风雨也㉔。必死是间㉕，余收尔骨焉。"秦师遂东㉖。

注释

①蹇叔:秦国元老。师:指秦国偷袭进攻郑国。　②杞子:当时秦国留在郑国帮助戍守的将领。　③管:管籥,即钥匙。此指防守。　④潜师:秘密发兵。⑤国:国都。　⑥访:咨询。诸:"之于"的合音字。　⑦劳师:劳累部队。　⑧无乃:大概;恐怕。　⑨勤:劳苦。无所:无所得。　⑩悖:违背;背叛。　⑪其:加强反问语气词。　⑫辞:辞谢;不接受。　⑬孟明:名视。西乞:名术。白乙:名丙。三人都是秦国将领。　⑭东门之外:晋、郑二国都在秦国东面。　⑮孟子:即孟明。子是敬称。　⑯中寿:指六七十岁。　⑰拱:两手合抱。此指树的粗细。⑱与:参与;参加。　⑲殽:通"崤",山名,在今河南洛宁西北。山势险峻。⑳二陵:即东崤山和西崤山。相距三十五里。陵:大山。　㉑南陵:即西陵。㉒夏后皋:即夏天子皋。后,帝。　㉓北陵:即东陵。　㉔文王:即周文王。辟:同"避",遮蔽。　㉕是间:这中间。　㉖东:向东出发。

译文

　　留守郑国的秦大夫杞子派人报告秦穆公说:"郑国叫我掌管北城门的钥匙,如果秘密派兵来,郑国就能够占领了。"秦穆公于是向元老蹇叔咨询,蹇叔说:"让部队疲惫地去偷袭远方,我是没有听说过的。部队一疲惫,战斗力就衰竭,远方的国君又有了防备,怕是不能达到目的吧!部队的行动,郑国必定知晓。辛劳而无所得,士兵必定产生逆反心理。况且千里行军,谁会不发觉?"秦穆公拒绝了他的意见。召集孟明、西乞、白乙,命令他们率军从东门外出发。蹇叔对着他们痛哭,并说:"孟君,我看见部队的出发却看不见部队回来了。"秦穆公派人对蹇叔说:"你懂什么!如果你活到中等寿命,你墓地上的树木都两手合抱粗了!"

　　蹇叔的儿子也在军中。蹇叔哭着送他说:"晋军阻击秦兵必定在崤山。崤山有两座高岭:南边的山陵,有夏天子皋的墓;北边的山陵,是周文王躲避风雨的地方。你必定死在这两座山之间,我会去那里收你的尸骨!"秦兵于是向东进发。

楚归晋知䓨(yīng)①

《左传》

题解

本篇主角是一名即将遣返的战俘——知䓨,面对胜利者步步紧逼的难堪盘问,他能不亢不卑,实话实说,以外柔内刚的外交辞令,展现了气节和才华,令对方不得不折服,从而赢得楚共王的礼敬。善于辞令是知䓨成功的一个重要因素,他的语言简明得体、文雅有礼。这样非凡的勇气和语言技巧,应是平时积累而成的。这篇佳作也告诉我们:险境是一种考验,当考验激发出人们内在的潜力时,它就成为一种机遇。

原文

晋人归楚公子穀(gǔ)臣与连尹襄老之尸于楚②,以求知䓨③。于是荀首佐中军矣④,故楚人许之。

王送知䓨⑤,曰:"子其怨我乎⑥?"对曰:"二国治戎⑦,臣不才⑧,不胜其任⑨,以为俘馘(guó)⑩。执事不以衅(xìn)鼓⑪,使归即戮⑫,君之惠也。臣实不才,又谁敢怨?"王曰:"然则德我乎⑬?"对曰:"二国图其社稷⑭,而求纾其民⑮。各惩其忿以相宥(yòu)也⑯,两释累囚以成其好⑰。二国有好,臣不与及⑱,其谁敢德?"王曰:"子归,何以报我?"对曰:"臣不任受怨⑲,君亦不任受德,无怨无德,不知所报。"王曰:"虽然⑳,必告不穀㉑。"对曰:"以君之灵㉒,累臣得归骨于晋㉓,寡君之以为戮㉔,死且不朽㉕。若从君惠而免之,以赐君之外臣首㉖。首其请于寡君,而以戮于宗㉗,亦死且不朽。若不获命,而使嗣宗职㉘,次及于事㉙,而帅偏师以修封疆㉚，虽遇执事，其弗敢违㉛。其竭力致死，无有二心，以尽臣礼，所以报也。"王曰："晋未可与争。"重为之礼而归之㉜。

注释

①归：遣返。知罃：晋国将领。　②公子穀臣：楚庄王的儿子。连尹：楚国官名。襄老：人名。被射死在晋楚邲(bì)之战。　③求：索取。　④荀首：知罃父亲，是晋国中军副帅。因封邑在知，后代以邑为姓。佐中军：中军副帅。佐，辅佐。　⑤王：楚共王。　⑥子：敬称，你。　⑦治戎：治兵；打仗。⑧不才：无能。　⑨胜：胜任。　⑩俘馘：俘虏。馘，割取敌死者的左耳，古代据以计功。　⑪衅鼓：上古一种以牲血涂钟鼓的祭礼。此指以战俘代牲。⑫即：就。　⑬德：感恩；感激。　⑭社稷：国家的代称。　⑮纾：缓和；解除。⑯惩：懊悔。宥：宽赦；原谅。　⑰累囚：拘絷的俘虏。　⑱与：参与。⑲任：担当。受怨：承受怨恨。　⑳虽然：虽然这样。　㉑不穀：不善。诸侯的谦称。　㉒灵：威严；福佑。　㉓累臣：累囚，被拘絷的臣子。归骨：喻回国。骨，身躯。　㉔寡君：臣下对别国谦称自己的国君。　㉕且：将。　㉖外臣：臣下对别国国君称呼本国臣子。　㉗宗：祖庙。　㉘嗣：继承。宗职：宗子(宗族首领)的职务。　㉙次：依次序。事：指政事。　㉚偏师：副帅副将所属的军队。修封疆：保卫边疆。　㉛其：将。违：躲避。　㉜为之礼：给他举行仪式。归之：送他回国。

译文

　　晋国将俘虏的楚王儿子穀臣和连尹襄老的尸体归还楚国，用来求取被俘获的知罃。这时候，知罃父亲荀首已当上中军副帅，所以楚国答应了。

　　楚共王送别知罃说："你会怨恨我吗?"知罃回答说："二国交战，下臣无能，不能胜任自己的职责，沦为战俘。君王身边的办事者不拿我的血涂鼓，让我回国就死，是君王的恩德啊。我确实无能，又敢怨恨谁呢?"楚共王再问："那么你感激我吗?"知罃说："两国为了自己国家的利益，谋求自己的民众生活舒畅，各自懊悔自己当时的怨恨而相互谅解，双方释放战俘从而缔结友好。两国交好，我作为臣下没有参与，还能感激谁呢？"楚共王又问："你回国后，用什么报答我？"知罃回答说："臣下没有资格埋怨，君王对我也没有恩德，没有埋怨没有恩德，不知道该报答什么。"楚共王说："话虽然这样，务必告诉我你的想法。"知罃说："因为您的福佑，我这个战俘得以全身回归晋国，敝国君王将处死我，死而不朽。如果顺从君王的恩惠从而赦免我，把我赏给您的外臣荀首，荀首向敝国君王请命，将我处死在祖庙，死也不朽。如果得不到敝国君王允许，而让我继任宗族职务，按次序承担国家政事，从而率一支部队守卫边疆，假如遭遇您的军队，也不敢回避。将竭尽全力到战死，没有二心，从而尽臣下的礼节，这就是用来报答您的。"楚共王说："晋国是不能与它争斗的。"于是以隆重的礼节送知罃回国。

季札观周乐①

《左传》

题解

季札是春秋时吴王寿梦的第四子，多次推让君位。公元前544年出使鲁国，在观赏周代传统的音乐歌舞时，领会到周王朝的兴起和昌盛及各诸侯国的盛衰大势。周代传统乐舞大致由三部分组成，即十五国风，大小雅和颂。其乐曲和舞姿早已失传，其歌词，可参见《诗经》。《诗经》也分十五国风、大小雅和颂。风指民间歌谣、地方乐歌；雅指"言王政之所由废兴"的作品，当是西周王畿一带的乐歌；颂是赞美盛德，告成功于神灵的祭祀乐歌，部分是舞曲。

原文

吴公子札来聘（pìn）②，请观于周乐。使工为之歌《周南》、

《召南》③,曰:“美哉!始基之矣④,犹未也,然勤而不怨矣。”为之歌《邶(bèi)》、《鄘(yōng)》、《卫》⑤,曰:“美哉,渊乎⑥!忧而不困者也⑦。吾闻卫康叔、武公之德如是⑧,是其《卫风》乎?”为之歌《王》⑨,曰:“美哉!思而不惧,其周之东乎?”为之歌《郑》⑩,曰:“美哉!其细已甚,民弗堪也,是其先亡乎!”为之歌《齐》⑪,曰:“美哉!泱泱乎⑫,大风也哉⑬!表东海者⑭,其大公乎⑮?国未可量也。”为之歌《豳(bīn)》⑯,曰:“美哉!荡乎⑰!乐而不淫⑱,其周公之东乎⑲?”

为之歌《秦》⑳,曰:“此之谓夏声㉑。夫能夏则大,大之至也,其周之旧乎㉒?”为之歌《魏》㉓,曰:“美哉,沨(fán)沨乎㉔!大而婉,险而易行,以德辅此,则明主也!”为之歌《唐》㉕,曰:“思深哉!其有陶(yáo)唐氏之遗民乎㉖?不然,何忧之远也。非令德之后,谁能若是?”为之歌《陈》㉗,曰:“国无主,其能久乎?”自《郐(kuài)》以下无讥焉㉘。

为之歌《小雅》㉙,曰:“美哉!思而不贰,怨而不言,其周德之衰乎?犹有先王之遗民焉!”为之歌《大雅》㉚,曰:“广哉!熙熙乎㉛!曲而有直体㉜,其文王之德乎㉝?”

为之歌《颂》㉞,曰:“至矣哉!直而不倨㉟,曲而不屈,迩(ěr)而不逼㊱,远而不携㊲,迁而不淫㊳,复而不厌,哀而不愁㊴,乐而不荒,用而不匮(kuì)㊵,广而不宣㊶,施而不费,取而不贪,处而不底㊷,行而不流㊸。五声和㊹,八风平㊺,节有度,守有序,盛德之所同也!”

见舞《象箾(shuò)》、《南籥(yuè)》者㊻,曰:“美哉!犹有憾。”见舞《大武》者㊼,曰:“美哉!周之盛也,其若此乎!”见舞《韶濩(huò)》者㊽,曰:“圣人之弘也㊾,而犹有惭德,圣人之难也。”见舞《大夏》者㊿,曰:“美哉!勤而不德,非禹,其谁能修之!”见舞《韶箾》者(51),曰:“德至矣哉!大矣,如天之无不帱(dào)也(52),如地之无不载也,虽甚盛德,其蔑以加于此矣。观止矣!若有他乐,吾不敢请已!”

注释

①季札:又称公子札,延陵季子。曾多次让位。是吴王寿梦的第四子。这次受吴王馀祭派遣,向各国通报馀祭继位的消息。周乐:周天子的乐舞,周成王曾赐给鲁国。　②吴:国名,在今江苏、上海大部和安徽、浙江的一部分。春秋后期开始强大。聘:古代指国家之间派使节访问。　③工:古代特指乐人。《周南》、《召南》:指采自二地的乐歌。周南在今陕西与河南之间,召南在今河南与湖北之间,分别是周建国功臣周公、召公的封地。　④始基:开始打下基础,指周文王教化百姓的开始。　⑤《邶》、《鄘》、《卫》:指这三地的乐歌。邶,在今河南汤阴东南。鄘,在今河南新乡西南。卫,在今河南北部和河北南部。　⑥渊:深。　⑦困:窘迫;困穷。　⑧卫康叔:名封,周武王之弟,卫国创立者。武公:名和,康叔九世孙。传说两人都是贤君。　⑨《王》:王城一带的乐歌。王城在今河南洛阳。　⑩《郑》:郑地乐歌。郑在今河南新郑、郑州一带。　⑪《齐》:齐地乐歌。齐在今山东北部和中部。　⑫泱泱:宏大的样子。　⑬风:风范。　⑭表:做表率。东海:先秦古籍中指今之黄海。　⑮大公:齐国建立者,姜姓,吕氏,名尚,俗称姜太公。　⑯《豳》:豳地乐歌。豳在今陕西旬邑西,是周朝建国的发祥地。　⑰荡:坦荡。　⑱淫:过度。　⑲周公之东:指周公东征。　⑳《秦》:秦地乐歌。秦在今陕西、甘肃一带。　㉑夏声:西方之声。夏即华夏,古代指中国(中原)人。　㉒周之旧:周朝旧地的乐歌。秦国本是周朝旧地。　㉓《魏》:魏地乐歌。魏在今山西芮城一带。　㉔渢渢:宏大的声音。此处形容乐声宛转悠扬。　㉕《唐》:唐地乐歌。唐在今山西翼城西。　㉖陶唐氏:传说中的远古部落,指唐尧。　㉗《陈》:陈地乐歌。陈在今河南东部和安徽一部分。　㉘《郐》:郐地乐歌。郐在今河南郑州南。　㉙《小雅》:贵族乐歌,也有部分民间歌谣。较多表达统治危机及忧虑。　㉚《大雅》:西周贵族的乐歌。　㉛熙熙:和乐的样子。　㉜曲:委曲;柔婉曲折。　㉝文王:周文王。　㉞《颂》:贵族的祭祀乐歌。　㉟倨:放肆。　㊱迩:近。　㊲携:离。　㊳迁:变易。　㊴愁:愁怨。　㊵匮:缺乏。　㊶广:宽广。宣:显露。　㊷处:止;不动。底:停滞。　㊸行:流动;传布。流:往来无定。　㊹五声:即古代中国的五声音阶中的宫、商、角、徵、羽。　㊺八风:即八音,中国古代对乐器的统称,指金、石、土、革、丝、木、匏、竹八类,都以材质分类。　㊻《象箾》:古代武舞,舞者执竿像作战击刺。箾,竹竿。《南籥》:古代文舞,以籥伴奏。籥,相当于排箫。　㊼《大

武》:歌颂武王灭纣的乐舞。 48《韶濩》:歌颂成汤的乐舞。 49圣人:古称道德智能都完美的人。 50《大夏》:歌颂大禹的乐舞。 51《韶箾》:歌颂虞舜的乐舞。 52帱:覆盖。

译文

吴公子季札来鲁国访问,请求观赏周朝的乐舞。于是就安排乐工为他演唱《周南》、《召南》,他评论说:"优美啊! 周朝的教化开始打下基础了,还没有完善,但是人民勤恳劳苦并且不埋怨啊!"为他演唱《邶》、《鄘》、《卫》,他评论说:"优美啊,这样的深厚! 虽有忧虑却不困窘。我听说卫康叔和武公的德行就像这样,这是卫地的歌谣吧?"为他演唱《王》,他评论说:"优美啊! 有忧思却不恐惧,是周王室东迁以后的作品吧?"为他演唱《郑》,他评论说:"优美啊! 音节苛细过度,民众忍受不了,恐怕它要先灭亡吧?"为他演唱《齐》,他评论说:"优美啊! 恢弘壮阔,真是大国风范! 可做东海地域的表率,是姜太公的国家吧! 国运不可估量哪!"为他演唱《豳》,他评论说:"优美啊! 坦坦荡荡,欢乐而不放纵,是周公东征的作品吧?"

为他演唱《秦》,他评论说:"这就叫夏声。能发出夏声的就能宏大,宏大之极! 是周朝的原初作品吧?"为他演唱《魏》,他评论说:"优美啊! 多么宛转悠扬! 宏大而委婉,节拍逼促而容易歌唱,能用德教配合它,就是贤明君主了!"为他演唱《唐》,他评论说:"忧虑深长啊! 有唐尧的后代吧? 不这样,为什么忧思如此深远呢? 不是圣德的后代,谁能这样呢?"为他演唱《陈》,他评论说:"国家没有君主,还能长久吗?"自《郐》以下,公子札没有再评论。

为他演唱《小雅》,他评论说:"优美啊! 忧思而没有二心,有怨恨而不尽情宣泄,是周朝德政衰退时的乐曲吧? 还有先王的遗民呢!"为他演唱《大雅》,他评论说:"宽广啊! 欢乐和谐! 柔顺曲折而内在刚直,大概是赞扬周文王的德教吧!"

为他演唱《颂》,他评论说:"美妙极了! 刚健劲直而不傲慢,柔顺曲折而不屈从,紧密而不逼促,悠远而不离散,多变而不放纵,重复而不厌烦,哀思而不愁怨,欢乐而不放浪,使用它而不缺乏,宽广而不张扬,施予而不耗费,索取而不贪婪,停留而不凝滞,流畅而不泛滥。五声和谐,八风协调,节奏有规则,器乐鸣奏有顺序,与美好的道德相同!"

观看《象箾》和《南籥》舞,他评论说:"优美啊!仍有缺憾。"观看《大武》舞,他评论说:"优美啊!周朝兴旺,就像这样吧!"观看《韶濩》舞,他评论说:"是圣人的宏大啊,却还有欠缺,这是圣人的难处。"观看《大夏》舞,他评论说:"优美啊!辛劳而不居功,不是大禹,谁能做到!"观看《韶箾》舞,他评论说:"德政的顶峰了!广大,像天的无所不笼罩,像地的无所不承载!即使很美好的道德,也不能添加它了。观赏到此了,如果还有其他乐舞,我也不敢请求观看了。"

子产坏晋馆垣①

《左传》

题解

本文记叙的外交场面,很有戏剧性。中心是"坏垣",主角因受冷遇而坏垣,因坏垣才引来主人出场,因主人出场才有说理的机会,因说理,事件完满解决。文章把它归功于"辞",也就是外交谈判。郑国是夹在大国间的小国,维护国家的尊严和安全尤其艰难,却又必须努力。子产不亢不卑,理直言正,婉转地说明自己迫不得已的处境,也剖析了对方待客有失礼仪,终于令人叹服。

原文

　　子产相郑伯以如晋②。晋侯以我丧故③，未之见也。子产使尽坏其馆之垣，而纳车马焉④。士文伯让之⑤，曰："敝邑以政刑之不修⑥，寇盗充斥，无若诸侯之属辱在寡君者何⑦，是以令吏人完客所馆⑧，高其闳(hàn)闳(hóng)⑨，厚其墙垣，以无忧客使⑩。今吾子坏之，虽从者能戒⑪，其若异客何⑫？以敝邑之为盟主，缮完葺(qì)墙⑬，以待宾客，若皆毁之，其何以共(gōng)命⑭？寡君使匄(gài)请命⑮。"

　　对曰："以敝邑褊小⑯，介于大国，诛求无时⑰，是以不敢宁居，悉索敝赋，以来会(kuài)时事⑱。逢执事之不闲，而未得见；又不获闻命，未知见时，不敢输币⑲，亦不敢暴露⑳。其输之，则君之府实也，非荐陈之㉑，不敢输也。其暴露之，则恐燥湿之不时而朽蠹(dù)㉒，以重敝邑之罪。侨闻文公之为盟主也㉓，宫室卑庳(bì)㉔，无观(guàn)台榭㉕，以崇大诸侯之馆，馆如公寝㉖。库厩缮修，司空以时平易道路㉗，圬(wū)人以时塓(mì)馆宫室㉘。诸侯宾至，甸设庭燎㉙，仆人巡宫㉚，车马有所，宾从有代，巾车脂辖㉛，隶人、牧、圉(yǔ)㉜，各瞻其事，百官之属，各展其物㉝。公不留宾，而亦无废事。忧乐同之，事则巡之，教其不知，而恤其不足。宾至如归，无宁灾患㉞，不畏寇盗，而亦不患燥湿。今铜鞮(dī)之宫数里㉟，而诸侯舍于隶人。门不容车，而不可逾越。盗贼公行，而天疠(lì)不戒㊱，宾见无时，命不可知。若又勿坏，是无所藏币以重罪也。敢请执事，将何所命之？虽君之有鲁丧㊲，亦敝邑之忧也㊳。若获荐币，修垣而行，君之惠也，敢惮勤劳？"

　　文伯复命。赵文子曰㊴："信㊵！我实不德，而以隶人之垣以赢诸侯㊶，是吾罪也。"使士文伯谢不敏焉㊷。晋侯见郑伯，有加礼，厚其宴好而归之。乃筑诸侯之馆。

　　叔向曰㊸："辞之不可以已也如是夫㊹！子产有辞，诸侯赖之，若之何其释辞也？《诗》曰㊺：'辞之辑矣㊻，民之协矣。辞之怿(yì)矣㊼,民之莫矣㊽。'其知之矣。"

注释

①子产:名侨,郑国大夫。春秋时著名政治家。为相二十余年,使处在晋国和楚国重压下的弱小郑国获得安定与尊重。坏:毁坏。馆:宾馆。垣:墙。②相:辅助;陪侍。郑伯:即郑简公。郑是伯爵国,所以国君又称郑伯。如:到。 ③晋侯:即晋平公。晋是侯爵国。我丧:指鲁襄公去世。《左传》以鲁国纪年,所以,鲁国称我。 ④纳:入停。 ⑤士文伯:晋臣,姓士,字伯瑕,名匄。让:责备。 ⑥敝邑:古代称本国的谦词。 ⑦无若……何:没奈何;没办法。辱:屈尊。谦词。 ⑧完:完缮。客所馆:宾客所住的房舍。 ⑨闬闳:巷门。此指馆舍大门。 ⑩客使:外国使者。 ⑪从者:侍从。戒:戒备。⑫异客:其他国家的客人。 ⑬缮完:修治。葺墙:用草盖墙,指修理围墙。⑭共:通"供"。供奉;供给。 ⑮匄:即士文伯。 ⑯褊小:狭小。 ⑰诛求:责求。 ⑱会:总算;结算。时事:四时贡赋。 ⑲输:献纳。币:财物。⑳暴露:随地露天堆放。 ㉑荐:进献。 ㉒蠹:蛀蚀。 ㉓侨:即子产。文公:晋文公,春秋五霸之一。㉔卑庳:低下。喻房子低矮。㉕观:楼观。台:供观赏游览的高而平的建筑。榭:建在高土台上的敞屋。㉖寝:卧室。㉗司空:春秋时掌管工程的官。㉘圬人:泥水工。墁:泥涂;粉刷。 ㉙甸:甸人,古代管理柴薪的官。庭燎:庭中照明用的大烛。 ㉚仆人:侍从;供役使的人。宫:古代对房屋的通称。 ㉛巾车:古代管理车辆的人。脂辖:负责为车辆添加脂膏的人。辖,插在轴端孔内的金属键。此指车轴。㉜隶人:古指犯罪没官从事劳役的人。牧:养牛的奴隶。圉:养马的奴隶。㉝物:礼物。㉞无宁:难道没有。㉟铜鞮之宫:晋君在铜鞮临时居住的宫殿。铜鞮在今山西沁县南。 ㊱天疠:天灾。 ㊲鲁丧:指鲁国的丧事。 ㊳敝邑之忧:鲁、晋、郑三国同姓,鲁丧也是其他二国的不幸。 ㊴赵文子:即赵武,亦称赵孟。晋国大夫,后执掌晋国政。 ㊵信:确实。 ㊶赢:接受;容纳。㊷谢:认错;道歉。不敏:不聪明。 ㊸叔向:晋臣。 ㊹辞:文辞;言辞。已:止;废。 ㊺《诗》:指《诗经》,是中国第一部诗歌总集。四句见《诗·大雅·板》,其中"协"字作"洽"字。 ㊻辑:和。 ㊼怿:喜悦。 ㊽莫:安定。

译文

子产陪同郑简公赴晋国。晋平公以鲁襄公去世为由,没有接

见他们。子产就派人全部推倒宾馆的围墙，将车马停放进去。晋国士文伯来责问子产说："敝国由于政事司法不完善，盗贼很多，这对诸侯及其使臣屈驾来见寡君是没办法的事，因此，命人整修宾馆，加高大门，加厚墙壁，不让贵宾有忧虑。如今您推倒它，尽管随从者能戒备，但是其他贵宾怎么办呢？由于敝国作为盟主身份，所以修缮宾馆来优待宾客，如果都推倒它，将拿什么供给宾客的需要呢？寡君派我前来请教您毁墙的用意。"

　　子产回答说："由于敝国狭小，处在大国之间，大国向我们索求供品不定时，因此，不敢安居，全力搜集敝国赋税，前来按时献纳。遇上办事人没有空，从而得不到接见，又没有听到安排，也不知道什么时候接见。我们既不敢交纳财物，又不敢随便露天放置。如果交纳了，就是您国库里的财物。可是没有经过进献仪式的陈列，我们不敢交纳。如果随便露天堆放，就怕干燥、潮湿的无定时因而朽烂虫蛀，从而加重敝国的过错。我听说晋文公做盟主的时候，他的宫殿矮小，并且不建造楼台亭阁，却把诸侯宾馆造得又高又大，如同国君的寝宫。仓库、马厩也造得很好，司空按时平整道路，泥工及时粉刷宾馆房间。诸侯来的时候，甸人在庭院中点起大烛，仆人巡视馆舍宫室，车马有安置的场所，宾客的随从有轮替，管车人给车加好油，管洒扫的人和管牧养的人各自尽责，各自做好自己的事，官员们展出他们的礼物。文公从不滞留宾客，也没有荒废应有的礼节，与宾客同忧同乐，有事就派人巡查，教宾客们所不知的，接济他们所不足的。宾客好像感到回到了自己的家，哪里会有灾祸，他们也不用担忧盗贼，又不必忧虑干燥和潮湿。如今铜鞮行宫宽广至好几里，而诸侯住在奴隶的房舍中。大车难以进门，又不能越墙而入。盗贼公开抢掠，天灾又无法防备。宾客接见没有定时，召见的命令也无从知晓。如果再不推倒墙壁进来，这就没有地方存放财物，因而加重我们的过错。请问执事，您将怎样安排我们？虽然晋君有鲁国丧事，它也是敝邑的不幸。如果能献上财物，我们会修好墙壁回去，这是晋君的恩惠，哪敢怕劳苦呢？"

文伯回来复命。赵文子说:"确实是这样,我们确实不对,竟拿奴隶住的房子接待诸侯,这是我们的过失。"就派士文伯前去致歉。晋平公会见了郑简公,并且加重了礼仪,隆重宴请以后欢送他们回国。于是建造诸侯宾馆。

叔向说:"言辞的不能轻忽就像这样啊!子产善于言辞,诸侯都因此得利,怎么可以不注重辞令呢?《诗经》上说:'言辞妥善,民众齐心。言辞舒心,民众安定。'他是懂得这辞令的重要了。"

子产论政宽猛①

《左传》

题解

一事一评,是日常生活中很适用的形式,事要抓准,评要深刻。本篇前半叙事,后半评论,叙事简要,是非因果清楚。子产的评论借用名人论述,自然提升了理论高度和说服力。

原文

郑子产有疾,谓子大叔曰②:"我死,子必为政。唯有德者能以宽服民,其次莫如猛。夫火烈,民望而畏之,故鲜死焉③;水懦弱,民狎而玩之④,则多死焉。故宽难。"疾数月而卒。大叔为政,不忍猛而宽。郑国多盗,取人于萑(huán)苻之泽⑤。大叔悔之,曰:"吾早从夫子⑥,不及此。"兴徒兵以攻萑苻之盗⑦,尽杀之。盗少止⑧。

仲尼曰⑨:"善哉!政宽则民慢⑩,慢则纠之以猛。猛则民残,残则施之以宽。宽以济猛,猛以济宽,政是以和。《诗》曰⑪:'民亦劳止⑫,汔(qì)可小康⑬。惠此中国,以绥(suí)四方⑭。'施之以宽也。'毋从(zòng)诡随⑮,以谨无良⑯。式遏寇虐⑰,惨不畏明⑱。'纠之以猛也。'柔远能迩⑲,以定我王。'平之以和也。又曰:'不竞不绿(qiú)⑳,不刚不柔。布政优优㉑,百禄是遒㉒。'和之至也。"及子产卒,仲尼闻之,出涕曰㉓:"古之遗爱也㉔!"

注释

　　①子产:郑相。　②子大叔:郑国大夫。大,同"太"。　③鲜:很少。④狎:轻忽;轻慢。　⑤萑苻之泽:位于河南省中牟县西北的沼泽。是芦苇丛生的水洼地,盗贼常藏匿其中。此比喻盗贼藏聚之地。　⑥夫子:古称大夫为夫子。夫,大夫。子,敬称。　⑦徒兵:步兵。　⑧少:稍许;暂时。　⑨仲尼:孔子名丘,字仲尼。古人称人以字,表敬重。　⑩慢:怠慢。　⑪诗:《诗经》。"民亦"四句见《大雅·民劳》。　⑫亦:语助词。止:表确定语气。⑬汔:将近。　⑭绥:安抚;安定。　⑮"毋从"四句:见同首诗。从:通"纵",放纵。诡随:诡谲善变。　⑯谨:谨慎。此处引申为严禁。无良:不良之人。⑰式:用。遏:阻止。　⑱惨:通"憯",曾;乃。《诗经》作"憯"。明:严明的法令。　⑲"柔远"两句:见同首诗。柔:安抚;怀柔。能:亲善。　⑳"不竞"四句:见《诗经·商颂·长发》。竞:争竞。绿:急躁。　㉑布政:施政。优优:平和的状态。　㉒遒:聚集。　㉓涕:泪。　㉔遗爱:古人遗存的仁爱风范。

译文

　　郑国子产患病,对子太叔说:"我死后,您必定主持政务。只有有道德的人能以宽大的政策得到民众的服从,退后一步不如用从严的政策。火猛烈,民众看着就害怕,所以很少因火死亡;水柔弱,民众轻忽而玩弄它,因之死亡就多了。所以用宽大的政策困难。"子产病了几个月去世。太叔主政,不忍心从严而实行从宽的政策。郑国多盗贼,多聚集在萑苻泽中抢劫。太叔后悔了,说:"我早听从先生,就不会到这般境地。"于是发步兵攻打萑苻泽中的盗贼,杀尽他们,盗贼稍许收敛。

　　仲尼评论说:"讲得好啊!为政宽大民众就怠慢,怠慢了就用从严的政策纠正它。为政从严民众就受伤残,伤残了就施行宽大的政策。用宽大调剂从严,用从严调剂宽大,政局因此平和。《诗经》上说:'民众真劳苦,可使稍安康,施惠给中原,就安抚了四方。'这是用宽大施政的。'不放纵诡谲善变的人,严禁不良的人,借此抑止盗匪,他们触犯严明的刑法太嚣张。'这是用从严来纠正的。'怀柔远方亲善近旁,安定我君王。'是用从严与宽大调剂来平衡为政的。又说:'不争不急,不刚猛不宽柔,施政多平和,福禄会全部聚集过来。'是为政平和的极致。"到子产去世,仲尼听到消息,流泪说:"他有着自古以来遗存的仁爱风范!"

召公谏厉王止谤①

《国语》

题解

《国语》相传为春秋时左丘明撰,近人认为是战国时人编。起于周穆王十二年(前990),终于周贞定王十六年(前453),比《左传》所记早二百多年。《国语》记史重在记言,与重在记事的《左传》正可互相参证。全书分《周语》、《鲁语》、《齐语》、《晋语》、《郑语》、《楚语》、《吴语》、《越语》,共二十一卷,是国别体史书。今选五篇。

本篇记叙召公劝诫周厉王要听取批评。虽然效果甚微,但是他的一个比喻"防民之口,甚于防川",朴素、自然而又精辟,至今令人受益。此外,文中描述天子听政过程,有助我们推想古代的议政过程。

原文

厉王虐,国人谤王。召公告曰:"民不堪命矣!"王怒,得卫巫②，使监谤者，以告，则杀之。国人莫敢言，道路以目③。王喜，告召公曰："吾能弭(mǐ)谤矣④，乃不敢言。"

召公曰："是障之也！防民之口⑤，甚于防川。川壅而溃⑥，伤人必多；民亦如之。是故为川者决之使导⑦，为民者宣之使言⑧。故天子听政，使公卿至于列士献诗⑨，瞽(gǔ)献曲⑩，史献书⑪，师箴(zhēn)⑫，瞍(sǒu)赋⑬，矇(méng)诵⑭，百工谏⑮，庶人传语⑯，近臣尽规⑰，亲戚补察⑱，瞽、史教诲，耆(qí)、艾修之⑲，而后王斟酌焉⑳，是以事行而不悖㉑。民之有口也，犹土之有山川也，财用于是乎出；犹其原隰(xí)衍沃也㉒，衣食于是乎生。口之宣言也㉓，善败于是乎兴，行善而备败，其所以阜(fù)财用衣食者也㉔。夫民虑之于心而宣之于口㉕，成而行之，胡可壅也？若壅其口，其与能几何㉖？"

王弗听，于是国人莫敢出言。三年，乃流王于彘(zhì)㉗。

注释

①召公：名虎。周朝卿士，谥穆公，召一作邵。厉王：名胡(前878—前842)，在位三十七年。谤：指责。　②卫巫：卫地的巫人。巫，古时以装神弄鬼替人祈祷为职业的人。　③以目：用目光交流。　④弭：消除；遏止。　⑤防：堵塞。　⑥壅：堵。　⑦为川者：治水人。　⑧宣：宣泄；引导。　⑨公卿：古代有三公九卿，都是执政大臣。列士：周代有上士、中士、下士，统称列士，士是低级贵族，位在大夫之下。诗：专指讽谏的诗。　⑩瞽：盲人，此指乐师。古代乐官多由盲人担任。曲：民间乐曲，参见《季札观周乐》。　⑪史：史官。书：史籍。　⑫师：乐官少师。箴：用来规诫的文辞。　⑬瞍：没有眼珠的盲人。赋：有节奏的诵读。　⑭矇：有眼珠的盲人。诵：无音乐节奏的朗读。　⑮百工：掌管各种工匠的官。　⑯庶人：平民。　⑰近臣：亲近之臣。　⑱亲戚：内外亲属。　⑲耆：六十岁的人。艾：五十岁的人。修：修饰整理。　⑳斟酌：考虑决定取舍。　㉑悖：违背道理。　㉒原隰：高而平的土地。隰：低下潮湿的土地。衍沃：平坦肥美的良田。　㉓宣：发表。　㉔阜：盛多；丰富。　㉕夫：发语词。　㉖与：语助词，无意义。　㉗流：放逐。彘：地名，在今山西霍县东北。

译文

　　周厉王残暴,国都百姓都指责他。召公告诉厉王说:"民众不能忍受你的政令了。"厉王大怒,找到卫国巫师,派去监视指责他的人,卫巫来告发,就杀死那个人。百姓不敢说话,路上只能用眼神交流。厉王大喜,告诉召公说:"我能消除指责了,臣民都不敢多说话了。"

　　召公说:"这是堵住他们的嘴啊! 堵塞民众的口,比堵塞河流更危险。河流被堵发生溃决,受伤害的人必定很多;民众也像这样。所以治水的人疏通河道让它畅通,治人的人要让他们宣泄说话。所以天子处理政事,让高官公卿到低级官吏都进献讽喻诗篇,乐师进献民间乐曲,史官进献可借鉴的史籍,少师进箴言,瞍吟讽喻诗篇,矇诵讽谏之言,负责管理工匠的百工进谏,平民传话到天子,亲近大臣尽责规劝,内外亲戚补过监察,乐师和史官提供教导,元老们进一步修饰整理,然后君王考虑裁决,因此政事得到施行而不违背情理。民众的有口,就像大地上有山河,财富器用从这里产出;就像高原低地有良田,吃穿从这里产生。百姓用口来发表讲话,国家政务的成功失败在这里面显露,推行成功的而防备失败的,这正是用来丰富财富、器用、吃穿的治国之法啊。民众想在心里而说在口头,只要形成想法就会说出来,哪能堵塞呢? 如果堵他们的口,又能支持多久呢?"

　　厉王不听劝告,于是百姓没有人敢议论。三年以后,便把厉王放逐到彘地去了。

展禽论祀爰(yuán)居^①

《国语》

题解

　　本篇记叙展禽对臧文仲盲目祭拜爰居海鸟一事的批评。展禽认为,凡能成为祭典的,必定都是有功于民的,而盲目祭拜一只海鸟没有意义。后来事态的发展也证明了他的正确。这篇议论对于了解古代的祭典以及古人的思想,是很有价值的。

原文

　　海鸟曰"爰居",止于鲁东门之外二日,臧文仲使国人祭之^②。展禽曰:"越哉^③,臧孙之为政也! 夫祀,国之大节也^④;而节,政之所成也。故慎制祀以为国典。今无故而加典,非政之宜也。

　　"夫圣王之制祀也,法施于民则祀之,以死勤事则祀之,以劳定国则祀之,能御大灾则祀之,能捍大患则祀之:非是族也,不在祀典。昔烈山氏之有天下也^⑤,其子曰柱,能植百谷百蔬;夏之兴也,周弃继之^⑥,故祀以为稷^⑦。共(gōng)工氏之伯九有也^⑧,其子曰后土,能平九土^⑨,故祀以为社^⑩。黄帝能成命百物^⑪,以明民共财^⑫,颛(zhuān)项(xū)能修之^⑬;帝喾(kù)能序三辰以固民^⑭;尧能单均刑法以仪民^⑮;舜勤民事而野死^⑯;鲧(gǔn)障洪水而殛(jí)死^⑰;禹能以德修鲧之功^⑱;契(xiè)为司徒而民辑^⑲;冥勤其官而水死;汤以宽治民而除其邪;稷勤百谷而山死;文王以文昭;武王去民之秽。故有虞氏禘(tì)黄帝而祖颛项^⑳,郊尧而宗舜^㉑,夏后氏禘黄帝而祖颛项^㉒,郊鲧而宗禹;商人禘舜而祖契,郊冥而宗汤;周人禘喾而郊稷,祖文王而宗武王。幕能帅颛项者也㉓,有虞氏报焉㉔;杼能帅禹者也,夏后氏报焉;上甲微能帅契者也㉕,商人报焉;高圉、太王能帅稷者也㉖,周人报焉。凡禘、郊、祖、宗、报,此五者国之典祀也㉗。

"加之以社稷、山川之神,皆有功烈于民者也㉘;及前哲令德之人㉙,所以为明质也㉚;及天之三辰,民所以瞻仰也;及地之五行㉛,所以生殖也;及九州名山川泽,所以出财用也。非是,不在祀典。今海鸟至,己不知而祀之,以为国典,难以为仁且知(zhì)矣㉜。夫仁者讲功㉝,而知者处物㉞。无功而祀之,非仁也;不知而不问,非知也。今兹海其有灾乎㉟? 夫广川之鸟兽,恒知而避其灾也㊱。"

是岁也,海多大风,冬暖。

文仲闻柳下季之言㊲,曰:"信吾过也! 季子之言不可不法也㊳。"使书以为三策㊴。

注释

①展禽:名获,字禽,鲁大夫。即柳下惠,以善于礼仪著称。爰居:古代少见的巨型海鸟。　②臧文仲:臧孙氏,名辰,春秋时在鲁国执政。国:国都。③越:迂阔。　④节:法度;制度。　⑤烈山氏:即神农氏,传说中农业和医药的发明者。一说即炎帝。　⑥周弃:周朝祖先弃,即后稷。　⑦稷:五谷之神。　⑧共工氏:古史传说中上古共工部落首领。伯:通"霸"。九有:九州,泛指全中国。　⑨九土:九州的土地。　⑩社:土地神。　⑪黄帝:传说中中原各族的共同祖先。有很多发明创造,如舟车、养蚕、文字、音律、医学、算数等,都创于黄帝期间。命:命名。⑫共:通"供",供给;需要。　⑬颛顼:传说中古代部族首领。　⑭帝喾:传说中古代部族首领,号高辛氏。三辰:指日、月、星。固:稳定。　⑮殚:通"殚",尽;竭尽。仪:法度;准则。　⑯野死:死在野外,传说舜死在南方的苍梧。　⑰鲧:传说中古代部落首领。用筑堤治水,无效而被处死。殛:处死。⑱德:优良的品德。　⑲契:传说中商朝始祖,协助禹治水成功,任命为司徒,负责教化。司徒:掌管教化的官员。辑:和睦。　⑳有虞氏:传说中的远古部落,首领是舜。禘黄帝而祖颛顼:把颛顼作为始祖,又推寻始祖的先人黄帝,以始祖作配祭。　㉑郊尧而宗舜:上

古在郊外祭祀天地,以尧配天,以舜配上帝。上帝是天的别名。宗:宗祀,在祖庙祭祀。　㉒夏后氏:远古部落名,相传首领是禹。　㉓帅:遵循;继承。㉔报:报恩德的祭祀。　㉕上甲微:商汤的六世祖。　㉖高圉、太王:都是稷的后代。太王被认为是周王朝的始祖。　㉗凡:凡是;举凡。　㉘功烈:功绩。　㉙前哲:先前的才能识见超越常人的人。令德:美好的品德。　㉚质:诚信。　㉛五行:指金、木、水、火、土五种物质,古人认为世上万物由它们生成。　㉜知:通"智"。　㉝讲:讲求;计及。　㉞处:处理;处置。　㉟今兹:今年。兹,年。　㊱恒:常。　㊲柳下季:即柳下惠。　㊳季子:即柳下季。㊴策:简书。

译文

　　有一种海鸟叫"爰居",停在鲁国都城东门外两日了,臧文仲命都城百姓祭祀它。展禽说:"臧孙处理政事太迂阔了!祭祀是国家的重大制度,而制度是政事成功的前提。所以,制定祭祀把它作为国家典礼是很慎重的。如今无故增设典礼,不是处理政务所适宜做的。

　　"圣王制定祭典,凡立法有利于民众的就祭他,凡辛劳国事而殉职的就祭他,凡以劳苦功绩安定国家的就祭他,凡能抵御大灾的就祭他,凡能抵御大祸的就祭他。不是这类人,都不在祭典之内。从前烈山氏拥有天下,他的儿子叫柱,能种植谷物和蔬菜;夏朝兴起,周族的弃继承了柱的事业,所以把他们作为谷神来祭。共工氏称霸九州,他的儿子叫后土,能治理九州土地,所以把他作为土神来祭。黄帝能为百物定名,从而使民众开化,供献所需要的财物;颛顼能继承黄帝的事业;帝喾能排列日、月、星辰的运行来制定历法以安定民众;尧能制定公平的刑法来使民众有法可依;舜为民众事业劳苦而身死于山野;鲧防堵洪水不成以致被处死;禹能以美好品德来继续鲧的事业;契做司徒从而民众和睦;冥勤劳履行水官的职责以致死于水中;汤以宽厚治理民众从而除掉暴虐的夏桀;稷致力于种植百谷以致死在山里;文王以文德著称;武王铲去民众痛恨的殷纣王。所以有虞氏禘祭黄帝而祖祭颛顼,郊祭尧而宗祭舜,夏后氏禘祭黄帝而祖祭颛顼,郊祭鲧而宗祭禹;商人禘祭舜而祖祭契,郊祭冥而宗祭汤;周人禘祭喾祖祭稷,祖祭文王而宗祭武王。幕是能继承颛顼功业的人,有虞氏对他举行报祭;杼是能继承禹功业的人,夏后氏对他举行报祭;上甲微是能继承契功业的人,商人对他举行报祭;高圉和太王是能继承稷功业的人,周人对他举行报祭。举凡禘、郊、祖、宗、报这五种祭,都是国家的大典。

"加上国家土地、五谷、山河的神灵,都是对民众有功绩的;以及先哲及具有美德的人,是用来被民众所显著信任的;以及天上的日、月、星辰,是民众仰望的;以及大地的金、木、水、火、土五行,是百姓借以生育繁殖的;以及全国的名山大川,是借以出产财富的。不是这些,都不在国家祭典之内。如今海鸟飞来,自己不认识却祭祀它,并作为国家大典,很难算得上仁爱智慧了。仁爱的人讲求功德,而智慧的人善于处理万物。无功却祭祀它,这不是仁爱;不认识却不求教,这不是智者。今年海上怕有灾害吧?大海里的鸟兽,常能感知从而躲避灾祸。"

这年,海上多风暴,而冬天很暖和。

臧文仲听到柳下季的话,说:"这确实是我错了!季子的话不能不遵从!"于是,他叫人记下来,刻成三份简书。

敬姜论劳逸①

《国语》

题解

严母教子,见微知著。文章中的儿子公父文伯出于好心劝母亲不要纺绩,母亲敬姜却教育儿子不要有怠惰之心,饱含对儿子的希望。家教与国教相连,敬姜从天子讲到诸侯、卿大夫、士、庶士以下,包括了社会各阶层,尽管级差有别,但她认为每个人都要做好自己的工作,不能有丝毫懈怠和疏失。这篇话,对认识我国古代社会及优秀传统,是很有好处的,对今天的年轻人也很有教育意义。

原文

公父文伯退朝②,朝其母,其母方绩③。文伯曰:"以歜(chù)之家,而主犹绩,惧干季孙之怒也④,其以歜为不能事主乎!"

其母叹曰:"鲁其亡乎?使僮子备官而未之闻邪⑤?居⑥,吾语女⑦。昔圣王之处民也,择瘠土而处之,劳其民而用之,故长王(wàng)天下。夫民劳则思,思则善心生;逸则淫,淫则忘善,忘善则恶心生。沃土之民不材,淫也;瘠土之民莫不向义,劳也。是故天子大采朝日⑧,与三公、九卿祖识地德⑨;日中考政,与百官之政事,师尹惟旅牧相宣序民事⑩。少采夕月⑪,与太史、司载纠虔天刑⑫;日入,监九御⑬,使洁奉禘、郊之粢(zī)盛(chéng)⑭,而后即安。诸侯朝修天子之业命⑮,昼考其国职,夕省其典刑⑯,夜儆(jǐng)百工⑰,使无慆(tāo)淫⑱,而后即安。卿大夫朝考其职⑲,昼讲其庶政⑳,夕序其业,夜庀(pǐ)其家事㉑,而后即安。士朝受业㉒,昼而讲贯㉓,夕而习复,夜而计过,无憾,而后即安。自庶人以下㉔,明而动,晦而休,无日以怠。王后亲织玄紞(dǎn)㉕,公侯之夫人加之以纮(hóng)綖(yán)㉖,卿之内子为大带㉗,命妇成祭服㉘,列士之妻加之以朝服㉙,自庶士以下㉚,皆衣其夫㉛。社而赋事㉜,烝而献功㉝。男女效绩,愆则有辟㉞,古之制也。君子劳心,小人劳力,先王之训也。自上以下,谁敢淫心舍力?今我寡也,尔又在下位,朝夕处事,犹恐忘先人之业。况有怠惰,其何以避辟?吾冀而朝夕修我曰㉟:'必无废先人㊱。'尔今曰:'胡不自安?'以是承君之官,余惧穆伯之绝祀也㊲!"

仲尼闻之曰:"弟子志之㊳,季氏之妇不淫矣!"

注释

①敬姜:鲁国大夫公父穆伯的妻子,公父文伯的母亲。史有贤母之誉。

②公父文伯:姓公父,名歇。鲁国大夫。　③绩:纺麻线。　④季孙:即季孙肥,又称季康子。鲁国大夫,执鲁国政。　⑤僮子:古称未成年的男子。喻指不懂事理的小孩。　⑥居:坐下。　⑦女:通"汝",你。　⑧大采朝日:春分时天子穿黑色礼服祭日神。　⑨三公、九卿:都是高官。周代三公指太师、太傅和太保。九卿多指少师、少傅、少保、冢宰、司徒、宗伯、司马、司寇和司空,是中央各行政部门的长官。祖识:熟习。　⑩师尹:众官之长。惟:相当"与"、"和"。旅:下士;下大夫。牧:地方官。宣:普遍。序:安排。　⑪少采夕月:秋分时天子穿绣有黑白斧形纹饰礼服祭月神。　⑫太史:周代朝廷大臣,掌管起草文书、诏命,记史事,编史书、天文历法等工作。司载:掌天文的官。纠虔:恭敬。天刑:天象。刑,通"形"。　⑬九御:即九嫔,是王宫里的女官,也是妃子。　⑭禘、郊:禘祭和郊祭。前者祭王者始祖,后者祭天地。粢盛:盛在祭器内祭祀用的谷物。　⑮诸侯:春秋时周天子分封的各国国君,规定服从王命,定期朝贡述职,有出军赋与服役的义务。业:业务;事务。⑯典刑:法律制度。　⑰儆:警戒。百工:百官。　⑱愒淫:忘情纵乐。⑲卿:春秋时天子、诸侯所属的高级长官。大夫:官名,周时职官分卿、大夫和士三级。　⑳庶:多;各种。　㉑庀:治理。　㉒士:见"卿"注。　㉓讲贯:讲习;研习。　㉔庶人:周代指农业生产者。　㉕玄纮:古人冠冕上用来系玉填的黑色带子。㉖纮:古人冠冕上由颔下挽上做固定用的带子。綖:覆在冕上的黑布。　㉗内子:古称卿大夫的正妻。大带:古用丝做的祭服腰带。㉘命妇:古代有封号的妇女,多指官员之母、妻。　㉙列士:古代上士、中士、下士的统称。㉚庶士:众士。㉛衣其夫:做衣给丈夫穿。㉜社:春分时祭土神。赋:颁布。　㉝蒸:冬祭。㉞愆:过错。辟:法;刑。㉟修:勉励。㊱废:废弃。㊲穆伯:即公父文伯之父。　㊳志:记住。

译文

　　公父文伯退朝回家,拜见他的母亲,母亲正在纺麻线。文伯说:"像儿子这样的家庭,母亲还要纺麻线,恐怕惹起季孙的恼怒,他以为我不能侍奉母亲!"

　　他母亲叹气说:"鲁国怕要亡了吧!让不懂事的小孩当官,竟没有听说为官的道理。坐下!我来告诉你。从前圣明的君王安置民众,选择贫瘠土地让他们居住,让民众辛勤劳作从而加以使用,所以能够长久统治天下。民众辛勤劳作就会思考，会思考就产生善心；安逸了就会放纵，放纵就会忘却善心，忘却善心就生恶心。肥沃土地的民众不成才，是因为放纵；贫瘠土地的民众，无不趋向正义，这是因为辛勤劳作。所以，天子春分着黑色礼服祭日神，与三公九卿一起熟识农作物收获的情况；日中查考国家政务和百官的政事，朝廷的众官之长带领属官和地方官一起辅助安排民众的政务。天子秋分着绣纹礼服祭月神，与太史、司载诸官秉承天象；日落时监督内宫的女官，要她们将供奉祭祀的谷物整理得清洁干净，然后才休息。诸侯们早上处理天子颁布的工作和命令，白天查考自己国家的政务，傍晚审查法律制度的施行。夜里告诫百官，教他们不要怠惰放纵，然后才休息。卿大夫早上考查自己的职责，白天办理他的各种政务，傍晚整理他经办的工作，夜里处理好采邑事务，然后才休息。士人早上接受任务，白天讲习研习，傍晚进行复习，夜里检查自己一天有无过错，没有缺憾之后才休息。自平民以下，天亮就劳动，天黑才休息，没有一日可以懈怠。王后亲自动手织冠冕上的黑丝带，公侯的夫人还要加织系冠冕的丝绳和覆盖冕的布，卿的正妻编织束祭服的大腰带，官员妻子做祭服，士的妻子还要加做朝服，自庶士以下，妻子都要为丈夫做衣服。春祭时祷告神灵颁布农事，冬祭时祷告神灵献上成果。男女都尽力做出业绩，有错失就要责罚，这是古制。君子劳心，小人劳力，这是先王的遗训。从上到下，谁敢放纵心思不肯出力？如今我是寡妇，你又身在下位，起早落黑处理事务，还担心你忘了先人的功业。何况有懈怠懒惰的想法，将怎样避免惩罚呢？我希望你从早到晚都勉励我说：'必定不能废弃先人的功业。'你现在却说：'为何不自求安逸？'用这种思想担承国君的官职，我怕你亡父穆伯的祭祀断绝啊！"

仲尼听到这件事，说："弟子们记住，季氏的妇人的确是不图安逸的！"

叔 向 贺 贫①

《国语》

题解

　　思想的洞察力是写作的灵魂,思想水平决定文章的高度。本文首句"叔向见韩宣子",看似平淡,其实内涵甚多。叔向去"见",一是有目的——韩宣子当前应做什么,二是抓住机会——韩宣子错在忧贫,三是有准备——至少考察了韩宣子家族史和晋国其他卿大夫的家史,于是有了"贺贫"这令人耳目一新之说。文中问答,字句简明,事实确凿,正反对照,推论有力。"君子忧德不忧贫",是我国自古以来提倡的人生观。

原文

　　叔向见韩宣子②,宣子忧贫,叔向贺之。宣子曰:"吾有卿之名③,而无其实,无以从二三子④,吾是以忧。子贺我,何故?"

　　对曰:"昔栾武子无一卒之田⑤,其宫不备其宗器⑥;宣其德行,顺其宪则⑦,使越于诸侯⑧。诸侯亲之,戎、狄怀之⑨,以正晋国。行刑不疚⑩,以免于难⑪。及桓子⑫,骄泰奢侈⑬,贪欲无艺⑭,略则行志,假贷居贿⑮,宜及于难,而赖武之德以没其身⑯。及怀子⑰,改桓之行而修武之德,可以免于难,而离桓之罪⑱,以亡于楚⑲。夫郤昭子⑳,其富半公室㉑,其家半三军㉒,恃其富宠,以泰于国㉓。其身尸于朝,其宗灭于绛㉔。不然,夫八郤五大夫三卿,其宠大矣;一朝而灭,莫之哀也,惟无德也。今吾子有栾武子之贫,吾以为能其德矣,是以贺。若不忧德之不建㉕,而患货之不足,将吊不暇㉖,何贺之有?"

宣子拜,稽首焉㉗,曰:"起也将亡,赖子存之。非起也敢专承之,其自桓叔以下㉘,嘉吾子之赐㉙。"

注释

①叔向:即晋大夫羊舌肸(xī),一名叔肸,字叔向,博学善议。 ②韩宣子:名起。晋国执政长官。 ③卿:春秋时诸侯的高级长官。 ④从:追随;交往。二三子:二三君子,指晋国执政的卿大夫。 ⑤栾武子:名书,晋上卿。一卒之田:一百顷田。当时卿应有田五百顷。 ⑥宗器:祭器。 ⑦宪则:法制。 ⑧越:发扬;远扬。 ⑨戎、狄:古代分别泛指西部少数民族和北部少数民族。 ⑩疚:缺陷。 ⑪免于难:以上指栾武子杀厉公,立悼公,修治国政,复霸诸侯,避免了亡国的危难。 ⑫桓子:名黡(yǎn),栾武子之子。⑬泰:放纵。 ⑭艺:法度;限度。 ⑮假:借。贷:借。居:积聚。贿:钱财。⑯没其身:终其一身。 ⑰怀子:名盈,桓子之子。 ⑱离:通"罹",遭受。桓之罪:桓子的牵累。 ⑲亡:逃亡。 ⑳郤昭子:名至,晋卿。 ㉑公室:春秋时指诸侯家族,也指诸侯政权。 ㉒三军:泛称军队。当时诸侯大国有上、中、下三军,约三万七千五百人。 ㉓泰:骄纵;骄恣。 ㉔宗:宗族。绛:晋国旧都,在今山西翼城东南。 ㉕若:如果。 ㉖吊:伤痛。 ㉗稽:叩头到地,是很恭敬的礼节。 ㉘桓叔:韩氏始祖。 ㉙嘉:感恩;感德。

译文

叔向去见韩宣子,宣子正为贫困忧虑,叔向却祝贺他。宣子说:"我只有卿的名衔,却没有卿的富实,无法与卿大夫交往,我正为此忧虑。您祝贺我,是什么缘故呢?"

叔向回答说:"从前栾武子没有百顷的田产,他的家里连祭器也不齐全,他弘扬德行,遵守法制,使自己的名声远扬于诸侯。诸侯亲近他,戎狄归附他,从而把晋国治理好。他执法无缺失,从而为晋国免除了祸难。到了桓子,骄横奢侈,贪得无厌,不顾法制为所欲为,放债谋利,积聚钱财,理应遭受祸难,只是依靠父亲栾武子的功德,才保全自身。到了怀子,改变桓子的所作所为,而继承栾武子的功德,理应免遭祸难,却遭桓子罪过的牵累,以致逃亡到了楚国。郤昭子，他的财富占晋国公室的一半，他的兵赋占晋国全军的一半，倚仗他的富有和受宠幸，在晋国肆无忌惮。结果，他的尸体在朝廷里示众，他的家族在绛都灭绝。如果不是这样，郤家八人，五人封大夫三人封卿，那宠幸够大了。一朝灭绝，没有人哀怜他们，唯一原因是没有德行。如今您具有栾武子的清贫，我认为将能够具有他的德行，所以祝贺。如果不忧虑德行的不建树，却担心钱财的不充足，我将哀悼也来不及，还有什么可祝贺的？"

宣子跪拜，叩首说："我韩起将要亡了，全靠您保全了我。不是我韩起敢独自承受的，从我始祖桓叔开始，都要感戴您的恩赐。"

王孙圉论楚宝①

《国语》

题解

楚大夫王孙圉在晋国招待会上，阐发什么才是国宝，从而显示了楚国的实力。语句整齐有序，势不可遏，列举了国宝，阐释了国宝与非国宝的不同。其中虽难免有古人的宗教迷信成分，但是，"若夫白珩，先王之玩也"，"若夫哗嚣之美，楚虽蛮夷，不能宝也"，确是惊世之语，使轻率提问的赵简子自觉失言。

原文

王孙圉聘于晋②，定公飨（xiǎng）之③。赵简子鸣玉以相（xiàng）④，问于王孙圉曰："楚之白珩（héng）犹在乎⑤？"对曰："然。"简子曰："其为宝也几何矣？"曰："未尝为宝。楚之所宝者，曰观射父⑥，能作训辞⑦，以行事于诸侯，使无以寡君为口实⑧。

又有左史倚相⑨，能道训典⑩，以叙百物，以朝夕献善败于寡君，使
寡君无忘先王之业；又能上下说于鬼神⑪，顺道其欲恶，使神无有
怨痛于楚国。又有薮曰云连徒洲⑫，金、木、竹、箭之所生也⑬，龟、
珠、角、齿、皮、革、羽、毛⑭，所以备赋⑮，以戒不虞者也⑯；所以共
币帛⑰，以宾享于诸侯者也⑱。若诸侯之好币具，而导之以训辞，
有不虞之备，而皇神相之⑲，寡君其可以免罪于诸侯，而国民保焉。
此楚国之宝也。若夫白珩，先王之玩也，何宝之焉？圉闻国之宝六
而已：圣人能制议百物，以辅相国家，则宝之；玉足以庇荫嘉谷⑳，
使无水旱之灾，则宝之；龟足以宪臧否(pǐ)㉑，则宝之；珠足以御火
灾，则宝之；金足以御兵乱，则宝之；山林薮泽足以备财用，则宝之。
若夫哗嚣之美㉒，楚虽蛮夷㉓，不能宝也。"

注释

①王孙圉：春秋末期楚国大夫。 ②聘：代表本国访问友邦。 ③定公：
晋定公，公元前511年至前476年在位。飨：用酒食招待客人。 ④赵简子：
赵鞅，又名志父，晋国的卿。相：相礼，即辅佐国君执行礼仪。 ⑤白珩：白色
佩玉。珩，系在玉佩上部的横玉。 ⑥观射父：春秋末楚国大夫。 ⑦训辞：
教训的辞令。 ⑧口实：话柄。 ⑨左史倚相：周代史官分左史、右史，左史记
行动，右史记言语。春秋末楚国史官。 ⑩训典：先王典籍。 ⑪"能上下说
于鬼神"句：古代相传史官能上下交通鬼神。 ⑫云连徒洲：即云梦泽。在今
湖北监利县北。 ⑬金：铜、铁等金属。箭：箭竹，即可做箭杆的竹。 ⑭龟：
龟甲，古代用来占卜。珠：古代相传可以防御火灾。角：兽角，可做弓弩构件。
齿：象牙。皮：兽皮，如虎皮可做垫席。革：犀牛皮，可做甲胄。羽：鸟毛，可装
饰。毛：牦牛尾，可做旗杆顶端的装饰，又叫旄头。 ⑮赋：兵赋，军用物资。
⑯戒：防备。不虞：没有料到的侵犯。 ⑰共：同"供"。 ⑱宾：招待。享：馈
赠。 ⑲皇：大。 ⑳玉：祭祀的玉器。庇荫：庇护。嘉谷：生长苗壮的禾稻。
㉑宪：表明。臧否：吉凶。 ㉒哗嚣：喧哗，声音又大又闹。 ㉓蛮夷：我国古
代对东南地区少数民族的蔑称，王孙圉谦称蛮夷，意思说落后地区。

译文

    王孙圉出访晋国，晋定公设宴招待他。晋卿赵简子作陪，盛装

佩玉,行动发声,作为相礼问王孙圉:"楚国的白珩还在吗?"回答:
"还在。"简子又问:"它作为宝贝,有多久了?"王孙圉说:"不曾把
它当作宝贝。楚国所宝贝的,叫观射父,善于辞令,到各诸侯国办
事,使人家无法拿我们君王作话柄。又有左史倚相,能引述先王典
籍来说明各种事物,时刻给我们国君提供成败事例,使我们国君不
忘记先王的业绩;还能上下取得天地神灵的欢心,顺应他们的好
恶,使神灵对楚国没有怨恨。又有大沼泽叫云连徒洲,是金属、木
材、毛竹、箭材诸物资的产地,龟甲、珍珠、兽角、象牙、兽皮、犀革、
鸟羽和旄牛尾是用来储备军用物资而防备意外侵犯的,也能用作
财货,招待和馈赠诸侯。如果诸侯喜欢我们的礼品,并用辞令沟
通,又有防意外的准备,并且得到天神的保佑,我们国君也许能够
避免得罪于诸侯从而使国家和人民得以保全了。这些才是楚国的
宝贝!至于那白珩,先王的玩物罢了,有什么可宝贵的?我听说国
家的宝贝共六种罢了:明君圣人能创建和评论各种事物,从而辅助
治理国家,就视他为宝;美玉能庇护禾苗茁壮成长,使不受水旱之
灾,就视它为宝;龟甲能预示吉凶,就视它为宝;珍珠能防御火灾,
就视它为宝;金属能抑制战乱,就视它为宝;山林湖泽能储备物资,
就视它为宝。至于喧闹的美饰,楚国虽然是落后地区,也不能视它
为宝。"

苏秦以连横说(shuì)秦[①]

《战国策》

题解

《战国策》,作者不详。今本及其书名由汉代刘向校理编订。
所记是战国二百七十年间游说之士的言论和活动,分国编述,分东

周、西周、秦、齐、楚、赵、魏、韩、燕、宋、卫、中山共十二国三十三篇。语言流畅犀利，夸张渲染，论辩很有说服力；又善于运用寓言故事说明抽象道理，显得生动形象，所以对后世的文学语言有很大影响。故选七篇。

史书是记实的，但是，本文以巧妙的选材和精心的组织形成鲜明对比，而且注重文采，从而产生强烈的感染力。全篇可分六部分，是苏秦失败与成功的对比，落魄与富贵的对比，受亲人冷遇与尊崇的对比，甚至语言也多用对比句、排比句，以增强气势。文末用苏秦和他嫂子的话总结形成对比的根源。但是，在我们看来，遭失败、身处困境可以激发人发愤图强的精神，这才是最重要的。此外，文中还显现了诸侯争霸与民心思安的社会矛盾。

原文

苏秦始将连横说秦惠王②，曰："大王之国，西有巴、蜀、汉中之利③，北有胡貉(hé)、代马之用④，南有巫山、黔中之限⑤，东有殽、函之固⑥。田肥美，民殷富，战车万乘，奋击百万⑦，沃野千里，蓄积饶多，地势形便⑧，此所谓天府⑨，天下之雄国也⑩。以大王之贤，士民之众，车骑之用，兵法之教，可以并诸侯，吞天下，称帝而治⑪。愿大王少留意，臣请奏其效。"秦王曰："寡人闻之：毛羽不丰满者，不可以高飞；文章不成者⑫，不可以诛罚；道德不厚者，不可使民；政教不顺者，不可以烦大臣⑬。今先生俨然不远千里而庭教之⑭，愿以异日。"

苏秦曰："臣固疑大王之不能用也。昔者神农伐补遂⑮，黄帝伐涿鹿而禽蚩尤⑯，尧伐骧(huān)兜⑰，舜伐三苗⑱，禹伐共工⑲，汤伐有夏⑳，文王伐崇㉑，武王伐纣，齐桓任战而伯(bò)天下㉒，由此观之，恶(wū)有不战者乎㉓！古者使车毂(gǔ)击驰㉔，言语相结，天下为一。约从连横㉕，兵革不藏㉖。文士并饬㉗，诸侯乱惑；万端俱起，不可胜理。科条既备㉘，民多伪态；书策稠浊㉙，百姓不足；上下相愁，民无所聊㉚。明言章理㉛，兵甲愈起，辩言伟服㉜，战攻不息；繁称文辞，天下不治；舌敝耳聋，不见成功；行义约信，天下不亲。于是乃废文任武，厚养死士，缀甲厉兵㉝，效胜于战场。夫徒处而致利㉞，安坐而广地，虽古五帝、三王、五伯㉟，明主贤君，常欲坐而致之，其势不能，故以战续之。宽则两军相攻，迫则杖戟相橦（chōng）㊱，然后可建大功。是故兵胜于外，义强于内；威立于上，民服于下。今欲并天下，凌万乘㊲，诎（qū）敌国㊳，制海内，子元元㊴，臣诸侯，非兵不可。今之嗣主㊵，忽于至道，皆惛（hūn）于教㊶，乱于治，迷于言，惑于语，沈于辩，溺于辞，以此论之，王固不能行也。”

说秦王书十上而说不行。黑貂之裘敝㊷，黄金百斤尽，资用乏绝㊸，去秦而归。羸（léi）縢（téng）履蹻（jué）㊹，负书担橐（tuó）㊺，形容枯槁，面目犁黑㊻，状有归色㊼。归至家，妻不下纴（rèn）㊽，嫂不为炊，父母不与言。苏秦喟（kuì）然叹曰㊾：“妻不以我为夫，嫂不以我为叔，父母不以我为子，是皆秦之罪也！”乃夜发书，陈箧数十㊿，得太公《阴符》之谋(51)，伏而诵之，简练以为揣摩(52)。读书欲睡，引锥（zhuī）自刺其股(53)，血流至足，曰：“安有说人主不能出其金玉锦绣，取卿相之尊者乎？”期（jī）年(54)，揣摩成，曰：“此真可以说当世之君矣！”

于是乃摩燕乌集阙(55)，见说赵王于华屋之下，抵掌而谈(56)。赵王大悦，封为武安君(57)，受相印(58)，革车百乘(59)，锦绣千纯（tún）(60)，白璧百双，黄金万镒(61)，以随其后，约从散横(62)，以抑强秦。故苏秦相于赵而关不通(63)。当此之时，天下之大，万民之众，王侯之威，谋臣之权(64)，皆欲决于苏秦之策。不费斗粮，未烦一兵，未战一士，未绝一弦，未折一矢，诸侯相亲，贤于兄弟(65)。夫贤人任而天下服，一人用而天下从，故曰：“式于政(66)，不式于勇，式于廊庙之内(67)，不式于四境之外。”当秦之隆，黄金万镒为用，转毂连骑，炫熿于道(68)，山东之国(69)，从风而服，使赵大重。且夫苏秦特穷巷掘门、桑户棬（quān）枢之士耳(70)，伏轼撙（zǔn）衔(71)，横历天下(72)，庭说诸侯之王，杜左右之口，天下莫之能伉(73)。

将说楚王⁷⁴，路过洛阳，父母闻之，清宫除道⁷⁵，张乐设饮，郊迎三十里。妻侧目而视⁷⁶，倾耳而听；嫂蛇行匍伏⁷⁷，四拜自跪而谢⁷⁸。苏秦曰："嫂，何前倨而后卑也⁷⁹？"嫂曰："以季子之位尊而多金！"苏秦曰："嗟呼⁸⁰！贫穷则父母不子，富贵则亲戚畏惧。人生世上，势位富贵，盍（hé）可忽乎哉⁸¹！"

注释

①苏秦：字季子，战国时东周洛阳（今河南洛阳东）人，著名的纵横家。以"连横"游说秦王，不成。改用"合纵"游说赵王，得到重用，并得到其余五国的支持，一度使秦国扩张受挫。后因在齐国从事反间活动暴露，被车裂而死。连横：横向联合，一种外交政策，目的在打破六国合纵政策，游说六国分别与秦国交好，最后逐个击破。说：游说；说服。　②秦惠王：嬴姓，名驷，即惠文王，秦国自他开始称王。　③巴：在今四川东部和湖北西部一带。蜀：在今四川中部偏西。汉中：在今陕西秦岭以南和湖北省西北部。　④胡貉：指西北地区产的貉皮。胡，我国古代对西部和北部地区少数民族的通称。貉，似狐，皮可制衣。代马：代地产的马。代指今河北、山西北部地区。　⑤巫山：在今四川巫山。黔中：在今湖南沅陵一带。　⑥殽：一作崤，山名。在今河南西部。函：指函谷关，在今陕西潼关东。　⑦奋击：称勇于攻击的士兵。⑧形便：态势便利，可攻可守。　⑨天府：喻称自然环境优越，物产丰富的地区。府，府库。　⑩雄国：强有力的国家。　⑪称帝而治：战国时各国君主称王，强国自称帝，表示统一的意愿。　⑫文章：法令。　⑬烦：差遣。　⑭俨然：端庄正经的样子。不远千里：不以千里为远，指不辞长途跋涉的辛劳。庭教：在朝廷里指教。庭，通"廷"，朝廷。　⑮神农：即神农氏，传说中农业和医药的发明者，一说即炎帝。补遂：一作辅遂，古国名。　⑯黄帝：传说中中原各族的共同祖先。涿鹿：在今河北涿鹿东南。蚩尤：传说中东方九黎族的首领。禽：同"擒"。　⑰驩兜：传说中尧时的恶人。　⑱三苗：古族名。亦称有苗，苗民，在今河南南部至湖南洞庭湖、江西鄱阳湖一带。　⑲共工：古代传说人物。　⑳有夏：即夏朝，指夏桀。　㉑崇：殷代崇国，在今陕西户县。㉒齐桓：即齐桓公，春秋五霸之首。伯：通"霸"。　㉓恶：怎么；何。　㉔毂：车轮中心的圆木，中有圆孔，用来插轴。此代指车辆。击驰：往来奔驰。㉕约从：纵向合作，即合纵。　㉖兵革：兵器衣甲的总称。革，皮革制的甲。

㉗文士:指游说之士。饬:通"饰",修饰文辞;辩说。　㉘科条:规章制度。㉙稠浊:繁冗混乱。　㉚聊:依赖。　㉛明言:讲道论理。章:彰明。　㉜伟:壮美。　㉝缀甲:用金属片联结成铠甲。厉:同"砺",磨砺。　㉞徒处:不做事;不作为。　㉟五帝:传说中上古五位帝王。三王:指夏禹、商汤、周文王。一说指夏禹、商汤和周文王武王。五伯:即春秋五霸,指齐桓公、晋文公、楚庄王、吴王阖闾和越王勾践;一说指齐桓公、宋襄公、晋文公、秦穆公和楚庄王。㊱杖:木棍。戟:古代既能直刺又能横击的兵器。撞:击;刺。此为冲杀。㊲凌:凌驾。万乘:指拥有万辆战车的大国。　㊳诎:屈服;败退。　㊴子:以……为子。元元:百姓。　㊵嗣主:新君。　㊶惛:同"昏",糊涂。教:政教,指刑赏与教化。　㊷黑貂:即紫貂,其皮毛是珍贵衣料。　㊸资用:费用。㊹嬴:通"累",束缚缠绕。縢:绑腿。蹻:草鞋。　㊺橐:袋。　㊻犁:黑色。㊼归:羞惭。　㊽纴:同"纴",织布帛的丝缕。此指织机。　㊾喟:叹声。㊿陈:摆开。箧:小箱。　(51)太公:姜姓,名望,又称吕尚,是周武王灭商的主要功臣。俗称姜太公、姜子牙。《阴符》:传说太公著有兵书叫《阴符经》。(52)简:选择。练:熟练。揣摩:努力探求。　(53)锥:钻孔工具。股:大腿。(54)期年:一周年。　(55)摩:近。燕乌集阙:燕宫阙名。阙是古代宫门前左右各一的高台,台上建有楼观。比喻纵横开阖、气势宏大的说辩艺术。　(56)抵掌:击掌。　(57)武安君:表示地位的封号。　(58)受:通"授"。　(59)革车:古代的战车。　(60)纯:匹。段:古时绸帛的计量单位。　(61)镒:古以二十两为一镒;一说是二十四两。　(62)约从:缔结纵向联盟,即联合六国抗秦。横:连横。(63)关:指函谷关。　(64)权:权谋。　(65)贤:胜。　(66)式:用。　(67)廊庙:指朝廷。庙,君主祭祖处,其旁为廊。　(68)炫熿:辉煌。熿,同"煌"。　(69)山东之国:崤山以东的国家,指六国。　(70)特:只。掘门:窟门。掘,通"窟"。桑户:桑枝编的门。棬枢:树枝圈成的门枢。　(71)伏轼:伏在车前横木上。搏:勒住。衔:横在马口中备抽勒的铁。　(72)历:行。　(73)伉:通"抗",匹敌。(74)楚王:指楚成王。名商。　(75)清宫:打扫房舍。除道:清扫道路。　(76)侧目而视:斜着眼看,不敢正视。　(77)匍伏:爬行。　(78)谢:告罪;请罪。　(79)倨:傲慢。　(80)嗟呼:叹息声。　(81)盍:何;怎么。

译文

苏秦当初用连横策略游说秦惠王说:"大王的国家,西有巴、蜀、汉中的富饶,北有胡貉、代马的供给使用,南有巫山、黔中的险阻,东有崤山、函谷关的坚固。田地肥美,民众富裕,战车万辆,勇士百万,肥沃原野广千里,储备物资很丰富,地势便利,这就是所谓的天府,天下的强国。凭大王的贤明,士民的众多,战车的充足,兵法训练的规范,是能够并吞诸侯、兼并天下、称帝统一的。希望大王稍加费心,让我陈述实现它的策略。"秦王说:"我听说:羽毛不丰满的,不能高飞;法令不完备的,不能诛杀责罚;道德不崇高的,不能役使民众;政令教化不通畅的,不能烦劳大臣。如今先生郑重其事地长途跋涉来到秦国朝廷教导我,我想还是改日再谈。"

苏秦说:"我本就怀疑大王不能采用我的意见。从前神农氏征伐补遂,黄帝征伐涿鹿从而擒住蚩尤,尧征伐驩兜,舜征伐三苗,禹征伐共工,汤征伐夏桀,文王征伐崇国,武王征伐商纣,齐桓公以武力称霸天下。由此看来,哪有不采用战争而能称霸天下的呢!古时候使者车辆来往奔驰,通过会谈结好,天下平安。后来约纵连横,战事不休。谋臣说客花言巧语,诸侯心智迷乱;各种事端一齐发生,治也治不过来。法制条文已经日趋周详,民众造假仍多;政令文案繁杂混乱,百姓日益困苦;上下都很忧虑,民众无依无靠。道理说得冠冕堂皇,战争日益频繁,穿着华美服装辩论不休,互相攻战从未停止;文辞夸大繁复,天下从此不宁;说者说得舌破,听者听得耳聋,也看不见成功;尽管行事讲道义,合约守诚信,但天下还是互不友好。于是弃文用武,以重金蓄养不怕死的勇士,配好衣甲,磨砺兵器,在战场上夺取胜利。但是,不做事而想得利,稳坐而想扩大领土,就是古代五帝、三王、五伯,明主贤君也想坐着得到它,但是形势不允许,所以用战争实现它。远则两军对垒,近则刀枪相刺,这样才能建立大功业。因此,军队在国外取胜,国君在国内强化德政;上面建立起威望,下面民众就服从。如今要兼并天下,凌驾万乘大国,使敌国屈服,控制四海之内,安抚子民,臣服诸侯,就非战争不可。可是现在的新君,忽略了最重要的道理,都不明教化,不懂治国,迷于言谈,惑于议论,沉醉于辩说,热衷于文辞,据此推论,大王当然不能采用我的意见。"

苏秦游说秦王的文书上送了十次,都不被采用。黑貂皮袍破败了,黄金百斤用完了,费用缺乏,只得离开秦国回家。他狼狈地扎着绑腿,穿起草鞋,肩挑行李,背着书简,身容枯瘦,面色黄黑,情态羞惭。回到家,妻不下织机,嫂不为他烧饭,父母不与他说话。苏秦深深感叹说:"妻子不把我看作丈夫,嫂子不把我看作小叔,父母不把我看作儿子,这全是我苏秦的罪责!"于是他连夜翻书,翻开几十只书箱,找到太公写的《阴符》,低头诵读,选取精要,反复研求。累得要睡了,就拿锥刺自己的大腿,血一直流到脚上,对自己说:"哪有游说人君不能使他拿出金玉锦绣而取得卿相高位的呢?"一年后,研习成功,说:"这真能用来说服当今的人君了!"

于是苏秦以燕乌集阙般的说辩,在壮美的宫殿里,游说赵王,二人击掌谈笑。赵王非常高兴,封他为武安君,授予相印,让他带着百辆兵车,千匹锦绣,百双白璧,万镒黄金,去缔结纵向联盟从而拆散横向联盟,抑制强暴的秦国。所以苏秦在赵国拜相以后,使秦国函谷关不能东向通行。这时候,天下的广大,百姓的众多,王侯的威严,谋臣的权谋,都取决于苏秦的方略。不耗一斗粮,未动一刀一枪,不发一兵一卒,没断一支弓弦,不折一支箭,诸侯互相亲善,胜过兄弟。贤人在位因而天下顺服,一人得用从而天下听从,所以说:"依靠德政,不依靠武力,依靠朝廷内决策,不依靠边境上打仗来解决问题。"在苏秦威势最盛的时候,黄金万镒为他所用,车马成队,行道上声势显赫,崤山以东国家闻风服从,大大提高了赵国的地位。况且苏秦只不过是贫困里巷里住窑洞,用桑枝编门做门枢的寒士罢了,居然手扶车前横木,控制缰绳,横行天下,在朝廷上说服诸侯国的君王,堵住左右大臣的口,天下没有人能够与他抗衡。

苏秦要去游说楚成王,途经家乡洛阳,他父母听说了,整理房屋,清扫道路,敲锣打鼓摆开酒宴,出郊外三十里迎接。妻子不敢正面看他,只侧着耳朵听;嫂子像蛇似的在地上爬行,下跪拜了又拜向他请罪。苏秦问："嫂子,为何先前傲慢后来又卑恭了?"嫂子回答说:"因为小叔的地位尊贵并且钱很多!"苏秦说:"哎呀! 贫穷连父母都不把他看作儿子,富贵连亲族都敬畏。人活在世上,权势、职位的富有和尊贵,怎么能够忽视呢?"

邹忌讽齐威王纳谏①

《战国策》

题解

战国士人善用故事和寓言说服人主,而且迅速起效。邹忌即是一例。他从正确认识自己容貌推导出人要倾听批评的道理。齐威王采纳了。果然十分成功。全文语言言简意赅,平易亲切,多运用排句和重复,层层递进,引人入胜。

原文

邹忌修八尺有余②,而形貌昳(yì)丽③。朝(zhāo)服衣冠,窥镜,谓其妻曰:"我孰与城北徐公美④?"其妻曰:"君美甚,徐公何能及君也!"城北徐公,齐国之美丽者也。忌不自信,而复问其妾曰:"吾孰与徐公美?"妾曰:"徐公何能及君也!"旦日⑤,客从外来,与坐谈,问之:"吾与徐公孰美⑥?"客曰:"徐公不若君之美也。"

明日,徐公来。孰视之⑦,自以为不如。窥镜而自视,又弗如远甚。暮,寝而思之曰:"吾妻之美我者,私我也⑧;妾之美我者,畏我也;客之美我者,欲有求于我也。"

于是入朝见威王,曰:"臣诚知不如徐公美,臣之妻私臣,臣之妾畏臣,臣之客欲有求于臣,皆以美于徐公⑨。今齐地方千里⑩,

百二十城,宫妇左右⑪,莫不私王;朝廷之臣,莫不畏王;四境之内,莫不有求于王。由此观之,王之蔽甚矣。"

王曰:"善。"乃下令:"群臣吏民,能面刺寡人之过者⑫,受上赏;上书谏寡人者,受中赏;能谤议于市朝⑬,闻寡人之耳者,受下赏。"

令初下,群臣进谏,门庭若市。数月之后,时时而间进⑭。期年之后⑮,虽欲言,无可进者。燕、赵、韩、魏闻之⑯,皆朝于齐。此所谓战胜于朝廷⑰。

注释

①邹忌:战国时人。以弹琴游说齐威王,被任为相国,封于下邳(今江苏邳县西南),封成侯。讽:劝告。齐威王:战国时齐国国君,田氏,名因齐,一作婴齐。重用邹忌、田忌、孙膑等人,改革政治,国力日强。并在国都临淄(今山东淄博市东北)稷门外稷下置学宫,招揽学者,任由他们讲学议论。②修:长。　八尺有余:约今一米八左右,这里是古尺。　③昳丽:美丽出群。昳,通"逸"。　④孰与:何如。表比较。　⑤旦日:明日;第二天。　⑥孰:谁。　⑦孰:同"熟",长久深入。　⑧私:偏爱。　⑨以:以为。　⑩方千里:方圆千里。这是虚数,形容广大。　⑪宫妇:王宫内侍妾。左右:指近侍之臣。　⑫面刺:当面指责。　⑬谤议:批评;评论。谤,指责。议,讥评。⑭时时:时常。间:间断;间隔。　⑮期年:一周年。　⑯燕、赵、韩、魏:指战国七雄中的四个次等国家,其余三个大国是秦、齐、楚。这四国听命于齐国,齐国对秦、楚就有了优势。　⑰此所谓战胜于朝廷:意指这是靠在朝廷里决策取胜的范例。

译文

邹忌长八尺多,神采飘逸,姿容壮美出群。晨起穿戴衣帽,照着镜子对妻子说:"我与城北徐公,谁美呢?"妻子回答说:"您美多了,徐公哪能赶上您!"城北徐公,是齐国有名的美男子。邹忌自己不相信,又问他的小妾:"我与城北徐公谁美呢?"小妾回答说:"徐公哪能赶上您!"第二天,有位客人从外地来,与邹忌坐着聊天,又问客人:"我与徐公谁美呢?"客人说:"徐公不如您美!"

第二天,徐公来了。邹忌仔细观察他,自认为比不上他。照镜观察自己,觉得自己差得更远了。夜里躺在床上思考这件事,终于明白了:"妻子认为我美,是偏爱我;小妾认为我美,是害怕我;客人认为我美,是有求于我。"

于是进朝廷拜见齐威王,说:"我确实知道自己不如徐公美,我的妻子偏爱我,我的小妾害怕我,我的客人有求于我,都认为我比徐公美。如今齐国方圆千里,城池达一百二十座,宫廷侍女和左右近臣,没有不偏爱大王的;朝廷官员,没有不害怕大王的;国境之内,没有不有求于大王的。由此看来,大王所受的蒙蔽很深了。"

齐威王说:"对。"于是下令:"朝廷大臣、地方官吏和百姓,能当面指责我过失的,受上等奖赏;能上书规劝我的,受中等奖赏;能在公众场合指责评论并传到我耳朵里的,受下等奖赏。"

命令颁发之初,群臣进谏,宫门热闹得像集市。几个月之后,常常有人断断续续前来进谏。一年之后,即使想说,也没有意见可说了。燕、赵、韩、魏四国听到这一情况,都来朝见齐国。这就是所谓以在朝堂上决策来战胜敌人。

颜斶(chù)说齐王[①]

《战国策》

题解

本篇记叙的是君王与士的一场争论,争论的实质是尊重人才。面对至高无上的国君,士人颜斶敢于针锋相对,理直气壮地说:"士贵耳,王者不贵。"当齐宣王表示愿为弟子后,颜斶却不慕荣利,泰然归隐,表现出"言要道"而不求私利的品德。文章因此揭起一个高潮。作者善于用言行表现人物，颜斶的形象存在于他的言论中。而齐宣王从"不悦"，到"忿然作色"，到"默然不悦"，到愿为弟子，笔墨不多，却层次分明。而他的摆阔，依然透露出统治者讲究奢华的本性。

原文

齐宣王见颜斶，曰："斶前！"斶亦曰："王前！"宣王不悦。左右曰："王，人君也；斶，人臣也。王曰'斶前'，斶亦曰'王前'，可乎？"斶对曰："夫斶前为慕势，王前为趋士②。与使斶为慕势，不如使王为趋士。"

王忿然作色曰："王者贵乎，士贵乎？"对曰："士贵耳，王者不贵。"王曰："有说乎？"斶曰："有。昔者秦攻齐，令曰：'有敢去柳下季垄五十步而樵采者③，死不赦。'令曰：'有能得齐王头者，封万户侯④，赐金千镒。'由是观之，生王之头，曾不若死士之垄也⑤。"宣王默然不悦。

左右皆曰："斶来，斶来！大王据千乘之地⑥，而建千石钟、万石簾(jù)⑦，天下之士，仁义皆来役处⑧；辩士并进⑨，莫不来语；东西南北，莫敢不服。求万物不备具⑩，而百姓无不亲附。今夫士之高者，乃称匹夫⑪，徒步而处农亩；下则鄙野、监门、闾里⑫，士之贱也，亦甚矣！"斶对曰："不然。斶闻古大禹之时，诸侯万国⑬，何则？德厚之道，得贵士之力也。故舜起农亩，出于野鄙，而为天子。及汤之时，诸侯三千。当今之世，南面称寡者⑭，乃二十四。由此观之，非得失之策与？稍稍诛灭⑮，灭亡无族之时，欲为监门、闾里，安可得而有乎哉？是故《易传》不云乎⑯：'居上位，未得其实，以喜其为名者，必以骄奢为行；据慢骄奢⑰，则凶必从之。是故无其实而喜其名者削⑱，无德而望其福者约⑲，无功而受其禄者辱，祸必握⑳。'故曰：'矜功不立㉑，虚愿不至。'此皆幸乐其名，华而无其实德者也。是以尧有九佐㉒，舜有七友㉓，禹有五丞㉔，汤有三辅㉕，自古及今，而能虚成名于天下者，无有。是以君王无羞亟问㉖,不媿(kuì)下学㉗。是故成其道德而扬功名于后世者,尧、舜、禹、汤、周文王是也。故曰:'无形者,形之君也㉘;无端者㉙,事之本也。'夫上见其原㉚,下通其流,至圣人明学㉛,何不吉之有哉!老子曰㉜:'虽贵,必以贱为本;虽高,必以下为基。是以侯王称孤、寡、不毂㉝,是其贱之本与?'非夫孤寡者,人之困贱下位也,而侯王以自谓,岂非下人而尊贵士与㉞? 夫尧传舜,舜传禹,周成王任周公旦,而世世称曰明主,是以明乎士之贵也!"

宣王曰:"嗟乎,君子焉可侮哉! 寡人自取病耳㉟。及今闻君子之言,乃今闻细人之行㊱,愿请受为弟子。且颜先生与寡人游㊲,食必太牢㊳,出必乘车,妻子衣服丽都㊴。"颜斶辞去,曰:"夫玉生于山,制则破焉,非弗宝贵矣,然大璞不完㊵。士生乎鄙野,推选则禄焉㊶,非不尊遂也㊷,然而形神不全。斶愿得归,晚食以当肉㊸,安步以当车㊹,无罪以当贵,清静贞正以自虞㊺。制言者王也㊻,尽忠直言者斶也。言要道已备矣㊼,愿得赐归,安行而反臣之邑屋㊽。"则再拜而辞去也。

曰㊾:"斶知足矣,归真反璞,则终身不辱也。"

注释

①颜斶:齐国隐士。齐王:即齐宣王。田氏,名辟疆。　②趋士:礼贤下士。趋,趋奉;尊崇。　③去:距离。柳下季:即柳下惠,姓展,名禽,字季,鲁国贤大夫。垄:坟。樵采:砍柴。　④万户侯:高等爵位。原指食邑一万户的侯爵。　⑤曾:乃。　⑥千乘之地:即千乘之国。古时一车四马为一乘。即方圆百里,能拥有千乘车的大诸侯国。　⑦石:古以一百二十斤为一石。钟:古乐器。簨:挂钟磬的立柱。　⑧役处:投靠做事。　⑨辩士:机辩智能之士。　⑩求万物不备具:寻求万物没有不收齐全的。意思是没有不备具的了。备,完备。具,拥有。　⑪匹夫:古指平民中的男子。　⑫鄙野:郊野。监门:守门。闾里:古指平民聚居处,借指平民。　⑬诸侯万国:诸侯国一万个。极称其多。　⑭南面称寡者:即诸侯王。古以面朝南方为尊位。而寡是诸侯自称的谦词。　⑮稍稍:渐渐。　⑯《易传》:《周易》的一部分,是对经那部分的解说。　⑰据慢:倨慢。据,同"倨"。　⑱削:削弱。　⑲约:紧

缩;受困。　⑳握:同"渥",多、重。　㉑矜功:自我吹嘘的功业。矜,自以为贤能。　㉒九佐:传说中尧的九名优秀的辅佐:舜为司徒,禹为司空,后稷为田畴,夔为乐正,倕为工师,伯夷为秩宗,皋陶为大理,益为驱禽,契为司马等。　㉓七友:指雄陶、方回、续牙、伯阳、东不訾、秦不虚、灵甫。　㉔五伍:指益、稷、皋陶、倕、契。　㉕三辅:指谊伯、仲伯、呇单。　㉖亟:多次。　㉗媿:同"愧"。下学:向下位的人学习。　㉘君:主宰。　㉙端:始;起点。　㉚原:本源。　㉛圣人:最有德能的人。明学:懂得学必须彻底。　㉜"老子"句:与传本略有不同。《老子》,又称《道德经》《老子五千文》,是道家主要经典。　㉝不毂:不善。诸侯自称的谦词。　㉞下人:下于人;自居下位。　㉟病:责备。　㊱细人:小人。　㊲游:交游;来往。　㊳太牢:古代祭祀以一牛、一羊、一豕为太牢;一羊一豕为少牢。　㊴妻子:妻子儿女。丽都:光鲜华美。　㊵璞:蕴藏美玉的石头。　㊶推选:推荐选拔。　㊷遂:成功;得志。　㊸晚食:推迟吃饭时间,即饿了才吃饭,指生活不富足。　㊹安步:缓步。　㊺贞正:言行一致正直不阿。虞:通"娱"。　㊻制:裁制。　㊼要道:最重要的道理。　㊽邑屋:老家。　㊾曰:表示评论。

译文

　　齐宣王召见颜斶,说:"斶上前!"斶也说:"王上前!"齐宣王不高兴。齐王左右的人说:"王是国君,斶是臣子。大王说'斶上前',斶也说'王上前',这样可以吗?"颜斶回答说:"颜斶上前是仰慕权势,大王上前是礼贤敬士。与其使我仰慕权势,不如让大王礼贤敬士。"

　　齐宣王满脸怒色说:"君王尊贵呢,还是士尊贵呢?"回答说:"士尊贵,君王不尊贵。"齐宣王说:"有说法吗?"颜斶说:"有。从前秦兵进攻齐国,下令说:'有敢在柳下惠坟墓五十步内砍柴的,杀无赦。'又下令说:'有能取得齐王首级的,封万户侯,赏千镒。'由此看来,活着的君王的首级,还比不上已死去士人的坟墓。"齐宣王沉默并且不高兴。

　　侍奉左右的人都说:"颜斶过来,颜斶过来!大王拥有千乘的疆土,铸造千石大钟和万石木架,天下士子,仁义之士都来投奔;机辩智能之士无不前来献计献策;东西南北,没有敢不服从的。天下万物没有不具备的,天下民众没有不亲附的。如今士人中高等的,被叫做匹夫,步行并置身在农田;低下的只能在郊野,或监守门户,或为贫民。士的低贱,真是很厉害的了。"颜斶回答说:"不是这样的。我听说古代大禹的时候,有一万诸侯国,为什么呢?德泽深厚,得力于礼贤敬士。所以舜从农田兴起,出身郊野而做了天子。到汤的时候,也有三千诸侯国。如今世上,南向坐着称寡人的,才二十四国。由此看来,岂不是因为关系得失的策略有问题吗? 等到渐渐衰灭,亡国灭族之时,就是想做监守门户者和贫民,哪能得到而拥有呢? 所以《易传》不是说:'在上位的,未能具备相应的德能,而贪图那名声的人,行为必然骄慢奢华;骄慢奢华,凶险必然跟它而来。因此没有相应德能而贪图它那名声的人一定削弱,没有德能却奢望那福分的人一定困窘,没有功绩却享受那俸禄的人一定受辱,凶险必然很多。'所以说:'自己吹嘘的功业立不起,幻想的心愿达不到。'这些都是贪图那名声,浮华而没有实在德行的人。因此,尧有九佐,舜有七友,禹有五丞,汤有三辅,从古到今,能凭空虚的东西成名于天下的人,是没有的。因此,君王不以多问为羞耻,不以向下级学习为羞愧。所以,能养成道德并立功扬名于后世的人,是尧、舜、禹、汤和周文王。所以说:'没有形体的,是有形体的主宰;没有开端的,是一切事情的本源。'能向上看到它的源头,往下贯通它的流变,到了圣人彻底究明学问,还会有什么不吉利的呢!《老子》说:'虽然尊贵,必须以低贱做根本;虽然高峻,必须以低下做基础。因此侯王自称孤、寡和不穀,这不就是他以低贱做根本吗?'孤寡不仅是困苦贫贱卑下地位的标志,诸侯君主也用作自称,难道不是自居下位而尊重士人吗? 尧传位给舜,舜传位给禹,周成王重用周公旦,从而被世世代代称颂为明主,由此证明了士的尊贵。"

齐宣王说:"哎呀!君子哪能欺侮啊!我自讨没趣罢了。等到今天才听到君子的言论,知晓小人的行径,请接受我做您的弟子。今后颜先生与我交游,吃的必定美味佳肴,外出必定高车大马,让您一家人的衣着都华丽鲜美。"颜斶推辞要求离开,说:"玉产在高山,加工就受到损坏了,不是不宝贵,只是蕴含美玉的矿石不完整了。士生活在郊野,经推荐选拔从而当官受禄,不是不尊贵通达,只是形貌神态不能保全了。我希望能够回去,把肚饥再食当作吃肉,把步行也当作坐车,把无罪当做富贵,清静正直以自得乐趣。决制言论的,是大王,尽忠直言的,是我。讲的重要道理已经完备了,希望能让我回去,平安返回我的老家。"于是再拜告辞而离开。

有人评论说:"颜斶真正知道满足了,回归真实返回自然,就一辈子不受屈辱了。"

赵威后问齐使①

《战国策》

题解

这是一次女执政者与外国使臣的谈话,充分显示了古代女性领导者的风范。全文分两段。先是对友好邻国的问候,是不知而问,接着是对邻国政治的评说,是明知故问。不知而问中,她把"岁"与"民"摆在"王"之前,明确提出"苟无民,何以有君",很懂得统治者要爱护民众的道理;明知故问中强调"养民"和"息民",与前面的主张完全一致。全文语言简朴、明快,直截了当,逻辑严密,而且善用排句,加强气势,衬托出赵威后干练、严明的处事作风。

原文

　　齐王使使者问赵威后②。书未发③,威后问使者曰:"岁亦无恙(yàng)耶④? 民亦无恙耶? 王亦无恙耶?"使者不说,曰:"臣奉使使威后⑤,今不问王,而先问岁与民,岂先贱而后尊贵者乎?"威后曰:"不然! 苟无岁⑥,何以有民⑦? 苟无民,何以有君? 故有问,舍本而问末者耶?"

　　乃进而问之曰:"齐有处士曰钟离子⑧,无恙耶? 是其为人也,有粮者亦食(sì)⑨,无粮者亦食;有衣者亦衣(yì)⑩,无衣者亦衣。是助王养其民者也,何以至今不业也⑪? 葉(shè)阳子无恙乎⑫? 是其为人,哀鳏(guān)寡⑬,恤(xù)孤独⑭,振困穷⑮,补不足。是助王息其民者也⑯,何以至今不业也? 北宫之女婴儿子无恙耶⑰? 撤其环瑱(zhèn)⑱,至老不嫁,以养父母。是皆率民而出于孝情者也⑲,胡为至今不朝也⑳? 此二士弗业,一女不朝,何以王齐国、子万民乎㉑? 於(wū)陵子仲尚存乎㉒? 是其为人也,上不臣于王㉓,下不治其家,中不索交诸侯㉔。此率民而出于无用者㉕,何为至今不杀乎?"

注释

　　①赵威后:赵惠文王妻。惠文王去世,子孝成王年幼,威后代为主政。②齐王:名建,齐襄王儿子。问:聘问;访问。是当时诸侯间的一种礼节。③书:书信。发:开启。　④岁:年成,收成。恙:灾害;忧患。　⑤奉使命:奉命。使威后:出使到威后这里来。使,出使。　⑥苟:假如。　⑦何以:以何,靠什么。　⑧处士:隐居不出来做官的有才能的人。钟离子:钟离是复姓,子是男子的尊称。　⑨食:给食物吃。　⑩衣:给衣穿。　⑪不业:不使成就功业。意指不任用他做官。　⑫葉阳子:齐处士。葉阳是复姓。⑬哀:怜悯。鳏:老而无妻者。寡:寡妇。　⑭恤:顾念。孤:年小无父。独:年老无子。　⑮振:救济。　⑯息:滋生养育。　⑰北宫:复姓。婴儿子:女子名,她是齐国著名的孝女。　⑱环:耳环。瑱:饰耳的玉。　⑲率:为……作表率。孝情:孝心。　⑳不朝:不上朝。古代妇女有封号才能上朝,因此

"不朝"指不加封号。 ㉑王齐国:在齐国为王。王,为王;统治。子万民:将民众看成自己的儿女来抚育。 ㉒於陵子仲:齐隐士。於陵,齐地名,在今山东长山县西南。 ㉓不臣于王:不向王称臣,即不肯当官为王做事。 ㉔索交诸侯:谋求与诸侯交往。 ㉕无用:指不与统治者合作。

译文

　　齐王派使臣聘问赵威后。信没有启封,赵威后就问使臣:"贵国收成好吧? 民众好吧? 大王好吧?"使臣听了不高兴,说:"我奉命出使拜访威后您,如今却不问齐王,先问收成与民众,难道是卑贱为先尊贵靠后的吗?"赵威后说:"不是这样! 假如没有收成,靠什么养育民众? 假如没有民众,靠什么当国君? 所以要问候,哪有舍弃根本而问候枝节的?"

　　于是赵威后又进一步问使臣:"齐国有位隐士叫钟离子,他好吗? 他的为人,有粮的给东西吃,无粮的也给东西吃;有衣的给衣穿,无衣的也给衣穿。这是帮助国王养育他的民众,为什么至今不让他当官做事呢? 叶阳子好吗? 他的为人,哀怜鳏夫寡妇,抚恤孤儿孤老,救济困苦贫穷的人,补助衣食不足的人。这是帮助国王生养他的民众,为什么至今不让他当官做事呢? 北宫家女儿婴儿子好吗? 她摘去耳环头饰,到老不嫁,是为了奉养父母。这是为民众作表率,带领他们尽孝心,为什么至今不加封号表彰呢? 这二位处士不当官做事,一位女子不加封赏,靠什么统治齐国、养育民众呢? 於陵子仲还在吗? 他的为人,上不肯向齐王称臣,下不管理好他的家,中不想与诸侯交往。这是在诱导民众不有所作为,为什么至今不处死他呢?"

庄辛论幸臣①

《战国策》

题解

臣子规劝君王认识错误是很费心力的事情。楚襄王是荒淫无道的昏君。父亲楚怀王被骗,客死秦国,他不思报仇,也不吸取教训,反而骄奢淫逸,不听劝告,肆意妄为。终于秦兵大举侵犯,楚国丧失大片国土。对楚襄王这样迷不知返的人,庄辛一连讲了四个故事,从小到大、从远到近、由浅入深,看似重复而非重复,看似絮烦而不絮烦,这才惊醒梦中人。本文特色在于首尾呼应,取材独具匠心。每叙一事,多作描绘,词藻华丽。

原文

庄辛谓楚襄王曰②:"君王左州侯,右夏侯,辇(niǎn)从(zòng)鄢陵君与寿陵君③,专淫逸侈靡④,不顾国政,郢(yǐng)都必危矣⑤!"襄王曰:"先生老悖乎⑥?将以为楚国祅(yāo)祥乎⑦?"庄辛曰:"臣诚见其必然者也。非敢以为国祅祥也。君王卒幸四子者不衰⑧,楚国必亡矣!臣请辟于赵⑨,淹留以观之⑩。"

庄辛去之赵,留五月,秦果举鄢、郢、巫、上蔡、陈之地⑪。襄王流揜(yǎn)于城阳⑫。于是使人发驺(zōu)⑬,征庄辛于赵。庄辛曰:"诺。"

庄辛至,襄王曰:"寡人不能用先生之言,今事至于此,为(wèi)之奈何⑭?"庄辛对曰:"臣闻鄙语曰⑮:'见兔而顾犬⑯,未为晚也;亡羊而补牢⑰,未为迟也。'臣闻昔汤、武以百里昌,桀、纣以天下亡。今楚国虽小,绝长续短⑱,犹以数千里,岂特百里哉⑲！

“王独不见夫(fú)蜻蛉(líng)乎⑳？六足四翼，飞翔乎天地之间㉑，俛(fǔ)啄蚊虻(méng)而食之㉒，仰承甘露而饮之。自以为无患，与人无争也。不知夫五尺童子，方将调饴(yí)胶丝㉓，加己乎四仞之上㉔，而下为蝼蚁食也㉕。

“夫蜻蛉其小者也，黄雀因是以㉖。俯噣(zhuó)白粒㉗，仰栖茂树，鼓翅奋翼，自以为无患，与人无争也。不知夫公子王孙㉘，左挟弹㉙，右摄丸㉚，将加己乎十仞之上，以其类为招㉛。昼游乎茂树，夕调乎酸咸㉜。倏(shū)忽之间㉝，坠于公子之手。

“夫黄雀其小者也，黄鹄(hú)因是以㉞。游于江海，淹乎大沼(zhǎo)㉟，俯噣鳝鲤，仰啮(niè)蔆衡㊱，奋其六翮(hé)㊲，而凌清风，飘摇乎高翔㊳。自以为无患，与人无争也。不知夫射者，方将修其礐(bō)卢㊴，治其矰(zēng)缴(zhuó)㊵，将加己乎百仞之上，被劙(jiàn)磻(bō)㊶，引微缴㊷，折清风而抎(yǔn)矣㊸。故昼游乎江河，夕调乎鼎鼐(nài)㊹。

“夫黄鹄其小者也，蔡灵侯之事因是以㊺。南游乎高陂(pí)㊻，北陵乎巫山㊼，饮茹溪流㊽，食湘波之鱼㊾，左抱幼妾，右拥嬖(bì)女㊿，与之驰骋乎高蔡之中(51)，而不以国家为事。不知夫子发方受命乎灵王(52)，系己以朱丝而见之也(53)。

“蔡灵侯之事其小者也，君王之事因是以。左州侯，右夏侯，辇从鄢陵君与寿陵君，饭封禄之粟(54)，而载方府之金(55)，与之驰骋乎云梦之中(56)，而不以天下国家为事。不知夫穰(ráng)侯方受命乎秦王(57)，填黾(méng)塞之内(58)，而投己乎黾塞之外(59)。”

襄王闻之，颜色变作(60)，身体战栗(61)。于是乃以执珪(guī)而授之为阳陵君(62)，与淮北之地也(63)。

注释

①庄辛：楚庄王的后代，因而以庄为姓。幸臣：君主的宠臣。 ②楚襄王：即楚顷襄王，名横。 ③州侯、夏侯、鄢陵君、寿陵君：都是楚襄王的宠信。

州,在今湖北嘉鱼。夏,在今湖北武汉。鄢陵,即安陵,在今河南漯河东南。寿陵,未详。辇:古代人拉的车。从:跟随;侍从。 ④淫逸:放纵。侈:奢侈。靡:浪费。 ⑤郢:楚国国都,在今湖北江陵县北。 ⑥老悖:年老糊涂。悖,惑乱。 ⑦将:还是。祆祥:吉凶、善恶的预兆。祆,同“妖”。 ⑧卒幸:始终宠信。 ⑨辟:同“避”。 ⑩淹留:停留。 ⑪举:攻下;占领。鄢:在今湖北宜城。巫:在今四川巫山县。上蔡:在今河南上蔡。陈:在今河南淮阳。⑫流揜:流亡躲避。揜,同“掩”,遮掩。城阳:即成阳,在今河南息县西北。⑬发:派遣。骀:骑士。 ⑭为:对。 ⑮鄙语:俗语。 ⑯顾:回头看。⑰亡:丢失。牢:指羊圈。 ⑱绝长续短:截长接短。绝,截。 ⑲岂特:岂止。 ⑳独:难道。夫:那。蜻蛉:即蜻蜓。 ㉑翔:不动翅膀而在空中盘旋。㉒俛:同“俯”,向下。虻:小蚊。 ㉓方将:正要。饴:糖浆。胶:粘。㉔仞:周尺八尺。 ㉕蝼:蝼蛄。 ㉖因是以:如同这样了。因,如同。以,通“已”。句末语气词。 ㉗啁:同“啄”。白粒:米粒。 ㉘公子:称诸侯的子女。王孙:指贵族的子孙。 ㉙挟弹:把着弹弓。 ㉚摄丸:持着弹丸,拉紧弓弦。摄,拉持。 ㉛其类:黄雀之类,一说“类”当作“颈”。招:弹射的目标。 ㉜酸咸:调味作料。 ㉝倏忽:一眨眼。 ㉞黄鹄:即天鹅。 ㉟沼:水池。 ㊱啮:咬。蔆:同“菱”。衡:即荇,一种水草。 ㊲六翮:鸟的翅膀。翮是大羽毛,鸟翅一般有六根大羽毛。 ㊳飘摇:飞扬。 ㊴修:整治。碆:射鸟的石箭头。 ㊵矰:用以射鸟的短箭。缴:系在箭上的丝线,用来回收射出的箭。 ㊶𨱔:锐利。磻:同“碆”。 ㊷引:拖着。 ㊸抎:通“陨”,坠落。㊹鼎鼐:古代烹煮的器具。鼐,大鼎。 ㊺蔡灵侯:春秋时蔡国国君。杀父自立,后被楚灵王诱杀。蔡国在今河南上蔡县。 ㊻高陂:地名。 ㊼陵:升;登。巫山:在今四川巫山县。 ㊽茹溪:在巫山县北。 ㊾湘波:指湘江,在今湖南。 ㊿嬖:宠爱。 (51)高蔡:在今河南上蔡县。 (52)子发:楚令尹(令尹是楚国最高官职,掌军政大权)。 (53)朱丝:红绳。见之:使(蔡灵侯)拜见(楚灵王)。 (54)饭:吃。封禄:以封地赋税充当的俸禄。粟:小米。此泛称谷物。 (55)方府:收纳四方贡物的国库。 (56)云梦:古泽名,在今湖北境内。(57)穰侯:姓魏名冉,是秦昭王母宣太后之弟,任相国,封在穰(在今河南邓县),故称。秦王:即秦昭王。 (58)填:充满;布满。黾塞:即平靖关,在今河南信阳。内:秦将攻取楚地鄢、郢,都在黾塞以南,故称。 (59)外:楚襄王逃避到城阳,处在黾塞之北,故称。 (60)颜色:脸色。变作:改变。 (61)战栗:哆嗦。 (62)执珪:楚国爵位名。阳陵君:给庄辛的封号。 (63)与:通“举”,

攻下。

译文

　　庄辛对楚襄王说:"君王左边陪着州侯,右边陪着夏侯,车后跟随着鄢陵君与寿陵君,肆意放荡挥霍,不顾国政,郢都必定危险了!"襄王却说:"先生是年老昏庸呢,还是充当楚国不祥的妖兆呢?"庄辛说:"我确实看出它的必然趋势,不敢充当国家不祥的妖兆。君王始终宠信这四位而不减少,楚国必定要灭亡了!我请求躲避到赵国去,滞留着看事情发展。"

　　庄辛离开楚国到了赵国,待了五个月,秦兵果然占领了楚国鄢、郢、巫、上蔡和陈的大片土地。襄王逃到了城阳。于是命人派骑使赴赵国召回庄辛。庄辛说:"好。"

　　庄辛一到,襄王就说:"我不能采用先生的话,如今事态到了这个地步,拿它怎么办呢?"庄辛回答说:"我听俗语说:'看见兔子再回头呼猎犬,不算晚;丢失羊再补羊圈,不算迟。'我听说从前成汤和周武王靠百里疆土昌盛起来,夏桀和商纣拥有天下却遭灭亡。如今楚国虽然小,截长补短,还有几千里,何止一百里啊!

　　"君王难道没有见过那蜻蜓吗?六只脚四只翅膀,飞翔在天地之间,低头啄小蚊虫来吃,昂首接甜美露水来饮。自以为没有祸患,与人没有争夺。却不知道那身高五尺的少年,正要调糖浆粘在丝拍上,把自己在四仞高的空中粘住,捉下来作蝼蛄和蚂蚁的食物。

　　"蜻蜓还是小事,黄雀也是这样。低头啄白米,仰头栖息在高枝上,挥翅展翼,自以为没有祸患,与人没有争夺。不知那公子王孙,左手拿弹弓,右手夹弹丸,准备在十仞高的空中射杀自己,以这类小鸟作为目标。白天还游戏在茂密树林中的黄雀,傍晚就将加上酸咸调料成为佳肴,眨眼间,跌落在公子手中。

　　"黄雀还是小事,白天鹅也是这样!游弋于江海,停息在大湖,低头啄食黄鳝和鲤鱼,昂首咀嚼青菱和荇菜,舞动它的大翅膀,驾着清风，飞翔在高空。自以为没有祸患，与人没有争夺。不知道那射手，正在修理石箭头，整理系着丝绳的短箭，将要在百仞高的空中射杀自己，带着锋利的箭头，拖着细长的丝绳，死于清风之中而掉落下来。所以白天游弋在江河的白天鹅，傍晚就在汤锅里烹煮了。

"那白天鹅还是小事，蔡灵侯的遭遇也是这样。他南游高陂，北登巫山，饮马于茹溪的流水，品尝湘江的鲜鱼，左手抱着年轻的美妾，右手揽住宠爱的艳姬，同她们驰骋在高蔡，不把国家大政当一回事。却不知道那子发接到楚灵王的命令，正要拿红绳绑着自己去朝见灵王。

"蔡灵侯的事情还是小事，君王的事情也是这样。您左边陪着州侯，右边陪着夏侯，车后跟随着鄢陵君与寿陵君，吃着各地进奉的食品，载着国库的黄金，同他们驰骋游乐在云梦泽里，却不把国家大政当一回事。不知道那穰侯正接到秦昭王的命令，攻占平靖关以内地区，要把自己赶到平靖关以外。"

襄王听了这番话，脸色大变，浑身哆嗦。于是任命他为执珪，并封为阳陵君，从而收复淮北地区。

触龙说赵太后①

《战国策》

题解

　　什么是溺爱子女？即便像赵太后（她就是前文的赵威后）这样严明的政治家，也难免如此。国难当头，群臣力谏太后将幼子长安君质于齐，太后爱子心切，怒拒群臣。左师触龙作了精细谋划，抓住"爱子"这个主题，最终劝说成功。文章开头气氛严峻，触龙先是请求探望,接着病足徐趋,接着说年老力衰,引出求托小儿子补黑衣侍卫,使太后从同意接见,渐至"色少解",更至"笑曰"。然后引古证今,评论王者子孙的前途。赵太后是明白人,立即醒悟说"恣君之所使之"。全篇层次分明,推论严谨,形成一种谈心的氛围。

原文

赵太后新用事②,秦急攻之。赵氏求救于齐。齐曰:"必以长安君为质③,兵乃出。"太后不肯,大臣强(qiǎng)谏④。太后明谓左右⑤:"有复言令长安君为质者,老妇必唾其面!"

左师触龙愿见太后,太后盛气而揖之⑥。入而徐趋⑦,至而自谢,曰:"老臣病足,曾不能疾走⑧,不得见久矣,窃自恕⑨,而恐太后玉体之有所郄(jí)也⑩,故愿望见太后。"太后曰:"老妇恃辇(niǎn)而行⑪。"曰:"日食饮得无衰乎⑫?"曰:"恃粥耳。"曰:"老臣今者殊不欲食⑬,乃自强步⑭,日三四里,少益耆(shì)食⑮,和于身也⑯。"太后曰:"老妇不能。"太后之色少解⑰。

左师公曰:"老臣贱息舒祺⑱,最少,不肖⑲。而臣窃爱怜之⑳。愿令得补黑衣之数㉑,以卫王宫,没(mò)死以闻㉒!"太后曰:"敬诺㉓。年几何矣?"对曰:"十五岁矣。虽少,愿及未填沟壑(hè)而托之㉔。"太后曰:"丈夫亦爱怜其少子乎㉕?"对曰:"甚于妇人。"太后笑曰:"妇人异甚㉖。"对曰:"老臣窃以为媪(ǎo)之爱燕后㉗,贤于长安君㉘。"曰:"君过矣!不若长安君之甚。"左师公曰:"父母之爱子,则为之计深远㉙。媪之送燕后也,持其踵(zhǒng)㉚,为之泣,念悲其远也㉛,亦哀之矣。已行㉜,非弗思也,祭祀必祝之,祝曰:'必勿使反㉝!'岂非计久长,有子孙相继为王也哉?"太后曰:"然。"

左师公曰:"今三世以前㉞,至于赵之为赵㉟,赵王之子孙侯者㊱,其继有在者乎㊲?"曰:"无有。"曰:"微独赵㊳,诸侯有在者乎㊴?"曰:"老妇不闻也。""此其近者祸及身㊵,远者及其子孙㊶。

岂人主之子孙必不善哉？位尊而无功，奉厚而无劳㊷，而挟重器多也㊸。今媪尊长安君之位，而封之以膏腴(yú)之地㊹，多予之重器，而不及今令有功于国。一旦山陵崩㊺，长安君何以自托于赵㊻？老臣以媪为长安君计短也，故以为其爱不若燕后。"太后曰："诺，恣君之所使之㊼！"于是为长安君约车百乘，质于齐，齐兵乃出。

子义闻之㊽，曰："人主之子也，骨肉之亲也，犹不能恃无功之尊，无劳之奉，而守金玉之重也，而况人臣乎？"

注释

①触龙：官左师，具体职责不详。说：说服；劝说。赵太后：即前文《赵威后问齐使》中的赵威后。 ②用事：指执政。 ③长安君：赵太后小儿子的封号。质：抵押；人质。 ④强谏：竭力劝告。 ⑤明谓：明确告诉。 ⑥揖：揖让，古代宾主相见的礼节。《史记》中作"胥"，通"须"，等待。 ⑦徐：慢。趋：小步急走。按礼，臣见君要"趋"，表示敬重。触龙脚有病，只得"徐趋"。 ⑧曾：竟。 ⑨窃：私自。恕：宽恕；原谅。 ⑩玉体：相当于"贵体"。表尊敬。郄：通"郤"，疲劳。 ⑪辇：古代人拉的车。 ⑫日：每天。得无：该不会。衰：减少。 ⑬殊：很。 ⑭强步：勉强散步。 ⑮少：稍稍。耆食：食欲。耆，通"嗜"。 ⑯和：调和；舒适。 ⑰色：脸色。解：通"懈"，放松。 ⑱贱息：对人谦称自己的儿子。息，子。 ⑲不肖：没出息。 ⑳怜：爱。 ㉑黑衣：宫廷侍卫的代称，当时宫廷侍卫穿黑衣。数：数额；名额。 ㉒没死：冒着死罪。闻：禀告。 ㉓敬诺：相当于"遵命"。 ㉔填沟壑："死"的谦词。意为死了被丢弃在山沟里。 ㉕丈夫：古时男子的通称。 ㉖异甚：特别厉害。 ㉗媪：对老年妇女的尊称。燕后：赵太后之女，燕国国君之妻。 ㉘贤于：胜过。 ㉙计：考虑；谋划。 ㉚踵：脚后跟。因燕后坐车上，故称其"踵"。 ㉛念：挂念。悲：悲叹。 ㉜行：出嫁。 ㉝反：同"返"。古代诸侯的女儿远嫁他国国君，只有被废或亡国才能回本国，所以，赵太后祝女儿别回来。 ㉞三世：三代，父子相继为一世。 ㉟赵之为赵：赵氏创立赵国的时候。 ㊱侯者：封侯的。 ㊲其继：他的继承人。 ㊳微独：不仅。 ㊴诸侯有在者乎：省略句，原意是"诸侯之子孙侯者其继有在者乎"。 ㊵近者：快的；短的。 ㊶远者：慢的；长久的。 ㊷奉：通"俸"。俸禄。劳：功劳。

⑬挟:持有;拥有。重器:象征国家权力的金玉钟鼎之类器物。 ⑭膏腴:肥沃。 ⑮山陵崩:古时对君主死去的委婉说法。 ⑯以:凭借。 ⑰恣:任凭。 ⑱子义:赵国贤士。

译文

赵太后新主政,秦兵急攻赵国。赵国向齐国求救。齐国说:"必须拿长安君做人质,我们才出兵。"太后不肯,大臣们竭力劝说。太后明确告诉左右侍臣:"有谁再说让长安君做人质的,老妇必定往他脸上吐口水!"

左师触龙请求拜见太后,太后怒气冲冲地等着他。触龙进宫用快步走的姿势慢慢向前走,到了太后跟前谢罪,说:"老臣脚有病,竟不能快走。很久没有拜见您了,私下我以脚有病原谅自己,但是担心太后贵体有了劳累,所以想来看望太后。"太后说:"老妇靠车出行。"触龙问:"您每天饮食不会有减少吧?"太后答:"靠粥罢了。"触龙说:"老臣如今很不想吃东西,于是勉强自己散步,每天走三四里,稍稍增添食欲,全身也舒畅了些。"太后说:"老妇做不到。"她的脸色稍稍放松。

左师公说:"老臣的贱子舒祺,最小,不贤,可是我私下喜爱他。希望能够让他补入黑衣侍卫的名额,参与护卫王宫,我顶着死罪来请求这件事!"太后说:"行。年纪多大了?"回答说:"十五岁了。虽然年轻,希望趁我死之前把他托付给您。"太后问:"男人们也爱惜他的小儿子吗?"回答说:"胜过妇女。"太后笑起来说:"妇女对小儿子的疼爱特别厉害。"回说:"老臣个人以为您爱惜燕后胜过长安君。"太后说:"您错了,比长安君差远了。"左师公说:"父母爱惜子女,就要为他们考虑长远。您送燕后出嫁的时候,抓着她的脚跟,为她哭泣,牵挂悲叹她的远离,也算哀怜她了。嫁后,您不是不思念她,祭祀时必定祝福她,说:'务必不要让她回来!'难道不是考虑得很久远,希望她有子孙接连做君王吗?"太后说:"是这样。"

左师公说:"从现在三代以前,追溯到赵氏创立赵国的时候,赵王子孙封侯的,他们的继承人有保住封爵的吗?"回答说:"没有。"又问:"不仅仅赵国,各诸侯国的子孙封侯的,他们的承继人还有保住封爵的吗?"回答说:"老妇没有听说。"触龙说:"这就是因为近的祸患发生在自己身上,远的发生在他们子孙身上。难道君王的子孙必定不好吗?是因为他们地位尊贵却没有功勋,俸禄丰厚却没有业绩,并且拥有很多国家珍宝。如今您尊崇长安君的地位,封赏他肥沃的土地,赐予他很多国家珍宝,却不趁现在让他为国建功,某一天您老仙逝,长安君凭什么在赵国立足呢?老臣认为您替长安君考虑得太短浅了,所以认为对他的爱惜比不上燕后。"太后说:"好的,听凭您差遣他!"于是替长安君准备马车一百乘,到齐国做人质,齐兵于是出兵。

子义听到这件事,说:"人君的儿子,是骨肉至亲,还不能依仗没有功勋的尊位,没有业绩的俸禄,而守住他的富贵,更何况做臣下的呢?"

唐雎(jū)不辱使命①

《战国策》

题解

面对强权统治者的高压,本文主人公唐雎是成功的。面对利诱,他不上当;面对威胁,他不害怕。根据实际情况,唐雎针锋相对,瞄准强权者贪生怕死的内心,以死相拼。唐雎是一位有理、有谋,勇于为国献身的人。文中将天子之怒与布衣之怒构成强烈对比,形成自己鲜明的特色。

原文

秦王使人谓安陵君曰②:"寡人欲以五百里之地易安陵,安陵君其许寡人③。"安陵君曰:"大王加惠④,以大易小,甚善。虽然,受地于先王⑤,愿终守之⑥,弗敢易。"秦王不悦。安陵君因使唐雎使于秦。

秦王谓唐雎曰:"寡人以五百里之地易安陵,安陵君不听寡人,何也?且秦灭韩亡魏,而君以五十里之地存者,以君为长(zhǎng)者⑦,故不错意也⑧。今吾以十倍之地,请广于君⑨,而君逆寡人者⑩,轻寡人与⑪?"唐雎对曰:"否,非若是也。安陵君受地于先王而守之,虽千里不敢易也,岂直五百里哉⑫?"秦王怫(fú)然怒⑬,谓唐雎曰:"公亦尝闻天子之怒乎⑭?"唐雎对曰:"臣未尝闻也。"秦王曰:"天子之怒,伏尸百万⑮,流血千里。"唐雎曰:"大王尝闻布衣之怒乎⑯?"秦王曰:"布衣之怒,亦免冠徒跣(xiǎn)⑰,以头抢(qiāng)地耳⑱。"唐雎曰:"此庸夫之怒也⑲,非士之怒也⑳。夫专诸之刺王僚也㉑,彗星袭月㉒;聂政之刺韩傀(kuǐ)也㉓,白虹贯日㉔;要(yāo)离之刺庆忌也㉕,仓鹰击于殿上㉖。此三子者,皆布衣之士也,怀怒未发,休祲(jìn)降于天㉗,与臣而将四矣。若士必怒,伏尸二人㉘,流血五步,天下缟(gǎo)素㉙,今日是也㉚!"挺剑而起。

秦王色挠㉛,长跪而谢之㉜,曰:"先生坐,何至于此! 寡人谕矣㉝。夫韩、魏灭亡,而安陵以五十里之地存者,徒以有先生也㉞。"

注释

①唐雎:战国时魏国人。又作唐且。辱:辱没;辜负。　②秦王:即秦始皇嬴政。此时尚未统一天下称帝。安陵君:安陵国君。魏襄王封其弟为安陵君,本文中的安陵君是他的后代,地在今河南鄢陵,是魏国的附庸小国。③其:会;将。表示推测。　④加惠:施予恩惠。　⑤先王:已死的君王。

⑥终:始终。 ⑦长者:年长而仁厚的人。 ⑧错意:放在心上。错,通"措",放置。 ⑨广:扩大。 ⑩逆:违抗。 ⑪轻:看轻;轻视。与:同"欤",表疑问语气。 ⑫直:只。 ⑬怫然:愤怒而脸上变色的样子。 ⑭公:对尊长或平辈的敬称。尝:曾经。 ⑮伏尸:倒伏的尸体。 ⑯布衣:指平民。 ⑰徒跣:赤脚步行。 ⑱抢地:撞地。 ⑲庸夫:平庸无能的人。 ⑳士:指侠士,即抑强扶弱、见义勇为的人士。 ㉑专诸之刺王僚:指春秋时勇士专诸用藏匕首在鱼腹的方法,刺杀了戒备森严的吴王僚的事。 ㉒彗星袭月:指彗星光尾掩盖月亮的天象。古人认为它是专诸行刺的预兆,表示人间的重大事件有天象相感应。彗星,形似扫帚,俗名扫帚星。 ㉓聂政之刺韩傀:聂政,韩国轵(zhǐ)(今河南济源)人,献身个人恩仇的勇士。韩傀,韩国国相,韩烈王叔。韩大夫严遂与韩傀有仇,于是结交聂政,聂政为他刺杀了韩傀,并毁容自杀。 ㉔白虹贯日:白色长虹穿日而过的天象。其实不是虹,而是晕,是大气光学现象。 ㉕要离:春秋时吴国勇士。庆忌:吴王僚之子。吴王僚被刺,他逃亡国外。新任吴王阖闾为除后患,要离献策,骗取庆忌信任,在渡江时刺杀了他,并伏剑自杀。 ㉖仓鹰:青黑的鹰。仓,同"苍"。击:振翅飞翔。 ㉗休祲:指吉凶的征兆。休,吉兆。祲,阴阳相侵之气,指凶兆。 ㉘伏尸二人:指秦王与唐雎同归于尽。 ㉙天下缟素:天下人都穿丧服。缟素,白色衣服,指丧服。 ㉚是也:就是这样的。 ㉛色挠:脸色沮丧。挠,屈。 ㉜长跪:直身而跪。古人席地而坐,坐时两膝着地以臀部贴足跟。长跪则伸直腰股,以示庄重。 ㉝谕:明白。 ㉞徒:仅;只。以:因为。

译文

秦王派人告诉安陵君说:"我想用五百里的地域换取安陵,安陵君会答应我吧。"安陵君说:"大王施予恩惠,拿大换小,很好。虽然如此,我从先王那里接受了土地,希望能始终守护它,不敢换的。"秦王不高兴。安陵君因而派唐雎出使秦国。

秦王对唐雎说:"我用五百里地域交换安陵,安陵君不听从我,是什么原因呢?况且秦灭了韩国亡了魏国,而安陵君靠五十里地生存着,只认为他是仁厚之人,所以不放在心上。如今我用十倍的土地,让安陵君扩展疆土,但是他违抗我,是看轻我吧?"唐雎回答说:"不,不是这样的。安陵君从先王那里接受土地因而守护它,即使一千里也不敢换,岂只五百里呢?"秦王变脸发怒,问唐雎:"您也曾听说过天子的发怒吗?"唐雎回答:"我不曾听说。"秦王说:"天子的发怒,倒地的尸体上百万,流血达千里。"唐雎说:"大王曾听说过平民的发怒吗?"秦王说:"平民的发怒,只是摘掉帽子赤了脚,用头撞地罢了。"唐雎说:"这是平庸无能之人的发怒,不是侠士的发怒。当专诸刺杀王僚,彗星掩盖了月亮;当聂政刺杀韩傀,白虹穿日而过;当要离刺杀庆忌,苍鹰在宫殿振翅飞翔。这三位,都是平民的侠士,含怒没有爆发,凶兆就从上天降临,加上我就要成为四位了。如果侠士发怒,倒地的尸首只有两个,流血只有五步,但是全天下都要穿起白色丧服,今天就是这样的情势!"唐雎拔出长剑站了起来。

秦王满脸沮丧,挺直身子跪着谢罪,说:"先生请坐,何至这般境地! 我明白了,韩国和魏国灭亡,而安陵靠五十里地生存着,只因为有先生在啊!"

逍遥游(节选)

《庄子》

题解

《庄子》,又称《南华经》,道家重要经典,由庄子及其后学撰成。书中大量使用寓言故事,想象很丰富,文笔变化多姿,富有浪漫主义色彩。语言生动活泼,幽默嘲讽。对后代文学影响很大。庄子(约前369—前286),名周,宋国蒙(今河南商丘东北)人。战国时哲学家,是继老子之后的道家主要代表人物。曾任蒙地方的漆园吏,是个小官,一生贫寒。《逍遥游》是《庄子》的第一篇,逍遥游,即自由自在地畅游,所谓"乘天地之正,御六气之辩,以游无穷"，达到天人合一的"至人无己，神人无功，圣人无名"的完美人格。这里选了前半篇，大略可分为三部分。从开头到"不亦悲乎"，以大鹏的巨大、雄健与小虫的渺小、微弱、自得作对比，结论是"小知不及大知，小年不及大年"，"不亦悲乎"。从"汤之问棘"到"此小大之辩也"，看似重复，实为引证。而且通过斥鷃把"小知"的心态表现得淋漓尽致。最后是结论，末二句是对"逍遥游"的诠释。行文如行云流水，变幻莫测。而且借物喻人，多作对比：朝菌不如蟪蛄，蟪蛄不如冥灵，冥灵不如大椿；宋荣子已是超脱，但是不及列子，列子又不及至人。层层递进，引人入胜。丰富的想象与缜密的哲学思维融为一体。

原文

　　北冥(míng)有鱼①，其名为鲲(kūn)②。鲲之大，不知其几千里也。化而为鸟，其名为鹏③。鹏之背，不知其几千里也；怒而飞④，其翼若垂天之云。是鸟也⑤，海运则将徙于南冥⑥。南冥者，天池也⑦。

　　《齐谐》者⑧，志怪者也⑨。《谐》之言曰："鹏之徙于南冥也，水击三千里⑩，抟(tuán)扶摇而上者九万里⑪，去以六月息者也⑫。"野马也⑬，尘埃也⑭，生物之以息相吹也⑮。天之苍苍⑯，其正色邪⑰？其远而无所至极邪⑱？其视下也⑲，亦若是则已矣⑳。

　　且夫水之积也不厚㉑，则其负大舟也无力。覆杯水于坳(ào)堂之上㉒，则芥为之舟㉓；置杯焉则胶㉔，水浅而舟大也。风之积也不厚，则其负大翼也无力㉕。故九万里，则风斯在下矣㉖，而后乃今培风㉗，背负青天而莫之夭(yāo)阏(è)者㉘，而后乃今将图南㉙。

　　蜩(tiáo)与学鸠笑之曰㉚："我决起而飞㉛，枪(qiāng)榆枋(fāng)㉜，时则不至，而控于地而已矣㉝，奚以之九万里而南为㉞？"适莽苍者㉟，三飡(cān)而反㊱，腹犹果然㊲；适百里者，宿春(chōng)粮㊳；适千里者，三月聚粮。之二虫又何知㊴！

小知不及大知[40]，小年不及大年[41]。奚以知其然也[42]？朝（zhāo）菌不知晦朔[43]，蟪（huì）蛄（gū）不知春秋[44]，此小年也。楚之南有冥灵者[45]，以五百岁为春，五百岁为秋；上古有大椿（chūn）者[⑪]，以八千岁为春，八千岁为秋。而彭祖乃今以久特闻[47]，众人匹之，不亦悲乎！

汤之问棘也是已[48]。汤问棘曰："上下四方有极乎？"棘曰："无极之外，复无极也。穷发之北有冥海者[49]，天池也。有鱼焉，其广数千里，未有知其修者[50]，其名为鲲。有鸟焉，其名为鹏，背若太山[51]，翼若垂天之云，抟扶摇羊角而上者九万里[52]，绝云气[53]，负青天，然后图南，且适南冥也。斥鷃（yàn）笑之曰[54]：'彼且奚适也[55]？我腾跃而上[56]，不过数仞而下[57]，翱翔蓬蒿之间[58]，此亦飞之至也。而彼且奚适也？'"此小大之辩也[59]。

故夫知效一官[60]，行比一乡[61]，德合一君[62]，而征一国者[63]，其自视也，亦若此矣。而宋荣子犹然笑之[64]。且举世而誉之而不加劝[65]，举世而非之而不加沮[66]，定乎内外之分[67]，辩乎荣辱之境，斯已矣[68]。彼其于世[69]，未数（shuò）数（shuò）然也[70]。虽然，犹有未树也[71]。夫列子御风而行[72]，泠（líng）然善也[73]，旬有五日而后反[74]。彼于致福者[75]，未数数然也。此虽免乎行[76]，犹有所待者也[77]。若夫乘天地之正[78]，而御六气之辩[79]，以游无穷者，彼且恶乎待哉！故曰：至人无己[80]，神人无功[81]，圣人无名[82]。

注释

①北冥：北海。冥，通"溟"，海。　②鲲：传说中的大鱼。　③鹏：传说中的大鸟。　④怒：形容奋发的状态。　⑤是鸟：这只鸟。也：句中语气词，表停顿。　⑥海运：海动。海动必有大风，大鹏趁此飞往南海。　⑦天池：海。　⑧《齐谐》：书名，齐国记叙诙谐怪异的书。简称《谐》。已亡佚。⑨志：记。怪：怪异的事物。　⑩击：拍打。三千里：形容浪大。　⑪抟：鸟类向高空盘旋飞翔。扶摇：上升的大旋风。九万里：形容极高。　⑫六月息：六月的风。　⑬野马：指野外山林沼泽中蒸腾如奔马的雾气。　⑭尘埃：指随雾气翻腾的细土。　⑮息：气息。呼吸时进出的气。　⑯苍苍：深青色。

⑰正色:本来的颜色。　⑱其:或是。　⑲其:指大鹏。　⑳则已:相当于"而已"。　㉑且夫:表示再说一层道理。　㉒坳堂:堂中凹处。　㉓芥:小草。　㉔胶:粘住。　㉕大翼:指大鹏的翅膀。　㉖斯:则;乃。　㉗而后乃今:即"今而后乃",意为然后才。培:凭;乘。　㉘夭阏:受阻折而中断。　㉙图南:计划向南飞。　㉚蜩:蝉。学鸠:斑鸠。　㉛决起:迅速的样子。　㉜枪:通"抢",触;撞上。榆:榆树。枋:檀树。　㉝控:投;落下。　㉞奚以:以奚。即为何。为:疑问语气词。　㉟适:往。莽苍:郊野之色,用指近郊。　㊱飡:同"餐"。三飡:指一天。　㊲果然:饱的样子。　㊳宿舂粮:头天晚上就要舂米做干粮。　㊴之:这。二虫:指蜩与学鸠。　㊵知:通"智"。　㊶年:指寿命。　㊷其:这些情况。既是"知"的宾语,又是"然"的主语。　㊸朝菌:一种朝生暮死的菌类植物。晦:农历每月的最后一天。朔:农历每月初一。　㊹蟪蛄:寒蝉,春生夏死或夏生秋死。春秋:一年。　㊺冥灵:树名。以五百岁为春,五百岁为秋,相当于说以一千年为一年。　㊻大椿:树名。　㊼彭祖:传说中的长寿的人。特闻:特别著名。　㊽汤:商汤。棘:商汤的大夫。是已:相当于"是也"。　㊾穷发:不毛;不长草的地方。传说中的北方地区。冥海:深黑色的海。　㊿修:长。　51太山:同"泰山"。　52羊角:回旋弯曲像羊角的大风。　53绝:穿过。　54斥鷃:小雀。　55且:将要。　56腾跃:向上跳跃。　57仞:周制八尺,一说七尺。　58翱翔:飞翔。蓬:飞蓬草。蒿:青蒿。　59辩:通"辨",分别。　60夫:那。知:通"智"。效:胜任。　61行:品行。比:亲和。　62合:符合;投合。　63征:信。　64宋荣子:战国时宋国人。犹然:笑的样子。　65举世:全社会。誉:称赞。之:指宋荣子。劝:鼓励;努力。　66沮:沮丧。　67内:主观。外:客观。分:分别。　68斯:这。　69彼其:义同"彼"。　70数数然:迫切的样子。　71未树:没有树立的东西。指"无己"的至德。　72列子:名御寇,战国时郑国人。御风:驾风。　73泠然:轻妙的样子。　74旬:十日。有:义同"又"。反:同"返"。　75致福:求福。　76行:步行。　77所待者:所依靠的东西,指风。　78若夫:至于。正:正气;本性。　79六气:指阴、阳、风、雨、晦、明六种自然现象。辩:通"变"。　80至人:至德之人;境界最高的人。无己:没有自我。与天地融为一体。　81神人:神化莫测的人。无功:不求立功。　82圣人:智慧无限的人。无名:不求立名。至人、神人、圣人是同一种人,从不同角度称呼他。

译文

北海有鱼,它的名字叫鲲。鲲的庞大,不知道它有几千里。变化成为鸟,它的名字叫鹏。鹏的背,不知道它有几千里;奋起腾飞,翅膀像天上垂下的云。这鸟,大海涌动就要飞往南海。南海,是天池。

《齐谐》,是记叙诙谐怪异的书。《齐谐》上面说:"鹏的飞往南海,翅膀拍击海面,激起三千里高的浪头,乘巨大旋风飞上九万里高空,是凌驾六月大风离开的。"像野马般腾起的雾气,飞扬的尘土,都是生物用气息相吹拂的结果。天的深蓝,是它的本来颜色吗?还是它遥远而没有能看到尽头呢?鹏看下面,也像这样罢了。

再者水如果蓄积得不深厚,那它承载大船也就没有力量。倒一杯水在厅堂凹处,那芥草就成了它的船;如果放进杯子就粘住不动,因为水浅而船大。风如果蓄积得不猛烈,那它承载大鹏的翅膀就没有力量。所以鹏飞上九万里高空,风就在下面了,然后才乘风而行,背着青天,没有能阻拦它的,然后才计划向南飞。

蝉和学鸠讥笑它说:"我一下子就飞起来,撞上榆树和檀树就停下,有时候没飞到,掉落在地罢了,哪用上九万里高空再往南飞呢?"到郊外去的,一天三餐就返回,肚子还是饱饱的;到百里远的,头天晚上就舂米做干粮;到千里远的,用三个月聚蓄干粮。这两只虫鸟,又懂得什么!

小智比不上大智,年寿短的比不上年寿长的。根据什么知道这种情况呢?朝菌不知道有月初和月终,蟪蛄不知道有春季和秋季,这就是年寿短的。楚国的南方有冥灵树,以五百年为春季,五百年为秋季;远古有大椿树,以八千年为春季,八千年为秋季。而彭祖现在以长寿特别著名,大众与他比,不也可悲!

商汤问大夫棘就是这样的。汤问棘说:"上下四方有极限吗?"棘说:"无极之外,还是无极。草木不生的北面有深黑色的海,是天池。里面有鱼,它广大数千里,更没有人知道它的长度,它的名字叫鲲。里面有鸟,它的名字叫鹏,背像泰山,翅膀像天上垂下的云,乘巨大旋风"羊角"飞上九万里高空,穿云层,背青天,然后计划向南飞,将到南海去。斥鷃讥笑它说:"它将飞到哪里去?

我跳跃而上，不过几仞就下来，飞翔盘旋在蓬草和青蒿中间，这也是飞行的最高境界了。可是它将飞到哪里去呢?'"这就是小和大的分别。

所以，才智胜任一个官职，品行能亲和一乡人，道德切合一个君主的心意又能取得一国人信任的人，他看自己也像斥鷃这样啊。因而宋荣子笑嘻嘻地讥笑他。宋荣子这个人，全社会称赞他也不努力，全社会责难他也不沮丧，他判定主观和客观的分界，分清荣誉和耻辱的界限，觉得就这样罢了。他对于社会，没有迫切索取的样子。虽然这样，他仍有没有达到的。列子驾风出行，轻巧优美，十五天以后返回。他对于求福，没有迫切索取的样子。这种状况虽然免掉步行，仍有依靠的东西。至于遵循天地的自然本性，驾驭六种自然现象的变化，从而遨游在无穷尽的自由境界的人，他还要依靠什么啊! 所以说:境界最高的人没有自我，神化莫测的人不求立功，智慧无限的人不求立名。

非 攻 上①

《墨子》

题解

《墨子》是墨子及其弟子著作的总汇。今存五十三篇，其中《兼爱》、《非攻》、《天志》、《明鬼》、《尚贤》、《尚同》、《非乐》、《非命》、《节葬》、《节用》等篇，代表墨子的主要思想。《耕柱》到《公输》各篇记述墨子及其弟子的言行。墨子(约前468—前376)，名翟，相传是宋国人，后常住鲁国。是春秋战国之际的思想家、政治家和墨家的创始人。他的学说对当时思想界影响很大，与儒家并称为"显学"。

本篇集中反映墨子反对掠夺战争的主张。议论开门见山，从偷桃李说到侵略战争，从小到大，步步深入，扣住"窃"、"义"二字，层层推理，义正而词严，令人无可辩驳。语言质朴简明，以相似文字的语段接连跟进，紧密配合思想内容而展开。

原文

今有一人，入人园圃(pǔ)②，窃其桃李。众闻则非之，上为政者得则罚之③。此何也？以亏人自利也。至攘(rǎng)人犬豕(shǐ)鸡豚(tún)者④，其不义又甚入人园圃窃桃李。是何故也？以亏人愈多，其不仁兹甚⑤，罪益厚⑥。至入人栏厩(jiù)⑦，取人马牛者，其不仁义又甚攘人犬豕鸡豚。此何故也？以其亏人愈多。苟亏人愈多，其不仁兹甚，罪益厚。至杀不辜人也⑧，扡(tuō)其衣裘⑨，取戈剑者，其不义又甚入人栏厩取人马牛。此何故也？以其亏人愈多。苟亏人愈多，其不仁兹甚矣，罪益厚。当此，天下之君子皆知而非之，谓之不义。今至大为不义——攻国，则弗知非，从而誉之，谓之义。此可谓知义与不义之别乎？

杀一人谓之不义，必有一死罪矣。若以此说往⑩，杀十人十重不义⑪，必有十死罪矣；杀百人百重不义，必有百死罪矣。当此，天下之君子皆知而非之，谓之不义。今至大为不义——攻国，则弗知非，从而誉之，谓之义，情不知其不义也⑫，故书其言以遗后世⑬；若知其不义也，夫奚说书其不义以遗后世哉⑭？

今有人于此，少见黑曰黑，多见黑曰白，则以此人不知白黑之辩矣⑮。少尝苦曰苦，多尝苦曰甘，则必以此人为不知甘苦之辩矣。今小为非，则知而非之；大为非——攻国，则不知非，从而誉之，谓之义。此可谓知义与不义之辩乎？是以知天下之君子也，辩义与不义之乱也。

注释

①非攻：共有上、中、下三篇，这是上篇。"非攻"是谴责侵略的意思。

非,非难;责备。攻,攻打;侵略。　②园圃:泛称果园。园,种树的地方。圃,种菜的地方。　③为政者:执政的人。得:捕获;捉住。　④攘:偷取;夺取。豕:猪;豚:小猪。　⑤仁:仁爱。兹:通"滋",更加。甚:严重。　⑥厚:重。⑦栏厩:泛指关养牛马的圈。栏,古称关养牛马的圈。厩,马棚。　⑧不辜人:无罪的人。辜,罪。　⑨扡:同"拖",拽下;剥下。　⑩往:表示类推。⑪十重:十倍。　⑫情:诚;确实。　⑬其言:指上文"誉之,谓之义"的言论。⑭奚说:怎么解释。　⑮辩:通"辨"。

译文

　　现在有一个人,闯进别人果园,偷取桃子和李子。众人听说了就谴责他,上面执政者捉住了就惩罚他。这是什么缘故呢？是由于损人利己。至于窃取别人的狗、猪、鸡和小猪崽的,他的不道德比闯入别人果园窃取桃子和李子更严重。这是什么缘故呢？是由于损人更多了,他的不道德就更严重,罪更大。至于闯入别人的牛马圈,窃取别人的马牛的,他的不道德又比窃取别人的狗、猪、鸡和小猪崽更严重。这是什么缘故呢？是由于损人更多。如果损人更多,他的不道德就更严重,罪就更重大。至于杀害无罪的人,剥走他的衣服,夺取戈剑的,他的不道德又比闯入别人牛马圈窃取马牛的更严重。这是什么缘故呢？是由于损人更多。如果损人更多,他的不道德就更严重,罪就更重大。对此,天下的君子都清楚从而谴责它,称它为不道德。现在发展到大干不道德的事——侵略别国,却不知道谴责,顺从而且赞美它,把它称为道德。这能说知道道德与不道德的分别吗？

　　杀一个人说它不道德,必定有一重死罪了。如果据此类推,杀十个人,十重不道德,必定有十重死罪了;杀一百个人,一百重不道德,必定有一百重死罪了。对此,天下君子都清楚从而谴责它,称它为不道德。现在发展到大干不道德的事——侵略别国,却不知道谴责,顺从而且赞美它,把它称为道德。确实不知道它的不道德,所以记下那些赞誉的话留给后代;如果知道它的不道德,又怎样解释记下那些话留给后代呢？

现在有人在这里，少见到黑就叫黑，多见到黑就叫做白，那就认为这个人不知道白与黑的分别了。少尝苦味就叫苦，多尝了苦味就叫做甜，那就必定认为这个人是不知道甜与苦的分别了。现在做小不道德的事，就清楚从而谴责它；干大不道德的事——侵略别国，却不知道谴责，顺从并且赞美它，把它称为道德。这能说知道道德与不道德的分别吗？由此知道天下的君子分别道德与不道德的混乱啊。

劝　　学①

《荀子》

题解

《荀子》今存三十二篇，多数是荀子自撰，少数为弟子所记。文章善于分析，善用比喻，逻辑性强，多用排比句，不但增添气势，而且简洁整齐。荀子（约前313—前238），名况，赵国人。战国时思想家和教育家，著名法家韩非、李斯都是他的学生。当时尊称他为荀卿（汉代避讳称孙卿），是继孔子、孟子以后儒家的重要人物。因他能接受其他学派的影响，可以说是先秦诸子的集大成者。他反对迷信，主张遵循自然规律去发挥人的主动性，在我国唯物主义思想发展史上有着突出地位。

《劝学》是前篇，对学习的必要性、目的、内容、方法等进行全面论述。这里节录了前七段。首句引"君子曰：学不可以已"，紧扣篇题"劝学"二字。第一、二段说学习是为了"知明而行无过"，"知明"即"智明"，指知识，"行无过"，"过"是过错，指品德；第三段说"善假于物"，就是善于利用身外的资源，是对"知明"的诠释；

第四、五段说学习注重打好根基,最后说注重自身修养,是对"行无过"的诠释;第六段说学习必须专心致志,踏实积累。出名是学习的自然结果,而不是目的,其中警句名言,美不胜收。如"青,取之于蓝,而青于蓝","锲而不舍","驽马十驾","无冥冥之志者,无昭昭之明;无惛惛之事者,无赫赫之功"等。

原文

君子曰:学不可以已②。青③,取之于蓝④,而青于蓝;冰,水为之,而寒于水。木直中(zhòng)绳⑤,𫐓(róu)以为轮⑥,其曲中(zhòng)规⑦,虽有槁暴(pù)⑧,不复挺者⑨,𫐓使之然也。故木受绳则直,金就砺(lì)则利⑩,君子博学而日参省(xǐng)乎己⑪,则知(zhì)明而行无过矣⑫。

故不登高山,不知天之高也;不临深豀(xī)⑬,不知地之厚也;不闻先王之遗言⑭,不知学问之大也。干、越、夷、貉(mò)之子⑮,生而同声,长而异俗,教使之然也。《诗》曰:"嗟尔君子,无恒安息⑯。靖共尔位⑰,好是正直⑱。神之听之⑲,介尔景福⑳。"神莫大于化道㉑,福莫长于无祸㉒。

吾尝终日而思矣,不如须臾之所学也㉓;吾尝跂(qì)而望矣㉔,不如登高之博见也。登高而招,臂非加长也,而见者远;顺风而呼,声非加疾也,而闻者彰。假舆马者㉕,非利足也㉖,而致千里;假舟楫(jí)者㉗,非能水也㉘,而绝江河㉙。君子生非异也㉚,善假于物也。

南方有鸟焉,名曰蒙鸠㉛,以羽为巢,而编之以发,系之苇苕(tiáo)㉜。风至苕折,卵破子死。巢非不完也,所系者然也。西方有木焉,名曰射(yè)干㉝,茎长四寸,生于高山之上,而临百仞之渊,木茎非能长也,所立者然也。蓬生麻中㉞,不扶而直;白沙在涅(niè)㉟,与之俱黑。兰槐之根是为芷(zhǐ)㊱,其渐(jiān)之滫(xiǔ)㊲,君子不近,庶人不服㊳。其质非不美也,所渐者然也。故君子居必择乡,游必就士㊴,所以防邪僻而近中正也㊵。

物类之起,必有所始;荣辱之来,必象其德㊶。肉腐出虫,鱼枯生蠹(dù)㊷;怠慢忘身,祸灾乃作㊸。强自取柱㊹,柔自取束。邪秽在身,怨之所构㊺。施薪若一,火就燥也;平地若一,水就湿也。草木畴生㊻,禽兽群焉,物各从其类也。是故质的张㊼,而弓矢至焉;林木茂,而斧斤至焉;树成荫,而众鸟息焉。醯(xī)酸㊽,而蜹(ruì)聚焉㊾。故言有招祸也,行有招辱也,君子慎其所立乎!

积土成山,风雨兴焉㊿;积水成渊,蛟龙生焉(51);积善成德,而神明自得(52),圣心备焉(53)。故不积跬(kuǐ)步(54),无以致千里;不积小流,无以成江海。骐(qí)骥(jì)一跃(55),不能十步;驽马十驾(56),功在不舍。锲(qiè)而舍(shě)之(57),朽木不折;锲而不舍,金石可镂(lòu)(58)。螾(yǐn)无爪牙之利(59),筋骨之强,上食埃土,下饮黄泉,用心一也。蟹八跪而二螯(áo)(60),非蛇蟺(shàn)之穴无可寄托者,用心躁也(61)。是故无冥冥之志者(62),无昭昭之明(63);无惛(hūn)惛之事者(64),无赫赫之功(65)。行衢道者不至(66),事两君者不容。目不能两视而明,耳不能两听而聪(67)。螣(téng)蛇无足而飞(68),鼫(shí)鼠五技而穷(69)。《诗》曰:“鸤鸠在桑,其子七兮(70)。淑人君子(71),其仪一兮(72)。其仪一兮,心如结兮(73)。”故君子结于一也。

昔者瓠(hù)巴鼓瑟(74),而沉鱼出听,伯牙鼓琴(75),而六马仰秣(mò)(76)。故声无小而不闻,行无隐而不形。玉在山而草木润,渊生珠而崖不枯。为善不积邪,安有不闻者乎?

注释

①劝学:勉励学习。是《荀子》的第一篇。 ②已:停止。 ③青:青色颜料,就是现在的蓝色颜料。 ④蓝:蓼蓝,一种草,叶能提取青色颜料。二“于”字宜关注,前句“于”相当于“从”,表示对象;后句“于”相当于“胜过”,表示比较。 ⑤中:符合。绳:准绳,木匠取直的墨线。 ⑥𫐓:通“煣”,用火烤木材,弯直为曲。 ⑦规:圆规,木匠取圆的工具。 ⑧槁:干枯。暴:晒。 ⑨挺:直。 ⑩砺:磨刀石。 ⑪参:同“叁”。省:检查;反省。 ⑫知:

同“智”。行:行为。 ⑬谿:二山间的大沟。 ⑭先王:指古代贤明君王。⑮干:古小国名,为吴国所灭,此指吴国。吴国有今江苏、上海大部分和安徽、浙江的一部分。越:古国名,在今江苏北部运河以东地区,江苏南部、安徽南部、江西东部和浙江北部。夷:指古代东方部族。貉:同“貊”,古代北方部族。 ⑯“《诗》曰”句:见《诗经·小雅·小明》篇。嗟:叹词。尔:你们。无:通“毋”,不要。恒:常。 ⑰靖:通“静”,安心。共:同“供”,供职。位:职位。⑱正直:正直的道理。 ⑲听:听取考察。 ⑳介:给予。景:大。 ㉑神:指精神修养。化:教化。道:圣贤之道。 ㉒长:大。 ㉓须臾:一会儿。㉔跂:踮起脚后跟站着。 ㉕假:借助。舆:车。 ㉖利足:善于走路。㉗楫:船桨。 ㉘能水:会泅水。 ㉙绝:横渡。 ㉚生:通“性”,生性。㉛蒙鸠:又叫鷦(jiāo)鹩(liáo)、巧妇,体小短尾善于筑巢的小鸟。 ㉜苕:芦苇的穗。 ㉝射干:多年生的草,根可入药。 ㉞蓬:草名。 ㉟涅:黑泥。㊱兰槐:香草名。是:复指“根”。 ㊲渐:浸。滫:臭水。 ㊳庶人:一般人。服:佩带。 ㊴游:游历。 ㊵邪僻:邪恶。中正:正道。 ㊶象:像;依照。㊷蠹:蛀虫。 ㊸作:起;发生。 ㊹柱:通“祝”,断。 ㊺构:构成。㊻畴:通“俦”,同类。 ㊼质:箭靶。的:靶心。 ㊽醯:醋。 ㊾蚋:蚊类。(50)兴:产生;形成。 (51)蛟:古传说中能发洪水的龙。 (52)神明:精神修养。(53)圣心:圣人的思想。 (54)跬:半步。 (55)骐骥:良马名。 (56)驽马:劣马。驾:马拉车一天叫一驾。 (57)锲:雕刻。 (58)镂:雕刻。 (59)螾:同“蚓”,蚯蚓。 (60)跪:脚。螯:节足动物前面的钳夹。 (61)躁:浮躁不专一。 (62)冥冥:暗暗,指精诚专一。 (63)昭昭:明亮,指明察一切。 (64)惛惛:默默,指埋头苦干。 (65)赫赫:显著,指显赫辉煌。 (66)衢道:歧路。 (67)聪:听得清楚。(68)螣蛇:传说中能飞的蛇。 (69)鼫鼠:形似兔,食农作物,传说有五种技能,“能飞不能上屋,能缘(爬树)不能穷木(爬到树顶),能游不能渡谷,能穴(挖洞)不能掩身,能走不能先人”,见《说文·鼠部》。 (70)“《诗》曰”句:见《诗经·曹风·鸤鸠》。鸤鸠:布谷鸟。传说它喂小鸟,早上从上到下,傍晚从下到上,平均对待,始终如一。 (71)淑人:善良的人。 (72)仪:仪表举止。(73)如结:像东西凝结一起不散,指专一持久。 (74)瓠巴:古代善于弹瑟的人。(75)伯牙:古代善于弹琴的人。 (76)仰秣:抬起头来嚼草料。秣,牲口饲料,此指吃草料。

译文

君子说:学习是不能停止的。蓝颜料,从蓼蓝中提取,但是比蓼蓝更蓝;冰,是水凝结成的,但是比水更冰冷。木材直得符合墨线标准,用火熏烤弯成轮子,它的弯曲度符合圆规标准,即使让它干枯和暴晒,也不再挺直,是用火烤使它这样的。所以木材依照墨绳就会直,刀剑接受磨刀石磨就会锋利,君子广泛学习并且每天多次反省自己,那就智慧明达而且行为没有过错了。

所以不攀登高山,不知道天的高远;不俯临大谷,不知道地的深厚;不听取先王的遗训,不知道学问的博大。干、越、夷、貊的人,初生时声气相同,长大了习俗各异,是教育使他们这样的。《诗经》说:“唉,你们君子,不要老是歇息。安心地守好你们的职位,崇尚正直的言行。神将听到你们,赐你们大福。”精神修养没有比受道的熏陶感染更高的,福分没有比无灾无祸更长远的。

我曾经整天思索,不及一会儿所学到的;我曾经踮脚观望,不及登上高山(扩大眼界)所见到的。登高招手,手臂没有加长,但是看见的可以更远;顺风呼唤,声音没有加大,但是听到的更清楚。借助车马的,不是脚变快了,但能达千里;借助船、桨的,不是会游泳了,但能渡过大江大河。君子的个性没有特别之处,善于借助器物罢了。

南方有一种鸟,名叫蒙鸠,用羽毛做巢,用毛发编连,把它系在芦苇上。风吹苇折,蛋破小鸟死。鸟巢不是不完善,是系巢的芦苇导致这样的。西方有一种树,名叫射干,树干只四寸长,长在高山上面,面临百丈深渊,树干不能够长高,是所站立的地方造成这样的。蓬草长在麻里,不用扶持就能挺直;白沙陷进黑泥,同它一起变黑。兰槐的根叫做芷,将它浸到臭水里,君子不肯接近,常人不会佩带。它的品质不是不美好,是所浸的臭水造成这样的。所以君子居住必定选择乡邻,游历必定结交贤士,用来防止邪恶从而接近正道。

物类的兴起,必定有它开始的原因;荣誉和羞辱的到来,必定依照他自己的德行。肉腐烂就长虫,鱼干枯会生蛀;怠惰傲慢忘记了自己,灾祸于是发生。刚强导致断折,柔弱导致约束。丑恶行为在身上,招来怨恨的集结。摆放柴草如一样均匀,火就烧向干燥的一边;平整土地如一样均匀,水就流向潮湿的地方。草木丛生,禽兽群栖,生物各自追随它的同类。因此箭靶竖起从而弓箭射来,林木茂盛从而刀斧砍来,绿树成荫从而群鸟栖息。醋酸,从而虫子聚拢来。所以言论有可能招惹祸患,行为有可能招惹羞辱,君子应慎重地对待他的立身行事!

积土成山,风雨就发生了;积水成海,蛟龙就出现了;积善成为品德,从而神人的智慧明察自然得到,圣人的思想品德就能具备了。所以不积小步,无法到达千里;不积小流,无法汇成大海。骐骥一跳,不到十步;劣马完成十日路程,是因成功来自不停地前进。雕刻一半如舍弃,腐烂的木料也不能折断;雕刻如不停歇,金属石头也能刻成。蚯蚓没有爪牙的锋利、筋骨的强健,往上吃尘土,往下喝泥水,是用心专一。蟹有八脚和二钳,但没有蛇和鳝鱼的洞穴就没有寄居的地方,是用心浮躁不专。因此没有默默专一的意志,就没有明明白白的认知;没有埋头苦干的工作,就没有辉煌显赫的业绩。走歧路的不能到达,为两个君王做事的不能被容纳。眼睛不能并视而清楚,耳朵不能兼听而明晰。螣蛇无脚而能飞,鼫鼠有五技却受困。《诗经》说:"布谷鸟在桑树上,它的幼鸟有七只。善人君子,他们的仪态如一。他们的仪态如一,他们的心思像东西凝结不散。"所以君子的精神总是专一。

从前瓠巴奏瑟,鱼从水底浮出倾听;伯牙弹琴,吃草的马都抬起了头。所以声音没有因为微小而不被听见的,行事没有因为隐蔽而不显现的。玉蕴藏在山里从而草木滋润,渊生珍珠从而崖岸不枯干。大概是做好事积累不多吧?否则哪有不被知闻的呢?

狗 恶 酒 酸①

《韩非子》

题解

《韩非子》是韩非著作的汇集,共二十卷五十五篇,是法家学说的代表。其中的文章严谨细密,其辨析事理,善用常言说理,对后世散文有一定影响。韩非(约前280—前233),本是韩国贵族,是儒学大师荀子的学生,他继承并发展了荀子的法家思想,同时吸收了道、儒、墨各家的思想,有选择地接受前期法家的思想,成为法家的集大成者。主张以法治国,为建立中央集权的封建专制奠定了理论基础。因此深得秦始皇赏识,迫使韩国派他出使秦国,因受李斯陷害,自杀于狱中。在哲学上,他发展了荀子的唯物主义思想。

这里节录的两则寓言,主旨都讲人君用人之弊,深入思考,倒也揭示了社会上两种人的本相:仗势欺人的打手——“猛狗”,卖权谋利、结党营私的亲信——“社鼠”。作者从生活中选取了典型现象,寥寥数语,却活灵活现。如“迓而龁之”,“鼠穿其间,掘穴托其中”。文章一事一议,叙事朴实简明,议论推理精到。齐桓公和管仲都是著名政治家,君臣关系又公认的好,借用他们的话,自然更添说服力。

原文

宋人有酤(gū)酒者②,升概甚平③,遇客甚谨④,为酒甚美,县帜甚高⑤,著然不售⑥。酒酸。怪其故,问其所知。问长者杨倩⑦,倩曰:“汝狗猛耶?”曰:“狗猛则酒何故而不售?”曰:“人畏

焉！或令孺子怀钱挈（qiè）壶罋（wèng）而往酤⑧，而狗迓（yà）而
龁（hé）之⑨，此酒所以酸而不售也。"

夫国亦有狗。有道之士怀其术而欲以明万乘之主⑩，大臣为
猛狗迎而龁之，此人主之所以蔽胁⑪，而有道之士所以不用也。

故桓公问管仲⑫："治国最奚患⑬？"对曰："最患社鼠矣⑭！"公
曰："何患社鼠哉？"对曰："君亦见夫为社者乎⑮？树木而涂之⑯，
鼠穿其间，掘穴托其中⑰。熏之则恐焚木，灌之则恐涂阤（zhì）⑱，
此社鼠之所以不得也。今人君之左右，出则为势重而收利于民，入
则比周而蔽恶于君⑲。内间（jiàn）主之情以告外⑳，外内为重，诸
臣百吏以为富㉑。吏不诛则乱法，诛之则君不安。据而有之㉒，此
亦国之社鼠也。"

故人臣执柄而擅禁㉓。御明为己者必利，而不为己者必害，此
亦猛狗也。夫大臣为猛狗而龁有道之士矣，左右又为社鼠而间主
之情，人主不觉。如此，主焉得无壅㉔，国焉得无亡乎？

注释

①选自《外储说右上》。恶：凶恶；凶猛。　②酤：通"沽"。卖酒或买酒。
③升概甚平：指分量很足，买卖公平。升，量酒器。概，量米麦等刮平斗斛的
器具。　④遇客：接待顾客。谨：细心周到。　⑤县：同"悬"，悬挂。帜：酒
旗。　⑥不售：卖不出去。　⑦长者：年纪较大或辈分较高的人。　⑧孺子：
儿童。挈：提；拎。罋：同"瓮"。陶制的储酒器。　⑨迓：迎面上前。龁：咬。
⑩明：使……贤明；辅佐。万乘：指拥有万辆兵车的大诸侯国。　⑪蔽胁：受
蒙蔽和挟持。　⑫桓公：即齐桓公，名小白，春秋五霸之首。管仲：齐桓公的
国相。　⑬奚患：即患奚，怕什么。患，担忧、怕。　⑭社鼠：穴居土地庙中的
鼠。　⑮社：指古代民间立木祭土神。　⑯涂：粉饰。　⑰托：寄身。
⑱阤：塌落；崩颓。　⑲比周：结党营私。　⑳间：窥探。　㉑诸臣百吏以为
富：意思是受诸臣百吏的贿以为富。　㉒据：依仗。有：保有。　㉓柄：权
柄；权力。擅：专断。禁：禁令。　㉔壅：蔽塞。

译文

　　宋国人有卖酒的，分量实足，待客周到，做的酒很好，酒旗挂得

很高,但是酒卖不出去。酒也酸了。奇怪它的原因,去问他熟悉的人。问问长杨倩。杨倩问:"你的狗凶猛吗?"回答说:"狗凶猛,为什么酒就卖不出去呢?"杨倩说:"人们怕它啊!有人叫儿童拿着钱,提酒壶来买酒,而狗迎上前去咬他,这就是酒所以酸了还卖不出去的缘故。"

至于国家,也有狗。有见识的人士胸怀他的学识,想用它让大国君主明白,大臣像猛狗,迎上前去咬他,这就是君主之所以受蒙蔽挟持、有识之士所以不被任用的缘故。

所以齐桓公问管仲说:"治国最怕什么?"回答说:"最怕社鼠了!"桓公问:"为什么怕社鼠呢?"回答说:"君王见过那立木祭土地神的情形吗?竖起木牌并加涂饰,老鼠钻进它的间隙,挖洞藏在里面。用火熏怕烧毁木牌,拿水灌怕涂饰坏落,这就是社鼠之所以不被捉的缘故。现在君王的身边人,出朝廷就凭权势大向人民搜刮,进朝廷就结党营私在君王面前掩盖罪恶。在宫廷内窥探君主的心意告知宫外,在宫内外结成权力重心,接受众官吏的贿赂而聚敛财富。法官不加惩处就乱了法制,惩处他们君主就不安宁。依恃君主而保有权势,这就是国家的社鼠。"

所以臣子把持权力并且专断禁令。表明为自己的必定得利,而不为自己的必定遭害,这也是猛狗。大臣成为猛狗从而咬有识之士,君王的身边人又成了社鼠从而窥探君主的实情,君主不觉察。如果这样,君主哪能不被蒙蔽,国家哪能不灭亡呢?

高 山 流 水①

《列子》

题解

《列子》相传为战国时列御寇所撰。原本早佚,今存八篇一百三十四则,大部分属于民间故事、寓言和神话传说,很有文学价值。今人考证,应是魏晋人所作。唐代推崇道教,把它列为道教经典,号称《冲虚真经》。列御寇,相传战国时郑国人,其学说与庄子相近,主张虚静、无为,被道家推为前辈。《庄子》书中有许多关于他的传说。"高山流水"记述优秀琴师伯牙与优秀琴曲鉴赏家钟子期弹琴相知的优美故事。作者不加一语,全用记述。此弹彼听相对应,读来和谐有致,后来"高山流水"就成为知音和知己的代称,也成为琴曲名,到唐朝又分成《高山》和《流水》两曲。

原文

伯牙善鼓琴②,钟子期善听③。伯牙鼓琴,志在登高山④,钟子期曰:"善哉,峨(é)峨兮若泰山⑤!"志在流水⑥,钟子期曰:"善哉,洋洋兮若江河⑦!"伯牙所念,钟子期必得之。伯牙游于泰山之阴⑧,卒(cù)逢暴雨⑨,止于岩下,心悲,乃援琴而鼓之⑩。初为霖(lín)雨之操⑪,更造崩山之音⑫,曲每奏,钟子期辄穷其趣⑬。伯牙乃舍琴而叹曰:"善哉! 善哉! 子之听夫志⑭,想象犹吾心也⑮。吾于何逃声哉⑯?"

注释

①选自《汤问》篇。高山流水:都是古琴曲名。 ②伯牙:古代传说中的

人物。相传生于春秋时代,善弹琴。鼓琴:奏琴;弹琴。　③钟子期:古代传说中的人物,相传是春秋时楚国人,精通琴曲。善听:善于欣赏;知音。④志:志趣;意念。　⑤峨峨:高峻的样子。兮:古代语助词,相当于现代的"啊"。　⑥流水:流动的水。　⑦洋洋:盛大众多的样子。　⑧阴:山的北面。　⑨卒:同"猝",突然。　⑩援:执;持。　⑪霖雨之操:因闭塞忧愁而创作的琴曲。霖雨,连绵大雨。操,一种琴曲。　⑫音:指音乐的声音。　⑬穷:尽。趣:志趣。　⑭夫:句中语助词。　⑮想象:设想。　⑯于何逃声:即逃声于何处,意思是无处逃声。

译文

　　伯牙善于弹琴,钟子期善于听琴。伯牙弹琴,意在攀登高山,钟子期说:"妙啊,高高的好像登泰山!"意在流动的水,钟子期说:"妙啊,浩瀚无边得好像大江大河!"伯牙所意念的,钟子期必定知道。伯牙到泰山北面游玩,突然遭遇暴雨,停息在岩石下,心情悲伤,于是取琴弹奏。开始弹奏霖雨曲,然后改奏崩山调,琴曲每次奏起,钟子期即能穷尽它的意趣。伯牙于是放下琴感叹说:"妙啊!妙啊!您听琴曲旨趣,理解如同我自己的心。我的琴声哪能出您的意料啊?"

晏子使楚①

《晏子春秋》

题解

　　《晏子春秋》是记载晏子言行的书。全书分内、外篇,共八卷,二百十五章。作者善于用生动的语言组织事件,具有短篇故事的性质,不少章节甚至很有戏剧性。旧题春秋晏婴撰,实际上当由战国时人搜集晏婴的遗事编辑而成。晏婴(?—前500),字仲,谥平,夷维(今山东高密)人。齐国大夫,国相,历仕灵公、庄公、景公三世。多次出使各国,以外交才能名显诸侯。今选择的"晏子使楚"章,几乎是一则小戏。楚王只想取笑晏子,晏子却以幽默的语言捍卫了国家的尊严。他不去辩论楚王设计捆来的人是不是齐人,有没有犯罪,而用环境变迁对人性的改变的生活实例轻易化解了楚王的责难。

原文

晏子将至楚,楚闻之,谓左右曰:"晏婴,齐之习辞者也②,今方来③,吾欲辱之,何以也④?"左右对曰:"为其来也⑤,臣请缚一人,过王而行,王曰:'何为者也?'对曰:'齐人也。'王曰:'何坐⑥?'曰:'坐盗。'"

晏子至,楚王赐晏子酒,酒酣(hān)⑦,吏二缚一人诣(yì)王⑧,王曰:"缚者曷(hé)为者也⑨?"对曰:"齐人也,坐盗。"王视晏子曰:"齐人固善盗乎?"晏子避席对曰⑩:"婴闻之,橘生淮南则为橘⑪,生于淮北则为枳(zhǐ)⑫,叶徒相似⑬,其实味不同。所以然者何⑭?水土异也⑮。今民生于齐不盗,入楚则盗,得无楚之水土使民善盗耶⑯?"王笑曰:"圣人非所与熙也⑰,寡人反取病焉⑱。"

注释

①选自《内篇杂下》的第十章。原题作"楚王欲辱晏子,指盗者为齐人,晏子对以橘"。　②习辞者:善于辞令的人。习,熟习。辞,辞令。　③方:将。　④何以:即"以何"。　⑤为:于。　⑥何坐:犯什么罪。坐,处断、定罪。　⑦酣:尽兴饮酒。　⑧诣:去,到。　⑨曷:何。　⑩避席:古代席地而坐,离开座位站起,表示敬意叫避席。　⑪淮南:淮河以南。　⑫枳:形似橘,果小、球形,熟时暗黄色,密披柔毛,肉少味酸,不能食用,又称臭橘。　⑬徒:白白地;空。　⑭所以然:之所以形成这种状况的原因。然,这样。　⑮水土:指地方的自然环境。　⑯得无:莫非;岂不是。　⑰圣人:古指道德智能

极高的人。熙:通"嬉",嬉戏。 ⑱病:责备;耻辱。

译文

晏子将来楚国,楚王知道了,就对左右人说:"晏子是齐国善于辞令的人,如今他要来,我想羞辱他,用什么方法呢?"左右回答说:"等他来,臣请求捆一个人,走过大王面前,大王问:'他是哪里的?'回答说:'齐国人。'大王又问:'犯什么罪?'回答说:'犯了偷盗罪。'"

晏子来到,楚王赏晏子喝酒,正喝得高兴,两个官吏捆一个人来到楚王面前,楚王问:"捆的是什么人?"回答说:"是齐国人,犯了偷盗罪。"楚王看着晏子说:"齐国人一向喜欢偷盗吗?"晏子离开座席回答说:"我听说,橘树长在淮河以南就成为橘树,长在淮河以北就变成枳树,叶子虽相似,它们果实的味道很不相同。之所以形成这种状况是什么原因呢? 是水土差异。如今百姓生活在齐国不偷盗,来到楚国就偷盗,莫不是楚国的水土使百姓喜欢偷盗了吧?"楚王笑起来说:"圣人是不能同他开玩笑的,我反而受羞辱了。"

察　今①

《吕氏春秋》

题解

《吕氏春秋》简称《吕览》。旧题秦吕不韦撰,其实是他组织门客各著所闻而成。内容以儒家思想为主,汇集各家言论,保存了先秦诸子的重要资料。全书分十二纪、八览、六论,共一百六十篇。文章篇幅简短,组织严谨,条理清晰,收录了不少寓言故事,这些故事形象生动,寓意深刻,为后代散文家所看重。吕不韦(? —前235),战国末年卫国濮阳(今河南濮阳西南)人。本是阳翟(今河南禹州)大商人,由于挟持秦公子异人即位为庄襄王,被任命为相国,封文信侯,秦始皇幼年即位,被尊为"仲父",专断朝政,始皇亲政后,罢相,在流放四川途中自杀。今选择《察今》一篇,是议论文,主要表达法家观点,先说古代帝王的法令不能原封不动保存,次说古代帝王的法令是根据当时需要制定的,最后说今人治国必须顺应时势变法,观点鲜明,判断果决,推理有力,多用设问,往往自问自答;多用对句,显得整齐有序。后面三则故事生动有趣、通俗易懂,其中"刻舟求剑"尤为突出。为前面议论提供了有力的证明。

原文

　　上胡不法先王之法②? 非不贤也,为其不可得而法。先王之法,经乎上世而来者也,人或益之③,人或损之,胡可得而法? 虽人弗损益④,犹若不可得而法⑤。东夏之命⑥,古今之法,言异而典殊⑦。故古之命多不通乎今之言者;今之法多不合乎古之法者。殊俗之民⑧,有似于此。其所为欲同,其所为异。口惛(wěn)之命不愉⑨,若舟车衣冠滋味声色之不同。人以自是,反以相诽⑩。天下之学者多辩⑪,言利辞倒⑫,不求其实,务以相毁,以胜为故⑬,先王之法,胡可得而法? 虽可得,犹若不可法。

　　凡先王之法,有要(yāo)于时也⑭。时不与法俱在,法虽今而在,犹若不可法。故释先王之成法⑮,而法其所以为法⑯。先王之所以为法者,何也? 先王之所以为法者,人也,而己亦人也。故察己则可以知人,察今则可以知古。古今一也,人与我同耳。有道之士⑰,贵以近知远⑱,以今知古,以所见知所不见。故审堂下之阴⑲,而知日月之行,阴阳之变⑳;见瓶水之冰,而知天下之寒,鱼鳖之藏也。尝一脔(luán)肉㉑,而知一镬(huò)之味㉒,一鼎之调(tiáo)㉓。

　　荆人欲袭宋㉔,使人先表澭(yōng)水㉕。澭水暴益㉖,荆人弗知,循表而夜涉㉗,溺死者千有余人,军惊而坏都舍㉘。向其先表之时可导也,今水已变而益多矣,荆人尚犹循表而导之,此其所以败也。今世之主法先王之法也,有似于此。其时已与先王之法亏(guǐ)矣㉙,而曰此先王之法也,而法之。以此为治,岂不悲哉!

　　故治国无法则乱,守法而弗变则悖㉚,悖乱不可以持国㉛。世易时移,变法宜矣。譬之若良医,病万变,药亦万变。病变而药不变,向之寿民,今为殇(shāng)子矣㉜。故凡举事必循法以动㉝,变法者因时而化㉞。若此论则无过务矣㉟。夫不敢议法者,众庶也㊱;以死守法者,有司也㊲;因时变法者,贤主也。是故有天下七十一圣㊳,其法皆不同;非务相反也,时势异也。故曰:良剑期乎断,不期乎镆(mò)铘(yé)㊴;良马期乎千里,不期乎骥骜(ào)㊵。夫成功名者,此先王之千里也。

　　楚人有涉江者,其剑自舟中坠于水,遽(jù)契(qì)其舟㊶,曰:"是吾剑之所从坠。"舟止,从其所契者入水求之。舟已行矣,而剑不行。求剑若此,不亦惑乎?以故法为其国与此同㊷。时已徙矣㊸,而法不徙。以此为治,岂不难哉!

　　有过于江上者,见人方引婴儿欲投之江中㊹,婴儿啼。人问其故。曰:"此其父善游。"其父虽善游,其子岂遽善游哉㊺?以此任物㊻,亦必悖矣。荆国之为政㊼,有似于此。

注释

　　①选自《吕氏春秋》卷十五《慎大览》。察:明察。　　②上:指国君。胡:何;为什么。法:前一个意为"效法",后一个指法令制度。　　③或:有的。④虽:即使。　　⑤犹若:仍然;还是。　　⑥东:东夷,古指东方的少数民族。夏:诸夏,指中原地区的人。命:命名;名称。　　⑦典:典章制度。　　⑧殊俗:不同的风俗。　　⑨口惛之命:口头用语,指方言。惛:通"喑",同"吻"。愉:通"谕",通晓。　　⑩诽:非议。　　⑪辩:能说会道。　　⑫言利:言辞锋利。辞倒:颠倒用辞;玩弄辞令。　　⑬故:事;事务。　　⑭要:要求,"符合……的要求"。　　⑮释:放弃。成法:已成的法令。　　⑯其所以为法:他们用来制定法

令的方法。 ⑰有道之士:指懂道理的人。 ⑱贵:看重;珍视。 ⑲审:察看。堂下:堂前,即庭中。阴:日月照射的影子。 ⑳阴阳之变:指早晚的变化和四季寒暑的变化。阴阳,古人认为宇宙中的一切包括人都由阴与阳二者组成。 ㉑一脟肉:一块肉。脟,同"脔"。切成小块的肉。 ㉒镬:古代的大锅。 ㉓鼎:古代烹煮的器具,三足两耳。调:调味。 ㉔荆人:即楚人。荆是楚的别称。 ㉕表:立标记。澭水:黄河支流,在今山东西南部。㉖益:同"溢"。满,涨。 ㉗涉:徒步过河。 ㉘而:义同"如"。坏都舍:都邑里房屋倒塌。坏,毁坏。 ㉙亏:通"诡"。不同。 ㉚悖:违背事理。㉛持国:治理国家。持,操持;保持。 ㉜殇子:没到成年就死去的人。㉝举事:做事,多指做大事。 ㉞化:变化。 ㉟过务:错事。务,事务。㊱众庶:老百姓。 ㊲有司:负责官员。 ㊳七十一圣:指古代七十一位明君。"七十一"疑是七十二之误。见《史记·封禅书》。极言其多,不实指。㊴镆铘:宝剑名,春秋时为吴王阖闾所有。 ㊵骥骜:都是千里马的名称。㊶遬:急速。契:用刀刻。 ㊷故法:旧法;成法。 ㊸徙:变迁。 ㊹方:正在。引:牵;拉。 ㊺岂:难道。遽:就。 ㊻任物:处理事物。 ㊼荆国:《吕览纂》作"乱国",比较切合文意。

译文

皇上为何不效法古代帝王的法令呢?不是它们不好,是效法它却得不到。古代帝王的法令,是经历古代而来的,人们有增加它的,有减少它的,怎么能得到并效法呢?即使人们没有增加和减少它,还是不能得到并效法。东夷和诸夏的称名,古代和今天的法令,言语有差异并且典章制度不同。所以古代的名称大都不同于今天的话;今天的法令大都不合乎古代的法令。不同风俗的百姓,同这类似。他们的欲求相同,他们的作为不同。口语方言互不通晓,就像车船衣帽滋味声音色彩的不相同。人都认为自己是正确的,对相反的互相非议。天下的学者大都能说会道,言辞锋利卖弄辞令,不求事实,力求互相诋毁,以取胜为事务,古代帝王的法令,怎么能得到并效法呢?即使能得到,还是不能效法。

凡是古代帝王的法令,都是有当时的需要的。时代不与法令并存，法令即使至今还保存着，还是不能效法。所以抛下古代帝王已成的法令，来效法他们所以制定法令的依据。古代帝王制定法令的依据是什么呢？古代帝王制定法令的依据是人，而他自己也是人。所以明察自己就能推知别人，明察当今就能推知古代。古与今一致，人与我相同。明理的人士，看重以近推知远，以今推知古，以所见的推知所未见的。所以审视庭中的阴影，从而得知日月的运行，阴阳的变化；见到瓶水结冰，从而得知天下的寒冷，鱼鳖的藏伏。尝一小块肉，从而得知一锅肉的滋味，一鼎肉的调味。

楚国人要偷袭宋国，派人先在澭水立标记。澭水突然猛涨，楚国人不知道，沿着标记在夜间徒步过河，溺死的有一千多人，军队惊慌如同城里房屋忽然倒塌。以前他们立标记的时候是能引导过河的，如今水已经变得满了，楚国人还是沿着标记来过河，这就是他们所以失败的原因。现代君主效法古代帝王的法令，同这个相类似。他们的时代已经与古代帝王的法令不同了，却说这是古代帝王的法令，从而效法它。拿这个来治理国家，难道不悲哀吗！

所以治国没有法令就混乱，死守法令而不变就荒谬，混乱和荒谬不可能保持国家安定。社会改变了，时代发展了，变更法令也应该了。譬如优秀的医生，疾病千变万化，药方也千变万化。疾病变了而药方不变，以前长寿的人，如今成为早死的人了。所以凡是做事业必须遵循法令来行动，改变法令的人要根据时代来变化。照这样推论就没有错事了。不敢议论法令的，是老百姓；死守法令的，是官员；据时变法的，是贤明君主。因此，古来七十一位圣明君主，他们的法令都不相同，不是一定要搞得不同，是时代趋势不同。所以说：良剑要求它能斩断东西，不企求一定是名剑镆铘；良马要求它能千里奔驰，不企求一定是名马骥和骜。能建功成名的人，这才是古代帝王所期望的"千里马"。

楚国人有过江的，他的剑从船上掉落水中，立即在船身刻下记号，说："这是我的剑所掉落的地方。"船停了，再从他刻的记号下水找剑。船已经前行了，而剑不动。找剑像这个样子，不是糊涂了吗？拿过去的法令治理国家，与这个相同。时代已经变了，但是法令不变。拿这个治理国家，岂不是很困难吗！

有过江的人，看见有人正牵着幼儿要将他投进江里，幼儿啼哭。有人就问他缘由。回答说："这是因为他父亲善于游泳。"他的父亲虽然善于游泳，他的儿子难道就善于游泳吗？这样处理事务，也一定荒谬。楚国的施政，同这个相类似。

风　赋①

[战国·楚]宋玉

题解

作者宋玉，战国末期楚国著名文学家，在楚辞创作方面是屈原的继承者和模拟者。今存作品很少。《风赋》以问答方式，铺叙风的发生、发展进程以及雄风雌风的区别，反映了宫廷生活的奢华和平民生活的愁苦，形成强烈的对比，含有对楚王的讽谏。作者通过景物描写，使无形的风变成有形的物，语言上善于组织对句和排句，多用联绵字，注意押韵，因而很有文采。就其借风喻意，与先秦诸子多用寓言的句法相似；就其讲究声律，描写细腻，又与楚辞的手法相似。风分雌雄则体现了作者劝说君主的委婉苦心，为后来赋家所继承。

原文

楚襄王游于兰台之宫②。宋玉、景差侍③。有风飒（sà）然而至④，王乃披襟而当之⑤，曰："快哉此风⑥！寡人所与庶人共者邪⑦？"宋玉对曰："此独大王之风耳⑧，庶人安得而共之⑨？"

王曰："夫风者，天地之气，溥（pǔ）畅而至⑩，不择贵贱高下而加焉⑪。今子独以为寡人之风,岂有说乎⑫?"宋玉对曰:"臣闻于师:枳句(gōu)来巢⑬,空穴来风,其所托者然,则风气殊焉⑭。"

王曰:"夫风,始安生哉⑮?"宋玉对曰:"夫风,生于地,起于青蘋之末⑯,侵淫溪谷⑰,盛怒于土囊之口⑱,缘泰山之阿(ē)⑲,舞于松柏之下,飘忽淜(píng)滂(páng)⑳,激飏(yáng)熛(biāo)怒㉑,耾(hōng)耾雷声㉒,回穴错迕(wǔ)㉓,蹶(jué)石伐木㉔,梢杀林莽㉕。至其将衰也,被丽披离㉖,冲孔动楗(jiàn)㉗,眴(xuàn)焕灿烂㉘,离散转移。故其清凉雄风㉙,则飘举升降㉚,乘凌高城㉛,入于深宫。邸(dǐ)华叶而振气㉜,徘徊于桂椒之间㉝,翱翔于激水之上㉞,将击芙蓉之精㉟,猎蕙草㊱,离秦蘅㊲,概新夷㊳,被荑(tí)杨㊴,回穴冲陵㊵,萧条众芳㊶。然后倘(cháng)佯(yáng)中庭㊷,北上玉堂㊸,跻于罗帷㊹,经于洞房㊺,乃得为大王之风也。故其风中(zhòng)人,状直憯(cǎn)凄惏(lín)栗㊻,清凉增欷(xī)㊼。清清泠(líng)泠㊽,愈病析酲(chéng)㊾,发明耳目㊿,宁体便人[51]。此所谓大王之雄风也。"

王曰:"善哉论事!夫庶人之风,岂可闻乎[52]?"宋玉对曰:"夫庶人之风,塕(wěng)然起于穷巷之间[53],堀(kū)堁(kè)扬尘[54],勃郁烦冤[55],冲孔袭门[56],动沙堁,吹死灰[57],骇混浊[58],扬腐余[59],邪薄(bó)入瓮(wèng)牖(yǒu)[60],至于室庐[61]。故其风中人,状直憞(dùn)溷(hùn)郁邑[62],殴温致湿[63];中心惨怛(dá)[64],生病造热[65];中唇为胗(zhěn)[66],得目为蔑(miè)[67],啗(dàn)齰(zé)嗽(sòu)获[68],死生不卒[69]。此所谓庶人之雌风也[70]。"

注释

①选自萧统《文选》。赋是一种文体,讲究文采,注重声韵,兼具诗的韵律、节奏和散文的章法、句式。规模宏大,以铺叙为主的称"大赋";篇幅较短,着重抒情的称"小赋"。本篇属小赋。　②楚襄王:即战国时楚顷襄王,名横,公元前298年至前263年在位。兰台:楚国的宫苑之一,旧址在今湖北钟祥。　③景差:楚大夫,与宋玉齐名的辞赋作家。作品失传。侍:随从。

④飒然:形容风声。　⑤披襟:敞开衣襟。当:迎受。　⑥快:痛快。　⑦庶人:平民;百姓。　⑧独:仅仅;只是。　⑨安得:哪能。　⑩溥:普遍。畅:畅通。　⑪加:施加。　⑫说:说明;理由。　⑬枳:树名,又叫枳橘。句:同"勾",弯曲。来:招致。　⑭风气:风的气势。　⑮安生:从哪里发生。　⑯青蘋:即青萍,亦名浮萍。浮生水面,叶两面皆绿。　⑰侵淫:渐渐扩展。⑱土囊:大山洞。　⑲泰山:大山。泰,通"太",大。阿:山的弯曲处。⑳飘忽:轻快移动的样子。溯溯:风吹物体相击的响声。　㉑激飏:同"激扬",激起。熛怒:指风势猛烈发出呼啸。熛,迸飞的火焰。　㉒耾耾:形容大声。　㉓回穴:回旋。错迕:交错;错杂。　㉔蹶:摇动;撼动。伐:砍断;摧折。　㉕梢杀:冲击。莽:草地。　㉖被丽披离:四面分散的样子。　㉗楗:门闩。　㉘眴焕灿烂:景物鲜明的样子。　㉙雄风:雄峻的风。　㉚飘举:在高空飞扬。　㉛乘凌:跨越。　㉜邸:通"抵",触。华叶:花叶。振气:催发花的香气。　㉝桂椒:桂树和椒树,桂花和椒实都很香。　㉞激水:腾涌飞溅的水流。　㉟芙蓉之精:荷花之精,通"菁",花。　㊱猎:掠过。蕙草:香草名。俗名佩兰,产于湖南零陵的最著名。　㊲离:吹倒。秦蘅:产于秦地的香木杜蘅。㊳概:刮平。新夷:即辛夷,一种香草。㊴被:分开;分散。黄杨:初生杨柳的嫩枝。黄,芽。　㊵冲陵:冲撞。　㊶萧条:寂寞冷落。㊷倘佯:安闲自在地漫步。中庭:庭院中。　㊸玉堂:华美的殿堂。　㊹跻:登上。罗帷:丝织的帐幔。　㊺洞房:内室。　㊻直:只是。憯凄:忧伤悲凄。悷慄:寒冷的样子。　㊼欨:抽泣;叹气。㊽清清泠泠:清凉爽快。　㊾析酲:解除醉态。酲,酒醉迷糊的样子。㊿发明耳目:使耳聪目明。　51宁:使……安宁。便:使……轻便。　52岂:表示推测,相当于"是不是"。53墫然:风起扬尘的样子。穷巷:死胡同。　54堀:冲起。堁:尘埃。　55勃郁烦冤:风沙回旋翻滚的样子。　56袭:侵入。57死灰:冷灰。58骇:兴起。59腐余:腐烂以后的余臭。60邪:斜。薄:近。瓮牖:以破瓮的口为窗。61室庐:住房。　62憞溷:烦乱的样子。郁邑:忧闷。63殴:同"驱"。64中心:心中。惨怛:悲伤愁苦。65热:发高烧。66胗:唇疮。67蔑:通"蠛",眼眶红肿。68啗:吃。齰:咀嚼。嗽:吸吮。获:通"嚄",大叫。69卒:终。70雌风:卑下丑恶之风。

译文

　　楚襄王在兰台宫游赏。宋玉和景差随侍。有风飒飒地吹来,楚王于是敞开衣襟挡着它,说:"痛快啊,这风! 是寡人与百姓共享的吧?"宋玉对答说:"这只是大王的风罢了,百姓哪能共享它呢?"

楚王说:"风,是天地的气,遍及而不能阻挡地到来,不论人的贵贱高下都吹到。如今您只认为是寡人的风,难道能有解说吗?"宋玉对答说:"臣从老师那里听到:枳树枝条弯曲招来鸟巢,空洞招来风,它们所依托的是这样的,因此,风的态势自然不同了。"

楚王问道:"风从哪里产生?"宋玉回答说:"风从地面产生,在青蘋末梢上升起,渐渐布满山谷,在大山洞发展成怒号,沿着高高的山脊,舞动在苍松翠柏之下,轻快而乒乓作声,然后急剧上扬,猛烈呼啸,发出眈眈雷鸣,交错回旋,翻岩推石,折树断木,冲刷森林草地。到它将衰减时,就四面分散,冲锁孔,摇门闩,光辉灿烂,向四处飘散转移。所以那清凉雄峻之风,就在天空飞扬升降,跨越高耸的城楼,进入深邃的宫殿。触动花、叶、催发芳香,徘徊在桂树和椒树中间,自由自在地盘旋在激水上方,拍拂荷花的芽苞,掠过蕙草,吹伏秦蘅,刮平辛夷,分梳柳枝,轻旋平压,使百花清静落寞。而后入庭院而来回,向北上华美殿堂,渗透细丝帐幔,深入内室。这才成为大王的风。所以这风吹在人身上,只觉得凉飕飕冷瑟瑟,令人要抽冷气,清新爽快,治病醒酒,令人耳聪目明,舒体宜人。这就是所说的大王的雄峻之风。"

楚王说:"论说事理真巧妙啊! 百姓的风,是不是也能说来听听呢?"宋玉回答说:"百姓的风,尘埃悄然从胡同里起动,扬起尘土,风沙翻滚,冲孔洞,闯门户,拨动沙石,吹起死灰,搅动污泥浊水,腾起腐烂臭气,直逼土窗,冲入住房。所以这风吹在人身上,只是烦恼忧闷,招来邪气导致湿病;心中悲伤愁苦,从而患病发烧,吹到嘴唇就长疮,吹到眼睛就红肿,出现吃、嚼、呪、叫种种病态,叫人死不了也活不得。这就是所说的百姓的卑下丑恶之风。"

谏 逐 客 书^①

[秦]李斯

题解

作者李斯(？—前208)，楚国上蔡(今河南上蔡)人，著名政治家。曾与韩非同受学于荀子。入秦，任长史、客卿、廷尉等官。秦王政十年(前237)"吏议逐客"，李斯也在其中，因而上《谏逐客书》，说服了秦王。后协助秦始皇统一中国，被任命为丞相。他主持制定郡县制，统一文字和度量衡等，为国家统一事业作出很大贡献。本文是一篇驳论，开门见山，观点鲜明。"逐客"本是不分是非的宗派之见。李斯却从正面立论，以历数客籍人士对秦国富强的贡献从而证明客籍人士的重要入手，又从异国珍宝备受宠爱从而证明取舍标准当看有用无用作为佐证，造成人与物相映衬，极具说服力；并且也不伤议逐客者的脸面，很讲究方式方法。文中多用排句和对偶，语气澎湃。且字斟句酌，仅"惠王用张仪"到"功施到今"一句，同一意思就用了"拔"、"并"、"收"、"取"、"包"、"据"六个动词，显现出作者深厚的文字功力。

原文

臣闻吏议逐客^②，窃以为过矣^③。

昔缪(mù)公求士^④，西取由余于戎^⑤，东得百里奚于宛^⑥，迎蹇(jiǎn)叔于宋^⑦，求丕(pī)豹、公孙支于晋^⑧。此五子者，不产于秦，而缪公用之，并国二十^⑨，遂霸西戎^⑩。孝公用商鞅之法^⑪，移风易俗，民以殷盛^⑫，国以富强，百姓乐用^⑬，诸侯亲服^⑭，获楚、魏之师^⑮，举地千里^⑯，至今治彊^⑰。惠王用张仪之计^⑱，拔三川之

地⑲，西并巴、蜀⑳，北收上郡㉑，南取汉中㉒，包九夷㉓，制鄢(yān)、郢㉔，东据成皋(gāo)之险㉕，割膏腴之壤㉖，遂散六国之从(zòng)㉗，使之西面事秦，功施(yì)到今㉘。昭王得范雎㉙，废穰(ráng)侯㉚，逐华阳㉛，彊公室㉜，杜私门㉝，蚕食诸侯㉞，使秦成帝业。此四君者，皆以客之功㉟。由此观之，客何负于秦哉㊱？向使四君却客而不内㊲，疏士而不用㊳，是使国无富利之实㊴，而秦无彊大之名也。

今陛下致昆山之玉㊵，有随、和之宝㊶，垂明月之珠㊷，服太阿(ē)之剑㊸，乘纤离之马㊹，建翠凤之旗㊺，树灵鼍(tuó)之鼓㊻。此数宝者，秦不生一焉，而陛下说之，何也？必秦国之所生然后可，则是夜光之璧不饰朝廷㊼，犀、象之器不为玩好㊽，郑、卫之女不充后宫㊾，而骏马駃(jué)騠(tí)不实外厩㊿，江南金锡不为用，西蜀丹青不为采(51)。所以饰后宫、充下陈、娱心意、说耳目者(52)，必出于秦然后可，则是宛珠之簪、傅玑之珥(ěr)、阿(ē)缟(gǎo)之衣、锦绣之饰不进于前(53)，而随俗雅化、佳冶(yě)窈(yǎo)窕(tiǎo)赵女不立于侧也(54)。夫击瓮叩缶(fǒu)(55)，弹筝(zhēng)搏髀(bì)(56)，而歌呼呜呜快耳目者(57)，真秦之声也；郑、卫、桑间、韶虞、武象者(58)，异国之乐也。今弃击瓮叩缶而就郑、卫，退弹筝而取韶虞，若是者何也？快意当前(59)，适观而已矣(60)。今取人则不然，不问可否，不论曲直，非秦者去，为客者逐。然则是所重者，在乎色乐珠玉，而所轻者，在乎人民也。此非所以跨海内、制诸侯之术也(61)。

臣闻地广者粟多，国大者人众，兵彊则士勇。是以太山不让土壤(62)，故能成其大；河海不择细流(63)，故能就其深；王者不却众庶，故能明其德(64)。是以地无四方，民无异国，四时充美(65)，鬼神降福，此五帝、三王之所以无敌也(66)。今乃弃黔(qián)首以资敌国(67)，却宾客以业诸侯(68)，使天下之士，退而不敢西向，裹(guǒ)足不入秦(69)，此所谓藉(jiè)寇兵而赍(jī)盗粮者也(70)。

夫物不产于秦，可宝者多；士不产于秦，而愿忠者众。今逐客以资敌国，损民以益仇(71)，内自虚而外树怨于诸侯(72)，求国无危，不可得也。

注释

①谏:劝告。用于下对上。客:在秦国做官的外籍人。　②吏:官吏;官员。　③窃:私下。谦词。　④缪公:即秦穆公,公元前659年至前621年在位,名任好,春秋五霸之一。缪,通"穆"。　⑤由余:晋国人,曾在西戎任职,后入秦。戎:古代对我国西部少数民族的总称。　⑥百里奚:楚国宛(今河南南阳)人,虞国大夫,晋灭虞,把他作为晋献公女儿的陪嫁奴仆送往秦国,后逃回家乡,又被楚兵抓住。秦穆公用五张黑羊皮赎回,任为国相。　⑦蹇叔:岐州(今陕西岐山)人,当时属西戎区域,曾游历宋国,经百里奚推荐,秦穆公聘为上大夫。　⑧丕豹:晋大夫丕郑的儿子,因父被杀,逃入秦国。穆公任他为大将。公孙支:字子桑,岐州人,曾游历晋国,秦穆公任他为大夫。⑨并国二十:并吞了西戎各部落建立的二十个国家。并,兼并;并吞。⑩霸:霸占;称霸。　⑪孝公:即秦孝公,公元前361年至前338年在位,名渠梁。商鞅(?—前338),姓公孙,名鞅,卫国人。帮助孝公变法,封为商君,故称商鞅。　⑫以:因此。殷盛:殷实兴旺。　⑬乐用:乐于被使用。　⑭亲服:亲近听命。　⑮获:俘获。公元前340年,商鞅大败魏军,同年又打败楚军。　⑯举:攻克;占领。　⑰治:治理很好。彊:同"强"。　⑱惠王:即秦惠文王,公元前337年至前311年在位,名驷,孝公儿子。张仪:(?—前310),魏国人,著名纵横家,任秦相,采用连横策略(秦分别与六国横向结盟,然后各个击破)瓦解了六国的合纵策略(六国纵向结盟对抗强秦)。　⑲三川:在今河南洛阳一带,因有黄河、洛水、伊水,而称三川。当时为周王室所在地。　⑳巴:古国名,在今重庆以北。蜀:古国名,在今四川成都一带。㉑上郡:在今陕西榆林,本属魏国。　㉒汉中:在今陕西汉中一带,本属楚国。㉓包:囊括;吞并。九夷:指散居楚国的少数民族。　㉔制:控制。鄢:楚国旧都,在今湖北宜城。郢:楚国都城,在今湖北江陵。此以鄢、郢代表楚国。㉕成皋:又名虎牢,军事要地,在今河南荥阳。　㉖膏腴:肥沃。　㉗从:即合纵,指六国联合抗秦。　㉘施:延续。　㉙昭王:即秦昭襄王,公元前306年至前251年在位,名则,又名稷,秦惠王儿子。范雎:魏国人,入秦为相。㉚穰侯:秦昭王养母宣太后之异父弟,为魏冉的封号。　㉛华阳:宣太后同父弟芈(mǐ)戎的封号。二人专权。范雎说服秦昭王,剥夺了他们的权力。

㉜公室:王室朝廷的势力。 ㉝私门:贵族豪门。 ㉞蚕食:像蚕吃桑叶般逐渐并吞。 ㉟以:凭借;依靠。 ㊱负:辜负。 ㊲向使:假使,如果。却:拒绝。内:同“纳”,接纳。 ㊳疏:疏远。 ㊴富利:富饶,强大。 ㊵昆山之玉:美玉,昆山指昆仑山,传说出产美玉。 ㊶随、和之宝:指随侯珠、和氏璧。传说春秋时随国国君救活一条受伤的大蛇,后来蛇从江中衔一颗明珠作为报答,被称为随侯珠或随珠。和氏璧简称“和璧”,是天下著名的玉璧。 ㊷明月之珠:大而亮的珠。 ㊸太阿之剑:传说吴国名匠干将铸造的宝剑。 ㊹纤离:骏马名。 ㊺翠凤之旗:用翠鸟羽毛装饰的旗。 ㊻树:设置。灵鼍之鼓:用鼍皮制的鼓。鼍,鳄鱼的一种。 ㊼璧:中间有孔的圆形玉器。 ㊽犀:犀牛角。象:指象牙。玩好:玩赏的东西。 ㊾郑、卫之女:指郑国和卫国的女子,她们以能歌善舞著称。充:充满。 ㊿駃騠:骏马名。实:充实。外厩:马棚。 (51)丹青:丹砂和青雘(huò),古代作画颜料。采:多色的丝织品。 (52)下陈:堂下,站立侍从的地方。 (53)宛珠之簪:镶着宛地出产明珠的头簪。傅玑之珥:镶着珍珠的耳环。傅,通“附”,附着。玑,不圆的珠。此泛指珍珠。阿缟:齐国东阿(今山东东阿)产的白色丝绢。 (54)随俗雅化:追随时尚改善装扮。佳冶:美好艳丽。窈窕:体态优美。赵女:赵国美女。 (55)瓮:像陶制盛水器的乐器。缶:像瓦罐的乐器。 (56)筝:弦乐器。搏:拍。髀:大腿。 (57)快:使……愉快。 (58)郑:郑国。卫:卫国。桑间:卫国地名,在今河南濮阳一带,当时青年男女欢聚歌唱的地方。此指当地乐曲。韶虞:相传是虞舜时的音乐。武象:周武王时的歌舞曲。 (59)快意:恣心所欲。 (60)适观:看起来舒适。 (61)跨:占据。术:方法。 (62)让:拒绝。 (63)不择:不区分。 (64)明其德:使他的德望昭著。 (65)四时:四季。 (66)五帝、三王:泛指古代贤明君王。 (67)黔首:秦国对百姓的称呼。资:助。 (68)业诸侯:使诸侯成就功业。 (69)裹足:停步不进。 (70)藉:借。寇:杀人抢劫的暴徒。兵:兵器。赍:送财物。盗:偷盗。粮:干粮。 (71)益仇:使仇敌得益。 (72)自虚:使自己虚弱。

译文

臣听说官员在议论驱逐客籍人员,个人以为是错误的。

从前穆公求索贤士,向西从戎国取得由余,向东从楚国宛城取得百里奚,从宋国迎来蹇叔,从晋国求得丕豹和公孙支。这五位,不出生于秦国，但是，穆公任用他们，兼并了二十国，于是独霸西戎。孝公采用商鞅变法，移风易俗，民众因而殷实兴旺，国家因而富足强大，百姓乐为国家所用，诸侯亲近服从，俘获了楚国、魏国的军队，开拓了千里国土，至今国家太平强大。惠王采用张仪的计策，攻占三川地区，西面并吞巴国、蜀国，北面收取上郡，南面夺取汉中，吞并楚国少数民族地区，控制了楚国，东面占据成皋的险要，割取肥沃土地，于是拆散了六国的"合纵"联盟，使他们西向服从秦国，功业延续到现在。昭王得到范雎，废黜穰侯，驱逐华阳君，加强了王宫的势力，杜绝了豪门，一步步并诸侯，使秦国完成称帝大业。这四位君王，都凭借客籍人士的功绩。由此看来，客籍人士有什么辜负秦国的？当初假使四位君王拒绝客籍人士而不接纳，疏远贤士而不任用，这是使国家没有富饶强大的实力，并且秦没有强大的名声了。

现今陛下取来昆仑山的美玉，拥有随侯珠与和氏璧，身上垂挂着明月珠，佩带了太阿剑，乘坐纤离骏马，竖起翠凤彩旗，设置鼍皮大鼓。这些宝物，秦国不出产一个，可是陛下喜欢它们，这是为什么呢？务必秦国出产的才行，那么，夜光璧不会装饰在朝廷上，犀角、象牙不会成为玩好，郑、卫美女不会充满后宫，而且骏马駃騠不会挤满马棚，江南的金锡不能得到采用，而蜀地丹砂青雘也不得做彩色的丝织品。所用来装饰后宫、充实堂下侍女、娱乐心意、愉悦耳目的，务必产自秦国才行，那么，镶着宛珠的发簪、缀了珍珠的耳环、阿缟制成的美服、锦绣美饰就不会送到面前来，并且追随时尚、美艳娴娜的赵国美女就不会站在身边。敲瓮叩缶，弹筝拍腿，歌呼呜呜娱人耳目的，是真正的秦国乐声；郑、卫、桑间、韶虞、武象等，都是别国的乐曲。现今抛弃敲瓮叩缶而接受郑、卫之音，辞退弹筝而采用韶虞之乐，像这样做是为什么呢？赏心悦目的在眼前，适合观赏罢了。现今用人却不是这样，不问好坏，不论是非，不是秦国人就剔去，是客籍人就驱逐。这样做，所看重的，在于美色、音乐、珍珠和璧玉，而所看轻的，是人民。这不是用来吞并天下、控制诸侯的策略。

　　臣听说土地广大的粮食多,国家广大的人民众多,军队强大就士兵壮勇。因此太山不拒绝微小的泥土,所以能够成就它的高大;大河大海不挑别小水流,所以能够形成它的深广;君王能够不推辞百姓,所以能够彰明他的德望。因此,地区不论四方,百姓不讲国籍,四季丰足,鬼神赐福,这就是自古以来贤明君王之所以无敌于天下的原因。现今却抛弃百姓从而帮助敌国,拒绝客籍人从而成就诸侯功业,使天下贤士,后退不敢向西来,止步不前不敢进秦国,这就是所说的为暴徒提供武器为偷盗者送去粮食了。

　　物不产自秦国,能成宝贝的多;士不生于秦国,愿效忠秦国的多。现在驱逐外籍人士从而帮助敌国,损害民众从而让仇人得益,国内自我空虚而国外与诸侯结怨,希望国家没有危险,是不可能的。

大　　同^①

《礼记》

题解

　　《礼记》共二十卷四十九篇,由戴圣从先秦古籍中辑录有关礼仪的文章论著而成。大都是孔子弟子和再传弟子所记,内容涉及中国古代社会状况、儒家言行、礼制等。不仅有史料价值,而且还有不少优秀散文作品。戴圣,字次君,西汉梁(今河南商丘)人。曾任九江太守。与叔父戴德同学《礼》于后苍,汉宣帝时为博士,参加石渠阁议。世称其叔父为"大戴",他为"小戴"。本文由"叹"引发议论,议论集中在孔子所仰慕的"大同"和"小康"上,大同是完全理想的社会,小康是良好社会。由"大道之行也,与三代之英"开始论述,然后分两段,从内容到语言力求形成对比,以显示同异。文中"大同""小康""天下为公"等语,一直是我国社会生活中的重要观念。

原文

昔者仲尼与(yù)于蜡(zhà)宾②,事毕,出游于观(guàn)之上③,喟(kuì)然而叹④。仲尼之叹,盖叹鲁也⑤。言偃在侧曰⑥:"君子何叹⑦?"孔子曰:"大道之行也⑧,与三代之英⑨,丘未之逮(dài)也⑩,而有志焉⑪。

"大道之行也,天下为公⑫。选贤与能⑬,讲信修睦⑭。故人不独亲其亲⑮,不独子其子⑯,使老有所终,壮有所用,幼有所长(zhǎng),矜寡孤独废疾者⑰,皆有所养,男有分(fèn)⑱,女有归⑲。货⑳,恶其弃于地也㉑,不必藏于己;力㉒,恶其不出于身也㉓,不必为己。是故,谋闭而不兴㉔,盗窃乱贼而不作㉕,故外户而不闭㉖,是谓大同。

"今大道既隐㉗,天下为家㉘。各亲其亲,各子其子,货力为己;大人世及以为礼㉙,城郭沟池以为固㉚,礼义以为纪㉛,以正君臣㉜,以笃父子㉝,以睦兄弟㉞,以和夫妇㉟,以设制度,以立田里㊱,以贤勇知㊲,以功为己。故谋用是作㊳,而兵由此起㊴。禹、汤、文、武、成王、周公㊵,由此其选也㊶。此六君子者,未有不谨于礼者也㊷。以著其义㊸,以考其信㊹,著有过㊺,刑仁讲让㊻,示民有常㊼。如有不由此者㊽,在埶者去㊾,众以为殃,是谓小康㊿。"

注释

①选自《礼运》。大同:高度和平平等的社会,是儒家的政治理想,实际上是理想化了的原始社会。同,和谐;和平。　②仲尼:孔子名丘,字仲尼。称人以字,表示尊敬。自称用名,表示谦让。与:参与;参加。蜡:古代国君年终祭祀叫蜡。宾:陪祭者。　③观:宗庙门外两旁高耸的建筑物。又叫阙。④喟然:叹息声。　⑤盖:大概。鲁:指鲁国君。当时的主祭失礼,孔子感慨

万千。 ⑥言偃:姓言,名偃,字子游,吴国人。孔子弟子。 ⑦君子:指孔子。 ⑧大道:指大同社会的那些准则。 ⑨三代:指夏、商、周三代。英:英杰,指三代的英明君王。 ⑩未之逮:相当于"未逮之",赶不上。逮,及。 ⑪志:记,典籍的记载。 ⑫为公:成为公共的。 ⑬与:通"举"。 ⑭讲:讲求。信:信用;诚信。修:增进;营造。 ⑮亲其亲:敬奉自己的父母。前"亲",敬奉。后"亲",指父母。 ⑯子其子:爱护养育自己的儿子。前"子",爱护养育。 ⑰矜:同"鳏",老而无妻。孤:幼而无父。独:老而无子。废疾:残疾人。 ⑱分:职分;职务。 ⑲归:夫家。 ⑳货:财物。 ㉑恶:憎恨。弃:抛扔。 ㉒力:力气。 ㉓身:自身。 ㉔谋:阴谋。闭:闭塞。兴:起;发生。 ㉕乱:作乱;造反。贼:害人。作:发生。 ㉖外户:从外掩合的门扉。闭:用门闩插门。 ㉗隐:隐没;消逝。 ㉘家:私家。 ㉙大人:指天子诸侯。世及:父子相传叫世;兄弟相传叫及。 ㉚城:内城。郭:外城。沟池:指护城河。固:指防御工事。 ㉛纪:纲纪;准则。 ㉜正:纠正。 ㉝笃:使……淳厚。 ㉞睦:使……和睦。 ㉟和:使……和谐。 ㊱田里:指耕地和住宅的制度。里,住宅。 ㊲贤:把……看作贤人。知:同"智"。 ㊳用:由;因。 ㊴兵:战争。 ㊵禹、汤、文、武、成王、周公:都是夏、商、周三代君王中的贤明君王。周公名旦,因成王年幼,曾摄政,为稳定和巩固周王朝、建立各种制度而作出贡献。 ㊶选:选拔出来的人物,即杰出人物,也就是前文的"三代之英"。 ㊷谨:慎重。 ㊸著:显露;表彰。义:事之宜,指思想行为符合一定准则。 ㊹考:成全。 ㊺著:揭露。 ㊻刑仁:以仁爱为法则。刑,法则。让:谦让。 ㊼常:常法。 ㊽由:用。此:指礼。 ㊾埶:同"势",势力。去:罢免。 ㊿小康:基本安康,即基本安乐富裕。不及"大同"。

译文

从前仲尼参加国君年终祭祀做陪祭。祭祀结束,出来在门旁高台上游赏,伤感叹息。仲尼的叹息,大概是叹息鲁国国君。弟子言偃在身边,问道:"君子叹息什么啊?"孔子说:"大道的实行和三代的英杰,孔丘都没有赶上,但是典籍上有记载啊。

"大道的实行,天下成为公有。选拔贤才推举能人,讲求诚信营造和睦。所以人们不只敬奉自己的父母,不只爱养自己的儿女,使老人有所终老,壮年人有所施用,幼年人有所成长,就连鳏寡孤独和残疾人都有所赡养,男人有职事,女人有夫家。财物,讨厌它被扔在地上(都想收藏起来),但是不必一定收藏在自己家里;力气,恨不能从自身使出来,但是(使出来)也不必为自己。因此,阴谋堵塞而不发生,劫夺、偷窃、作乱、害人的罪恶不发生,所以从外面拉上门也不用插门闩了,这样就叫做大同。

"现在大道已经隐没,天下变成私家。各自敬养自己的父母,各自爱养自己的儿女,财物与力气都为自己;天子诸侯代代相传成为制度,城墙、城河作为坚固的防御工事,把礼义作为准则,用来纠正君臣关系,加深父子亲情,和睦兄弟情意,和谐夫妻感情,用来设立规章制度,划分耕地住宅,确认能人智士,确认建功为己。所以阴谋由此发生,而战争从此爆发。夏禹、商汤、周文王、周武王、周成王和周公,由此成为三代的杰出人物。这六位君子,没有不慎重守礼的。从而表彰它的道义,成全它的信誉,揭露它的过失,以仁爱作准则提倡谦让,向民众表示有定规。如有不遵守的,在位的要罢免,民众都认为是祸害。这就叫小康。"

田单列传(节选)[①]

《史记》

题解

《田单列传》因记载火牛阵而给人留下深刻印象。即墨之战中田单以千余条牛,五千壮士,在全城老少配合下发起闪电战。炬火神牛,杀声震天,其场面之激烈,震撼人心。此战,齐国得以重振,田单成就盖世英名。养兵千日,用在一时。传文从记叙田单作为默默无名的小吏开始,先在逃亡途中崭露头角,其后被推举为即墨城守将,沉着有序地对燕军开展心理战,他利用神师凝聚民众士气,使敌军陷入圈套,万事俱备,为发动火牛阵做到万无一失。这一环节说明胜利来之不易,也一步步展示田单的谋略。作者全用纪实手法,不事铺张与描写,文字简洁、形象,展现了燕军亡齐与齐国重振的战争画卷。

原文

　　田单者,齐诸田疏属也②。湣(mǐn)王时③,单为临菑(zī)市掾(yuàn)④,不见知⑤。及燕(yān)使乐(yuè)毅伐破齐⑥,齐湣王出奔,已而保莒(jǔ)城⑦。燕师长驱平齐⑧,而田单走安平⑨,令其宗人尽断其车轴末而傅铁笼⑩。已而燕军攻安平,城坏,齐人走,争涂⑪,以轊(wèi)折车败⑫,为燕所虏,唯田单宗人以铁笼故得脱,东保即墨⑬。燕既尽降齐城,唯独莒、即墨不下。燕军闻齐王在莒,并兵攻之。淖(nào)齿既杀湣王于莒⑭,因坚守,距燕军⑮,数年不下。燕引兵东围即墨,即墨大夫出与战,败死。城中相与推田单,曰:"安平之战,田单宗人以铁笼得全,习兵⑯。"立以为将军,以即墨距燕。

　　顷之,燕昭王卒⑰,惠王立⑱,与乐毅有隙。田单闻之,乃纵反间(jiàn)于燕⑲,宣言曰⑳:"齐王已死,城之不拔者二耳。乐毅畏诛而不敢归,以伐齐为名,实欲连兵南面而王齐。齐人未附,故且缓攻即墨以待其事。齐人所惧,唯恐他将之来,即墨残矣。"燕王以为然,使骑劫代乐毅。

　　乐毅因归赵,燕人士卒忿。而田单乃令城中人食必祭其先祖于庭,飞鸟悉翔舞城中下食。燕人怪之。田单因宣言曰:"神来下教我。"乃令城中人曰:"当有神人为我师。"有一卒曰:"臣可以为师乎㉑?"因反走㉒。田单乃起,引还,东乡坐㉓,师事之。卒曰:"臣欺君,诚无能也。"田单曰:"子勿言也!"因师之。每出约束㉔,必称神师。乃宣言曰:"吾唯惧燕军之劓(yì)所得齐卒㉕,置之前行,与我战,即墨败矣。"燕人闻之,如其言。城中人见齐诸降者尽劓,皆怒,坚守,唯恐见得。单又纵反间曰:"吾惧燕人掘吾城外冢(zhǒng)墓^㉖,僇(lù)先人^㉗,可为寒心^㉘。"燕军尽掘垄(lǒng)墓^㉙,烧死人。即墨人从城上望见,皆涕泣,俱欲出战,怒自十倍。

田单知士卒之可用,乃身操版插^㉚,与士卒分功^㉛,妻妾编于行(háng)伍之间^㉜,尽散饮食飨(xiǎng)士^㉝。今甲卒皆伏,使老弱女子乘城^㉞,遣使约降于燕,燕军皆呼万岁。田单又收民金,得千溢(yì)^㉟,令即墨富豪遗(wèi)燕将,曰:"即墨即降,愿无虏掠吾族家妻妾^㊱,令安堵^㊲。"燕将大喜,许之。燕军由此益懈。

田单乃收城中得千余牛,为绛(jiàng)缯(zēng)衣^㊳,画以五彩龙文,束兵刃于其角,而灌脂束苇于尾,烧其端。凿城数十穴,夜纵牛,壮士五千人随其后。牛尾热,怒而奔燕军,燕军夜大惊。牛尾炬火光明炫(xuàn)耀(yào)^㊴,燕军视之皆龙文,所触尽死伤。五千人因衔枚击之^㊵,而城中鼓噪从之^㊶,老弱皆击铜器为声,声动天地。燕军大骇,败走。齐人遂夷杀其将骑劫^㊷。燕军扰乱奔走,齐人追亡逐北^㊸,所过城邑皆畔燕而归田单^㊹,兵日益多,乘胜,燕日败亡,卒至河上^㊺,而齐七十余城皆复为齐。乃迎襄王于莒^㊻,入临菑而听政。

襄王封田单,号曰安平君^㊼。

注释

①田:姓,指齐国当权的田姓家族。 ②齐:古国名,在今山东北部。春秋末年,君权渐落入大臣陈氏(即田氏)之手,公元前386年,周天子承认田和为齐侯,国力不断壮大,成为战国七雄之一。属:亲属。 ③湣王:齐国国君,名地。约公元前300年至前284年在位。 ④临菑:齐国国都,在今山东淄博市东北。掾:古代属官的通称。 ⑤见:被。 ⑥燕:战国七雄之一,在今河北北部和辽宁西端。乐毅:战国名将,时任亚卿。 ⑦已而:不久。莒城:邑名,在今山东莒县。 ⑧长驱:军队势不可当地向远方推进。 ⑨安平:邑名,在今山东淄博市东临淄东北。 ⑩宗人:族人。车轴末:车轴头。傅:通"附",附着。笼:指车轴罩。 ⑪涂:通"途",道路。 ⑫辖:车轴头。 ⑬即墨:邑名,在今山东平度东南。 ⑭淖齿:楚人,为齐湣王宠臣。 ⑮距:

通"拒"。　⑯习：熟悉。　⑰燕昭王：燕国国君，名职。公元前311年至前279年在位，是燕国最强盛时期。　⑱惠王：昭王子，在位七年。　⑲纵：放；派出。反间：策划离间的特务。　⑳宣言：宣告；声明。　㉑臣：古人表谦恭的自称。　㉒反：通"返"。　㉓乡：通"向"。　㉔约束：控制；管束。　㉕劓：劓刑，即割鼻子的刑罚。　㉖冢墓：坟墓。　㉗僇：侮辱。　㉘寒心：战栗，恐惧。　㉙垄墓：坟墓。　㉚版插：筑墙夹板和杵。古筑墙，用两板相夹，装满泥土，用杵捣实，就成一板高的墙。　㉛功：通"工"。　㉜行伍：军队。　㉝飨：用酒食款待。　㉞女子：妇女和少年。乘城：登上城墙。　㉟溢：通"镒"。　㊱虏掠：掳获劫掠。　㊲安堵：安居而不受骚扰。　㊳绛：大红色。缯：古代丝织品的总称。　㊴炬火：火把的火。炫燿：光彩夺目。　㊵衔枚：枚，形如箸，两端有带，可系在颈，古代袭击敌军，常令士兵衔在口中，防止出声。　㊶鼓噪：擂鼓呐喊。　㊷夷杀：诛杀。　㊸追亡逐北：追击败逃的敌人。亡、北，指战败的逃兵。　㊹畔：通"叛"。　㊺河上：齐国北界。　㊻襄王：齐湣王儿子，名法章。临菑失陷，流落民间。湣王被害，莒城人找到他并拥立为齐王，在莒城抵抗燕军。　㊼安平君：田单在安平之战中，初露头角，受人拥戴，成就救国大业，所以取得这样的封号。

译文

　　田单，是齐国众田姓的疏远亲族。齐湣王时，他是临菑的干事，不被重视。到了燕国派乐毅攻破齐国，齐湣王出逃，不久退保莒城。燕军在齐国长驱直入，而田单逃往安平，叫他的族人割断车轴头套上铁罩。不久燕军攻安平，城墙破塌，齐国人抢路逃窜，由于车轴折断马车摧折，被燕军俘获，只有田单族人靠铁罩得以脱身，往东保守即墨。燕军已经占领齐国所有城邑，唯独莒和即墨打不下来。燕军得知齐湣王在莒，就合力攻打它。齐臣淖齿在莒城杀死湣王，坚守莒城，抗拒燕军，数年不能攻破。燕引军东围即墨，即墨大夫率兵出战，失败战死。城中人争相推举田单，说："安平之战，田单族人靠铁罩得以保全，证明他熟习兵法。"立田单为将军，凭借即墨抗拒燕军。

　　不久，燕昭王去世，惠王继位，他与乐毅有过节。田单得知这一情况，就派人到燕国挑拨离间，扬言："齐王已死，没有攻占的城邑只两座罢了。乐毅畏惧被杀不敢回归，借讨伐齐国为名，其实想联合军队在齐国南面称王。齐国人没有服从，所以放慢攻打即墨来等待时机成熟。齐国人所害怕的，只是换别个将军来，即墨就毁了。"燕王认为是，就派骑劫接替乐毅。

乐毅因而投奔赵国，燕军士兵愤愤不平。田单于是命令城中人吃饭必须在庭院祭奠祖先，引得群鸟都在上空盘旋并下来啄食。燕兵对此惊怪不已。田单趁机扬言说："天神下降来教我们。"于是下令对城中人说："会有神人来做我们的师傅。"有一名士兵问："我能做师傅吗？"说完回身就跑。田单于是站起身，把他带回，让他朝东坐下，用侍奉师傅的礼节侍奉他。士卒说："我骗您的，我确实没有才能。"田单回答："您不要多说了！"随即拜他为师。每出来管束军民，必定称"神师"。于是又声言说："我们只怕燕军割所俘虏的齐国士卒的鼻子，作战时把他们推到前面，与我们打仗，这样做，即墨就彻底垮了！"燕军听到，照他说的做。城中人看到齐降兵都被割了鼻，都大怒，决心守卫，唯恐被抓。田单还派人到燕国散布谣言说："我们畏惧燕兵挖掘我城外的坟墓，侮辱祖宗，使人害怕。"燕兵果真掘尽城外坟墓，焚烧尸体。即墨人在城头望见，都痛哭流涕，一齐要出城作战，怒火万丈。

田单知道士兵能派用场了，于是手拿筑墙板和捣泥杵，与士兵共同劳动，把家属编入守城部队，拿出全部吃喝宴请士兵。命令穿衣甲的壮兵都隐蔽，让老弱妇女上城防守，派使者到燕营约降，燕军都欢呼万岁。田单又收集民间金银，获得一千镒，命令即墨城中的富豪送给燕将，说道："即墨就要投降，希望不要掳掠我族家属，让他们安全！"燕将大喜，许诺他们。燕军从此更加松懈。

田单于是征集城中养的牛，得到一千多头，给它们披上大红色绸衣，画上五彩神龙，牛角上缚好尖刀，尾巴捆上灌满油脂的芦苇束，点燃它。城墙凿开几十个洞，乘夜色把牛赶出，五千名壮士紧跟在后。牛的尾巴被烧热了，狂怒着冲向燕军，当夜燕军大惊恐。

牛尾火炬光亮耀眼,燕军看到的都是龙的纹饰,被撞上的不死即伤。五千壮士衔枚砍杀,城里人擂鼓呐喊,男女老幼一齐敲击铜器,声震天地。燕军大骇,溃逃。齐兵乘势杀死燕军主将骑劫。燕军混乱逃跑,齐军紧追不舍,所过城邑都背叛燕而归顺田单,兵力一天比一天增多,乘胜追击,燕军一天比一天溃败,终于被赶出国境,齐国七十余座城完全收复。于是到莒城迎接襄王,进国都临菑主政。

襄王封赏田单,封号为安平君。

伯 夷 列 传

《史记》

题解

这篇传记议论多于记叙,作者凭记叙抒发议论,借议论诠释记叙,二者相得益彰。究其原由只因为文中所记人物虽令人称颂,然史料仅存点滴,所以司马迁以此种方法弥补史料的不足。《伯夷列传》可以说是隐士传。

全文分五段,都以问句结尾。第一段提出记载文辞为何简略;第二段推想采薇之歌"怨邪非邪",问得极妙;第三段以"傥所谓天道,是邪非邪",猛烈抨击社会不公平;第四段以彼重此轻强调人"各从其志";最后呼吁社会彰显"砥行立名者",结尾说"非附青云之士,恶能施于后世哉",这是多么悲愤的呼号!

原文

夫学者载(zǎi)籍极博犹考信于六艺①。《诗》、《书》虽缺②,然虞、夏之文可知也③。尧将逊位,让于虞舜。舜、禹之间,岳牧咸荐④,乃试之于位,典职数十年⑤,功用既兴⑥,然后授政,示天下重器⑦。王者大统⑧,传天下若斯之难也。而说者曰:尧让天下于许由⑨,许由不受,耻之逃隐。及夏之时,有卞随、务光者⑩。此何以称焉?太史公曰:余登箕(jī)山⑪,其上盖有许由冢云。孔子序列古之仁圣贤人⑫,如吴太伯、伯夷之伦详矣⑬。余以所闻由、光义至高,其文辞不少概见⑭,何哉?

孔子曰:"伯夷、叔齐,不念旧恶,怨是用希⑮。""求仁得仁,又何怨乎⑯?"余悲伯夷之意,睹轶(yì)诗可异焉⑰。其传曰:伯夷、叔齐,孤竹君之二子也⑱。父欲立叔齐,及父卒,叔齐让伯夷。伯夷曰:"父命也。"遂逃去。叔齐亦不肯立而逃之。国人立其中子。于是伯夷、叔齐闻西伯昌善养老⑲,盍往归焉⑳。及至,西伯卒,武王载木主㉑,号为文王,东伐纣。伯夷、叔齐叩马而谏曰㉒:"父死不葬,爰及干戈㉓,可谓孝乎?以臣弑君,可谓仁乎?"左右欲兵之㉔。太公曰:"此义人也。"扶而去之。武王已平殷乱,天下宗周㉕,而伯夷、叔齐耻之,义不食周粟㉖,隐于首阳山㉗,采薇而食之㉘。及饿且死㉙,作歌。其辞曰:"登彼西山兮,采其薇矣!以暴易暴兮,不知其非矣。神农、虞、夏㉚,忽焉没兮㉛,我安适归矣㉜?于嗟徂(cú)兮㉝,命之衰矣!"遂饿死于首阳山。由此观之,怨邪非邪?

或曰:"天道无亲,常与善人㉞。"若伯夷、叔齐,可谓善人者非邪?积仁絜行如此而饿死㉟!且七十子之徒㊱,仲尼独荐颜渊为好学。然回也屡空(kòng)㊲,糟糠不厌㊳,而卒蚤夭㊴。天之报施善人,其何如哉?盗跖(zhí)日杀不辜㊵,肝人之肉㊶,暴戾恣(zì)睢(suī)㊷,聚党数千人㊸,横行天下,竟以寿终㊹。是遵何德哉?此其尤大彰明较著者也㊺。若至近世,操行不轨㊻,专犯忌讳㊼,而终身逸乐,富厚累世不绝㊽。或择地而蹈之㊾,时然后出言㊿,行不由径○51,非公正不发愤○52,而遇祸灾者,不可胜数也。余甚惑焉,傥(tǎng)所谓天道○53,是邪非邪?

子曰:"道不同不相为谋○54。"亦各从其志也。故曰:"富贵如可求⑤，虽执鞭之士⑤，吾亦为之，如不可求，从吾所好。""岁寒，然后知松柏之后凋⑤。"举世混浊，清士乃见(xiàn)⑤。岂以其重若彼，其轻若此哉？

"君子疾没世而名不称焉⑤。"贾子曰⑥："贪夫徇(xùn)财⑥，烈士徇名⑥，夸者死权⑥，众庶冯(píng)生⑥。"同明相照，同类相求。"云从龙，风从虎，圣人作而万物睹⑥。"伯夷、叔齐虽贤，得夫子而名益彰。颜渊虽笃(dǔ)学⑥，附骥(jì)尾而行益显⑥。岩穴之士⑥，趣(qū)舍有时若此⑥，类名堙(yīn)灭而不称⑩，悲夫⑪！闾(lú)巷之人⑫，欲砥(dǐ)行立名者⑬，非附青云之士，恶(wū)能施于后世哉⑭！

注释

①学者：做学问的人。载籍：书籍。考信：核查可靠依据。六艺：指六经《礼》、《乐》、《诗》、《书》、《易》和《春秋》。　②《诗》：即《诗经》，相传由孔子删编为三百零五篇，后又亡佚五篇。《书》：即《尚书》，西汉初存二十八篇，保存了商、周特别是西周初期的重要史料。　③虞、夏之文：《尚书》中《尧典》、《舜典》、《大禹谟》诸篇，讲到虞夏禅让帝位的事。文，古指礼乐制度。④岳牧：古代传说中四方诸侯之长称四岳，九州的治民长官称牧。　⑤典：掌管；主持。　⑥功用：业绩；功绩。　⑦重器：国家的宝器。　⑧大统：帝位。⑨许由：相传尧让君位给他，他逃往箕山；请他做九州长，他到颍水边洗耳不听。　⑩卞随、务光：据《庄子·让王》载，"汤伐桀，让天下于卞随，辞不受，投椆(chóu)水而死。又让于务光，也不受，负石自沉庐水"。　⑪箕山：传说中卞随隐居之山。　⑫序列：依序列举。　⑬吴太伯：周代吴国始祖，周太王长子，为成全父亲立小儿子季历，他与弟仲雍逃到江南。伦：类。　⑭概：大略；梗概。　⑮"伯夷、叔齐"三句：语见《论语·公冶长》。用：因；由。⑯"求仁得仁"二句：语见《论语·述而》，今本作"求仁而得仁，又何怨？"⑰轶诗：即下文采薇之辞。因不编入《诗经》，故称轶诗。轶，通"佚"。散失。⑱孤竹君：孤竹国君。其国是商汤所封的诸侯。　⑲西伯昌：即周文王。姬姓，名昌，当时是商纣封的西伯，即西方诸侯之长。　⑳盍：同"盖"，于是。㉑木主：木做的灵牌，上写死者姓名，用来祭祀。　㉒叩马：拉住缰绳，不让马走。叩，通"扣"。　㉓爰：于是。　㉔兵之：用兵器杀他们。　㉕宗：朝见。

归往。 　㉖义:坚守道义。指思想行为符合一定的标准。 　㉗首阳山:又名雷首山,在今山西永济县南。相传伯夷、叔齐隐居于此。 　㉘薇:巢菜,又名草藤。产于我国北部和中部。嫩苗可食。 　㉙且:将。 　㉚神农、虞、夏:神农、虞舜、夏禹,都是传说中上古帝王,他们的王位都是禅让的。 　㉛忽焉:迅速地。焉,相当于"然"。 　㉜安:哪里。适:去到。 　㉝于嗟:感叹词。徂:通"殂",死。 　㉞与:扶持。 　㉟絜行:品行高洁。絜,同"洁"。 　㊱七十子之徒:孔子门下才德出众的弟子有七十二人,取整数为七十。 　㊲回:颜渊名。屡空:常常贫困。 　㊳糟糠:指穷人用来充饥的酒渣糠皮等物。厌:通"餍",饱。 　㊴卒:最后。蚤:通"早"。 　㊵跖:人名。春秋战国之际人。《庄子·盗跖》说他"从卒九千人,横行天下,侵暴诸侯",所记系寓言性质。不辜:无辜;无罪的人。 　㊶肝人之肉:吃人肉心肝。 　㊷暴戾:残暴;凶狠。恣睢:放纵;放肆。 　㊸党:朋党;同党。 　㊹寿终:老死。 　㊺较著:显著。 　㊻操行:品行。不轨:不守法度。 　㊼忌讳:指臣民知道君王的死日,这天不能作乐;知道君王的名字,不能称说。此指禁令。 　㊽累世:代代。 　㊾蹈:踩。 　㊿时:时机;时势。 　51行不由径:不走小路,比喻行事光明正大。 　52发愤:下定决心努力。 　53傥:同"倘",如果。 　54"道不同"句:语见《论语·卫灵公》。道:一定的人生观、世界观、政治主张或思想体系。 　55"富贵"句:语见《论语·述而》。今本"富贵如可求"原作"富而可求"。 　56执鞭:替人驾车马,意谓为人服役。 　57"岁寒"句:语见《论语·子罕》。 　58见:显现。 　59"君子疾"句:语见《论语·卫灵公》。疾:厌恶。 　60贾子:即贾谊(前200—前168),子是尊称。西汉政治家、文学家。引语见他的《鵩鸟赋》。 　61徇:通"殉",为达某种目的、理想而牺牲生命。 　62烈士:重义轻生的人。 　63夸者:好虚名的人。 　64众庶:众人;普通人。冯:同"凭",贪。 　65"云从龙"三句:语见《易经·乾卦》。作:兴起。 　66笃学:好学。 　67附骥尾:比喻依附贤人或先人而成名。骥,千里马。 　68岩穴之士:即隐士。 　69趣舍:进取或退止。 　70类:大都。 　71夫:乎。 　72闾巷:街巷;里弄。 　73砥行:培养、磨炼品行。 　74施:延续;留传。

译文

　　做学问的人看过浩瀚的文献仍要从六经考究确实的依据。《诗经》和《尚书》虽然有残缺,但是虞夏的文明还是能够知道的。

尧帝要退位,禅让给虞舜。舜与禹在即位以前,诸侯和州长共同举荐,于是安排在位试用,主持政务数十年,功绩卓著,这才授予政权,表明政权是最珍贵的宝器。帝王是天下大业、王位的主宰,传天下是这样的艰难。可是有人说:尧让天下给许由,许由不接受,认为这是耻辱,逃走去隐居。到夏朝时,有卞随、务光。他们是凭什么得到称颂的呢? 太史公说:我登上箕山,听说上面有许由墓。孔子编列古代圣贤人,如吴太伯、伯夷之类很详细了。我认为所听到的许由、务光品行极高,他们的记述连梗概都很少见到,又是为什么呢?

孔子说:"伯夷、叔齐,不记旧仇,因此很少怨恨。""他们求仁而得仁,又有什么可怨恨的?"我悲叹伯夷的心意,看到他亡佚的诗很诧异。他们的传记说:伯夷、叔齐是孤竹国君的两个儿子。父王想立叔齐,到父王去世,叔齐让给伯夷。伯夷说:"这是父王的旨意。"就逃走了。叔齐也不肯被立为王而逃走。国人把居中间的儿子立为王。于是伯夷、叔齐听说西伯姬昌敬养老人,于是前往投靠。到了该地,西伯已死,周武王载着姬昌的灵牌,尊称他为文王,率军向东讨伐纣王。伯夷、叔齐拉住马缰绳劝阻说:"父死不埋葬,就发动战争,能称得上孝吗? 以臣下杀害君主,能称得上仁吗?"左右要杀他们。姜太公说:"这是仁义之人。"扶他们离开。武王平定殷商,天下归服周王朝,但是伯夷、叔齐认为可耻,坚守气节,不吃周王朝的粮食,隐居在首阳山,采薇菜当饭吃。到饿得快死,作了一首歌。歌词说:"登那首阳山啊,采它的薇菜。用残暴取代残暴啊,还不知道他的不对。神农、虞、夏的圣君匆匆地消逝了,我能投向哪里? 哎呀呀! 只有死了,命运已经衰败!"于是饿死在首阳山。由此看来,有怨恨呢还是不怨恨呢?

有人说:"上天没有偏爱,总是扶持好人。"像伯夷、叔齐,能称得上善人,还是不是善人呢? 这般仁德深厚,品行高洁却饿死! 再说七十名高足弟子中,仲尼唯独推荐颜渊为好学。但是颜渊总是穷困潦倒,连糟糠也吃不饱,终于早死。天道的报答赐予善人,又怎么样呢？盗跖每天杀害无辜，吃人心肝，凶残肆虐，聚集党徒数千人，横行天下，居然平安老死。这又依据什么德行呢？这些都是最明显的事例。至于近代，有些人品行不洁，违法乱纪，却一生安乐，财富堆积代代不绝。有人选地立身，待时说话，不走邪门小道，不公正的事不做，却遭到祸害的，不计其数。我很迷惑啊，如果有所谓天道，那是对的还是错的呢？

孔子说："主张不同不能互相探讨。"也是各遵从自己的心意啊。所以说："富贵如果能够谋求，即使当差服役，我也去做，如果不能够谋求，还是依从我的喜好。""天气严寒，才知道松柏的最后凋零。"全社会混浊了，高洁之士才能显见。岂不是他们看重道德，看轻富贵吗？

"君子最怕死后名声得不到称颂。"贾子说，"贪婪的人为财丧身，重义的人为名献身，爱虚名的人为权送命，普通百姓只求生存。"同样的光明自然互相映照，同类事物，就会互相应求。"云从龙，风从虎，圣人出现，万物都引人注目了。"伯夷、叔齐虽然贤德，得到孔夫子的赞扬，他们的名声更加彰显。颜渊虽然好学，依附圣人的提携，品行更加出名。隐居山林的人士，进取隐退都有时机，但这类人大多名声埋没而不被称颂，真是可悲！住在贫街穷巷的人士，要想修养品行，树立名声，不依附著名人士，哪能流芳后世呢！

管晏列传

《史记》

题解

这是一篇外传。外传是传记文的一种，在正史已有记载之外别为作传，记其遗闻逸事。因此，本文可同《史记·齐太公世家》

合起来研读,二者详略互补。管仲外传文字简洁明快,其中管仲感激鲍叔牙支持的一番话,五句连成排比,说得情真意切,以"生我者父母,知我者鲍子也"结束,读来感人肺腑。晏子外传较完整地记了两则晏子谦逊待贤的逸事,文字不多,但是情节起伏,对话富有内涵,场面很动人。

原文

管仲夷吾者①,颍上人也②。少时常与鲍叔牙游③,鲍叔知其贤④。管仲贫困,常欺鲍叔,鲍叔终善遇之,不以为言⑤。已而鲍叔事齐公子小白⑥,管仲事公子纠⑦。及小白立为桓公,公子纠死,管仲囚焉⑧。鲍叔遂进管仲。管仲既用,任政于齐,齐桓公以霸⑨,九合诸侯⑩,一匡天下⑪,管仲之谋也。

管仲曰:"吾始困时,尝与鲍叔贾(gǔ)⑫,分财利多自与,鲍叔不以我为贪,知我贫也。吾尝为鲍叔谋事而更穷困,鲍叔不以我为愚,知时有利不利也。吾尝三仕三见逐于君⑬,鲍叔不以我为不肖,知我不遭时也。吾尝三战三走,鲍叔不以我为怯,知我有老母也。公子纠败,召(shào)忽死之⑭,吾幽囚受辱⑮,鲍叔不以我为无耻,知我不羞小节,而耻功名不显于天下也。生我者父母,知我者鲍子也!"

鲍叔既进管仲,以身下之。子孙世禄于齐,有封邑者十余世⑯,常为名大夫。天下不多管仲之贤,而多鲍叔能知人也。

管仲既任政相齐,以区区之齐在海滨⑰,通货积财⑱,富国强兵,与俗同好恶(wù)。故其称曰⑲:"仓廪(lǐn)实而知礼节⑳,衣食足而知荣辱,上服度则六亲固㉑。""四维不张㉒,国乃灭亡。""下令如流水之原,令顺民心。"故论卑而易行。俗之所欲,因而与之;俗之所否,因而去之。

其为政也,善因祸而为福,转败而为功,贵轻重㉓,慎权衡㉔。桓公实怒少姬㉕,南袭蔡,管仲因而伐楚,责包茅不入贡于周室㉖。桓公实北征山戎㉗,而管仲因而令燕修召(shào)公之政㉘。于柯之会㉙，桓公欲背曹沫之约㉚，管仲因而信之㉛，诸侯由是归齐。故曰："知与之为取，政之宝也。"

管仲富拟于公室㉜，有三归、反坫（diàn）㉝，齐人不以为侈。管仲卒，齐国遵其政，常强于诸侯。后百余年而有晏子焉。

晏平仲婴者㉞，莱之夷维人也㉟。事齐灵公、庄公、景公，以节俭力行重于齐。既相齐，食不重肉，妾不衣帛。其在朝，君语及之，即危言㊱；语不及之，即危行㊲。国有道，即顺命；无道，即衡命㊳。以此三世显名于诸侯。

越石父贤，在缧（léi）绁（xiè）中㊴。晏子出，遭之途，解左骖（cān）赎之㊵，载归。弗谢，入闺㊶，久之，越石父请绝。晏子戄（jué）然㊷，摄衣冠谢曰㊸："婴虽不仁，免子于厄，何子求绝之速也？"石父曰："不然。吾闻君子诎（qū）于不知己㊹，而信于知己者㊺。方吾在缧绁中，彼不知我也。夫子既已感寤而赎我㊻，是知己；知己而无礼，固不如在缧绁之中。"晏子于是延入为上客㊼。

晏子为齐相，出，其御之妻从门间而窥其夫㊽。其夫为相御，拥大盖㊾，策驷马㊿，意气扬扬[51]，甚自得也。既而归，其妻请去。夫问其故。妻曰："晏子长不满六尺，身相齐国，名显诸侯。今者妾观其出，志念深矣[52]，常有以自下者[53]。今子长八尺[54]，乃为人仆御[55]，然子之意自以为足，妾是以求去也。"其后夫自抑损[56]。晏子怪而问之，御以实对。晏子荐以为大夫[57]。

太史公曰：吾读管氏《牧民》、《山高》、《乘马》、《轻重》、《九府》及《晏子春秋》[58]，详哉其言之也。既见其著书，欲观其行事，故次其传。至其书，世多有之，是以不论，论其轶事[59]。

管仲世所谓贤臣，然孔子小之，岂以为周道衰微[60]，桓公既贤，而不勉之至王，乃称霸哉？语曰："将顺其美，匡救其恶，故上下能相亲也[61]。"岂管仲之谓乎？

方晏子伏庄公尸哭之[62]，成礼然后去，岂所谓"见义不为无勇"者邪？至其谏说，犯君之颜，此所谓"进思尽忠，退思补过"者哉！假令晏子而在，余虽为之执鞭[63]，所忻（xīn）慕焉[64]。

注释

①管仲夷吾:管仲名夷吾,字仲,是他辅佐齐桓公成为春秋时期第一代霸主。今存《管子》一书,实系后人托名。　②颍上:颍水之滨。　③鲍叔牙:春秋时齐大夫,与管仲的友谊在历史上很有名,典故"管鲍交"或"管鲍之交"就指他们。游:交往。　④鲍叔:即鲍叔牙。　⑤不以为言:不把它说破。以为,"以之为"的省略。事指二人经商,管仲分利不均。　⑥已而:不久。事:服事;侍奉。齐公子小白:即后来的齐桓公。姜姓,名小白。公元前685年至前643年在位。公子,诸侯之子。　⑦公子纠:小白之兄。　⑧管仲囚焉:管仲为公子纠争王位,曾箭伤小白,小白掌权后,采纳鲍叔牙举荐,设计把管仲从鲁国引渡回齐国。囚,被囚。　⑨以霸:依仗他成为霸主。霸,春秋时势力最强,处于首领地位的诸侯。　⑩合:会集;会聚。　⑪一匡天下:指帮助解除中央王朝的夺位之争,使一切纳入正轨。匡,匡正;安定。　⑫尝:曾经。贾:做买卖。　⑬仕:做官。见:被。　⑭召忽:曾与管仲辅公子纠,当齐桓公要求鲁国引渡二人,召忽自杀。　⑮幽囚:囚禁。　⑯封邑:国君赏给的土地。　⑰区区:小而少。在齐桓公之前,齐国并不强大。　⑱货:财物;商品。⑲其称:其所说,指所著书《管子》中的话。　⑳仓廪:贮藏米谷的仓库。㉑服度:按照身份等级之类规定的服饰车马制度,这里指遵礼守法。六亲:六种亲属,泛指亲属。　㉒四维:四大准则。即礼、义、廉、耻。　㉓贵轻重:重视把握轻重。㉔权衡:衡量比较利害得失。㉕少姬:桓公夫人,后回归娘家蔡国改嫁。㉖包茅:古代祭祀时滤酒用的包扎成束的青茅草。周室:周天子。㉗山戎:古族名。在燕国北面,燕国在今河北北部和辽宁西部。㉘召公:名奭,因封邑在召(今陕西岐山西南),称为召公。曾辅助周武王灭商,被封于燕。后又与周公共同辅政周成王。㉙柯之会:指齐桓公与鲁庄公在柯邑(在今山东东阿县西南)会聚结盟。㉚曹沫之约:齐桓公口头答应曹沫归还侵占的鲁国土地。曹沫,即曹刿。㉛信之:使(桓公)树立诚信。㉜公室:诸侯家族,即齐国王族。㉝三归:三姓女子,妇女出嫁叫归。反坫:周代诸侯宴会上的礼节,互相敬酒后,把空杯反置放还坫上。反,同"返"。坫,古代设在堂中两楹柱间的土台。㉞晏平仲婴:名婴,字平仲,春秋时齐国大夫,三朝为相。传世有《晏子春秋》,是战国时人搜集他的言行编成的。㉟莱:古国名,在今山东黄县东南,为齐所灭。夷维:在今山东高密。㊱危言:正直的言论。危,正直的。　㊲危行:正直的品行。㊳衡:衡量。

㊴缧绁:拘系犯人的绳索,引申为囚禁。 ㊵骖:驾车时位于两边的马。 ㊶闺:内室。 ㊷戄然:震惊的样子。 ㊸摄:揭起。 ㊹诎:委屈。 ㊺信:同“伸”。 ㊻寤:通“悟”,了解。 ㊼延:请。 ㊽其御:他的车夫。窥:从小孔或缝隙察看。 ㊾大盖:大车篷。 ㊿策:鞭打。驷马:拉同一车的四匹马。 (51)扬扬:得意的神态。 (52)志念:心思。 (53)下:退让。 (54)长八尺:形容高大。 (55)仆御:车夫。 (56)抑损:谦逊。 (57)大夫:古代国君之下有卿、大夫、士三级,为一般任官职者的称呼。 (58)《牧民》等:都是《管子》篇名。今本《山高》作《形势》,又无《九府》名。 (59)轶事:指未经史书记载的事或世人不太知晓的事。 (60)周道:周代推行的政令。 (61)“语曰”句:见《孝经·事君》。 (62)方:当。庄公:名光,公元前553年至前547年在位。被大臣崔杼杀害。 (63)执鞭:执鞭驾车。 (64)忻慕:欣喜仰慕。

译文

管仲,名夷吾,颍上人。年轻时常常与鲍叔牙来往,鲍叔牙知道他贤能。管仲生活贫困,往往欺瞒鲍叔牙,鲍叔牙始终友好相待,不把事情说破。不久鲍叔牙为齐国公子小白做事,管仲为公子纠做事。到了小白继位被立为桓公,公子纠死了,管仲被囚。鲍叔牙就推荐管仲。管仲得到重用,在齐国执政,齐桓公由此称霸,九次会聚诸侯,一度匡正天下,都是管仲的谋略。

管仲说:“我当初贫困时,曾经与鲍叔牙合伙经商,分财利时,往往多给自己,鲍叔牙不认为我贪心,知道我贫困。我曾经替鲍叔牙出主意,却使他更困难,鲍叔牙不认为我愚笨,知道时机有顺利和不顺利。我曾经三次做官三次被君主罢免,鲍叔牙不认为我没出息,知道我没有得到合适的时机。我曾经三次参战而三次败逃,鲍叔牙不认为我胆怯,知道我有老母。公子纠失败,召忽因此自杀,我被囚禁受侮辱,鲍叔牙不认为我不知羞耻,知道我不以小节为羞,而以不能扬名天下为羞。生我的是父母,了解我的是鲍君!”

鲍叔牙推荐了管仲,自甘居他之下。管仲子孙世代在齐为官受俸禄,有封邑的达十几代,往往成为有名的官员。天下人不称赞管仲的贤能,而称赞鲍叔牙能识人才。

　　管仲已经执政于齐国,担任臣相,凭借靠海的小小齐国,交通货物积累财富,使国家富裕兵力强大,与百姓同好恶。所以他说:"仓库充实然后懂得礼节,衣食富足然后认识荣辱,君主遵循规章制度就能六亲稳固。""四条基本准则不推行,国家就会灭亡。""发布命令像流水的源头,使顺应民心。"所以论述通俗简略因而便容易施行。百姓想要的,就顺着给他们;百姓否定的,就顺着废除它。

　　管仲施政,善于化祸为福,变败为胜,注重分轻重先后,仔细作衡量比较。齐桓公恼恨少姬改嫁,出兵南袭蔡国,管仲乘机讨伐楚国,责备楚国不向周天子进贡包茅。桓公北征山戎族,管仲乘机责令燕国修复召公的德政。齐、鲁在柯城会盟,桓公想背弃与曹沫的约定,管仲乘机使桓公树立信义,诸侯从此顺服齐国。所以说:"懂得给予就是取得,是执政的法宝。"

　　管仲的豪富比拟王族,享有三姓妻妾和反坫的诸侯仪式,齐国百姓不认为奢侈。管仲死后,齐国遵循他的政令,往往比各诸侯国强大。百余年以后,又有晏子。

　　晏平仲,名婴,莱国夷维人。侍奉齐灵公、庄公和景公,以节俭和做事尽力在齐国受到敬重。他在齐国为相,食不加肉,妾不穿绸。他在朝廷,君王说到的,就直言相告;没有说到的,就谨慎而正直地去做。国家政治清明,就遵循政令;政治黑暗,就掂量着做。靠这样,接连三朝在诸侯中扬名。

　　越石父贤能,处在囚禁中。晏子出行,路上碰到他,解下左骖马赎取他,载着他回来。晏子不曾道别,就进了内室,时间长了,越石父请求绝交。晏子十分震惊,整理衣帽道歉说:"我虽然不仁德,却从危险中把您解脱出来,为什么您这样快绝交呢?"越石父说:"不是这样。我听说君子受屈于不了解自己的人,而施展抱负于了解自己的人。当我在囚禁之中,是他们不了解我。您已经了解并且赎回了我,是了解我的;了解我却对我无礼,还不如在囚禁之中。"晏子于是聘请他为上宾。

晏子做齐国丞相,外出,他的车夫的妻子从门缝看她的丈夫。她丈夫做丞相车夫,拥有宽大车篷,赶着四匹壮马,得意扬扬,很是满足。后来回家,他妻子请求离开。丈夫问原因,妻子说:"晏子身材矮小,在齐国为相,扬名各诸侯国。现今我观察他外出,心思很深远,往往有自居人下的神态。而您身材高大,给人做车夫,但是您的心意自以为满足,我因此请求离去。"这以后她丈夫自我谦让。晏子很奇怪,就问他,车夫如实回答。晏子就推荐他当了大夫。

太史公说:我读管仲的《牧民》、《山高》、《乘马》、《轻重》、《九府》以及《晏子春秋》,那些话都说得很详尽了。已经见到他们写的书,想观察他们的做事,所以依次编写他们的传记。至于他们的书,世上都有的,因此不加论述,而论述一些逸事。

管仲被世人称为贤臣,但是孔子看轻他。难道孔子认为周代政令衰落,齐桓公既然贤能,管仲却不勉励他实行王道,却让他称霸吗?《孝经》说:"顺君主的美德,匡正君主的过失,所以君臣上下能够亲密。"难道不是说管仲吗?

当晏子伏在庄公尸体上痛哭,完成礼节然后离开,难道是所谓"见义不敢作为,没有勇气"的人吗?至于他的劝说,触犯君主的威严,这就是所谓"为官求尽忠,退位求补过"的人!如果能让晏子在世,我即使替他挥鞭驾车,也是高兴仰慕的啊!

游侠列传序①

《史记》

题解

　　这是一篇优秀的议论文。司马迁的《史记》中有很多开创性篇章，《游侠列传》就是一例。序文以精辟的分析和有力的辩驳，肯定游侠的社会作用和历史地位，从而认为有为他们树碑立传的必要。文章开门见山，引用《韩非子》，提出如何评价历史人物的问题，通过挖掘社会根源，肯定了游侠救人急难、千里赴义、不惜牺牲、不求名利、不计报答的精神；通过与各种历史人物对比，为游侠被"排摈不载"鸣冤。他说："侠客之义又曷可少哉！"这当是历史结论。序后正文便是众多游侠传记，与序文互相辉映。

原文

　　韩子曰②："儒以文乱法③，而侠以武犯禁④。"二者皆讥，而学士多称于世云⑤。至如以术取宰相卿大夫⑥，辅翼其世主⑦，功名俱著于春秋⑧，固无可言者。及若季次、原宪⑨，闾巷人也⑩，读书怀独行君子之德，义不苟合当世⑪，当世亦笑之。故季次、原宪终身空室蓬户，褐（hè）衣疏食不厌。死而已四百余年，而弟子志之不倦⑫。今游侠，其行虽不轨于正义，然其言必信，其行必果，已诺必诚，不爱其躯，赴士之厄困。既已存亡死生矣，而不矜（jīn）其能⑬，羞伐其德⑭，盖亦有足多者焉⑮。

　　且缓急⑯，人之所时有也。太史公曰：昔者虞舜窘于井廪⑰，伊尹负于鼎俎（zǔ）⑱，傅说（yuè）匿于傅险（yán）⑲，吕尚困于棘津⑳，夷吾桎梏㉑，百里饭牛㉒，仲尼畏匡㉓，菜色陈、蔡㉔。此皆学士所谓有道仁人也,犹然遭此菑,况以中材而涉乱世之末流乎㉕?其遇害何可胜道哉!

鄙人有言曰㉖:"何知仁义?已飨其利者为有德㉗。"故伯夷丑周㉘,饿死首阳山,而文、武不以其故贬王㉙;跖、蹻(jué)暴戾㉚,其徒诵义无穷。由之观之,"窃钩者诛㉛,窃国者侯,侯之门,仁义存",非虚言也。

今拘学或抱咫(zhǐ)尺之义㉜,久孤于世,岂若卑论侪(chái)俗㉝,与世沉浮而取荣名哉!而布衣之徒㉞,设取予然诺㉟,千里诵义,为死不顾世,此亦有所长,非苟而已也。故士穷窘而得委命㊱,此岂非人之所谓贤豪间者邪?诚使乡曲之侠㊲,予季次、原宪比权量力㊳,效功于当世,不同日而论矣㊴。要以功见言信,侠客之义又曷可少哉!

古布衣之侠,靡得而闻已。近世延陵、孟尝、春申、平原、信陵之徒㊵,皆因王者亲属,藉于有土卿相之富厚,招天下贤者,显名诸侯,不可谓不贤者矣。比如顺风而呼,声非加疾,其执激也㊶。至如闾巷之侠,修行砥名㊷,声施于天下㊸,莫不称贤,是为难耳。然儒、墨皆排摈不载㊹。自秦以前,匹夫之侠,湮灭不见,余甚恨之㊺。以余所闻,汉兴有朱家、田仲、王公、剧孟、郭解之徒㊻,虽时扞(hàn)当世之文罔㊼,然其私义廉洁退让,有足称者。名不虚立,士不虚附。至如朋党宗强比周㊽,设财役贫,豪暴侵凌孤弱,恣欲自快,游侠亦丑之。余悲世俗不察其意,而猥以朱家、郭解等令与暴豪之徒同类而共笑之也㊾!

注释

①游侠:指豪爽好结交、轻生重义、勇于排难解纷的人。 ②韩子:姓韩,名非(约前280—前233),出身韩国贵族。战国末期哲学家,法家主要代表人物。著有《韩非子》。 ③儒:儒生,指通经书的人。 ④禁:禁令。此两句语见《韩非子·五蠹》。 ⑤学士:学习经书的人。 ⑥术:学术;学问。宰相:辅佐国君、总理政务的最高长官。卿大夫:国君之下,有卿、大夫、士三级,

作为一般任职有爵位者的称号。 ⑦辅翼:辅助。 ⑧功名:功绩和名声。春秋:史书的泛称。 ⑨季次:是公皙哀的字,孔子弟子,一生不做官。原宪:孔子弟子,一生安于贫困。 ⑩闾巷:街巷;里弄。 ⑪苟合:无原则地附和。⑫志:怀念。 ⑬矜:自许;自赞。 ⑭伐:夸耀。 ⑮多:推重;赞美。⑯缓急:指紧急事。 ⑰虞舜:即舜。姚姓,有虞氏,名重华,传说中父系氏族社会后期部落联盟领袖。传说继母与弟设计害他,曾企图以叫他修仓库来烧死他,叫他淘枯井来害死他。廪:粮仓。 ⑱伊尹:名伊,尹是官名。原是成汤的陪嫁厨役,后委任以国政,辅佐成汤攻灭夏桀。鼎俎:鼎和俎,指煮烹用具。⑲傅说:商王武丁的大臣,相传原先是在傅岩从事筑墙的奴隶。险:通"岩"。⑳吕尚:名望,一说字子牙,俗称姜太公。辅佐武王灭纣,创立周王朝,相传曾在棘津卖食物。 ㉑夷吾:即管仲,曾因箭射齐桓公被囚禁,随后辅佐齐桓公称霸诸侯,详见《管晏列传》。 ㉒百里:即百里奚,春秋时秦国大夫,曾辅佐秦穆公称霸诸侯,相传原先替人喂牛。 ㉓仲尼:孔子的字,他周游各国,在匡这个地方被误认而遭威胁。 ㉔菜色:不吃粮食只吃野菜的饥饿面色。指受饥。 ㉕末流:末期。 ㉖鄙人:郊野的人;乡下人。 ㉗飨:享受。㉘伯夷:事见前《伯夷列传》。丑:认为可耻。周:指周王朝。 ㉙贬:贬损、减损。 ㉚跖、蹻:先秦时两个大盗,蹻即庄蹻。 ㉛"窃钩"句:语见《庄子·胠箧》,文字略有出入。钩:腰带钩。 ㉜咫尺:比喻小。咫,古代长度名,周制八寸,合今制市尺六寸二分二厘。 ㉝侪:同辈;同类。 ㉞布衣之徒:平民百姓。此指出身平民的游侠。 ㉟设:建立。此有重视的意思。 ㊱穷窘:穷困窘迫,走投无路。委命:效命。 ㊲诚使:假使。乡曲:乡里。㊳予:通"与"。 ㊴同日而论:相提并论。 ㊵延陵:即季札,又称公子札、延陵季子,春秋时吴国王族,曾多次推让王位。孟尝:即孟尝君,姓田名文,战国时齐国王族,齐湣王时任相国,门下食客数千。春申:即春申君,姓黄名歇,战国时楚国王族,任令尹,门下食客三千。平原:即平原君。姓赵名胜,战国时赵国王族,任相国,门下食客数千。信陵:即信陵君,姓魏名无忌,战国时魏国王族,曾夺兵救赵,后任上将军,联合五国击败秦军,门下食客三千。后四人以养士著名,有战国四公子之称。 ㊶激:激发。 ㊷砥:磨炼,修养。㊸施:延续;蔓延。 ㊹排摈:排挤;摈除。 ㊺恨:遗憾。 ㊻朱家、田仲、王公、剧孟、郭解:这五人事迹都载在《游侠列传》。 ㊼扞:触犯。文罔:法网。罔,通"网"。 ㊽朋党:结帮。宗强:依附强豪。比周:结派营私。 ㊾猥:苟且;随便。

译文

　　韩非子说:"书生以文献扰乱法律,而游侠凭武力侵犯禁令。"二者都受指责,可是书生往往受世人称道。至于以学问取得宰相、卿、大夫,辅助他们的国君,功绩和名望一齐载入史册,当然没有什么可说的。说到像季次、原宪,是里弄里的人,读书怀着独行君子的美德,坚持正义而不随俗,世俗也讥笑他们。所以季次、原宪终生住空屋茅棚,粗衣粗食也得不到满足。死了以后四百余年,但是弟子们仰慕不止。如今游侠,他们的行事虽然不合规范,但是他们的说话必定诚信,他们的行事必定果决,已作出的承诺必定实现,不惜牺牲,赴救他人的危难。已经冒着生死存亡的危险了,却不称道自己的才能,羞于夸耀自己的恩德,理当也有值得赞扬的啊。

　　何况急难,是人所难免会有的。太史公说:从前虞舜受困在枯井和谷仓,伊尹背着锅、砧板当厨师,傅说埋没在傅岩筑墙,吕尚穷困在棘津卖小吃,夷吾被囚,百里奚喂牛,孔子在匡担惊受怕,在陈、蔡挨饿。这些都是读书人所说的有道德的仁人,还要遭受这样的灾难,更何况作为普通人而生活在乱世的末期呢?他们的遭受祸害哪能说得完啊!

　　乡下人有句话说:"哪晓得仁义?已经享受他好处的就是有德。"所以伯夷鄙视周王朝,就饿死在首阳山,而周文王和周武王不因为这个缘故而贬损了声誉;盗跖和庄蹻残暴凶狠,他们的同伙却称颂他们的义气不绝。由此看来,"偷衣带钩的被杀,偷国家的封侯,王侯的门庭,仁义永存",不是空话。

　　如今拘守学问的人抱着本书的道义,在世上久久孤立,哪比得上卑下地议论去同流合污,随世俗浮沉而捞取荣誉啊!可是平民百姓出身的游侠,若有收受给予的承诺,千里赴义,为之牺牲而不顾忌世俗的议论,这也是他们的长处,不是随意就能做到。所以人有紧急而能效命,这难道不是人们所说的英雄豪杰中人吗?如果以里弄的游侠,同季次、原宪比地位比能力,有功于社会,是不能相提并论了。要是以功效显著言语诚实来说，侠客的义气又怎能缺少呢！

　　古代平民的游侠，不得而知了。近代如延陵、孟尝、春申、平原、信陵等一帮人，都凭借王室亲属，利用拥有封地和卿相高官的豪富，招揽天下贤才，从而扬名天下，不能说不是贤人了。比如顺风叫喊，声音没有加快，但是，气势激发出来了。至于里弄的游侠，修养德行，磨炼名节，蜚声天下，没有不称颂贤德的，这才难啊！但是儒家和墨家都排斥他们不予记载。自秦以前，平民游侠，都埋没不见了，我很遗憾。据我所知，汉朝创立以来有朱家、田仲、王公、剧孟、郭解一批人，虽然时常触犯当时的法律，但是个人行事准则廉洁谦让，有值得称扬的。名声不凭空树立，士人不无故依附。至于拉帮结派投靠豪强，图谋钱财奴役穷人，横行霸道欺侮孤苦力弱的人，放纵私欲只图自己快活，游侠也认为丑恶。我悲叹世俗不理解他们的心意，从而随便地将朱家、郭解等人与横行霸道的暴徒看作同类以至于合在一起讥笑他们。

滑（gǔ）稽列传①

《史记》

题解

　　全传开头是短序，随后便是三位滑稽人的事迹。首句"六艺于治一也"，把有益于治国作为评价人和事的标尺，从而，"谈言微中，亦可以解纷"的滑稽也就被提到有利于治国的高度。虽在六艺文字之外，亦在六艺之用之中。这个"亦"字与传末太史公赞语"岂不亦伟哉"相呼应，力重千钧。寓言本是先秦诸子常用手法。淳于髡作为著名滑稽人，在王左右，视同艺人，但是他说寓言，抓住时机,于不经意中,顷刻点醒君王,其政治效果为将相急求而不能得。这正是滑稽人的本色,滑稽是我们可以继承借鉴的"解纷"经验。

原文

孔子曰:"六艺于治一也②。《礼》以节人③,《乐》以发和④,《书》以道事,《诗》以达意,《易》以神化,《春秋》以道义。"太史公曰:天道恢恢⑤,岂不大哉!谈言微中⑥,亦可以解纷。

淳于髡(kūn)者⑦,齐之赘(zhuì)婿也⑧。长不满七尺⑨,滑稽多辩,数使诸侯,未尝屈辱⑩。齐威王之时喜隐⑪,好为淫乐长夜之饮⑫,沈湎不治,委政卿大夫。百官荒乱,诸侯并侵,国且危亡,在于旦暮,左右莫敢谏。淳于髡说(shuì)之以隐曰⑬:"国中有大鸟,止王之庭,三年不蜚(fēi)又不鸣⑭,王知此鸟何也?"王曰:"此鸟不飞则已,一飞冲天;不鸣则已,一鸣惊人。"于是乃朝诸县令长七十二人⑮,赏一人,诛一人,奋兵而出。诸侯振惊,皆还齐侵地。威行三十六年。语在《田完世家》中⑯。

威王八年,楚大发兵加齐。齐王使淳于髡之赵请救兵,赍金百斤⑰,车马十驷⑱。淳于髡仰天大笑,冠缨索绝⑲。王曰:"先生少之乎?"髡曰:"何敢。"王曰:"笑岂有说乎?"髡曰:"今者臣从东方来,见道傍有禳(ráng)田者⑳,操一豚蹄㉑,酒一盂(yú)㉒,祝曰㉓:'瓯(ōu)窭(lóu)满篝㉔,污邪(yé)满车㉕,五谷蕃(fán)熟㉖,穰穰(ráng)满家㉗。'臣见其所持者狭而所欲者奢,故笑之。"于是齐威王乃益赍黄金千镒㉘,白璧十双,车马百驷。髡辞而行,至赵。赵王与之精兵十万,革车千乘㉙。楚闻之,夜引兵而去。

威王大说,置酒后宫,召髡,赐之酒。问曰:"先生能饮几何而醉?"对曰:"臣饮一斗亦醉,一石亦醉。"威王曰:"先生饮一斗而醉,恶(wū)能饮一石哉!其说可得闻乎?"髡曰:"赐酒大王之前,执法在傍,御史在后㉚,髡恐惧俯伏而饮,不过一斗径(jìng)醉矣㉛。若亲有严客㉜,髡帣(juàn)韝(gōu)鞠䐉(jì)㉝,侍酒于前,时赐余沥(lì)^㉞,奉觞(shāng)上寿^㉟,数起,饮不过二斗径醉矣。若朋友交游,久不相见,卒(cù)然相睹^㊱,欢然道故,私情相语^㊲,饮可五六斗径醉矣。若乃州闾(lǘ)之会^㊳,男女杂坐,行酒稽留^㊴,六博投壶^㊵,相引为曹^㊶,握手无罚,目眙(chì)不禁^㊷,前有堕珥^㊸,后有遗簪(zān)^㊹,髡窃乐此,饮可八斗而醉二参^㊺。日暮酒阑^㊻,合尊促坐^㊼,男女同席^㊽,履舄(xì)交错^㊾,杯盘狼藉^㊿,堂上烛灭,主人留髡而送客,罗襦(rú)襟解⁵¹,微闻芗(xiāng)泽⁵²,当此之时,髡心最欢,能饮一石。故曰酒极则乱,乐极则悲;万事尽然,言不可极,极之而衰。"以讽谏焉⁵³。

齐王曰:"善。"乃罢长夜之饮,以髡为诸侯主客⁵⁴。宗室置酒⁵⁵,髡尝在侧。

注释

①滑稽:此指能言善辩幽默快捷的人。　②六艺:指《易》、《礼》、《乐》、《诗》、《书》、《春秋》,也称六经。　③节:制约;约束。　④和:和谐;协调。⑤天道:天的意志。恢恢:宽广貌。　⑥微中:以含蓄微妙的言论中人心意。⑦淳于:复姓。　⑧赘婿:指结婚入女家的男子,秦、汉时,社会地位很低,被人轻视。　⑨不满七尺:指身材不高。　⑩尝:曾经。　⑪齐威王:战国时齐国国君。田氏,名因齐,公元前356年至前320年在位。任邹忌为相,田忌、孙膑为将和军师,改革政治,国力渐强。隐:隐语;谜语。　⑫淫:放纵。⑬说:用话劝别人听从自己的意见。　⑭蜚:通"飞"。　⑮县令长:指县令。⑯《田完世家》:即《史记·田敬仲完世家》。　⑰赍:以物送人。　⑱驷:驾四马的车。　⑲冠缨:系在颔下的冠带。索:尽。　⑳禳:祈祷消灾。㉑操:持;拿着。豚:小猪,泛指猪。　㉒盂:盛饮食的圆口器皿。成语"豚蹄穰田"即出于此,意指用豚蹄供神求丰年,比喻所持甚少,而所求甚多。㉓祝:祝祷;祈祷。　㉔瓯窭:指狭小的高地。篝:竹笼。　㉕污邪:地势低下,易积水的劣田。　㉖蕃:茂盛。　㉗穰穰:谷物丰饶貌。　㉘镒:古代重量单位,二十两,一说二十四两为一镒。㉙革车:古代的一种战车。　㉚御史:此指执行酒令,监察失仪的人。㉛径:即,就。㉜亲:指父母。严客:尊敬的客人。㉝袨:通"紾",收起衣袖。韝:束衣袖的臂套。鞠:弯身。鲊:

同"跽",长跪。双膝着地,上身挺直。　㉞余沥:剩酒。沥,液体的点滴。　㉟觯:古代盛酒器。上寿:敬酒祝寿。　㊱卒然:突然。卒,通"猝"。　㊲私情:对所喜爱人的感情。　㊳若乃:至于。州闾:乡里;家乡。　㊴行酒:依次斟酒。稽留:停留。　㊵六博:古代一种博戏。共十二棋,六黑六白,两人相博,一人六棋,故名。投壶:古代一种游戏。以盛酒的壶口为目标,用特制的矢投入,多中者胜,负者饮酒。　㊶曹:同伴。　㊷眙:瞪着眼看。　㊸珥:珠玉耳饰。　㊹簪:古人用来插定发髻或连冠于发的一种长针。　㊺参:同"三"。　㊻阑:将尽,晚。　㊼促:迫近。　㊽席:芦苇竹篾等编成的铺垫用具。　㊾履舄:都是鞋。　㊿狼藉:纵横散乱。　51罗襦:短的绸袄。襟:古代指衣的交领。　52芗泽:同"香泽",香气。　53讽谏:用委婉曲折的言语进谏。　54主客:战国时齐国设的官,负责接待各国诸侯。　55宗室:指国君的宗族。

译文

　　孔子说:"六艺用于治国是一致的,《礼》用来节制人,《乐》用来发扬和谐,《书》用来叙述往事,《诗》用来表达心意,《易》用来推演变化,《春秋》用来阐明义理。"太史公说:天道无边无际,难道不弘大啊! 言谈以小寓大,中人心意,也能用来解除纷扰。

　　淳于髡,是齐国人的招赘女婿。高不到七尺,幽默善辩,多次出使诸侯国,不曾遭受挫折和耻辱。齐威王时,喜欢隐语,爱好纵情享乐、通宵宴饮,沉溺其中而不治国,政务委托公卿大夫。百官荒废混乱,诸侯国一齐入侵,国家危亡在早晚之间,左右没有人敢劝阻。淳于髡用隐语劝告他说:"国内有一只大鸟,停在君王的庭院,三年了不飞又不叫,君王知道这鸟是什么吗?"威王答说:"这鸟不飞就罢了,一飞就直冲云天;不叫就罢了,一叫就令人震惊。"于是就召见各县长官七十二人,赏一人,杀一人,整顿军队出击。诸侯国震惊,都归还侵占的齐国土地。声威持续三十六年。记载在《田完世家》中。

　　齐威王八年,楚国大规模进犯齐国。齐王派淳于髡出使赵国去请救兵,带去黄金百斤,四马驾的车十辆。淳于髡仰天大笑,帽带全断了。威王问道:"先生嫌少吗?"淳于髡说:"哪敢。"威王说:"大笑难道有说法吗?"淳于髡说:"现今我从东方来,看见路边有祈祷丰收的人,拿一只猪蹄和一罐酒,祷告说:'狭小高地要收成装满笼,低洼土田要收获装满车。五谷茁壮,粮食满满地堆在家。'我看他所拿的少,而所要的很多,所以笑他。"于是齐威王又增加了黄金千镒,白璧十双,四马驾的车一百辆。淳于髡告辞出发,到了赵国。赵王给他精兵十万、战车千辆。楚军听到,连夜带部队离去。

威王非常高兴,在后宫设宴,叫来淳于髡赏他喝酒。问道:"先生能饮到多少才醉呢?"答说:"我饮一斗也醉,饮一石也醉。"威王说:"先生饮一斗会醉,哪能饮一石呢?你的解说能让我听听吗?"淳于髡说:"在大王面前受赏饮酒,执法官在身旁,御史在身后,我战战兢兢,低头伏地而饮,不过一斗就醉了。如果父母有尊敬的客人,我卷起衣袖,弯身长跪,在他们前面侍奉,时常赏赐一些剩酒,举杯祝寿,一再起身,饮不超过二斗也就醉了。如果朋友交往,长久不见,突然相见,高高兴兴地叙说往事,充满友情互相倾诉,饮到五六斗也就醉了。至于家乡聚会,男女混坐,斟酒暂停,玩六博、投壶游戏,自相分组,男女握手也不责罚,瞪大眼睛看也不禁止,前面有掉落的耳饰,后面有跌落的发簪,我很喜欢这样,饮到八斗而醉意有二三分了。天色晚了,酒宴将散,端着酒杯挤坐一堆,男女同席,鞋和木屐交错,杯盘散乱,厅堂上火烛熄灭,主人留下我而送走客人,侍女松开丝袄的交领,隐隐闻到香气,在这时,我心里最欢畅,能够饮上一石。所以说饮酒到极端就混乱,作乐到极端就悲哀;万事都如此,是说不能到极端,到极端就衰败了。"用这来劝说齐王。

齐威王说:"好。"于是罢停彻夜长饮。任命淳于髡为诸侯主客。连王室设宴,淳于髡也常常在场。

货殖列传序①

《史记》

题解

　　货殖就是经商，本文用今天的话说就是企业家传记。文章立字当头，旗帜鲜明，开拓史书编撰的新领域。作者认为经济是社会基础，富国富家之本，所谓"此四者(指工、农、商、虞)，民所衣食之原也。原大则饶，原小则鲜，上则富国，下则富家"。文章主张执政者必须顺应经济发展规律，"故善者因之，其次利道之，其次教诲之，其次整齐之，最下者与之争"。今天看来，这些已是基本常识，但是在那个年代，却是难能可贵的新见解。封建社会的传统经济政策是重农抑商，司马迁提出商与农、工并重。既有社会现状的调查，又有历史经验的总结，令人不能不信。文章做到了论与证配合紧密，文字也简洁有力。

原文

　　《老子》曰②："至治之极，邻国相望，鸡狗之声相闻，民各甘其食，美其服，安其俗，乐其业，至老死不相往来。"必用此为务，輓(wǎn)近世涂民耳目③，则几无行矣。

　　太史公曰：夫神农以前④，吾不知已。至若《诗》、《书》所述虞、夏以来⑤，耳目欲极声色之好⑥，口欲穷刍(chú)豢(huàn)之味⑦，身安逸乐⑧，而心夸矜埶能之荣⑨，使俗之渐民久矣⑩，虽户说以眇(miǎo)论⑪，终不能化。故善者因之⑫，其次利道之⑬，其次教诲之⑭，其次整齐之⑮，最下者与之争。

　　夫山西饶材、竹、穀、纑(lú)、旄、玉石⑯；山东多鱼、盐、漆、丝、声色^⑰；江南出楠、梓、姜、桂、金、锡、连、丹沙、犀、玳瑁、珠玑、齿革^⑱；龙门、碣(jié)石北多马、牛、羊、旃(zhān)、裘、筋角^⑲；铜、铁则千里往往山出棋置^⑳：此其大较也^㉑。皆中国人民所喜好^㉒，谣俗被服饮食奉生送死之具也^㉓。故待农而食之，虞而出之^㉔，工而成之，商而通之。此宁有政教发征期会哉^㉕？人各任其能，竭其力，以得所欲。故物贱之征贵^㉖，贵之征贱，各劝其业^㉗，乐其事，若水之趋下，日夜无休时，不召而自来，不求而民出之。岂非道之所符，而自然之验邪？

《周书》曰^㉘："农不出则乏其食，工不出则乏其事，商不出则三宝绝^㉙，虞不出则财匮少^㉚。"财匮少而山泽不辟矣^㉛。此四者，民所衣食之原也^㉜。原大则饶，原小则鲜^㉝。上则富国，下则富家。贫富之道，莫之夺予，而巧者有余，拙者不足。故太公望封于营丘^㉞，地潟(xì)卤^㉟，人民寡，于是太公劝其女功^㊱，极技巧^㊲，通鱼盐，则人物归之^㊳，繈(qiǎng)至而辐凑^㊴。故齐冠带衣履天下，海岱(dài)之间敛袂(mèi)而往朝焉^㊵。其后齐中衰，管子修之^㊶，设轻重九府^㊷，则桓公以霸^㊸，九合诸侯，一匡天下^㊹，而管氏亦有三归^㊺，位在陪臣^㊻，富于列国之君^㊼。是以齐富强至于威、宣也^㊽。故曰："仓廪实而知礼节^㊾，衣食足而知荣辱。"礼生于有而废于无。故君子富，好行其德；小人富，以适其力。渊深而鱼生之，山深而兽往之，人富而仁义附焉。富者得埶益彰，失埶则客无所之，以而不乐^㊿。夷狄益甚。谚曰："千金之子，不死于市⁵¹。"此非空言也。故曰："天下熙熙⁵²，皆为利来；天下壤壤⁵³，皆为利往。"夫千乘之王⁵⁴，万家之侯⁵⁵，百室之君⁵⁶，尚犹患贫，而况匹夫编户之民乎⁵⁷！

注释

①货殖：即殖货，聚积财物，使生殖蕃息以图利。　②《老子》：亦称《道德经》，道家的主要经典，相传为春秋末老聃即老子所作。　③輓近世：离现在最近的时代。輓，古通"晚"。涂：堵塞。　④神农：即神农氏。传说

中农业和医药的发明者。一说即炎帝。　⑤虞、夏:即虞舜和夏禹。　⑥声色:歌舞和女色。　⑦刍豢:泛指家畜。　⑧逸乐:安逸。　⑨夸矜:夸耀。执能:权势才能。　⑩渐:浸润。　⑪户说:一户户去说。眇:通"妙"。　⑫因:随顺;依据。　⑬利道:诱导;引导。　⑭教诲:教导。　⑮整齐:约束;规范。　⑯山西:秦、汉时通称崤山或华山以西为山西,与当时所谓关中含义相同。榖:木名,皮可以制纸,即楮(chǔ)。纑:苎麻属植物,可以织布。旄:牦牛尾。　⑰山东:与"山西"对举,秦、汉时与关东含义相同。　⑱江南:泛指长江以南,秦、汉时一般指今湖北的长江以南和湖南、江西一带。楠:楠木,是建筑和制器具的良材。梓:梓木,是建筑、制家具和乐器的良材。连:通"链"。铅矿石。丹沙:即朱砂。齿:象牙。革:皮革。即加工过的兽皮。⑲龙门:在今山西河津县和陕西韩城之间,黄河至此,两岸峭壁对峙,形如门阙,故称龙门。碣石:山名,在今河北昌黎县。旃、裘:同"毡裘"。古代西北民族用兽毛等制成的衣服。　⑳棋置:像棋子那样密布。　㉑大较:大略。㉒中国:古指中原。　㉓谣俗:风俗习惯。从民间歌谣可以看出风俗习惯,故称谣俗。　㉔虞:掌管山泽的官。　㉕政教:政治和教化。发征:征调。期会:约期聚集。　㉖征:征求。　㉗劝:勉励。　㉘周书:《尚书》的组成部分,相传是记载周代史实之书。　㉙三宝:指上文"食"、"事"与下文的"财"。㉚匮少:缺乏。　㉛辟:开辟;开发。　㉜原:同"源",来源。　㉝鲜:少。㉞太公望:太公是吕尚的称号。吕尚,姜姓,吕氏,名望,俗称姜太公。周朝齐国的始祖。营丘:古邑名,在今山东淄博市临淄北。　㉟潟卤:含太多盐碱,不宜耕种的土地。　㊱女功:同"女工"。指妇女从事的纺绩、刺绣、缝纫等工作。　㊲技巧:熟练的技能。　㊳人物:指人和物。　㊴缰:穿钱的绳索,比喻接连不断。辐凑:辐是车轮中连接车毂和轮圈的直木。辐凑指车辐向轮心聚集,比喻人或物的汇聚。　㊵海岱之间:指渤海和泰山之间的地区。海,古指东海,即渤海。岱,泰山的别名。袂:衣袖。　㊶管子:即管仲,名夷吾。齐桓公的宰相,推行改革,使齐国富强,帮助齐桓公成为春秋时期的第一个霸主。　㊷轻重九府:掌管货物、钱币流通和平衡的经济机构。　㊸桓公:姜姓,名小白,春秋时第一个霸主。　㊹匡:匡正;匡救。　㊺三归:娶了三姓的女子。归:指女子出嫁。　㊻陪臣:古代诸侯的大夫,对天子自称陪臣。意谓诸侯是天子的臣,而自己又是诸侯的臣。　㊼列国:各国,指诸侯国。㊽威、宣:指齐威王和齐宣王。　㊾礼:泛指社会规范和道德规范。　㊿以而:因而。　51不死于市:不被在闹市处死,意指不会犯法受刑。　52熙熙形容人来人往,喧闹的情况。　⑤壤壤:同"攘攘",义同"熙熙"。　⑤千乘:一千辆军车。　⑤万家:食邑万户。　⑤百室:食邑百户。　⑤匹夫:普通百姓。编户:编入户籍的平民。

译文

《老子》说:"太平盛世的最完美境界,是邻国相互看见,鸡狗的叫声相互听见,百姓各自满意他们的饮食,赞美他们的衣着,安享他们的风俗,乐于他们的事业,活到老而死也不互相来往。"如果一定要以它做目标,在近代,来堵塞百姓的视听,就几乎无法实行了。

太史公说:在神农以前的事,我不知道了。至于像《诗经》、《尚书》所叙述的,虞舜夏禹以来,耳目求享尽声色之美,口求遍尝肉食之鲜,身体安闲欢乐,而内心夸耀有权有势的荣耀,这种风俗感染百姓很长久。即便拿《老子》的妙论一户户地去劝说,终究不能感化他们。所以最好的办法是顺应他们,其次是利导他们,其次是教育他们,其次是规范他们,最差的是与他们抗争。

崤山以西富有木材、竹子、楮树、麻葛、牦牛尾和玉石;崤山以东盛产鱼、盐、漆、丝和声色;长江以南出产楠木、梓树、姜、桂、金、锡、铅、朱砂、犀牛、玳瑁、珍珠、象牙和皮革;龙门和碣石以北盛产马、牛、羊、毡裘和筋角;铜和铁间隔千里往往从山里产出,像下棋似的分布各地,这是全国物产的概况。它们都是中原百姓喜好的,形成风俗的穿着饮食养生送死的物品。所以依赖农民而有吃食,依赖虞人而开发矿产物资,依赖工匠而有制作,依赖商人而有流通。这哪有依靠刑赏教化、征调约聚做到的?人们各自施展他们的技能,竭尽他们的能力,从而得到想要的东西。所以物资贱了,通过运往别处使它贵;物资贵了,通过征购使它贱。各自努力自己的事业,乐于自己的工作,像水向下流,日夜没有休停的时候,不征集却自己来,不求索却百姓自会生产出来。这岂不是与规律所符合而顺应自然的验证吗?

　　《周书》说："农夫不产出就缺乏粮食,工匠不产出就缺乏器用,商人不经营就导致粮食、器具、财宝交流断绝,虞人不开发就财宝缺乏。"财宝缺乏导致山泽不被开发了。这四样,是民众吃穿的源泉。源泉大就富饶,源泉小就稀少贫乏。上可以富国,下可以富家。贫富的规则,没有谁能恩赐或剥夺,可是聪明人富裕,愚笨人贫穷。所以太公望受封在营丘,土地盐碱,人口寡少,于是太公鼓励纺织刺绣,积极提高工艺水平,经营鱼和盐,财源滚滚,天下百姓就纷纷投奔齐国,像车辐一样汇聚。所以,齐国生产的冠带衣鞋遍天下,从东海到泰山,各地诸侯收起长袖恭敬地前往朝拜。这以后,齐国中途衰落,管子振兴它,设置专门管理经济的轻重九府,齐桓公就称霸了,多次召集诸侯,匡正天下;而管子娶了三姓女子,虽然处在陪臣的地位,却比诸侯国国君更富有。因此,齐国富强一直延续到齐威王和齐宣王。所以说:"仓库充实从而懂得仪礼节度,衣食富足从而懂得荣誉耻辱。"礼节从富有中产生,在贫穷中废弃。所以君子富有,喜好施行他的仁德;小人富有,从而尽他的能力。潭深了,鱼就生存了,山高了,野兽就来了,人富了,仁义就附着他了。富有得势更加显赫,失势就宾客没有地方可去,因而很不快乐。这种情况在夷狄之国更加厉害。谚语说:"家有千金的人,不会犯法受刑。"这不是空话。所以说:"天下热热闹闹,都为利而来;天下忙忙碌碌,都为利而去。"千乘之国的国君,封邑万户的侯爵,封邑百家的君主,尚且担忧贫困,更何况普通百姓呢?

太史公自序(节录)

《史记》

题解

本篇序文很长,内容也很丰富。节录部分所涉及的是作者述说编写《史记》的动机和宗旨。作者从父亲遗言说起,详细论说孔子借"作《春秋》"存一部治国之道的经典,自己身任史官,对当代和历史也有义不容辞的职责。其中有两点还须注意:一、著书为社会,不是为著书而著书;二、著书要有坚忍不拔,乃至自我牺牲的精神。

原文

太史公曰:"先人有言①:'自周公卒五百岁而有孔子②。孔子卒后至于今五百岁③,有能绍明世④,正《易传》,继《春秋》,本《诗》、《书》、《礼》、《乐》之际。'意在斯乎⑤!意在斯乎!小子何敢让焉⑥。"

上大夫壶遂曰⑦:"昔孔子何为而作《春秋》哉?"太史公曰:"余闻董生曰⑧:'周道衰废,孔子为鲁司寇⑨,诸侯害之,大夫雍之⑩。孔子知言之不用,道之不行也,是非二百四十二年之中⑪,以为天下仪表⑫,贬天子⑬,退诸侯⑭,讨大夫,以达王事而已矣⑮。'子曰:'我欲载之空言⑯,不如见之于行事之深切著明也⑰。'夫《春秋》,上明三王之道⑱,下辨人事之纪⑲,别嫌疑⑳,明是非,定犹豫,善善恶恶,贤贤贱不肖,存亡国,继绝世㉑,补敝起废,王道之大者也。《易》著天地阴阳四时五行㉒,故长于变;《礼》经纪人伦㉓,故长于行;《书》记先王之事,故长于政;《诗》记山川溪谷禽兽草木牝(pìn)牡雌雄㉔,故长于风㉕;《乐》乐所以立㉖,故长于和;《春秋》辨是非,故长于治人。是故《礼》以节人㉗,《乐》以发和,《书》以道事㉘,《诗》以达意,《易》以道化,《春秋》以道义。拨乱世反之正,莫近于《春秋》㉙。《春秋》文成数万,其指数千。万物之散聚皆在《春秋》。《春秋》之中,弑君三十六㉚,亡国五十二,诸侯奔走不得保其社稷者不可胜数。察其所以,皆失其本已㉛。故《易》曰‘失之豪厘,差以千里’。故曰:‘臣弑君,子弑父,非一旦一夕之故也,其渐久矣㉜。’故有国者不可以不知《春秋》,前有谗而弗见㉝,后有贼而不知㉞。为人臣者不可以不知《春秋》,守经事而不知其宜㉟,遭变事而不知其权。为人君父而不通于《春秋》之义者,必蒙首恶之名。为人臣子而不通于《春秋》之义者,必陷篡弑之诛,死罪之名。其实皆以为善,为之不知其义,被之空言而不敢辞。夫不通礼义之旨,至于君不君,臣不臣,父不父,子不子。夫君不君则犯㊱,臣不臣则诛,父不父则无道,子不子则不孝。此四行者,天下之大过也。以天下之大过予之,则受而弗敢辞。故《春秋》者,礼义之大宗也㊲。夫礼禁未然之前,法施已然之后;法之所为用者易见,而礼之所为禁者难知。”

壶遂曰:“孔子之时,上无明君,下不得任用,故作《春秋》,垂空文以断礼义㊳,当一王之法㊴。今夫子上遇明天子㊵,下得守职,万事既具,咸各序其宜㊶,夫子所论,欲以何明?”

太史公曰:“唯唯㊷,否否㊸,不然。余闻之先人曰:‘伏羲至纯厚㊹,作《易》八卦㊺。尧舜之盛,《尚书》载之,礼乐作焉。汤武之隆㊻,诗人歌之㊼。《春秋》采善贬恶,推三代之德,褒周室㊽,非独刺讥而已也。’汉兴以来,至明天子,获符瑞㊾,建封禅(shàn)㊿,改正朔(51),易服色(52),受命于穆清(53),泽流罔极(54),海外殊俗,重译款塞(55),请来献见者,不可胜道。臣下百官力诵圣德,犹不能宣尽其意。且士贤能而不用,有国者之耻;主上明圣而德不布闻,有司之过也。且余尝掌其官,废明圣盛德不载,灭功臣世家贤大夫之业不述,堕先人所言,罪莫大焉。余所谓述故事(56),整齐其世传(57),非所谓作也,而君比之于《春秋》,谬矣。"

　　于是论次其文㊳。七年而太史公遭李陵之祸㊿,幽于缧绁⑥⓪。乃喟然而叹曰⑥①:"是余之罪也夫(fú)⑥②!是余之罪也夫!身毁不用矣!"退而深惟曰⑥③:"夫《诗》、《书》隐约者,欲遂其志之思也。昔西伯拘羑(yǒu)里⑥④,演《周易》⑥⑤;孔子厄陈、蔡⑥⑥,作《春秋》;屈原放逐,著《离骚》;左丘失明⑥⑦,厥有《国语》⑥⑧;孙子膑脚⑥⑨,而论兵法;不韦迁蜀⑦⓪,世传《吕览》⑦①;韩非囚秦⑦②,《说难》、《孤愤》⑦③;《诗》三百篇,大抵贤圣发愤之所为作也。此人皆意有所郁结,不得通其道也,故述往事,思来者。"于是卒述陶唐以来⑦④,至于麟止⑦⑤,自黄帝始⑦⑥。

注释

　　①先人:祖先。此指父亲司马谈。官至太史令,立志根据《国语》、《世本》、《战国策》诸史籍,写一部新史书,临死嘱司马迁完成。　②周公:姬姓,名旦,周武王弟,兴周灭商的大功臣,封邑在周,称为周公。相传他制礼作乐,建立典章制度,为后代帝王所尊奉。　③五百岁:是约数。　④绍:连续;继承。　⑤斯:此。　⑥小子:子弟晚辈对父兄尊长的自称。让:推辞。　⑦上大夫:汉制大夫分上、中、下三等,壶遂时任詹事,掌皇后、太子家事,位居上大夫。　⑧董生:指董仲舒,西汉哲学家。汉武帝采纳他的建议,开此后两千多年封建社会以儒学为正统的先声。著有《春秋繁露》。生,古时儒者之称,即"先生"。　⑨司寇:掌管刑狱、纠察等的官。　⑩壅:阻塞。　⑪是非:评论;褒贬。二百四十二年:《春秋》记事,从鲁隐公元年(前722)到鲁哀公十四年(前481),共二百四十二年。　⑫仪表:表率;规范。　⑬贬:给予不好的评价;批评。　⑭退:斥退。　⑮王事:指朝聘、会盟、征伐等国家大事。此指王道。　⑯空言:只是用空泛而不切实际的言论评说是非。　⑰著明:显明。　⑱三王:指夏禹、商汤和周文王。　⑲纪:纲领;秩序。　⑳嫌疑:疑惑难明的事理。　㉑绝世:断绝的世系。　㉒著:显现,显明。阴阳:原指日光向背。引申为气候的寒暖。古代思想家用来解释自然界两种互相对立和互相消长的物质势力。五行:指木、火、土、金、水五种物质。古代思想家用来解释万物的起源和多样性的统一。　㉓经纪:安排;料理。人伦:指人与人之间的关系及应遵循的规则。　㉔牝牡:义同"雌雄"。　㉕风:风习;风俗。　㉖立:建

立。 ㉗节:约束。 ㉘道:说,讲。此指记载。 ㉙近:切合。 ㉚弑:旧称臣杀君、子杀父母为弑。 ㉛已:表示确定的语气词。 ㉜渐:事物发展的开端。 ㉝谗:说别人坏话的人。 ㉞贼:作乱叛国的人。 ㉟经事:常道。 ㊱犯:违逆;败坏。 ㊲宗:本;主旨。 ㊳空文:指文章。与具体功业相对而言。 ㊴一王:一代圣王。 ㊵明天子:圣明天子。指汉武帝。 ㊶咸:都。 ㊷唯唯:应诺声。 ㊸否否:不是不是,多用于应对。 ㊹伏羲:传说中三皇之一。 ㊺八卦:《周易》中八种基本图形,分别象征天、地、雷、风、水、火、山、泽八种自然现象,用来解释自然界和人类社会现象。 ㊻汤:成汤,又称商汤,商朝开国帝王。武:即周武王,率诸侯伐纣,创立周朝。 ㊼诗人:《诗经》诗篇的作者。 ㊽周室:周王室。 ㊾符瑞:吉祥的象征。符,凭证。瑞,祥瑞。指汉武帝获白麟。 ㊿封禅:古代帝王祭祀天地的重大典礼。封,指在泰山上建土台祭天。禅,指在泰山下的梁父山祭地。 ⑤正朔:历法。正指一岁之首,朔指一月之首。 ⑤服色:衣服和器物的颜色。汉初沿用秦制,以十月为岁首,崇尚黑色。汉武帝改正月为岁首,崇尚黄色。 ⑤穆清:指天。 ⑤罔:没有。 ⑤重译:重重翻译;辗转翻译。款:叩。塞:关。 ⑤故事:旧事。 ⑤整齐:整理。 ⑤论次:论定编次。 ⑤李陵之祸:指司马迁为李陵投降匈奴辩解(李陵率兵进击匈奴,因矢尽援绝而投降),汉武帝误以为是诋毁贰师将军李广利,因判处司马迁宫刑。 ⑥缧绁:原指捆绑的绳索,此指监狱。 ⑥喟然:叹声。 ⑥夫:表感叹语气。 ⑥惟:思考。 ⑥西伯:即周文王。羑里:在今河南汤阴,周文王曾被纣王囚禁于此。 ⑥演:推演。 ⑥孔子厄陈、蔡:指孔子周游列国,在陈、蔡受围攻而绝粮。 ⑥左丘:指左丘明。春秋时鲁国史官,相传《国语》是他编的。 ⑥厥:乃。 ⑥孙子:指战国时军事家孙膑。著有《孙膑兵法》。膑:古代挖去膝盖骨的酷刑。 ⑦不韦:即秦始皇的相国吕不韦,因罪免职,放逐到蜀郡。迁:放逐,谪贬。 ⑦吕览:全称《吕氏春秋》。吕不韦任相国时,召集门客所作。 ⑦韩非:韩国公子,后到秦国,遭李斯陷害而死。 ⑦《说难》、《孤愤》:都是《韩非子》中的篇名。 ⑦陶唐:指陶唐氏,即尧。 ⑦麟止:指元狩元年(前122),汉武帝至雍狩猎而获白麟。 ⑦黄帝:即轩辕氏。

译文

太史公说:"先父曾说:'从周公去世,五百年以后出现孔子。

孔子去世以后,到今天又五百年,该是有人能够继承圣明世代的事业,修正《易传》,续写《春秋》,探求《诗》、《书》、《礼》、《乐》的本源的时候了。'他的心意在这里吧!心意在这里吧!我怎敢退让呢。"

上大夫壶遂说:"从前孔子为了什么写作《春秋》呢?"太史公说:"我听董先生说:'周朝体制衰落废弛,孔子任鲁国司寇,诸侯忌恨他,大夫排挤他。孔子知道说话不被采用,主张不能施行,于是评论二百四十二年的史实,作为天下的规范,批评天子,斥责诸侯,声讨大夫,从而阐明王道罢了。'孔子说:'我与其要把它褒贬的议论用空话记载下来,不如把它展现在史实中来得深刻切实而显明。'《春秋》这部书,向上阐明三王的主张,向下辨清社会的体制,判别疑难,分清是非,断定犹豫不决的问题,表彰善良,贬斥丑恶,推崇贤良,鄙弃不肖,存录已灭亡的国家,接续已经断绝的世家,弥补残缺,振兴衰废,是王道的重要内容。《周易》说明天地、阴阳、四时、五行,所以擅长于变化;《周礼》制定人与人的关系,所以擅长于引导行事;《尚书》记载先王的事业,所以擅长于指导施政;《诗经》记述山川、溪谷、鸟兽、草木、牝牡雌雄,所以擅长于表现风俗;《乐经》使人乐在其中,所以擅长于使人和谐;《春秋》辨识是非,所以擅长于治理民心。因此,《周礼》用来约束人,《乐经》用来发扬和谐,《尚书》用来记载事迹,《诗经》用来表达心意,《周易》用来推演变化,《春秋》用来指导仁义。扭转乱世恢复正轨,没有比《春秋》更合适了。《春秋》字数好几万,事理有几千,万事万物的聚散都在里面了。《春秋》书里,刺杀国君三十六起,灭亡国家五十二个,诸侯逃亡不能保存他的政权的数也数不清。审察它们的原因,都是失去它们的根本了。所以《周易》说'失之毫厘,差以千里'。所以说:'臣下刺杀国君,儿子刺杀父亲,不是一朝一夕造成的,它的积聚很久了。'所以拥有国家的人,不能不通晓《春秋》,前有挑拨离间的人却看不见,背后有作乱反叛的人却不知道。做臣下的人不能不通晓《春秋》,处理正常事务却不知道制宜，遭遇变异的事情而不知道应变。做国君、做父亲不通晓《春秋》大义，必定蒙受首恶的名声。做臣下、儿子不通晓《春秋》大义，必定陷入篡位弑杀的罗网，得到死罪的骂名。其实他们都以为在做好事，做着却不知道它的含义，被褒贬议论而不敢辩解。由于不通晓礼义的宗旨，造成君不像君，臣不像臣，父不像父，子不像子。君不像君受侵犯，臣不像臣遭诛杀，父不像父就没有道德，儿子不像儿子就不孝。这四种行为是天下的大错误，把天下的大错误加在他们身上，也只能接受而不敢推辞。所以《春秋》是礼义的根本。而礼在没有发生事情之前就禁止，法施行于已经发生事情之后；法的起作用容易看见，而礼的预防作用难以察知。"

壶遂说："孔子的时候，上面没有明君，下面人得不到任用，所以写作《春秋》，传下褒贬议论的文章用来判断礼义，作为一代圣王的法典。如今您上遇到英明天子，下得到自己的职守，万事已经具备，都依序安排得当，您所要议论的，想用来说明什么呢？"

太史公曰："嗯嗯，您说得对，不不，不是这样。我听先父说：'伏羲最淳朴厚道，创作《易经》八卦。尧舜的盛德，《尚书》记载他们，礼和乐由此产生。成汤、周武王的兴隆，诗人歌颂他们。《春秋》采纳良善贬弃丑恶，推崇夏、商、周三代的盛德，褒扬周王朝，不止讽刺而已。'汉代创立以来，到当今英明天子，获得吉祥符瑞，举行祭天地大典，改革历法，变车马服色，受命于上天，恩泽流布无边无际，四海之外不同风俗的人，辗转翻译，叩边关的门，请求贡献朝见，多得数也数不清。臣下百官极力歌颂天子圣德，仍然不能说尽他们的心意。何况士人贤能却不被重用，是有国者的耻辱；主上圣明却盛德没有广泛宣扬，是有关官员的过错。况且我曾担任史官，废弃圣明盛德不记载，泯灭功臣、世家、贤大夫的业绩不记述，忘却先父的嘱咐，罪过没有比它更大了。我所说的记述历史事实，是想整理他们的世系传闻，不是所说的创作，而您把它比作《春秋》，就荒谬了。"

于是论述编写《史记》。到第七年，我遭李陵之祸，押入监牢，于是深深感叹:"这是我的罪过啊!这是我的罪过啊!身残无用了。"静下来细想:"《诗》、《书》含蓄,是出于想表达自己内心的思考。以往西伯关在羑里,推演出《周易》;孔子受困于陈、蔡,后写成了《春秋》;屈原遭放逐,著成《离骚》;左丘明失明,于是有了《国语》;孙子被处膑刑,因而有兵法的论述;吕不韦贬谪蜀郡,《吕氏春秋》流传于世;韩非在秦国被囚,写出《说难》、《孤愤》诸篇;《诗经》三百篇,大都是贤士圣人发泄愤懑之作。这些人都是心意有所郁积,不能实现自己的理想,所以追述往事,寄希望于来者。"于是,终于记述陶唐以来,到汉武帝获麟为止的历史,从黄帝开始。

报任安书①

[西汉]司马迁

题解

本文是一篇复信,写得披肝沥胆,文情并茂,既是司马迁对挚友的生死诀别,也是对现实的悲愤控诉,又是自己守志不移态度的明确表白。全文从未能及早起笔写起,随即转述自己身受奇耻大辱,陷入不肯苟且偷生却不得不苟且偷生的窘境。诉说由于效忠而被冤枉为"诬上",由于家无背景只能自承受刑的悲惨经历。如今却为完成史学巨著而忍辱活着,是因为众多古人都是自己的榜样。结尾回复到对方希望他推贤进士,而自己心有余而力不足的处境上来,前后呼应,浑然一体。要写成这般佳作,一要有真情实感;二要有广博学识;三要有高超的文字表达能力。试看"太上不辱先"到"最下腐刑极矣"十句,层层递进,步步深入,一气呵成。

"文王拘而演《周易》"到"《诗》三百篇,大氐贤圣发愤之所为作也"八句,也是一气呵成,铿锵有力,铁证如山。

原文

太史公牛马走司马迁再拜言②。

少卿足下:曩(nǎng)者辱赐书③,教以慎于接物④,推贤进士为务,意气勤勤恳恳⑤,若望仆不相师用⑥,而流俗人之言⑦。仆非敢如是也。虽罢(pí)驽(nú)⑧,亦尝侧闻长者遗风矣⑨。顾自以为身残处秽⑩,动而见尤⑪,欲益反损,是以抑郁⑫,而无谁语。谚曰:"谁为为之?孰令听之?"盖钟子期死,伯牙终身不复鼓琴⑬。何则?士为知己用,女为说(yuè)己容。若仆大质已亏缺矣⑭,虽材怀随、和⑮,行若由、夷⑯,终不可以为荣,适足以发笑而自点耳⑰。书辞宜答,会东从上来⑱,又迫贱事⑲,相见日浅,卒卒无须臾之闲得竭指意⑳。今少卿抱不测之罪,涉旬月㉑,迫季冬㉒,仆又薄从上雍㉓,恐卒然不可讳㉔。是仆终已不得舒愤懑以晓左右㉕,则长逝者魂魄私恨无穷㉖。请略陈固陋㉗。阙然久不报㉘,幸勿过。

仆闻之:"修身者智之府也,爱施者仁之端也,取予者义之符也,耻辱者勇之决也,立名者行之极也㉙。"士有此五者,然后可以托于世,列于君子之林矣。故祸莫憯于欲利㉚,悲莫痛于伤心,行莫丑于辱先,诟(gòu)莫大于宫刑㉛。刑余之人,无所比数㉜,非一世也,所从来远矣。昔卫灵公与雍渠同载㉝,孔子适陈;商鞅因景监见㉞,赵良寒心㉟;同子参(cān)乘㊱,爰丝变色㊲。自古而耻之。夫中材之人,事关于宦竖㊳,莫不伤气,况慷慨之士乎㊴!如今朝廷虽乏人,奈何令刀锯之余荐天下豪俊哉!

仆赖先人绪业㊵,得待罪辇毂下㊶,二十余年矣。所以自惟:上之,不能纳忠效信㊷,有奇策材力之誉㊸,自结明主;次之,又不能拾遗补阙㊹,招贤进能,显岩穴之士;外之,不能备行伍㊺,攻城野战,有斩将搴(qiān)旗之功㊻;下之,不能累日积劳㊼,取尊官厚禄，以为宗族交游光宠[48]。四者无一遂，苟合取容[49]，无所短长之效，可见于此矣。乡者[50]，仆亦尝厕下大夫之列[51]，陪外廷末议[52]，不以此时引维纲[53]，尽思虑，今已亏形为扫除之隶[54]，在阘(tà)茸(róng)之中[55]，乃欲卬首信眉，论列是非[56]，不亦轻朝廷，羞当世之士耶？嗟乎[57]！嗟乎！如仆，尚何言哉！尚何言哉！

且事本末未易明也[58]。仆少负不羁之才[59]，长无乡曲之誉[60]，主上幸以先人之故，使得奏薄技[61]，出入周卫之中[62]。仆以为戴盆何以望天[63]，故绝宾客之知[64]，忘室家之业，日夜思竭其不肖之才力[65]，务壹心营职，以求亲媚于主上。而事乃有大谬不然者。夫仆与李陵俱居门下[66]，素非相善也。趣舍异路[67]，未尝衔杯酒接殷勤之欢。然仆观其为人自奇士，事亲孝，与士信，临财廉，取予义，分别有让[68]，恭俭下人，常思奋不顾身以殉国家之急，其素所畜积也，仆以为有国士之风[69]。夫人臣出万死不顾一生之计，赴公家之难，斯已奇矣。今举事壹不当，而全躯保妻子之臣随而媒孽(niè)其短[70]，仆诚私心痛之。且李陵提步卒不满五千，深践戎马之地，足历王庭[71]，垂饵虎口，横挑强胡[72]，卬亿万之师[73]，与单于连战十余日，所杀过当。虏救死扶伤不给，旃(zhān)裘之君长咸震怖[74]，乃悉征左、右贤王[75]，举引弓之民，一国共攻而围之。转斗千里，矢尽道穷，救兵不至，士卒死伤如积。然陵一呼劳军，士无不起，躬自流涕，沫(huì)血饮泣[76]，张空弮(quān)[77]，冒白刃，北向争死敌[78]。陵未没时，使有来报，汉公卿王侯皆奉觞(shāng)上寿[79]。后数日陵败，书闻，主上为之食不甘味，听朝不怡，大臣忧惧，不知所出。仆窃不自料其卑贱[80]，见主上惨凄怛(dá)悼[81]，诚欲效其款款之愚[82]。以为李陵素与士大夫绝甘分少[83]，能得人之死力[84]，虽古名将不过也。身虽陷败彼[85]，观其意，且欲得其当而报汉。事已无可奈何，其所摧败，功亦足以暴于天下[86]。仆怀欲陈之，而未有路，适会召问，即以此指推言陵功[87]，欲以广主上之意[88]，塞睚(yá)眦(zì)之辞[89]。未能尽明，明主不深晓，以为仆沮(jǔ)贰师[90]，而为李陵游说[91]，遂下于理[92]。拳拳之忠[93]，终不能自列[94]。因为诬上,卒从吏议。家贫,财赂不足以自赎㊱,交游莫救,左右亲近不为壹言,身非木石,独与法吏为伍,深幽囹(líng)圄(yǔ)之中㊲,谁可告诉者!此正少卿所亲见,仆行事岂不然邪!李陵既生降,隤(tuí)其家声㊳,而仆又佴(èr)之蚕室㊴,重为天下观笑。悲夫!悲夫!事未易一二为俗人言也!

仆之先人非有剖符丹书之功㊵,文史星历近乎卜祝之间㊶,固主上所戏弄,倡优畜之㊷,流俗之所轻也。假令仆伏法受诛,若九牛亡一毛,与蝼蚁何异?而世又不与能死节者比,特以为智穷罪极,不能自免,卒就死耳。何也?素所自树立使然。人固有一死。死有重于泰山,或轻于鸿毛,用之所趋异也㊸。太上不辱先,其次不辱身,其次不辱理色㊹,其次不辱辞令,其次诎体受辱㊺,其次易服受辱,其次关木索、被箠楚受辱㊻,其次鬄(tì)毛发、婴金铁受辱㊼,其次毁肌肤、断支体受辱,最下腐刑,极矣。传曰"刑不上大夫㊽",此言士节不可不厉也。猛虎处深山,百兽震恐,及其在阱(jǐng)槛之中㊾,摇尾而求食,积威约之渐也㊿。故士有画地为牢势不入,削木为吏议不对,定计于鲜也⑪。今交手足,受木索,暴肌肤,受榜箠(chuí)⑫,幽于圜(yuán)墙之中⑬,当此之时,见狱吏则头枪(qiāng)地⑭,视徒隶则心惕息⑮。何者?积威约之势也。及已至此,言不辱者,所谓强颜耳,曷足贵乎!且西伯⑯,伯也,拘牖里;李斯⑰,相也,具五刑⑱;淮阴⑲,王也,受械于陈⑳;彭越、张敖㉑,南乡称孤,系狱具罪㉒;绛侯诛诸吕㉓,权倾五伯,囚于请室㉔;魏其㉕,大将也,衣赭(zhě)、关三木㉖;季布为朱家钳奴㉗;灌夫受辱居室㉘。此人皆身至王侯将相,声闻邻国,及罪至罔加㉙,不能引决自财㉚,在尘埃之中㉛。古今一体,安在其不辱也!由此言之,勇怯,势也;强弱,形也。审矣㉜,曷足怪乎!且人不能蚤自财绳墨之外㉝,已稍陵夷㉞,至于鞭箠之间,乃欲引节㉟,斯不亦远乎!古人所以重施刑于大夫者,殆为此也㊱。夫人情莫不贪生恶死,念亲戚,顾妻子,至激于义理者不然㊲,乃有不得已也。今仆不幸,早失二亲,无兄弟之亲,独身孤立,少卿视仆于妻子何如哉？且勇者不必死节，怯夫慕义，何处不勉焉！仆虽怯耎（ruǎn）[138]，欲苟活，亦颇识去就之分（fèn）矣，何至自湛溺累绁之辱哉！且夫臧获婢妾犹能引决[139]，况若仆之不得已乎！所以隐忍苟活，函粪土之中而不辞者，恨私心有所不尽，鄙没世而文采不表于后也。

古者富贵而名摩灭，不可胜记，唯俶（tì）傥非常之人称焉[140]。盖西伯拘而演《周易》；仲尼厄而作《春秋》；屈原放逐，乃赋《离骚》；左丘失明，厥有《国语》；孙子膑脚，《兵法》修列；不韦迁蜀，世传《吕览》；韩非囚秦，《说难》、《孤愤》。《诗》三百篇，大氐贤圣发愤之所为作也。此人皆意有所郁结，不得通其道，故述往事，思来者。及如左丘明无目，孙子断足，终不可用，退论书策，以舒其愤，思垂空文以自见。仆窃不逊，近自托于无能之辞，网罗天下放失（yì）旧闻[141]，考之行事，稽其成败兴坏之理，上计轩辕[142]，下至于兹。为十表，本纪十二，书八章，世家三十，列传七十，凡百三十篇[143]，亦欲以究天人之际[144]，通古今之变，成一家之言[145]。草创未就[146]，适会此祸，惜其不成，是以就极刑而无愠色。仆诚已著此书，藏之名山，传之其人，通邑大都[147]，则仆偿前辱之责，虽万被戮，岂有悔哉！然此可为智者道，难为俗人言也。

且负下未易居[148]，下流多谤议。仆以口语遇遭此祸，重为乡党戮笑[149]，汗辱先人，亦何面目复上父母之丘墓乎？虽累百世，垢弥甚耳！是以肠一日而九回，居则忽忽若有所亡，出则不知所如往。每念斯耻，汗未尝不发背沾衣也！身直为闺阁之臣[150]，宁得自引深藏于岩穴邪！故且从俗浮沉，与时俯仰，以通其狂惑。今少卿乃教以推贤进士，无乃与仆之私指谬乎[151]？今虽欲雕瑑（zhuàn），曼辞以自解，无益，于俗不信，只取辱耳。要之，死日然后是非乃定。书不能尽意，故略陈固陋。谨再拜。

注释

①报：回复。任安：字少卿，汉武帝时，曾任益州刺史，曾写信给司马迁，建议他推荐贤士。　②太史公：汉代史官太史令的通称。牛马走：像牛马那

样供驱使的仆人，是司马迁自谦。 ③曩：从前。 ④接物：与人交接，交际。⑤勤勤恳恳：殷勤恳切。 ⑥望：怨恨。仆：自称的谦辞。师用：效法采纳。⑦流俗：世俗。 ⑧罢驽：疲弱无能的劣马，即无用。罢，通“疲”。驽，劣马。⑨侧闻：从旁闻知，表示谦恭。长者：有德行的人。遗风：遗留的风尚。⑩顾：只是。 ⑪尤：指责。 ⑫抑郁：忧闷。 ⑬钟子期、伯牙：二人都是春秋时楚国人，伯牙善弹琴，钟子期善听琴。钟子期死后，伯牙认为世无知音，就破琴绝弦。 ⑭大质：身体。 ⑮随、和：分别指随侯珠与和氏璧，都是战国时著名的宝物。比喻杰出的才能。 ⑯由、夷：即许由与伯夷，都是古代品德高洁的人。 ⑰点：通“玷”，污辱。 ⑱会：恰逢。上：皇上。指汉武帝。太始四年（前93）三月武帝东巡泰山，五月回长安。 ⑲迫：急。贱事：谦称自己担负的事务。 ⑳卒卒：匆匆。卒，通“猝”。 ㉑涉：渡过。旬月：满月。 ㉒季冬：冬末，指十二月，汉代法律规定十二月是行刑时期。 ㉓薄：迫近。雍：地名，在今陕西凤翔南。当时筑有祭五帝的坛，太始四年冬十二月武帝来此祭祀。 ㉔不可讳：指任安将被处死。 ㉕愤懑：烦闷，抑郁不平。晓左右：告诉对方左右的人，实际指任安，不直称对方，是表示尊敬。 ㉖长逝者：死者，这里司马迁所暗指的是任安，因他不久即要被处死。恨：遗憾。㉗固陋：闭塞鄙陋的见解。谦词。 ㉘阙然：隔了很久。 ㉙行：行动。㉚憯：通“惨”。 ㉛诟：耻辱 。宫刑 ：古代割除男性生殖器的酷刑 。 ㉜比数：比较，相提并论。 ㉝卫灵公：卫国国君，公元前534年至前493年在位。曾和夫人同车出游，令太监雍渠坐在旁边，让孔子坐在后面车上。孔子认为是耻辱，便离开卫国。 ㉞商鞅：秦孝公的相国，力行变法。景监：秦孝公宠幸的太监。 ㉟赵良：秦孝公时贤士，曾劝商鞅引退。 ㊱同子：即赵谈，是汉文帝的宦官。“子”是尊称，司马迁因父司马谈与他同名，改称“同子”。参乘：古时陪坐在车子右边的人。 ㊲爰丝：名盎，别号丝。汉文帝大臣。爰，同“袁”。 ㊳宦竖：宦官的贱称。 ㊴慷慨：意气激昂。 ㊵绪业：余业，先人未完成的事业。 ㊶待罪：做官，谦词。辇毂下：喻指京城。辇毂，指皇帝车驾。 ㊷纳：献；致送。 ㊸材力：才能。材，通“才”。 ㊹拾遗补阙：替皇帝拾取遗漏，弥补缺失。 ㊺备：充任；充当。谦词。 ㊻搴：拔取。㊼劳：功劳。 ㊽光宠：光荣；增光。 ㊾苟合：无原则附和。 ㊿乡：同“向”，从前。 (51)厕：杂置；参与。下大夫：汉代大夫分上、中、下三等，太史令属下大夫。 (52)外廷：国君听政的地方，也借指朝臣。末议：微不足道的意见 。谦词。 (53)维纲：国家法度。 (54)扫除之隶：从事清扫的奴隶。谦词。

○55阘茸:卑贱。　○56论列:议论陈述。　○57嗟乎:感叹声。　○58本末:事实的始末详情。　○59负:抱有;怀抱。不羁:不受拘束,喻指才情高远。　○60乡曲:乡里。　○61奏:献。薄技:微薄的才能。谦词。　○62周卫:防卫周密的地方,指宫禁。　○63戴盆何以望天:头上顶盆怎能同时望天,喻指绝对办不到。　○64知:相亲;交往。　○65不肖:不贤能。　○66李陵:与太史令都在门下任职。门下:侍中曹,后世称门下省。　○67趣舍:取舍;进退。趣,同“趋”。　○68分别:区分;辨别。　○69国士:国家级杰出人物。　○70媒孽:亦作“媒蘖”,酒曲,此用作动词,夸大。　○71王庭:匈奴首领居住的地方。　○72横挑:勇猛挑战。　○73卬:同“仰”。　○74旃裘:匈奴用的毛毡、皮裘,用来指代匈奴。旃,通“毡”。　○75左、右贤王:左贤王与右贤王,都是单于下面的最高长官。　○76沬:用手掬水洗脸。　○77弮:弩弓。　○78死敌:与敌人拼死。　○79觞:古盛酒器。　○80窃:表示个人意见的谦词。　○81惨凄怛悼:悲哀伤心。　○82款款:忠实诚恳的样子。　○83士大夫:指李陵部属。绝甘分少:谓自己刻苦,对人优厚。绝,拒绝。甘,甘美之物。分,分给。少,仅有之物。　○84死力:拼死尽力。　○85彼:他。指匈奴。　○86暴:显露。　○87指:主意。推言:阐述。　○88广:通“旷”,开朗、宽慰。　○89睚眦:瞪眼怒视,引申为怨恨。　○90沮:毁谤。贰师:即贰师将军李广利,汉武帝宠妃李夫人的哥哥。汉武帝派他率军征讨匈奴,并以李陵为辅佐。李陵被围,他未能及时救援。　○91游说:给人做说客。　○92理:法律,掌刑法的官。　○93拳拳:忠诚恭谨的样子。　○94列:陈说。　○95财赂:财产。自赎:自我赎罪,汉代法律可以拿钱赎罪。　○96囹圄:监狱。　○97隤:倒;败坏。　○98佴:相次,随后。蚕室:古时受宫刑的监牢。刚受宫刑的人怕风寒,必须住在严密而温暖的屋里,就像养蚕的房子。　○99剖符:古代帝王分封诸侯和功臣,把符节剖分为二,双方各执一半,作为凭证。丹书:即丹书铁券。用朱砂把誓约写在铁券上。汉初规定,有剖符丹书之臣,子孙有罪可以赦免。　○100文史星历:文指文献,史指史籍,星指天文,历指历法,都是太史令掌管的事务。卜:占卜之官。祝:负责祭礼的官。　○101倡优:古代以乐舞戏谑为业的艺人,社会地位低下。畜:豢养。　○102用:因。趋:趋向。　○103理色:道义和面子。理,道理。色,面色。　○104诎体:被捆绑,诎,通“屈”。　○105关:套上。木索:木枷和绳索。箠楚:打犯人的棍棒。此用作动词。　○106髡:剃。婴:缠绕。　○107传:记载。“刑不上大夫”语见《礼记·曲礼上》。　○108穽:捕兽的陷坑。槛:关兽的笼子。　○109约:约制。　○110鲜:态度鲜明。　○111榜箠:鞭打。　○112圜墙:牢狱。　○113枪地:触地,“枪”同“抢”。　○114徒隶:

狱卒。惕息:胆战心惊。 ⑪⑤西伯:即周文王姬昌,曾为西方诸侯之长。伯,方伯,一方诸侯之长。 ⑪⑥李斯:秦始皇的丞相。 ⑪⑦具五刑:先后受五种刑罚,即劓(割鼻)、刖(斩左右趾)、笞杀(打死)、枭首(斩首)、菹(剁肉酱)。具,备具;备受。 ⑪⑧淮阴:即淮阴侯韩信。曾封为楚王,后在陈被汉高祖诱捕,降为侯爵。 ⑪⑨械:脚镣手铐一类的刑具。 ⑫⓪彭越:汉初功臣。曾封梁王,后被处死。张敖:汉初功臣赵王张耳之子,汉高祖女婿,继嗣为赵王,因谋反被捕。 ⑫①具:判决。 ⑫②绛侯:即周勃。诸吕:刘邦妻吕后的亲族,周勃诛杀诸吕,保全了刘姓政权。 ⑫③五伯:即五霸。春秋时威震天下。 ⑫④请室:汉代囚禁官吏有罪者的牢狱,周勃曾被诬告谋反。 ⑫⑤魏其:即汉景帝时魏其侯窦婴。 ⑫⑥衣赭:指穿囚衣。三木:古代加在罪犯领项、手、足上的刑具。 ⑫⑦季布:本项羽部将,屡次围攻刘邦,汉朝建立后被通缉,躲在朱解处做家奴,经夏侯婴进言,得赦免,封为河东太守。钳:即"髡钳",古刑之一,髡为剔尽头发,钳为铁圈束颈。 ⑫⑧灌夫:汉武帝将领,因得罪丞相田蚡被拘杀。居室:又称保宫,是拘留贵族罪犯的处所。 ⑫⑨罔:同"网",法网。 ⑬⓪引决自财:下决心自杀。财,通"裁"。 ⑬①在尘埃之中:喻指进了监狱。 ⑬②审:详知;明悉。 ⑬③绳墨:喻指法律。 ⑬④稍:渐渐。陵夷:削弱;衰颓。 ⑬⑤引节:保持气节。 ⑬⑥殆:大概;恐怕。 ⑬⑦激:激发。义理:大义。 ⑬⑧耎:古"软"字。 ⑬⑨臧获:古人对奴婢的称呼。 ⑭⓪傀傥:特异;不同寻常。 ⑭①放失:散失。失,通"佚"。 ⑭②轩辕:黄帝名。 ⑭③凡:总计。 ⑭④天人:古指天和人。 ⑭⑤一家之言:指见解独特、自成体系的学术论著。 ⑭⑥草创:开始做。 ⑭⑦通邑大都:四通八达的大城市。 ⑭⑧负下:负污辱之名。 ⑭⑨戮笑:耻笑。 ⑮⓪闺阁:宫中小门,指宫禁。 ⑮①指谬:完全相反。

译文

太史公牛马走司马迁再拜说。

少卿足下:往日承蒙来信,教我把慎重交际、推荐贤士作为要事,心气殷勤恳切,似乎抱怨我不听从采纳,却采纳世俗人的话。我不敢这样啊。我虽无能,也曾经听说过有德者遗下的风尚了。只是自认为身体残废地位卑下,一有行动就被指责,期求进益反遭损害,因此独自郁闷而无人能诉说。谚语说:"为谁做事?叫谁听信?"钟子期一死,伯牙终身不再弹琴。为什么呢?士为知己者效力,女为爱己者美容。像我身体的根本已经亏损了,即便才能像随侯珠、和氏璧那样珍贵,品行如许由、伯夷这般高尚,终究不能以它为荣,恰恰供人耻笑和自我污辱罢了。书信理当答复,刚随侍皇上从东方回来,又被琐事缠身,相见机会一天天减少,匆匆没有一刻空闲,能够尽吐心意。现今少卿抱不测之罪,过满月,就近冬末了,我又要随侍皇上到雍地祭祀,担心突然发生不好说的危险。这使我始终不能发泄悲愤来告诉您,以致您的魂魄抱恨无穷。恩请大略陈述浅陋的见识。延误很久不回复,您不以为过错是我的幸运。

我听说:"修养自身,是聪明的表现;爱护施惠,是仁德的发端;收受和给予,是道义的标志;耻辱,是得到勇敢的先决条件;建立功名,是行动的终级目标。"士人有这五项,然后能够托身于社会,而置身君子之林了。所以祸患没有比贪得利益更惨,悲痛没有比心灵创伤更痛,行为没有比侮辱祖先更丑,污辱没有比宫刑更重。受过刑的人,没有能与人比较的,已经不止一代如此了,它的来源远着呢!从前卫灵公与雍渠同坐一辆车,孔子就到陈国去了;商鞅通过景监得到召见,赵良就警惧;赵谈陪汉文帝坐在车上,爰盎变了脸色。从古以来都认为可耻。中等资质的人,事情牵涉到太监,没有不意气受挫,何况性格豪爽的大丈夫呢?如今朝廷即使缺乏人才,怎能让受过宫刑的人来推荐天下的豪士俊才呢?

我依赖祖先的遗业,得以在京都做官二十多年了。因此自我反省:上不能献忠信,获奇策高才的声誉,与明主沟通;其次,不能拾遗补缺,招贤进能,使隐居之士显达;在朝廷之外,不能置身军队,攻城野战,有斩将夺旗之功;往下,不能随着年月积累功劳,取得高官厚禄,成为宗族友朋的光荣。四件没有一件实现,就只能勉强附和容身,没有什么或大或小的效用,从这里能够看见了。以前我亦曾经置身下大夫行列,参与外朝廷商议,不在那时候伸张法度,竭尽思虑,如今身体残缺成为清扫的奴隶,沦落卑贱之列,却想抬头扬眉,评论是非,不是轻视朝廷,羞辱当代人士吗?哎呀!哎呀!像我这样,还要说什么呢?还要说什么呢?

　　况且事情的始末不容易说明白。我从小怀有超凡的才能，长大也没有得到乡里的赞誉。幸亏皇上由于祖先的缘故，使我能够贡献微薄的才能，出入防卫森严的宫禁之中。我以为头戴着盆怎能望见天空，所以谢绝宾客的往来，忘掉家庭的事务，日夜想竭尽微薄的才能，务必一心致力于职责，从而求取皇上的欢悦。但是，事情竟然有大出意外的。我与李陵同在门下任职，一向没有交好。进取和退止的道路不同，未曾喝一杯酒，有过情意恳切的聚会。但是我看他的为人，是保持操守的杰出人才，侍奉父母很孝顺，交接人士讲诚信，面对钱财能廉洁，收取给予重道义，辈分之间有谦让，恭敬节俭虚心待人，常想奋不顾身，为国家急难而献身，这是他素来所有的品德，我认为具有国家杰出人才的风范。作为臣子出于万死不顾一生的考虑，奔赴国家的急难，这已经很可贵了。现在做事一有不对，而保身护家属的臣子随着夸大他的短处，我确实由衷为他痛心。况且李陵率步兵不足五千人，深入匈奴军队驻地，足迹到达匈奴朝廷，作为诱兵深入虎口，勇敢地向强大的匈奴挑战，仰攻亿万大军，与单于连战十多天，杀死的敌人多于自己。胡虏救死扶伤也来不及，居帐篷穿皮裘的首领们全部震惊恐慌，于是全部征集他们的左右贤王，出动全部能开弓的人，一国共同来围攻他们。千里转战，箭尽路穷，救兵不至，士兵死伤多得堆叠起来。但是李陵一喊军队，士兵没有不起身，流着眼泪，以血洗面，无声哭泣，拉开无箭的弩弓，冒着雪白的刀锋，向北争着与敌人拼命的。李陵没有陷没时，使人来报告，汉朝公卿王侯都举杯祝贺皇上。此后几天，李陵失败的讯息传来，皇上为此吃饭不香甜，听朝不畅快，大臣忧愁恐惧，不知道该怎么办。我私自没想及自己卑贱，看见皇上悲哀伤心，很想献上忠诚恳切的愚见。认为李陵一向对官兵先人后己，能使人为他拼死，即使古代的名将，也不能超过。虽然陷落失败，看他的心意，将要觅取适当的机会回报汉朝。事情已经没有办法了，他们使敌人惨败，功劳也足以显露于天下了。我抱着想法要陈述出来，而未有门路，恰好召问我，就用这番心意推论李陵的功勋,想用来使皇上的心胸开朗,堵住那些埋怨的言辞。还没有全部说明,明主也未深入理解,以为我诽谤贰师将军,从而替李陵做说客,于是下狱法办。我赤诚的忠心,终究不能自我陈说。从而被定为诬蔑皇上,终于受到法官判决。家贫因而钱物不足以用来赎身,亲朋没有来援救的,皇上的左右亲近不屑为我说一句话,人身不是木头石块,独只身与狱吏在一起,关在监牢,谁是能够告求诉说的人!这都是少卿所亲见的,我的行事难道不是这样吗?李陵已经活着投降,败坏了他家门声誉,而且我又在蚕室受辱,深为天下人耻笑。悲哀啊!悲哀啊!事情不容易一一对世俗人说啊!

我的祖先没有赏赐丹书铁券的功勋,太史公掌管文献、史籍、天文、历法等事务,地位与祭祀祝告人、占卜人相近,本来就是皇上所玩弄的,像艺人一样养育着,被世俗所轻视。假如让我伏法受死,像九牛丢失一毛,与蝼蚁有什么区别?而世俗又不能把我与坚持气节而牺牲的人并列,只认为我没有智慧,罪恶极大,又不能自我赎免,终于接受死刑罢了。为什么啊?这是自己一向所追求的造成的。人当然会有一死。有的重于泰山,有的轻如鸿毛,死的追求不同啊。最上不让祖先受辱,其次不让自身受辱,其次不在道义和颜面上受辱,其次不受辱于辞令,其次不被捆绑受辱,其次不改换囚衣受辱,其次不披枷带锁遭鞭打受辱,其次不让剃头发、捆铁索受辱,其次不让毁坏肌肤、断残肢体受辱,最下是受腐刑到极点了。书传说"刑罚不加于大夫",这是说士大夫的气节不能不激励。猛虎在深山,百兽恐惧,到了兽笼陷阱之中,只能摇尾讨食,是积聚威逼使之受约束形成的。所以,士人有画地为牢,而限于情势不能进入,面对木削的法官,对论罪不能辩对,而态度很明白的。如今交叉手足,披戴刑具,暴露肌肤,受到拷打,关在牢墙之中。在这时,见到狱吏就叩头到地,看到狱卒就提心吊胆。为什么呢?是积累的威严造成约束的缘故呵。等已经到这般境地,说不羞辱,是所谓硬撑面子罢了,哪值得尊贵呢?况且西伯,一方诸侯的首领,被拘禁在羑里;李斯,国相,备受五刑;淮阴,封王,在陈被捕;彭越和张敖,南面称王,受罪关入监牢;绛侯杀死诸吕叛逆,权力高于春秋时五霸,被押在请室;魏其,大将,穿囚衣,戴枷锁;季布做了朱家剃发的奴隶,灌夫在居室受屈辱。这些人都做到王侯将相,名声远播各诸侯国,等到罪名来了法网加身,却不能下决心自杀,而陷落在尘土之中。古今一样,哪有不受欺辱的呢?由此说来,勇怯是情势造成,强弱是具体情况造成。清楚了,有什么值得惊怪呢?人不能在受刑之前及早自杀,已经渐渐衰败,到了被拷打的时候,才想自杀,这不就慢了吗?古人所以慎重对大夫施刑,大概就为了这个吧。人的常情没有不贪生怕死、想念父母、顾念妻子儿女的,到了为大义所激励就不这样了,于是有所不能不做的了。现今我很不幸,早丧父母,没有兄弟的亲情,独身孤立,少卿看我对妻子儿女怎么样呢?何况勇敢的人不必为气节去死,胆怯的人仰慕节义,哪里不能努力呢?我虽然胆怯懦弱,想苟且存活,也还懂得取舍的分界,怎至于自己沉溺在监禁的耻辱中呢?奴才婢女,都能自杀,何况我的不得已呢?我所以忍辱偷生,囚在粪土之中而不推辞,是因为内心有不能尽的心愿,(若我死去)就卑贱浅陋默默无名,从而文采不能流传后世啊。

古时富贵而名声磨灭,多得记述不尽,唯有不同寻常的人士才被称颂。西伯被囚却能推演《周易》;仲尼被困却写作《春秋》;屈原被放逐,于是创作《离骚》;左丘明失明,于是有了《国语》;孙子受膑刑,《兵法》却撰写出来;吕不韦放逐到蜀郡,社会上流传着他的《吕览》;韩非子关在秦国,而有了《说难》《孤愤》之文。《诗经》三百篇,大都是贤圣人发泄怨愤的作品。这都是人的心意有气愤忧思纠结不解,不能疏通,所以追述往事,寄希望于后来人。至于左丘明失明,孙子断足,终于不能任用,退身寄议论于书本从而发泄气愤,想留下褒贬议论的文辞从而显现自己。我虽无能,近来自我寄托于没有作为的文辞,搜集天下人散佚的旧闻,大略考究它的事迹,分析它成败兴亡的道理,上自轩辕,下到今日,为十表,本纪十二篇,书八章,世家三十篇,列传七十篇,共一百三十篇,也想用来探究人世和自然的关系,理清古今的演变,形成一家的学说。著文还没有完成,恰恰遭受这一祸难,痛惜它的不能完成,因此就极刑而没有怨恨。我确实已经写成这部书,把它藏在名山之中,传给那理解我的人,在四通八达的大都市流传,我也就能够抵偿以前受辱的责难了,即使被杀一万次,难道后悔吗?但是这只能对明白人说,不能对俗人谈啊。

而且背负污名不容易生存,微贱者往往被指责。我由于说话遭受这祸难,深被乡亲们所耻笑,因而污辱祖先,有什么面目再祭拜父母的坟墓呢?即便一百世以后,耻辱更多了!因此愁肠百结,在家就恍恍惚惚似乎丢失了什么,出外就不知道要到哪里去。每想到这耻辱,汗未尝不冒出后背湿透衣衫!身为宫禁之臣,哪能自己引退而深藏山岩呢?所以权且随俗浮沉,与时俯仰,从而疏散自己的癫狂和迷惑。如今少卿却拿推贤进士教导我,不是与我内心大相径庭了吗?如今即使想锤炼一番,以美辞来开脱自己,也无益,世俗之人不会相信,恰恰招来屈辱罢了。总而言之,死以后是非才能定论。书信不能说尽心意,大略陈说浅见。谨再拜。

过 秦 论(上)①

[西汉]贾谊

题解

贾谊(前201—前169),洛阳人,西汉初期著名的辞赋家、政论家,年轻时有才名,二十多岁即被汉文帝召为博士,不久升任太中大夫。由于他在朝廷上力主革除政治弊端,触犯了当时权贵们的利益,遂被贬为长沙王太傅。后又改任梁怀王太傅。怀王坠马身亡,贾谊自惭失职,郁郁而死。

《过秦论》为《史记》中一篇,载于《秦始皇本纪》,《陈涉世家》有引用。《文选》则分为上、中、下三篇,三篇实为一篇,分别评论始皇、二世、子婴三代的过失,总结秦亡的教训。这里选录的是上篇。文章不仅总结了秦亡的教训,而且也肯定了秦亡之前的成就。贾谊认为,秦之过,在于"仁义不施",不知"攻守之势异"。贾谊写作此文,目的在于为汉文帝提供政治上的借鉴。文章使用了前后对照的手法,铺陈排比,有一泻千里之势。在中国散文史上,《过秦论》首创了"史论"这一体裁,对汉以后的散文创作产生了重要影响。由于作者偏于注重文章豪迈的气势,文中列举的论据与史实有出入的地方。

原文

秦孝公据殽函之固②,拥雍州之地③,君臣固守,以窥周室④,有席卷天下、包举宇内、囊括四海之意,并吞八荒之心⑤。当是时也,商君佐之⑥,内立法度,务耕织,修守战之具;外连衡而斗诸侯⑦。于是秦人拱手而取西河之外⑧。

孝公既没,惠文、武、昭蒙故业⑨,因遗策⑩,南取汉中,西举巴蜀,东割膏腴之地,收要害之郡⑪。诸侯恐惧,会盟而谋弱秦,不爱珍器重宝肥饶之地,以致天下之士,合从缔交⑫,相与为一。当此之时,齐有孟尝,赵有平原,楚有春申,魏有信陵⑬。此四君者,皆明知而忠信,宽厚而爱人,尊贤而重士,约从离衡⑭,兼韩、魏、燕、赵、宋、卫、中山之众。于是六国之士,有宁越、徐尚、苏秦、杜赫之属为之谋,齐明、周最、陈轸、召滑、楼缓、翟景、苏厉、乐毅之徒通其意,吴起、孙膑、带佗、兒良、王廖、田忌、廉颇、赵奢之伦制其兵⑮。尝以什倍之地,百万之众,叩关而攻秦。秦人开关而延敌,九国之师遁逃而不敢进⑯。秦无亡矢遗镞(zú)之费⑰,而天下诸侯已困矣。于是从散约解,争割地而赂秦。秦有余力而制其弊,追亡逐北⑱,伏尸百万,流血漂橹⑲。因利乘便,宰割天下,分裂河山,强国请服,弱国入朝。

施及孝文王、庄襄王[20],享国之日浅[21],国家无事。及至始皇,奋六世之余烈[22],振长策而御宇内,吞二周而亡诸侯[23],履至尊而制六合[24],执敲扑以鞭笞天下[25],威振四海。南取百越之地[26],以为桂林、象郡[27]。百越之君,俛(fǔ)首系颈[28],委命下吏。乃使蒙恬北筑长城而守藩篱[29],却匈奴七百余里[30],胡人不敢南下而牧马,士不敢弯弓而报怨。

于是废先王之道,燔(fán)百家之言[31],以愚黔首[32]。隳(huī)名城[33],杀豪俊,收天下之兵,聚之咸阳,销锋镝(dí)[34],铸以为金人十二,以弱天下之民。然后践华为城[35],因河为池[36];据亿丈之城,临不测之溪以为固。良将劲弩,守要害之处,信臣精卒,陈利兵而谁何[37]。天下已定,始皇之心,自以为关中之固,金城千里,子孙帝王万世之业也。

始皇既没,余威震于殊俗[38]。然而陈涉[39],瓮牖(yǒu)绳枢之子[40],氓隶之人[41],而迁徙之徒也[42]。材能不及中庸,非有仲尼、墨翟(dí)之贤[43],陶朱、猗(yī)顿之富[44],蹑足行(háng)伍之间[45],俛(miǎn)起阡陌之中[46],率罢(pí)弊之卒[47],将数百之众,转而攻秦。斩木为兵,揭竿为旗,天下云集而响应,赢粮而景从[48],山东豪俊,遂并起而亡秦族矣。

且夫天下非小弱也。雍州之地,殽函之固,自若也。陈涉之位,不尊于齐、楚、燕、赵、韩、魏、宋、卫、中山之君也;锄耰(yōu)棘矜[49],不铦(xiān)于钩戟长铩(shā)也[50];谪戍之众,非抗于九国之师也[51];深谋远虑,行军用兵之道,非及曩时之士也。然而成败异变,功业相反。试使山东之国,与陈涉度长絜(xié)大[52],比权量力,则不可同年而语矣。然秦以区区之地,致万乘之权[53],招八州而朝同列[54],百有余年矣。然后以六合为家,殽、函为宫。一夫作难而七庙隳[55],身死人手,为天下笑者,何也? 仁义不施,而攻守之势异也。

注释

①过:指责过失。作动词用。　②秦孝公:名渠梁,公元前361年至前338年在位。他支持商鞅变法,使秦国富强起来。殽函:崤山和函谷关。崤山在今河南省西部。函谷关在今河南灵宝县,东至崤山,西至潼津。　③雍州:古九州之一,包括今陕西、甘肃和青海一带。　④周室:指衰弱的东周王朝。　⑤八荒:即八方。这里泛指荒远的地方。　⑥商君:即商鞅,入秦后佐秦孝公主持变法。　⑦连衡:即连横。古人以东西为横,以南北为纵。地处西方的秦和处于东方的齐、楚等国联合起来以攻打别国,叫连横。　⑧拱手:两手合抱,喻很轻松的样子。西河之外:指魏国在黄河以西的地区。秦孝公二十二年(前340),秦大破魏军,魏国割河西之地给秦国。　⑨惠文、武、昭:指秦孝公之后的惠文王驷、武王荡、昭襄王则。　⑩因:遵循。遗策:指秦孝公记载政治计划的简策。　⑪东割膏腴之地,收要害之郡:分别指秦武王时攻取韩国的宜阳,秦襄王时魏国献出河东故都安邑。　⑫合从:即“合纵”,指六国联合抵御秦国。　⑬“齐有孟尝”四句:孟尝,指孟尝君田文。平原,指平原君赵胜。春申,指春申君黄歇。信陵,指信陵君魏无忌。这四人是战国时著名的四公子,以招贤纳士著称。　⑭约从离衡:即山东各国相约“合纵”,以离散秦“连横”之策。　⑮“吴起”句:以上所列数人,包括了政治、军事、外交等各方面的人才,有些人事迹已不详。　⑯九国:指上文列举的韩、魏等。　⑰镞:箭头。　⑱亡:逃亡。北:败走。　⑲橹:大的盾牌。⑳施:延续。㉑享国之日浅:孝文王在位仅数日,庄襄王在位也不过三年。㉒六世:指秦孝公以下六王。余烈:前人遗留下来的功业。　㉓二周:东周末年赧王时,东西周分治。　㉔六合:天地和四方,指整个中国。㉕敲扑:用刑的杖,短的叫敲,长的叫扑。㉖百越:散居南方的越族总称。㉗桂林、象郡:均为郡名,在今广西境内。㉘俛:同“俯”。系颈:以带系颈,表示投降。　㉙蒙恬:秦名将。秦统一六国后,主持修筑长城。藩篱:篱笆,这里引申为边疆。㉚却:打退。㉛燔:焚烧。㉜黔首:百姓。黔,黑色。㉝隳:毁坏。㉞镝:箭头。㉟践华为城:据守华山作为帝都的东城。㊱因河为池:以黄河作为帝都咸阳的护城河。㊲谁何:关塞上的卫兵盘问来往行人。何,呵问。㊳殊俗:指风俗异于汉族的边远地区。此指边远地区的民族。㊴陈涉:陈胜。秦末农民起义的领袖。㊵瓮:陶制器皿。牖:窗。瓮牖即用破瓮做成的窗。绳枢:用绳子系住门板。枢,门上的轴。

㊶氓隶:低贱的人。 ㊷迁徙之徒:罚罪去边疆服役的人。 ㊸仲尼:孔子名丘,字仲尼。墨翟:墨子名翟。 ㊹陶朱:范蠡辅佐越王勾践灭吴后,弃官出走,在陶(今山东曹县)经商,号陶朱公。猗顿:鲁人,靠经营盐业致富。 ㊺行伍:军队下层组织的名称。 ㊻俛:同"勉"。 ㊼罢:同"疲"。 ㊽赢:担负。景:同"影"。 ㊾耰:碎土的木棒。 棘矜:棘木做的杖。 ㊿铦:锋利。铩:长矛。 (51)抗:同"亢",高出。 (52)絜:量物体的粗细。 (53)万乘:指帝王之国。 (54)八州:九州中除雍州以外的八州。朝:使入朝。 (55)七庙:古代天子设七庙供奉祖先。

译文

秦孝公占据崤山和函谷关的险固地势,又拥有雍州的土地,君臣固守国土,暗中窥探东周王朝的虚实,怀有席卷天下、包举四方、囊括四海、吞并八荒的野心。这时,商鞅辅佐秦孝公,对内建立法规制度,鼓励百姓种田、织布,修造用于防守和进攻的武器装备;对外推行连横政策,使诸侯之间互相争斗。于是秦人轻而易举地夺取了黄河以西的大片土地。

秦孝公死后,惠文王、武王、昭王继承祖上的事业,遵循既定的政策,向南兼并了汉中,向西攻取了巴、蜀,在东面占据了肥沃的土地,收取了地势险要的州郡。诸侯们很害怕,结盟来设法削弱秦国,他们不吝惜珍奇的器具、贵重的宝物、肥沃的土地,用以招纳普天下的才士,合纵结成同盟,相互连成一体。在这时,齐国有孟尝君,赵国有平原君,楚国有春申君,魏国有信陵君。这四人都聪明、忠诚、讲信用,对人宽厚而友爱,尊重贤士,相约用合纵来离散秦国的连横,联合了韩国、魏国、燕国、赵国、宋国、卫国、中山国的兵力。于是,东方六国的士人,有宁越、徐尚、苏秦、杜赫这班人替他们出谋献策,有齐明、周最、陈轸、召滑、楼缓、翟景、苏厉、乐毅这班人替他们互通消息,有吴起、孙膑、带佗、兒良、王廖、田忌、廉颇、赵奢这班人替他们统帅军队,曾经以十倍于秦的土地做后盾,率领百万大军,逼临函谷关进攻秦国。秦人大开关卡,引敌入境,但九国的将士逃跑回避,不敢进击。秦国既未丢失武器,又不花费兵力,而各诸侯国已陷入了困境。于是合纵离散，盟约解除，各国争着割让土地去讨好秦国。秦国有余力控制并利用各国诸侯的弱点，追逐逃亡、失败的各国士兵，被杀的人多达百万，流的血可以漂浮起大盾。秦国乘着胜利的时机，割取天下的土地，分裂各国的河山，强国请求投降，弱国入秦朝拜。

延续到孝文王、庄襄王，他们在位时间短，国家没有重大的战事。到了秦始皇，便继承六世祖先的功业，挥动长鞭统治天下，吞并了周王朝，灭亡了六国诸侯，登上至高无上的皇帝宝座，统治了天下四方，手执棍棒，以高压统治百姓，威震四海。向南攻取百越领土，设置桂林郡和象郡。百越的君主低头受缚来投降，听命于秦朝的官吏。于是又派遣蒙恬在北方修筑长城以防守边境，把匈奴击退了七百多里，匈奴人不敢再南下放马，匈奴兵也不敢挑起战事来报复。

于是，秦始皇废除前代君王治国的原则，焚烧诸子百家的著作，使百姓愚昧无知。毁坏六国的名城，杀害六国的豪杰英才，收集全国的兵器，聚集到咸阳，销毁刀箭，铸成十二个铜人，以削弱百姓的力量。然后足踏华山，把它作城墙，凭借黄河，当作护城河；据守着亿丈高的城墙，下临深不可测的城河，自以为是固若金汤。良将手持硬弓，驻守要害之处；亲信大臣率领精锐士兵，手握锐利的兵器盘问过往的行人。天下已经安定，秦始皇的心里，自以为关中地势的坚固，就像千里铜墙铁壁，可成为子孙后代称帝万世的基业。

秦始皇死后，他的余威还波及偏远地区。然而陈涉，这位用破瓮作窗、用绳子拴着门板的人家的子弟，卑贱的农夫，后来是罚罪守边的士卒，才能不及一般人，又没有孔子、墨子的贤能，陶朱公、猗顿的富有，置身于士卒之间，却崛起于村野之中，率领疲惫散乱的士兵，统领着数百人的队伍，辗转推进，攻打秦朝。他们斩断树木作兵器，举起竹竿当旗帜，天下百姓像云集般汇聚，像回声般响应，身背粮食像影子一样随从陈涉。崤山以东的豪杰英俊，于是一齐起来消灭了秦王朝。

秦朝的天下并没有缩小削弱,雍州的土地,崤山和函谷关的坚固,仍然和过去一样。陈涉的地位,也不比齐国、楚国、燕国、赵国、韩国、魏国、宋国、卫国、中山国的君主尊贵;他手中的锄头和木棍,并不比钩戟长矛锋利;罚罪守边的士卒,战斗力并不超过九国的军队;深谋远虑,行军用兵的战略战术,又比不上过去六国的谋士。然而,成功和失败却发生了变化,建立功业的人正好相反。如果将崤山以东的诸侯国与陈涉比较优劣、权势和实力,那是不可同日而语的。然而,秦国凭借小小的国土,获得了帝王之权,招来八州诸侯,使原先位处同列的诸侯入秦朝拜,达一百多年之久。然后统一天下为一家,把崤山和函谷关当作内宫。谁料陈涉一人起来发难,秦朝的江山就毁灭了,国君死在别人的手里,被天下人嘲笑,这是为什么? 是因为没有实施仁义,攻守的形势也和以往不同了。

论贵粟疏

[西汉]晁错

题解

晁错(前200—前154),颍川(今河南禹县)人,西汉初著名的政治家。文帝时任太子家令,因有谋略被称为"智囊"。景帝即位,任御史大夫。

西汉建国初期,汉高祖刘邦采取罢兵归家、抑制商人、轻徭薄赋等一系列措施,使秦朝末年因连年战争而遭到严重破坏的农业生产逐渐得以恢复。文帝即位后继续奉行"与民休息"的政策,重视农桑,促进了农业的繁荣和商业的发展。但也产生了因商业发展而导致谷贱伤农，大地主、大商人对农民兼并侵夺加剧，大批农民流离失所，阶级矛盾日趋激化的社会现象。针对这一问题，晁错上了这篇奏疏，全面论述了"贵粟"（重视粮食）的重要性，提出重农抑商、入粟于官、拜爵除罪等一系列主张，这对当时发展生产和巩固国防，都具有一定的进步意义。本文观点精辟，分析透彻，逻辑谨严，文笔犀利，具有汪洋恣肆的气势和流畅浑厚的风格。

原文

圣王在上而民不冻饥者，非能耕而食（sì）之、织而衣（yì）之也①，为开其资财之道也。故尧、禹有九年之水②，汤有七年之旱③，而国无捐瘠（jí）者④，以畜积多而备先具也。今海内为一，土地人民之众不避汤、禹⑤，加以亡天灾数年之水旱，而畜积未及者，何也？地有余利，民有余力，生谷之土未尽垦，山泽之利未尽出也，游食之民未尽归农也。民贫，则奸邪生。贫生于不足，不足生于不农，不农则不地著⑥，不地著则离乡轻家。民如鸟兽，虽有高城深池，严法重刑，犹不能禁也。夫寒之于衣，不待轻暖；饥之于食，不待甘旨⑦；饥寒至身，不顾廉耻。人情，一日不再食则饥⑧，终岁不制衣则寒。夫腹饥不得食，肤寒不得衣，虽慈母不能保其子，君安能以有其民哉？明主知其然也，故务民于农桑，薄赋敛，广畜积，以实仓廪⑨，备水旱，故民可得而有也。

民者，在上所以牧之⑩，趋利如水走下，四方无择也。夫珠玉金银，饥不可食，寒不可衣，然而众贵之者，以上用之故也。其为物轻微易藏，在于把握⑪，可以周海内而无饥寒之患。此令臣轻背其主，而民易去其乡，盗贼有所劝⑫，亡逃者得轻资也。粟米布帛，生于地，长于时，聚于力，非可一日成也。数石（dàn）之重⑬，中人弗胜⑭，不为奸邪所利；一日弗得，而饥寒至。是故明君贵五谷而贱金玉。

今农夫五口之家，其服役者不下二人，其能耕者不过百亩，百亩之收不过百石。春耕，夏耘，秋获，冬藏，伐薪樵，治官府，给徭役。春不得避风尘,夏不得避暑热,秋不得避阴雨,冬不得避寒冻,四时之间,无日休息。又私自送往迎来,吊死问疾,养孤长(zhǎng)幼在其中⑮。勤苦如此,尚复被水旱之灾,急政暴虐,赋敛不时⑯,朝令而暮改。当其有者,半贾而卖;亡者取倍称(chèn)之息⑰。于是有卖田宅、鬻(yù)子孙以偿债者矣。而商贾大者积贮倍息,小者坐列贩卖,操其奇赢,日游都市,乘上之急,所卖必倍。故其男不耕耘,女不蚕织,衣必文采,食必粱肉,亡农夫之苦,有阡(qiān)陌(mò)之得⑱。因其富厚,交通王侯⑲,力过吏势,以利相倾;千里游敖,冠盖相望,乘坚策肥⑳,履丝曳(yè)缟(gǎo)㉑。此商人所以兼并农人,农人所以流亡者也。今法律贱商人,商人已富贵矣;尊农夫,农夫已贫贱矣。故俗之所贵,主之所贱也;吏之所卑,法之所尊也。上下相反,好恶乖迕(wǔ)㉒,而欲国富法立,不可得也。

方今之务,莫若使民务农而已矣。欲民务农,在于贵粟,贵粟之道,在于使民以粟为赏罚。今募天下入粟县官㉓,得以拜爵,得以除罪。如此,富人有爵,农民有钱,粟有所渫(xiè)㉔。夫能入粟以受爵,皆有余者也。取于有余以供上用,则贫民之赋可损㉕,所谓损有余、补不足,令出而民利者也。顺于民心,所补者三:一曰主用足,二曰民赋少,三曰劝农功。今令民有车骑马一匹者,复卒三人㉖。车骑者,天下武备也,故为复卒。神农之教曰㉗:"有石城十仞,汤池百步,带甲百万,而亡粟,弗能守也。"以是观之,粟者,王者大用,政之本务。令民入粟受爵,至五大夫以上㉘,乃复一人耳,此其与骑马之功相去远矣。爵者,上之所擅,出于口而无穷;粟者,民之所种,生于地而不乏。夫得高爵与免罪,人之所甚欲也。使天下人入粟于边,以受爵免罪,不过三岁,塞下之粟必多矣。

注释

①食之:给他们吃。"食"作动词用。衣之:给他们穿。"衣"作动词用。②尧、禹:传说中上古社会的两位部落联盟首领。水:水灾。 ③汤:成汤,商

朝开国君主。　④捐瘠:被遗弃和瘦弱的人。捐,抛弃。瘠,瘦。　⑤不避:
不让;不次于。　⑥地著:定居一地。　⑦甘旨:味道鲜美。　⑧再食:吃两
顿饭。　⑨廪:粮仓。　⑩牧:养,引申为统治、管理。　⑪把握:一把大小,
意为可以握在手中。　⑫劝:鼓励;勉励。　⑬石:重量单位。汉制三十斤为
一钧,四钧为一石。　⑭中人:中等体力的人。弗胜:不能胜任,指拿不动。
⑮长:养育。　⑯不时:不按时节。　⑰倍称之息:加倍的利息。称,相等、相
当。　⑱阡陌之得:指田地的收获。阡陌,田间小路,此代田地。　⑲交通:
交结。　⑳乘坚策肥:乘坚车,策肥马。策,用鞭子赶马。　㉑履丝曳缟:脚
穿丝鞋,身披绸衣。曳,拖着。缟,一种精致洁白的丝织品。　㉒乖迕:相违
背。　㉓县官:汉代对官府的通称。　㉔渫:散出。　㉕损:减。　㉖复卒:
免除兵役。　㉗神农:传说中上古社会的部落首领。　㉘五大夫:汉代将爵
位分成二十等,五大夫为第九等。

译文

　　在圣明的君王统治下,百姓不挨饿受冻,这并非是因为君王能
亲自种粮给他们吃,织布给他们穿,而是由于他能给人民开辟财源
的道路。所以尽管唐尧、夏禹之时有过九年的水灾,商汤之时有过
七年的旱灾,但那时没有因饿死而被抛弃和饿瘦的人,这是因为贮
藏积蓄的东西多,事先早已做好了准备。现在全国统一,土地之
大,人口之多,不亚于汤、禹之时,又没有连年的水旱灾害,但积蓄
却不如汤、禹之时,这是什么道理呢? 原因在于土地还有潜力,百
姓还有余力,能长谷物的土地还没全部开垦,山林湖沼的资源尚未
完全开发,外出游荡求食的人还没全部回乡务农。百姓贫困了,就
会产生邪恶的念头。贫困是由于不富足,不富足是由于不务农,不
从事农业就不能在一个地方定居下来,不能定居就会离开乡土,轻
视家园。百姓像鸟兽一样四处奔散,国家即使有高大的城墙,深险
的护城河,严厉的法令,残酷的刑罚,还是不能禁止他们。人在寒
冷的时候,不会等有了轻暖的皮衣才穿;饥饿的时候,也不会等有
了美味才吃;饥寒交迫时,就顾不上廉耻。人之常情是:一天不吃
两顿饭就要挨饿,整年不做衣服穿就会受冻。那么,肚子饿了没饭

吃,身上冷了无衣穿,即使是慈母也不能留住她的儿子,国君又怎能保有他的百姓呢?贤明的君主懂得这个道理,所以让百姓从事农业生产,减轻他们的赋税,大量储备粮食,以便充实粮仓,防备水旱灾荒,因此也就能够拥有百姓。

百姓呢,在于君主用什么办法来管理他们。他们追逐利益就像水往低处流一样,不管东南西北。珠玉金银这些东西,饿了不能当饭吃,冷了不能当衣穿,然而人们还是看重它,这是因为君主需要它们的缘故。珠玉金银这些物品,轻便小巧,容易收藏,拿在手里,可以周游全国而无饥寒的威胁。这就会使臣子轻易地背弃他的君主,而百姓也随便地离开家乡,盗贼受到了鼓励,犯法逃亡的人有了便于携带的财物。粟米和布帛的原料生在地里,在一定的季节里成长,收获也需要人力,并非短时间内可以成事。几石重的粮食,一般人拿不动它,也不为奸邪的人所贪图;可是这些东西一天得不到就要挨饿受冻。因此,贤明的君主重视五谷而轻视金玉。

现在五口之家的农民家中,可以参加劳作的不少于二人,能够耕种的土地不超过百亩,百亩的收成不超过百担。他们春天耕地,夏天耘田,秋天收获,冬天储藏,还得砍木柴,修理官府的房舍,服劳役。春天不能避风尘,夏天不能避暑热,秋天不能避阴雨,冬天不能避寒冻,一年四季,没有一天休息。在私人方面,又要交际往来,吊唁死者,看望病人,抚养孤老,养育幼儿。农民如此辛苦,还要遭受水旱灾害,官府又要急征暴敛,随时摊派,早晨发命令,晚上就要修改。交赋税的时候,有粮食的人半价贱卖后完税;没有粮食的人只好以加倍的利息借债纳税。于是就出现了卖田地房屋、卖子孙来还债的事情。而那些商人们,大的囤积货物,获取加倍的利息,小的开设店铺,贩卖货物,牟取利润。他们每日都去集市游逛,趁政府急需货物的机会,所卖物品的价格就成倍抬高。所以商人家中男的不必耕地耘田,女的不用养蚕织布,穿的必定是华美的衣服,吃的必定是上等米和肉,没有农夫的劳苦,却占有农桑的收获。依仗自己丰厚的钱财,与王侯接交,势力超过官吏,凭借资产相互倾轧;他们遨游各地,车乘和冠服相望不绝,乘着坚固的车,赶着壮实的马,脚穿丝鞋,身披绸衣。这就是商人掠夺农民,农民流亡在外的原因。当今虽然法律轻视商人,而商人实际上已经富贵了;法律尊重农民,而农民事实上却已贫贱了。所以一般俗人所看重的,正是君主所轻贱的;一般官吏所鄙视的,正是法律所尊重的。上下相反,好恶颠倒,在这种情况下,要想使国家富裕,法令实施,那是不可能的。

当今的迫切任务,没有比使百姓务农更为重要的了。要想使百姓从事农业,关键在于抬高粮价,抬高粮价的办法,在于让百姓拿粮食来求赏或免罚。现在应该号召天下百姓交粮给政府,纳粮的可以封爵,或赎罪。这样,富人可以得到爵位,农民得到钱财,粮食不会囤积而得到流通。那些能交纳粮食得到爵位的,都是富有的人。从富有的人那里得到货物来供政府用,那么贫苦百姓所担负的赋税就可以减轻,这就叫做拿富有的去补不足的,法令一颁布百姓就能够得益。依顺百姓心愿,有三个好处:一是君主需要的东西充足,二是百姓的赋税减少,三是鼓励从事农业生产。按现行法令,民间能输送一匹战马的,就可以免去三个人的兵役。战马是国家战备所用,所以可以使人免除兵役。神农氏曾教导说:"有十仞高的石砌城墙,有百步之宽贮满沸水的护城河,上百万全副武装的兵士,然而没有粮食,那是守不住的。"这样看来,粮食是君王最需要的资财,是国家最根本的政务。现在让百姓交粮买爵,封到五大夫以上,才免除一个人的兵役,这与一匹战马的功用相比差得太远了。赐封爵位,是皇上专有的权力,只要一开口,就可以无穷无尽地封给别人;粮食,是百姓种出来的,生长在土地中而不会缺乏。能够封爵与赎罪,是人们十分向往的。假如叫天下百姓都献纳粮食用于边塞,以此换取爵位或赎罪,那么不用三年,边地粮食必定会多起来。

答 苏 武 书

[西汉]李陵

题解

　　李陵(? —前74),字少卿。西汉陇西成纪(今甘肃秦安)人。名将李广之孙。少为侍中建章监。善骑射,后任骑都尉,在酒泉、张掖练兵防备匈奴。天汉二年(前99),率步卒五千,深入匈奴,以少击众,力尽而降。武帝族灭其家。李陵遂留匈奴,单于以女妻之,立他为右校王。他在匈奴二十余年,于元平元年病死。

　　苏武(前140—前60),字子卿,西汉杜陵(今陕西西安)人。天汉元年(前100)奉命以中郎将出使匈奴,被扣留,达十九年。曾与李陵数次相见。昭帝始元六年(前81),始获释回汉。苏武回汉后,写信给李陵,劝他归汉。李陵以此信作答。

　　这封信的主旨是为自己的投降行为解脱。从民族大义看,李陵的自我开脱,理由是不成立的。但从其具体的遭遇看,李陵又确实有难言之隐。信中对战斗场面的描写惨烈悲壮,显然是要说明,当时因为双方兵力悬殊,而己方将帅的不顾大局,武帝又诛灭其全家,迫使他不得已投降匈奴,进而使读者对他的投降予以同情。文章采用了一系列的对比手法,如身处异域而怀念故土,以寡兵深入众敌而浴血奋战,苏武持节荣归而自己居人篱下,使全文产生了强烈的艺术效果。

　　这篇文章是否为李陵所写,后人表示疑问。从收录此文的《文选》看,其写作时间最迟不晚于汉代。

原文

子卿足下①：

勤宣令德②，策名清时③，荣问休畅④，幸甚幸甚。远托异国，昔人所悲，望风怀想，能不依依⑤？昔者不遗，远辱还答⑥，慰诲勤勤，有逾骨肉。陵虽不敏，能不慨然！

自从初降，以至今日，身之穷困，独坐愁苦。终日无睹，但见异类⑦。韦韝（gōu）毳（cuì）幕⑧，以御风雨；膻（shān）肉酪（lào）浆⑨，以充饥渴。举目言笑，谁与为欢？胡地玄冰⑩，边土惨裂，但闻悲风萧条之声。凉秋九月，塞外草衰。夜不能寐，侧耳远听，胡笳互动⑪，牧马悲鸣，吟啸成群，边声四起。晨坐听之，不觉泪下。嗟乎子卿，陵独何心，能不悲哉！

与子别后，益复无聊。上念老母，临年被戮⑫；妻子无辜，并为鲸（jīng）鲵（ní）⑬。身负国恩，为世所悲。子归受荣，我留受辱，命也何如！身出礼义之乡，而入无知之俗；违弃君亲之恩，长为蛮夷之域，伤已！令先君之嗣⑭，更成戎狄之族⑮，又自悲矣。功大罪小，不蒙明察，孤负陵心区区之意⑯。每一念至，忽然忘生。陵不难刺心以自明，刎颈以见志，顾国家于我已矣⑰，杀身无益，适足增羞，故每攘（ráng）臂忍辱⑱，辄复苟活。左右之人，见陵如此，以为不入耳之欢，来相劝勉。异方之乐，只令人悲，增忉（dāo）怛耳⑲。

嗟乎子卿，人之相知，贵相知心。前书仓卒，未尽所怀，故复略而言之：

昔先帝授陵步卒五千⑳，出征绝域。五将失道㉑，陵独遇战。而裹万里之粮，帅徒步之师，出天汉之外㉒，入强胡之域；以五千之众，对十万之军，策疲乏之兵，当新羁之马㉓。然犹斩将搴（qiān）旗㉔，追奔逐北，灭迹扫尘，斩其枭（xiāo）帅㉕，使三军之士，视死如归。陵也不才，希当大任㉖，意谓此时，功难堪矣㉗。匈奴既败，举国兴师，更练精兵，强逾十万。单（chán）于临阵㉘，亲自合围。

客主之形，既不相如㉙，步马之势，又甚悬绝。疲兵再战，一以当千，然犹扶乘创痛㉚，决命争首㉛。死伤积野，余不满百，而皆扶病，不任干戈㉜。然陵振臂一呼，创病皆起，举刃指虏，胡马奔走。兵尽矢穷，人无尺铁，犹复徒首奋呼㉝，争为先登。当此时也，天地为陵震怒，战士为陵饮血㉞。单于谓陵不可复得，便欲引还，而贼臣教之㉟，遂使复战，故陵不免耳。

昔高皇帝以三十万众，困于平城㊱。当此之时，猛将如云，谋臣如雨，然犹七日不食，仅乃得免。况当陵者㊲，岂易为力哉？而执事者云云㊳，苟怨陵以不死㊴。然陵不死，罪也。子卿视陵，岂偷生之士而惜死之人哉？宁有背君亲、捐妻子，而反为利者乎？然陵不死，有所为也。故欲如前书之言，报恩于国主耳。诚以虚死不如立节，灭名不如报德也。昔范蠡（lǐ）不殉会稽之耻㊵，曹沫不死三败之辱㊶，卒复勾践之仇㊷，报鲁国之羞㊸。区区之心，窃慕此耳。何图志未立而怨已成，计未从而骨肉受刑，此陵所以仰天椎（chuí）心而泣血也㊹。

足下又云："汉与功臣不薄。"子为汉臣，安得不云尔乎？昔萧、樊囚絷（zhí）㊺，韩、彭菹（zū）醢（hǎi）㊻，晁错受戮㊼，周、魏见辜㊽。其余佐命立功之士，贾谊、亚夫之徒㊾，皆信命世之才㊿，抱将相之具[51]，而受小人之谗，并受祸败之辱，卒使怀才受谤，能不得展。彼二子之遐举[52]，谁不为之痛心哉？陵先将军[53]，功略盖天地，义勇冠三军，徒失贵臣之意，到身绝域之表。此功臣义士，所以负戟（jǐ）而长叹者也[54]。何谓不薄哉？

且足下昔以单车之使，适万乘之虏[55]，遭时不遇，至于伏剑不顾[56]，流离辛苦，几死朔北之野[57]。丁年奉使[58]，皓首而归，老母终堂[59]，生妻去帷[60]。此天下所希闻，古今所未有也。蛮貊（mò）之人[61]，尚犹嘉子之节，况为天下之主乎？陵谓足下当享茅土之荐[62]，受千乘之赏[63]。闻子之归，赐不过二百万，位不过典属国[64]，无尺土之封，加子之勤[65]。而妒功害能之臣，尽为万户侯[66]；亲戚贪佞之类，悉为廊庙宰[67]。子尚如此，陵复何望哉？

　　且汉厚诛陵以不死，薄赏子以守节，欲使远听之臣，望风驰命，此实难矣。所以每顾而不悔者也。陵虽孤恩⑥⑧，汉亦负德。昔人有言："虽忠不烈，视死如归。"陵诚能安，而主岂复能眷眷乎？男儿生以不成名，死则葬蛮夷中，谁复能屈身稽颡(sǎng)⑥⑨，还向北阙，使刀笔之吏⑦⑩，弄其文墨邪？愿足下勿复望陵。

　　嗟乎子卿，夫复何言。相去万里，人绝路殊。生为别世之人，死为异域之鬼。长与足下，生死辞矣。幸谢故人⑦①，勉事圣君。足下胤(yìn)子无恙⑦②，勿以为念。努力自爱。时因北风，复惠德音⑦③。李陵顿首。

注释

①足下：古代用以称上级或同辈的敬词，周、秦时多以之称君主，后世则多用于同辈之间。　②令德：美德。令，美善。　③策名：臣子的姓名书写在国君的简策上。这里指做官。清时：政治清明的时世。此处指昭帝在位之际。　④荣问：好名声。问，通"闻"。休畅：吉祥顺利。休，美。畅，通。⑤依依：恋恋不舍。　⑥辱：承蒙，书信中常用的谦词。　⑦异类：古代对少数民族的贬称。此处指匈奴。　⑧韦韝：皮革制的长袖套，用以束衣袖。毳幕：毛毡制成的帐篷。　⑨膻肉：带有腥臭气味的羊肉。酪浆：牲畜的乳浆。⑩玄冰：黑色的冰。形容冰结得厚实，极言天气寒冷。⑪胡笳：古代我国北方民族的管乐，其音悲凉。此处指胡笳吹奏的音乐。⑫临年：达到一定的年龄。此处指已至暮年。　⑬鲸鲵：鲸鱼，雄曰鲸，雌曰鲵。这里作动词，被当作鲸鲵一样杀死。　⑭先君：对自己已故父亲的尊称。嗣：后代。　⑮戎狄：古代对少数民族的贬称，与前面"蛮夷"均指匈奴。⑯孤负：同"辜负"。区区：微小。此处作"诚恳"解。　⑰顾：表示转折。已矣：表绝望之词。⑱攘臂：捋起袖口，露出手臂，是准备劳作或搏斗的动作。　⑲切怛：悲伤。⑳先帝：已故的皇帝，指汉武帝。　㉑五将：五员将领，姓名不详。　㉒天汉：武帝年号。这里指汉朝控制的区域。㉓当：挡。这里指抵御。㉔搴：拔取。㉕枭帅：骁勇的将帅。㉖希：少，与"稀"通。㉗难堪：难以相比。堪，胜(shēng)。㉘单于：匈奴国君的称号。㉙相如：相比。㉚扶：支持，支撑。乘：凌驾，这里有不顾的意思。㉛决命争首：效命争先。㉜任：胜任。干戈：此处指兵器。㉝徒首：光着头，意指不穿防护的甲衣。　㉞饮

血:犹言饮泣。形容极度悲愤。　　㉟贼臣:指叛投匈奴的军官管敢。
㊱"昔高皇帝"二句:指的是汉高祖七年(前200),高皇帝(即高祖刘邦)亲率
大军三十万驻平城(今山西大同),准备攻打匈奴,被冒顿单于带领四十万骑
兵围困七日之久。　　㊲当:如;像。　　㊳执事者:掌权者,指汉朝廷大臣。
㊴苟:但;只。　　㊵"昔范蠡"句:春秋时,越王勾践兵败,率五千人被围在会
稽山,向吴王夫差求和,范蠡作为人质前往吴国,并没有因求和之耻自杀殉
国。范蠡,是辅助勾践振兴越国、兴师灭吴的重要谋士。　　㊶曹沫不死三败
之辱:春秋时,鲁国大将曹沫曾与齐国作战,三战三败,只能割地求和,并不因
屡次受辱而自杀身死。　　㊷卒复勾践之仇:指勾践灭吴,夫差自杀。　　㊸报
鲁国之羞:此句指曹沫迫使齐国归还侵占的鲁国土地。　　㊹椎心而泣血:形
容极度悲伤。椎,椎击胸口。泣血,眼睛哭得出血。　　㊺萧:萧何。西汉的开
国功臣。曾因向高祖刘邦请求将上林苑(专供皇族畋猎的场所)向老百姓开
放而遭囚禁。樊:樊哙。汉初大将。曾因被人诬告与吕后家族结党而被囚
拘。　　㊻韩:韩信。西汉开国功臣。因响应陈豨起兵造反,被吕氏斩首。彭:
彭越。秦末聚众起兵,后归刘邦。以谋反罪被杀。菹醢:将尸体剁成肉酱,是
古代一种酷刑。　　㊼晁错:汉景帝时,他建议削各诸侯国封地。后吴楚等七
国诸侯反,有人认为是削地所致,晁错因而被杀。　　㊽周:周勃。汉初大将。
曾被诬告欲造反而下狱。魏:魏其侯窦婴。与灌夫为至交。武帝时,灌夫因
与丞相田蚡结仇下狱,婴力图相救,受牵连而被诛。见:受。辜:罪。　　㊾贾
谊:汉初著名文学家和政治家。勇于针砭时弊,主张改革政治,遭到权臣的诬
陷。亚夫:即周亚夫。周勃之子,汉初大将军。后因其子私买御物被捕下狱,
绝食而死。　　㊿信:确实。　　51具:才能。　　52彼二子:指贾谊、周亚夫。遐
举:远行;死的讳辞。此指死亡。　　53陵先将军:指李广。　　54戟:古兵器,合
戈矛为一体,可以直刺、横击。　　55万乘:一万辆车。古代以万乘称君主。这
里指武力强盛的大国。虏:指匈奴。　　56伏剑:以剑自杀。此句是说,苏武在
被逼降时,引佩刀自刺的事。　　57朔北:北方。这里指匈奴境。　　58丁年:成
丁的年龄,即成年。这里强调苏武出使时正处壮年。　　59终堂:死在家里。
60去帷:改嫁。　　61蛮貊:泛指少数民族。这里指匈奴。　　62茅土之荐:指赐
土地、封诸侯。古代帝王社祭之坛共有五色土,分封诸侯则按封地方向取坛
上一色土,以茅草包裹,称茅土。　　63千乘之赏:指封诸侯之位。古代诸侯称
千乘之国。　　64典属国:官名。掌管民族交往事务。苏武回汉后任以此职。
65加:施。这里有奖赏之意。　　66万户侯:食邑一万户之侯。这里指受重赏、

居高位者。　⑥廊庙宰:指朝廷中掌权的人。廊庙,宫殿四周的廊和太庙,是帝王与大臣议论政事的地方,故也以此称朝廷。　⑧孤恩:辜负恩情。⑥稽颡:叩首,以额触地。颡,面额。　⑩刀笔之吏:主办文案的官吏。刀笔为古代的书写工具。　⑦幸:希望。故人:老朋友。　⑦胤子:儿子。苏武曾娶匈奴女为妻,生子名通国,苏武归时仍留匈奴。　⑦惠:赐。德音:对别人说话或来信的美称。

译文

子卿足下:

您辛勤地宣扬美德,为官于太平盛世,美名流传四方,真是值得庆幸,值得庆幸啊!我流落在远方异国,这是前人所感悲痛的,遥望南方,怀念故人,怎能不无限依恋?以前承蒙您不弃,从远方赐给我回音,殷勤地安慰、教诲我,超过了骨肉之情。我虽然愚钝,又怎能不感慨万端!

我从投降以来,直到今天,身处艰难困境,一人独坐,愁闷苦恼。整天看不见别的,只见到些异族的人。戴着皮袖套,住着毡帐,来抵御风雨;吃腥膻的肉,喝牛羊的奶,来充饥解渴。眼看四周,有谁能一起谈笑欢乐呢?匈奴的土地上结着厚冰,边塞的泥土被冻裂,只听见悲惨凄凉的风声。深秋九月,塞外草木凋零,夜晚不能入睡,侧耳倾听,胡笳声此起彼伏,牧马悲哀地嘶叫,乐曲声和嘶鸣声相混,在边塞的四面响起。清晨坐起来听着这些声音,不知不觉流下泪水。唉,子卿,我的心肠难道与人不同,对此能不悲伤?

同您分别以后,更加无聊。上念老母,在垂暮之年被人杀戮;妻子、儿女们是无罪的,也一起惨遭杀害。我辜负了国家的恩义,被世人所悲怜。您回国后享受荣誉,我留在这里蒙受羞辱。这是命中注定,有什么办法!我出身于讲究礼义的国家,却进入对礼义茫然无知的社会;背弃了国君和双亲的恩德,终身居住在蛮夷的区域,真是伤心极了!让先父的后代,变成了戎狄的族人,自己怎能不感到悲痛。我功大罪小,却没有受到公正的评价,辜负了我的一片诚意。每当想到这里,仿佛失去了对生的留恋。我不难刺心来表白自己,自刎来显示志向,但国家对我已经恩断义绝,自杀毫无益处,只会增加羞辱,因此常常愤慨地忍受侮辱,就又苟且地活在这世上。周围的人,见我这样,用不中听的话来劝告。可是,异国的快乐,只能令人悲伤,增加忧愁罢了。

唉,子卿,人们的相互了解,贵在相互知心。前一封信匆忙写成,没有能够充分表达我的心情,所以再作简略叙述:

从前先帝交给我五千步兵,出征远方。五员将领迷失道路,我单独与匈奴军遭遇作战。携带着供征战万里的粮草,率领着徒步行军的部队,出了国境之外,进入强大的胡人疆土;以五千士兵,对付十万敌军,指挥疲惫不堪的队伍,抵挡刚出营地的骑兵。竟还能斩敌将,拔敌旗,追逐败逃之敌,就像扫除灰尘一样,斩杀其骁勇将领,使我全军将士,都能视死如归。我没有什么才能,很少担当重任,心中暗想,这次的战功,是其他情况下所难以相比的了。匈奴兵败后,全国动员,挑选出十万多精兵。单于亲临阵前,指挥对我军的合围。我军与敌军的形势已不相称,步兵与马队的力量更加悬殊。疲兵再战,一人要敌千人,但仍然带伤忍痛,奋勇争先。阵亡与受伤的士兵遍地都是,身边剩下的不满百人,而且都伤痕累累,无法持稳兵器,但是,我只要振臂一呼,重伤和轻伤的士兵都一跃而起,拿起兵器杀向敌人,迫使敌骑逃奔。兵器耗尽,箭也射完,手无寸铁,仍光着头高呼杀敌,争着冲上前去。此时此刻,天地好像为我震怒,战士们为我痛哭。单于认为不可能再俘获我,便打算带队回营。但是叛臣管敢教匈奴继续进攻,于是重新开战,而我终于未能免于失败。

以前高皇帝率领三十万大军,被匈奴围困在平城。那时,军中猛将如云,谋臣如雨,然而还是七天断粮,只不过勉强脱身。何况像我这样的人,怎能会轻易有所作为?而当权者却议论纷纷,一味怨责我未能以死殉国。不过我未以死殉国,确是罪过。但您看我难道是贪生怕死的小人吗?又哪里会有背离君亲、抛弃妻儿、却认为是对自己有利的人？那么，我之所以不死，是因为想有所作为。本来是想如前一封信上所说的那样，要向皇上报恩啊。实在因为白白死去不如树立名节，身死名灭不如报答恩德。从前范蠡不因会稽山投降之耻而殉国，曹沫不因三战三败之辱而自杀，终于，范蠡为越王勾践报了仇，曹沫为鲁国雪了耻。我的一点赤诚心意，就是暗自景仰他们的作为。哪料到志向没有实现，怨责之声已四起，计划尚未实行，亲人遭受杀戮，这就是我面对苍天捶胸痛哭的原因。

您又说道："汉朝对功臣的待遇并不薄啊。"您是汉朝的大臣，怎么能不这样说呢？以前萧何、樊哙被拘捕囚禁，韩信、彭越被处死剁成肉酱，晁错被杀，周勃、魏其侯被判罪处刑。其他辅助汉室的有功之人，如贾谊、周亚夫等人，都确实是当时杰出的人才，具备担任将相的能力，却遭受小人的诽谤，他们都受迫害、屈辱，其事业也告失败，最终使有才之人遭到诋毁，才能无法施展。他们二人的遭遇，谁不为之痛心呢？我已故的祖父李广，身任将军，其功绩略谋盖天地，忠义勇气冠于全军，只是因为不屑迎合当朝权贵的心意，结果在边远的疆场自杀身亡。这就是功臣义士手持兵刃叹息不止的原因。怎么能说待遇"不薄"呢？

您那时只靠单车出使到兵力强大的敌国，碰上时运不佳，以至伏剑自刎也不在乎，颠沛流离，含辛茹苦，差点死在北方的荒野。壮年时奉命出使，满头白发才归。老母亲在家中亡故，妻子也改嫁离去。这是天下很少听到的，古今所没有的事情。异族未开化的人，尚且还称赞您的气节，何况是天下的君主呢？我认为您应当享受封领地、赏千乘的诸侯待遇。可是，听说您回国后，赏赐不过二百万，封官不过典属国之职，并没有一尺土的封赏，来奖励您对国家的效忠。而那些排斥功臣、扼杀人才的朝臣，都成了万户侯；皇亲国戚或奉迎拍马之流，都成了朝廷政权的高官。您尚且如此，我还有什么希望呢？

况且汉朝仅因为我未能死节，而对我施以严厉的惩罚，对您坚贞守节只给予微薄的奖赏,要想叫远方听候命令的臣子急切地投奔效命,这实在是难以办到的。所以我常常想到这事并不觉得后悔。我虽然辜负了汉朝的恩情,但汉朝也亏对了我的功德。前人曾说:"有忠诚之心而没有死节,也能做到视死如归。"我如真的安心死节,皇上难道对我有眷顾之情吗?男子汉活着不能成就英名,死了就让他葬在异族的土地上吧,谁还能再弯腰下拜,回到汉廷,听任那些刀笔吏舞文弄墨、随意发落呢?希望您不要再盼我归汉了。

唉,子卿!还有什么话可说!相隔万里,人已分手,走的路自然不同。活着是另一世间的人,死后将成异国的鬼。和您永诀,生死都不得相见了。请代向老朋友们致意,希望他们勉力事奉圣明的君主。您的公子很好,不要挂念。愿您努力珍重。更盼您时常依托北风的方便,不断给我来信。李陵顿首。

报孙会宗书①

[西汉]杨恽

题解

杨恽(?—前54),字子幼,华阴(今属陕西)人。汉宣帝时,杨恽以父荫补常侍郎。以才能见称,名显朝廷,复擢为左曹。因告发霍光后代谋反有功,封平通侯,迁中郎将。为人轻财好义,廉洁无私。但喜欢自我夸耀,不能容忍与自己观点不同的人与事,因此得罪不少朝廷显贵。遭太仆戴长乐暗算,而被免官,成为庶人。后来发生日食,又被人说成是由于他"骄奢不悔"而造成。因此而被捕入狱。廷尉在其家中搜出了他写给孙会宗的这封信,宣帝看后大怒，以大逆不道罪判他腰斩，并流放其妻儿。孙会宗也因此而罢官。

关于这封信的背景，《汉书·杨恽传》有记载。信中，杨恽以嬉笑怒骂的口吻，逐点批驳孙的规劝，为自己狂放不羁的行为辩解。还赋诗讥刺朝政，明确表示"道不同，不相为谋"，与"卿大夫之制"决裂的意向。全信写得情怀勃郁，锋芒毕露，与司马迁《报任安书》桀骜不驯的风格如出一辙。

原文

恽既失爵位家居，治产业，起室宅，以财自娱。岁余，其友人安定太守西河孙会宗，知略士也，与恽书，谏戒之。为言大臣废退，当阖门惶惧②，为可怜之意；不当治产业，通宾客，有称誉。恽宰相子③，少显朝廷，一朝暗昧，语言见废，内怀不服。报会宗书曰：

恽材朽行秽，文质无所底（zhǐ）④，幸赖先人余业，得备宿卫。遭遇时变⑤，以获爵位。终非其任，卒与祸会。足下哀其愚，蒙赐书，教督以所不及，殷勤甚厚。然窃恨足下不深惟其终始⑥，而猥（wěi）随俗之毁誉也⑦。言鄙陋之愚心，若逆指而文（wén）过⑧；默而息乎，恐违孔氏"各言尔志"之义⑨。故敢略陈其愚，惟君子察焉。

恽家方隆盛时，乘朱轮者十人⑩，位在列卿⑪，爵为通侯⑫，总领从官⑬，与闻政事。曾不能以此时有所建明，以宣德化，又不能与群僚同心并力，陪辅朝廷之遗忘，已负窃位素餐之责久矣⑭。怀禄贪势，不能自退，遭遇变故，横被口语，身幽北阙⑮，妻子满狱。当此之时，自以夷灭不足以塞责，岂意得全首领⑯，复奉先人之丘墓乎？伏惟圣主之恩不可胜量。君子游道，乐以忘忧；小人全躯，说以忘罪⑰。窃自私念，过已大矣，行已亏矣，长为农夫以没世矣。是故身率妻子，戮力耕桑⑱，灌园治产，以给公上，不意当复用此为讥议也⑲。

夫人情所不能止者，圣人弗禁。故君父至尊亲，送其终也⑳，有时而既^㉑。臣之得罪已三年矣。田家作苦,岁时伏腊^㉒,烹羊炰(páo)羔^㉓,斗酒自劳。家本秦也,能为秦声。妇赵女也,雅善鼓瑟^㉔,奴婢歌者数人。酒后耳热,仰天拊缶(fǒu)而呼乌乌^㉕。其诗曰:"田彼南山,芜秽不治;种一顷豆,落而为萁(jī)^㉖。人生行乐耳,须富贵何时^㉗!"是日也,拂衣而喜,奋袖低昂,顿足起舞,诚淫荒无度,不知其不可也。恽幸有余禄,方籴(dí)贱贩贵^㉘,逐什一之利^㉙。此贾(gǔ)竖之事^㉚,污辱之处,恽亲行之。下流之人^㉛,众毁所归,不寒而栗。虽雅知恽者,犹随风而靡^㉜,尚何称誉之有?董生不云乎^㉝:"明明求仁义,常恐不能化民者,卿大夫意也;明明求财利,尚恐困乏者,庶人之事也^㉞。"故"道不同,不相为谋^㉟"。今子尚安得以卿大夫之制而责仆哉?

夫西河魏土^㊱,文侯所兴^㊲,有段干木、田子方之遗风^㊳,漂然皆有节概^㊴,知去就之分^㊵。顷者,足下离旧土,临安定,安定山谷之间,昆戎旧壤^㊶,子弟贪鄙,岂习俗之移人哉?于今乃睹子之志矣!方当盛汉之隆,愿勉旃(zhān)^㊷,毋多谈。

注释

①孙会宗:西河郡人。曾任安定(治所在今宁夏固原)太守。杨恽的朋友。　②阖门:关门。　③宰相:指杨恽的父亲杨敞。汉昭帝时任丞相。④底:引致;到达。　⑤时变:指霍光子孙霍禹等欲谋反事。　⑥惟:思考。⑦猥:轻率;随便。　⑧文过:掩饰过错。　⑨孔氏:孔子。"各言尔志":语出《论语·公冶长》:"盍各言尔志?"　⑩朱轮:车轮漆成红色。汉制,公卿列侯以及俸禄在二千石以上的官员方能乘坐朱轮车。　⑪列卿:中央的高级官员。　⑫通侯:秦爵二十级中的最高一级。亦称彻侯。后因避汉武帝讳,改称通侯。　⑬从官:皇帝的侍从官。　⑭素餐:不劳而食,无功受禄。语出《诗经·魏风·伐檀》:"彼君子兮,不素餐兮。"　⑮北阙:宫殿北面的楼观,为臣子上章奏事的地方。　⑯首领:头颅。　⑰说:通"悦"。　⑱戮力:齐心协力。　⑲用:以,因为。　⑳送其终:指为国君和父亲料理丧事。㉑既:结束。　㉒伏腊:古代进行祭祀活动的两个节日。夏至后的第三个庚日叫初伏。冬至后的第三个戌日为腊日。　㉓炰羔:烤小羊。　㉔雅:素,来,

一向。　㉕缶：瓦制的乐器。最初流行于秦地。乌乌：指唱歌声。　㉖其：豆茎。　㉗须：等待。　㉘籴：买进谷物。　㉙什一：十分之一。　㉚贾竖：对商人的贱称。　㉛下流：喻众恶所归之处。语出《论语·子张》。　㉜靡：倒伏。　㉝董生：指汉代大儒董仲舒。　㉞"明明求仁义"六句：引自董仲舒《对贤良策》三。《汉书·董仲舒传》"明明"作"皇皇"，"皇皇"即"遑遑"，急急忙忙的样子。　㉟道不同，不相为谋：语出《论语·卫灵公》。　㊱西河：西汉郡名，孙会宗出生地。　㊲文侯：魏文侯，战国时魏国君主。　㊳段干木、田子方：魏国贤人。　㊴漂然：高远的样子。　㊵去就：去留；进退。　㊶昆戎：即西戎，古代西部的一个少数民族部落。　㊷旃：相当于"之焉"。

译文

　　杨恽失去爵位在家，便治理产业，建造住宅，以经营理财排遣自乐。一年多后，他的朋友安定太守西河人孙会宗，一位有智谋的士人，写信给杨恽，劝诫他，说作为大臣被免职后，应该关门而恐慌思过，以获取别人的同情；不应该治理产业，交结宾客，得到别人的赞誉。杨恽是丞相的儿子，年轻时就名扬朝廷，由于一时糊涂，说话不慎而被免职，内心不服气。他回信给孙会宗说：

　　我才能低下，行为卑污，外部表现和内在品质都未修养到家，幸而靠着先辈留下的功绩，才得以充任宫中侍从官。又遭遇到非常事变，因而被封为侯爵。但始终未能称职，结果遭了灾祸。你哀怜我的愚昧，特地来信教导我不够检点的地方，恳切的情意甚为深厚。但我私下却怪你没有深入思考事情的本末，而轻率地表达了一般世俗眼光的偏见。直说我浅陋的看法吧，那好像与你来信的宗旨唱反调，在掩饰自己的过错；沉默而不说吧，又恐怕违背了孔子提倡每人应当直说自己志向的原则。因此我才敢简略地谈谈我的愚见，希望您能细看一下。

　　我家正当兴盛的时候，做大官乘坐朱轮车的有十人，我也位在九卿之列，爵封通侯，总管宫内的侍从官，参与国家大政。我竟不能在这样的时候有所建树，来宣扬皇帝的德政，又不能与同僚齐心协力，辅佐朝廷，补救缺失，已经受到窃踞高位白食俸禄的指责很久了。我贪恋禄位和权势，不能自动退职，终于遭到意外的变故，平白地被人告发，本人被囚禁在宫殿北面的楼观内，妻子儿女全关押在监狱里。在这个时候，自己觉得全族抄斩也不足以抵偿罪责，哪里想得到竟能保住脑袋，再去奉祀祖先的坟墓呢？我惶恐地思考着圣主的恩德真是无法计量。君子的身心沉浸在道义之中，快乐得忘记忧愁；小人保全了性命，快活得忘掉了自身的罪过。我暗自思量，我的过错已经很大了，行为也已有了亏缺，就做个农夫到死算了。因此亲自率领妻子儿女，竭尽全力耕田种粮，植桑养蚕，灌溉果园，经营产业，用来向官府交纳赋税，想不到又因为这样做而被人指责和非议。

人的感情所不能限制的事情，圣人也不加以禁止。所以即使是最尊贵的君王和最亲近的父亲，为他们送终服丧，也有结束的时候。我得罪以来已经三年了。种田人家劳作辛苦，一年中遇上伏日、腊日的祭祀，就烧煮羊肉烤炙羊羔，斟上一壶酒自我慰劳一番。我的老家本在秦地，因此我善于唱秦地的民歌。妻子是赵地的女子，平素擅长弹瑟，奴婢中也有几个会唱歌的。喝酒以后耳根发热，昂首面对苍天，信手敲击瓦缶，按着节拍呜呜呼唱。歌词是："在南山上种田，荆棘野草多得没法除清；种下了一顷地的豆子，只收到一片无用的豆茎。人生还是及时行乐吧，等享富贵谁知要到什么时辰！"碰上这样的日子，我兴奋得两袖甩得高高低低，两脚使劲蹬地而任意起舞，的确是纵情玩乐而不加节制，但我不懂这有什么过错。我幸而还有积余的俸禄，正经营着贱买贵卖的生意，追求那十分之一的薄利。这是只有商人才干的事情，备受轻视耻辱，我却亲自去做了。地位卑贱的人，是众人诽谤的对象，我常因此不寒而栗。即使是素来了解我的人，尚且随风而倒讥刺我，哪里还会有人来称颂我呢？董仲舒不是说过吗："急急忙忙地求仁求义，常担心不能用仁义感化百姓，这是卿大夫的心意；急急忙忙地求财求利，常担心贫困匮乏，这是平民百姓的事情。"所以"信仰不同的人，互相之间没有什么好商量的"。现在你还怎能用卿大夫的要求来责备我呢?

你的家乡西河郡原是魏国的土地,魏文侯在那里兴起大业,还存在段干木、田子方留下的好风尚,他们两位都有高远的志向和气节,懂得去留和进退的抉择。近来,你离开了故乡,去安定郡任太守。安定郡地处山谷中间,是昆夷族人的家乡,那里的人贪婪卑鄙,难道是当地的风俗习惯改变了你的品性吗? 直到现在我才看清了你的志向! 如今正当大汉朝的鼎盛时期,希望您努力,不再多谈了。

诚兄子严敦书①

[东汉]马援

题解

本文选自《后汉书·马援传》。

马援(前14—49),字文渊,东汉扶风茂陵(今陕西兴平)人。建武十七年(41),任伏波将军。率军有勇有谋。曾说:"丈夫为志,穷当益坚,老当益壮。"又说:"男儿要当死于边野,以马革裹尸还。"卒于军中。

这封信是马援在南下镇压交阯征贰、征侧起义时,写给他的侄儿马严、马敦的。信中对马严、马敦好议论人事是非,结交轻薄侠客的不良行为,进行训诫。又举了现实生活中的龙伯高和杜季良加以比较,规劝他们务必忠厚谨慎,切勿华而不实,陷于轻薄。语不多而切中要害。是一封有名的家书。

原文

援兄子严、敦,并喜讥议,而通轻侠客。援前在交阯[2],还书诫之曰:

"吾欲汝曹闻人过失[3],如闻父母之名,耳可得闻,口不可得言也。好议论人长短,妄是非正法,此吾所大恶也。宁死不愿闻子孙有此行也。汝曹知吾恶之甚矣,所以复言者,施衿(jīn)结缡(lí)[4],申父母之戒,欲使汝曹不忘之耳。

龙伯高敦厚周慎[5],口无择言,谦约节俭,廉公有威。吾爱之重之,愿汝曹效之。杜季良豪侠好义[6],忧人之忧,乐人之乐,清浊无所失,父丧致客,数郡毕至。吾爱之重之,不愿汝曹效也。效伯高不得,犹为谨敕之士,所谓'刻鹄(hú)不成尚类鹜(wù)'者也[7]。效季良不得,陷为天下轻薄子,所谓'画虎不成反类狗'者也。迄今,季良尚未可知,郡将下车辄切齿[8],州郡以为言,吾常为寒心,是以不愿子孙效也。"

注释

①诫:告诫。严、敦:马严、马敦,马援之兄、马余的两个儿子。　②交阯:郡名,又作交趾。在今越南北部。　③汝曹:你们。　④施衿结缡:古代女子出嫁,临行前父母要给她系上带子,结好佩巾。衿,系衣服的带子。缡,妇女用的佩巾。　⑤龙伯高:名述。东汉京兆(今陕西西安)人。当时为山都长。⑥杜季良:名保。京兆人。当时为越骑校尉。　⑦鹄:天鹅。鹜:鸭子。　⑧郡将:即太守。下车:指官员到任。

译文

马援哥哥的儿子马严和马敦,都喜欢讥笑议论别的人和事,且与轻薄侠士结交。马援以前在交趾时,写回信告诫他们说:

"我希望你们听到别人的过失,就像听见了自己父母的名字一样,耳朵可以听,但嘴上不可以议论。喜欢议论别人的长处和短处,胡乱评论朝廷的法度,这些都是我最深恶痛绝的。我宁可死,也不希望自己的子孙有这种行为。你们知道我非常厌恶这种行径,所以我是一再强调的,就像女儿在出嫁前,父母为之系上衣带、佩巾,一再告诫的一样,是希望你们牢牢记住。

　　龙伯高为人敦厚诚实,说出的话没有什么可以指责的,谦虚节俭,待人又不失威严。我爱护他,敬重他,希望你们向他学习。杜季良这个人豪侠好义,有正义感,把别人的忧愁作为自己的忧愁,把别人的快乐作为自己的快乐,无论什么人都结交,他的父亲去世时,几个郡的人都来了。我爱护他,敬重他,但不希望你们向他学习。(因为)学习龙伯高不成功,还可以成为谨慎谦虚的人,就所谓"刻鹄不成尚类鹜"。而一旦学习杜季良不成功,那你们就成了纨绔子弟,就所谓"画虎不成反类狗"。到现今,杜季良还不知晓,新来的郡的长官到任就怨恨他,州郡的官员告诉我这些情况,我常常为他寒心,所以不希望我的子孙学习他。

前 出 师 表①

[三国·蜀]诸葛亮

题解

　　诸葛亮(181—234),字孔明,琅琊阳都(今山东沂南)人。三国时期的大政治家、军事家。辅佐刘备建立蜀汉,拜为丞相。刘备死后,受遗诏辅佐刘禅。前后六次出师北伐曹魏。最后病死军中。谥忠武。

　　《前出师表》出自《三国志·蜀志》本传。建兴五年(227),诸葛亮率军进驻汉中,相机出师。临行时,上书给后主刘禅,于是就有了这篇著名的《前出师表》。表文内容包含两部分：一是指出当今危急存亡之秋的严峻形势，恳切地向后主提出内政方面的建议，即要广开言路，听信忠言，赏罚分明，任用贤良，励志振奋；二是叙述自己出草庐以来二十一年间，以兴复汉室为己任，兢兢业业，以身许国，以此激励后主，表现出对蜀国、对后主的无限忠诚。

本文叙述委婉，行文晓畅，文字质朴无华，是章表中的杰作。

原文

臣亮言：先帝创业未半②，而中道崩殂(cú)③。今天下三分，益州疲敝④，此诚危急存亡之秋也。然侍卫之臣不懈于内、忠志之士忘身于外者⑤，盖追先帝之殊遇⑥，欲报之于陛下也。诚宜开张圣听⑦，以光先帝遗德，恢弘志士之气⑧。不宜妄自菲薄⑨，引喻失义⑩，以塞忠谏之路也。宫中府中⑪，俱为一体，陟(zhì)罚臧(zāng)否(pǐ)⑫，不宜异同。若有作奸犯科及为忠善者⑬，宜付有司⑭，论其刑赏，以昭陛下平明之理，不宜偏私，使内外异法也。

侍中、侍郎郭攸之、费祎(yī)、董允等⑮，此皆良实，志虑忠纯，是以先帝简拔以遗陛下⑯。愚以为宫中之事，事无大小悉以咨之，然后施行，必能裨(bì)补阙漏⑰，有所广益。将军向宠⑱，性行淑均⑲，晓畅军事，试用于昔日⑳，先帝称之曰能，是以众议举宠为督㉑。愚以为营中之事，事无大小悉以咨之，必能使行阵和睦，优劣得所㉒。亲贤臣，远小人，此先汉所以兴隆也；亲小人，远贤臣，此后汉所以倾颓也。先帝在时，每与臣论此事，未尝不叹息痛恨于桓、灵也㉓。侍中、尚书、长史、参军㉔，此悉贞亮死节之臣㉕，愿陛下亲之信之，则汉室之隆，可计日而待也。

臣本布衣，躬耕于南阳㉖，苟全性命于乱世，不求闻达于诸侯㉗。先帝不以臣卑鄙㉘，猥(wěi)自枉屈㉙，三顾臣于草庐之中，咨臣以当世之事。由是感激，遂许先帝以驱驰㉚。后值倾覆㉛，受任于败军之际，奉命于危难之间，尔来二十有一年矣。先帝知臣谨慎,故临崩寄臣以大事也[32]。受命以来,夙夜忧叹,恐托付不效,以伤先帝之明,故五月渡泸[33],深入不毛。今南方已定,兵甲已足,当奖率三军,北定中原,庶竭驽钝[34],攘除奸凶[35],兴复汉室,还于旧都[36]。此臣之所以报先帝而忠陛下之职分也。至于斟酌损益,进尽忠言,则攸之、祎、允之任也。

愿陛下托臣以讨贼兴复之效,不效,则治臣之罪,以告先帝之灵。若无兴德之言,则责攸之、祎、允等之慢[37],以彰其咎。陛下亦宜自谋,以咨诹(zōu)善道[38],察纳雅言,深追先帝遗诏,臣不胜受恩感激。今当远离,临表涕零,不知所言。

注释

①表:是古代文体的一种,专为臣下对君王进行陈述求请时使用。②先帝:指刘备。　③崩殂:皇帝死称作“崩”,又叫“殂”。　④益州:汉代州名。相当于今四川、甘肃和陕西一带。疲敝:贫弱。　⑤侍卫之臣:指朝廷官员。　⑥追:追念;怀念。殊遇:特殊待遇。　⑦开张圣听:扩大皇帝的听闻。⑧恢弘:发扬;扩大。　⑨妄自菲薄:毫无理由地自己轻视自己。　⑩失义:失当,不合大义。　⑪宫中:指皇帝宫中。府中:指丞相府中。　⑫陟:升官进位。臧否:善恶得失。　⑬犯科:触犯法律中的科条。　⑭有司:有关的官署或官吏。　⑮侍中、侍郎:都是皇帝左右的亲近侍臣。郭攸之:南阳人,先后与费祎、董允同为侍中。费祎:字文伟,江夏人,后主即位时为黄门侍郎。董允:字休昭,后主即位时为黄门侍郎。　⑯简拔:选拔。　⑰裨:增益。阙:通“缺”,缺点。　⑱向宠:蜀大臣向朗的儿子,后主时先后任中部督和中领军。　⑲淑均:善良公平。　⑳试用于昔日:指向宠曾随刘备伐吴,秭归兵败,唯他的营垒得到保全。　㉑督:中部督,主管宫廷禁军。　㉒优劣得所:能力强的和弱的,都能发挥作用。　㉓桓:东汉桓帝刘志。灵:东汉灵帝刘宏。　㉔侍中:指郭攸之和费祎。尚书:协助皇帝处理公文政务的官吏,此指陈震。长史:丞相府主要佐官,此指张裔。参军:丞相府主管军务的佐官,此指蒋琬,诸葛亮死后继为尚书令,统领国事。　㉕贞亮:坚贞诚实,忠诚坦白。㉖南阳:汉郡名,治所在宛(今河南省南阳市)。㉗闻达:名声大而显贵。㉘卑鄙:地位低下,少见识。㉙猥:谦词。谦卑地。枉屈:屈尊的意思。㉚驱驰:喻为人效劳。　㉛值:遇上。倾覆:指建安十三年(208),曹操南侵

荆州时,刘备在当阳长坂坡被击破一事。 ㉜寄:托付。这句指刘备东伐孙吴,被吴将陆逊击败,退居白帝。章武三年(223)四月,刘备病死永安宫(故址在今四川省奉节县东),临终托付诸葛亮,要他辅助后主刘禅,讨魏兴汉。 ㉝泸:泸水,即金沙江。 ㉞庶:庶几,表示希望。驽钝:这里以劣马和不锋利的刀来比喻才能的平庸。 ㉟奸凶:指曹魏。 ㊱旧都:指汉朝曾建都的长安和洛阳。 ㊲慢:失职。 ㊳咨诹:询问。

译文

臣诸葛亮呈表进言:先帝创建大业还未完成一半,就中途去世。现在天下三分鼎立,蜀汉是那么疲乏困顿,这真是有关生死存亡的时刻啊。然而,朝廷里的大臣,在内毫不懈怠,军队中的将士,在外奋不顾身,这是因为大家在怀念先帝对他们的恩德,向陛下表示报答之情啊。陛下实在应该广泛地听取大家的意见,以此来光大先帝留下的德行,振奋鼓舞志士们的勇气。不可轻率地看轻自己,言谈训谕时有失大义,从而将臣民向您尽忠规劝的言路也阻塞了。内廷侍臣和相府官吏,都是一样为陛下效力的,凡是有所奖惩,不应该有差异。如果有做坏事触犯法令科条,或忠心做好事的,应该交由有关官员评审,加以处罚或赏赐,以此来显示陛下处事的公正贤明,不可有所偏袒,使得宫中府中法令不一。

侍中、侍郎郭攸之、费祎、董允等,这些侍卫之臣,都是善良诚实的人,心志都是忠贞纯正的,所以先帝选拔出来,留给陛下任用。臣下认为宫廷中事,无论大小,都要询问他们,然后再执行,必定能够补救疏漏,收到好的效果。向宠将军,品性善良,办事公正,通晓军事,当初曾被任用过,先帝称赞他是个能人,所以大家推举他做中部督。臣下认为军中的事务,无论大小,全都征询他,一定能使军队协调齐心,才能大小的人,都能有合适的安排。亲近贤良的臣子,疏远奸佞的小人,前汉因此而兴旺强盛;亲近小人,疏远贤良的臣子,后汉因此而衰败覆灭。先帝活着的时候,每逢与臣下议论到这件事,没有不对桓、灵二帝的作为表示痛恨而发出叹息的。侍中郭攸之、费祎,尚书令陈震,长史张裔,参军蒋琬,都是坚贞坦诚,能以死报国的臣子,希望陛下亲近他们,信任他们,这样汉家天下的兴旺,可以数着日子来等待了。

臣下本来是个平民百姓,在南阳耕田为生,只求在乱世中能保全生命,不想向诸侯谋求高官厚禄和显赫的名声。先帝不因臣下低贱和少见识,不惜降低身份而三顾茅庐,向臣下询问天下大事。因此臣下为之感动,就答应为先帝效力。后来战事失败,臣下在败亡之际,接受了挽救危局的重任,到现在已有二十一年了!先帝知道臣下处事谨慎,所以在临死时把辅助陛下兴复汉室的大事交付给臣下。接受先帝遗命以来,日日夜夜担心叹息,唯恐所托无所成就,从而有损先帝明于鉴察的声名,所以臣下在炎热的五月渡过泸水,深入到不毛之地。现在南方已平定,兵员装备已充足,该带领三军,北进克复中原,也许可以竭尽绵力,扫除凶残的奸贼,光复汉家江山,使长安、洛阳仍旧成为大汉王朝的首都。这就是臣下用来报答先帝,效忠于陛下的职责。至于权衡得失、掌握分寸,向陛下进忠言,那是郭攸之、费祎、董允他们的责任了。

希望陛下把讨伐曹魏,兴复汉室的大事交付给臣下,如果无所成就,就治臣下的罪,来禀告先帝在天之灵。如果没有劝勉陛下发扬圣德的忠言,那就要追究郭攸之、费祎、董允等人的怠惰之罪,公布他们的过失。陛下也应该自作打算,探求高明的道理,了解并接受忠正的言论,牢牢不忘先帝的遗嘱,臣下这就感恩不尽。而今快要去远征,面对表文,不禁流下泪来,真不知自己说的是什么。

陈 情 表

[西晋]李密

题解

李密(224—287),字令伯,犍为武阳(今四川彭山)人。为人正直,有才干。在蜀汉时出仕为郎。蜀亡以后,晋武帝司马炎为了巩固新政权,笼络蜀汉旧臣人心,征召李密为太子洗马。他上表陈情,以祖母年老无人供养,辞不从命。文章从自己幼年的不幸遭遇写起,说明自己与祖母相依为命的特殊感情,叙述委婉,词意恳切,语言简洁生动,富有表现力与强烈的感染力。

原文

臣密言:臣以险衅(xìn)①,夙遭闵凶②。生孩六月,慈父见背③;行年四岁,舅夺母志④。祖母刘,愍(mǐn)臣孤弱,躬亲抚养。臣少多疾病,九岁不行,零丁孤苦,至于成立⑤。既无叔伯,终鲜兄弟,门衰祚(zuò)薄⑥,晚有儿息⑦。外无期功强近之亲⑧,内无应门五尺之僮⑨,茕(qióng)茕孑(jié)立⑩,形影相吊⑪。而刘夙婴疾病⑫,常在床蓐(rù)⑬,臣侍汤药,未尝废离⑭。

逮奉圣朝,沐浴清化⑮。前太守臣逵⑯,察臣孝廉⑰;后刺史臣荣⑱,举臣秀才⑲。臣以供养无主,辞不赴命。诏书特下,拜臣郎中⑳,寻蒙国恩㉑,除臣洗马㉒。猥以微贱㉓,当侍东宫㉔,非臣陨(yǔn)首所能上报㉕。臣具以表闻,辞不就职。诏书峻切㉖,责臣逋(bū)慢㉗;郡县逼迫,催臣上道;州司临门㉘,急于星火。臣欲奉诏奔驰,则以刘病日笃㉙,欲苟顺私情㉚,则告诉不许。臣之进退,实为狼狈。

伏惟圣朝以孝治天下[31],凡在故老[32],犹蒙矜育[33],况臣孤苦,特为尤甚。且臣少仕伪朝[34],历职郎署[35],本图宦达,不矜名节[36]。今臣亡国贱俘,至微至陋,过蒙拔擢,宠命优渥(wò)[37],岂敢盘桓,有所希冀?但以刘日薄西山,气息奄奄,人命危浅,朝不虑夕。臣无祖母,无以至今日;祖母无臣,无以终余年。祖孙二人,更相为命,是以区区不能废远[38]。臣密今年四十有四,祖母刘今年九十有六,是臣尽节于陛下之日长[39],报刘之日短也。乌鸟私情[40],愿乞终养。

臣之辛苦,非独蜀之人士及二州牧伯所见明知[41],皇天后土[42],实所共鉴。愿陛下矜愍愚诚[43],听臣微志[44],庶刘侥幸,卒保余年。臣生当陨首,死当结草[45]。臣不胜犬马怖惧之情[46],谨拜表以闻。

注释

①险衅:灾难祸患。指命运坎坷。　②夙:早。这里指幼年时。闵凶:忧患。　③见背:背弃,指死亡。　④舅夺母志:指由于舅父的意志侵夺了李密母亲守节的志向。　⑤成立:长大成人。　⑥祜:福泽。　⑦儿息:儿子。⑧期功强近之亲:指比较亲近的亲戚。古代丧礼制度以亲属关系的亲疏规定服丧时间的长短,服丧一年称"期",九月称"大功",五月称"小功"。　⑨应门五尺之僮:指照管客来开门等杂事的小童。　⑩茕茕:孤立无援的样子。孑立:生活孤单无靠。　⑪吊:安慰。⑫婴:纠缠。⑬蓐:通"褥",褥子。⑭废离:废养而远离。　⑮清化:清明的政治教化。　⑯太守:郡的地方长官。　⑰察:考察,这里是推举的意思。孝廉:当时推举人才的一种科目,孝指孝顺父母,廉指品行廉洁。　⑱刺史:州的地方长官。　⑲秀才:当时地方推举优秀人才的一种科目,由州推举,与后来经过考试的秀才不同。　⑳拜:授官。郎中:官名。晋时各部有郎中,为副官。　㉑寻:不久。　㉒除:免去旧官职,任命新官职。洗马:官名。太子的属官,在宫中服役,掌管图书。㉓狼:辱。自谦词。　㉔东宫:太子居住的地方。这里指太子。　㉕陨首:丧命。　㉖峻切:严厉急切。　㉗逋慢:回避怠慢。㉘州司:州官。　㉙日

笃：日益沉重。　㉚苟顺：姑且迁就。　㉛伏惟：旧时奏疏、书信中下级对上级常用的敬语。　㉜故老：指老年人。　㉝矜育：怜惜抚育。　㉞伪朝：指蜀汉。　㉟历职郎署：指曾在蜀汉官署中担任过郎官职务。　㊱矜：矜持爱惜。　㊲宠命：恩命。指拜郎中、洗马等官职。优渥：优厚。　㊳区区：形容感情恳切。　㊴陛下：对帝王的尊称。　㊵乌鸟私情：相传乌鸦能反哺，所以常用来比喻子女对父母的孝养之情。　㊶二州：指益州和梁州。益州治所在今四川省成都市，梁州治所在今陕西省勉县东，二州区域大致相当于蜀汉所统辖的范围。牧伯：刺史。上古一州的长官称牧，又称方伯，所以后代以牧伯称刺史。　㊷皇天后土：即天地神明。　㊸愚诚：愚拙而至诚。　㊹听：允许；同意。　㊺结草：据《左传·宣公十五年》记载，晋国大夫魏武子临死的时候，嘱咐他的儿子魏颗，把他的遗妾杀死以后殉葬。魏颗没有照他父亲说的话做。后来魏颗跟秦国的杜回作战，看见一个老人用草打了结把杜回绊倒，杜回因此被擒。到了晚上，魏颗梦见结草的老人，他自称是没有被杀死的魏武子遗妾的父亲。后来就把"结草"用来作为报答恩人的表示。　㊻犬马：作者自比，表示谦卑。

译文

　　臣李密上言：我因为命运不好，幼年时就遭到不幸。生下来只有六个月，父亲就去世了；长到四岁的时候，舅父强迫我的母亲改嫁。祖母刘氏怜惜我孤单弱小，亲自加以抚养。我小时候经常生病，九岁还不能走路，孤独无靠，直到长大成人。既没有叔叔伯伯，也没有哥哥弟弟，门庭衰微没有福泽，很晚才有了儿子。外面没有比较亲近的亲戚，家里没有照管门户的童仆。孤单无靠地独立生活，只有和自己的影子相互作伴。而祖母刘氏很早就为疾病所纠缠，经常卧病在床，我侍奉饮食医药，从来没有离开过她。

　　到了晋朝建立，我沐浴在清明政治的教化之中。前些时候太守逵推举我为孝廉，后来刺史荣又推举我为秀才。我因为没有人能照料祖母，就辞谢掉了，没有遵命。朝廷又特地颁下诏书，任命我为郎中，不久又受国家恩命，任命我为洗马。以我这样卑微低贱的人去侍奉太子，这实在不是我杀身捐躯所能够报答朝廷的。我将以上苦衷上表报告,加以辞谢不去就职,但是诏书急切严峻,责备我回避怠慢;郡县长官催促我立刻上路;州官登门督促,比星火还要急。我很想奉命为国奔走效力,但是祖母刘氏的疾病却一天比一天严重,想姑且迁就自己的私情,但是报告申诉又得不到准许。我现在是进退两难,处境狼狈不堪。

我想圣朝是以孝道来治理天下的,凡是故旧老人,尚且受到怜惜抚育,何况我的孤苦尤其严重呢?再说我年轻的时候曾经做过蜀汉的郎官,本来希望能够得到更为显达的官职,并不自以为清高。我现在是卑贱的亡国之俘,实在微不足道,承蒙得到提拔,而且恩命十分优厚,怎敢徘徊观望而有什么别的企求呢?只因为祖母刘氏已是像太阳将要下山,只存一缕气息,生命不可能维持太长的时间,已经处于朝不保夕的境地。我如果没有祖母抚养,就不可能活到今天;如果祖母没有我的照顾,也不能够安度她的晚年。我们祖孙二人,相依为命,正是由于这种出自内心的感情使我不能弃养而远离。我今年四十四岁,祖母刘氏今年九十六岁,因此我效忠于陛下的日子还很长,而报答祖母刘氏的日子已很短了。我怀着像乌鸦反哺一样的私情,希望能够准许我对祖母养老送终的请求。

我的苦衷,不仅蜀地的人和益州、梁州的长官所亲眼目睹,连天地神明也都看到的。祈望陛下能怜惜我愚昧至诚的心意,同意我这点微小的愿望,使祖母刘氏能够侥幸保全她的余年。我活着愿意献出生命,死后愿意结草来报答陛下的恩惠。我怀着像牛马一样不胜恐惧的心情,谨此上表禀告。

兰 亭 集 序

[东晋]王羲之

题解

王羲之(321—379),字逸少,东晋琅玡临沂(今山东临沂)人。早年曾任秘书郎,累迁长史、江州刺史、右军将军等职。是著名的书法家。

东晋永和九年(353)三月三日,王羲之与当时名士谢安、孙绰以及本家子侄凝之、献之等四十一人,宴集于兰亭,饮酒赋诗,所赋作品编撰成集,并由王羲之题写了这篇序文。

序文生动而形象地记叙了这次集会的时间、地点、原因和与会人员,又以清新的笔致,描写了兰亭四周的风光景物,并由眼前的良辰美景,引发出对人生短暂的感慨。集记事、写景、抒情、议论于一体,达到了内容与形式的和谐一致。

原文

永和九年①,岁在癸丑,暮春之初,会于会(kuài)稽山阴之兰亭②,修禊(xì)事也③。群贤毕至④,少长咸集⑤。此地有崇山峻岭,茂林修竹,又有清流激湍,映带左右,引以为流觞曲水⑥。列坐其次,虽无丝竹管弦之盛,一觞一咏,亦足以畅叙幽情。是日也,天朗气清,惠风和畅。仰观宇宙之大,俯察品类之盛,所以游目骋怀,足以极视听之娱,信可乐也。

夫人之相与,俯仰一世⑦。或取诸怀抱,晤言一室之内⑧;或因寄所托,放浪形骸之外⑨。虽趣舍万殊⑩,静躁不同,当其欣于所遇,暂得于己,快然自足,曾不知老之将至⑪。及其所之既倦,情随事迁,感慨系之矣。向之所欣,俯仰之间,已为陈迹,犹不能不以之兴怀。况修短随化,终期于尽。古人云:"死生亦大矣⑫!"岂不痛哉!

每览昔人兴感之由,若合一契⑬,未尝不临文嗟悼,不能喻之于怀。固知一死生为虚诞⑭,齐彭殇为妄作⑮。后之视今,亦犹今之视昔,悲乎!故列叙时人⑯,录其所述⑰。虽世殊事异,所以兴怀,其致一也⑱。后之览者,亦将有感于斯文。

注释

①永和:晋穆帝年号(345—356)。 ②会稽:郡名,包括今浙江西部、江苏东南部一带地方。山阴:今浙江绍兴。 ③修禊:古代习俗,于阴历三月上旬的巳日(魏以后定为三月三日),人们群聚于水滨嬉戏洗濯,以被除不祥和求福。实际上这是古人的一种游春活动。 ④群贤:指谢安等三十二位与会的名流。 ⑤少长:指王凝之等九位与会的本家子弟。 ⑥流觞曲水:用漆制的酒杯盛酒,放入弯曲的水道中任其漂流。杯停在某人面前,某人就引杯饮酒。这是古人一种劝酒取乐的方式。 ⑦俯仰一世:很快地过了一生。俯仰,低首抬头之间,形容时间短暂。 ⑧晤言:面对面谈话。 ⑨放浪形骸之外:行为放纵不羁,形体不受世俗礼法所拘束。 ⑩趣舍:同"取舍"。⑪老之将至:语出《论语·述而》:"其为人也,发愤忘食,乐以忘忧,不知老之将至云尔。" ⑫死生亦大矣:语出《庄子·德充符》。 ⑬契:符契,古代的一种信物。在符契上刻上字,剖而为二,各执一半,作为凭证。 ⑭一死生:把死和生看作一回事。语出《庄子·德充符》。 ⑮齐彭殇:把高寿的彭祖和短命的殇子等量齐观。彭,彭祖,相传为颛顼帝的玄孙,活了八百岁。殇,指短命夭折的人。 ⑯列叙时人:一一记下当时的与会者。 ⑰所述:指与会者的诗歌作品。 ⑱致:情怀兴致。

译文

晋穆帝永和九年,这是癸丑年,暮春三月初,我们在会稽郡山阴县的兰亭聚会,进行修禊活动。众多的贤能之士都来参加,年轻的年长的都聚集在一起。这地方有高山峻岭、茂密的树林和挺拔的翠竹，又有清澈的溪水，急泻的湍流，波光辉映萦绕在亭子左右，有把水引来作为漂流酒杯的弯曲水道。大家列坐在水边，虽然没有音乐伴奏而稍显冷清，可是一面饮酒一面赋诗，也足以酣畅地抒发内心的感情。这天天气晴朗，空气清新，和风拂拂，温暖舒畅。抬头仰望宇宙空间之广大，低首俯察万物种类之繁多，因而放眼纵览，舒展胸怀，也足以尽情享受所见所闻的乐趣，确实是很快活的啊。

人们互相交往，转瞬间度过一生。有的人抒发内心感受，在家里与朋友倾心交谈；有的人把情趣寄托在某些事物上，不受世俗礼法拘束而纵情游乐。虽然人们对生活的取舍千差万别，性情也有沉静和急躁的差异，但当他们遇到欢欣的事情，心里感到暂时的得志，就喜悦满足，竟没想到人生衰老的暮年会很快来临。等到他们对生平所追求的事物已经厌倦，心情也随着而起变化，感慨就跟着发生了。从前所感到欢欣的，顷刻之间已成为往事，对这些尚且不能不深有感触。更何况人的寿命长短，随着各种原因而有变化，但终有穷尽的一天。古人说："死生也是人生一件大事啊！"这岂不很可悲哀吗！

我每次看到前人兴怀感慨的原因，与我所感叹的总像符契一样相合，没有一次不对着这些文章而叹息悲伤，心里却不知道这是为什么。我一向认为把死和生当作一回事是错误的，把长寿和短命等量齐观也是荒谬的。后世看现代，正如现代人看古代人一样，可悲啊！因此我一一记下这次兰亭集会者的名字，抄录下他们吟咏的诗篇。即使时代会不同，世事会变化，但人们抒发情怀的原因，其基本点是一致的。后世的读者，也将对这些诗文产生一番感慨。

归去来兮辞

[东晋]陶渊明

题解

　　陶渊明(365—427),字元亮,一说名潜,字渊明,浔阳柴桑(今江西九江西南)人。死后友朋私谥为"靖节",世称靖节先生。青年时,怀有建功立业的壮志,曾经几次出仕,先后任江州祭酒、镇军参军、建威参军、彭泽令等官职。由于他不愿受官场的拘束,就在四十一岁那年弃官归田,在农村中过躬耕隐居生活。

　　陶渊明是我国著名的田园诗人,他在归隐以后,对农村生活有所体验,写出了不少描述美好的田园风光和抒发自己恬静闲适心情的作品,反映了他厌弃官场生活的思想感情。

　　本文是晋安帝义熙元年(405)作者辞去彭泽令回家时所作,分"序"和"辞"两节,"辞"是一种与"赋"相近的文体名称。"序"说明了自己所以出仕和自免去职的原因。"辞"则抒写了归田的决心、归田时的愉快心情和归田后的乐趣。通过对田园生活的赞美和劳动生活的歌颂,表明他对当时现实政治,尤其是仕宦生活的不满和否定,反映了他蔑视功名利禄的高尚情操,也流露出委运乘化、乐天安命的消极思想。全文语言流畅,音节和谐,感情真实,富有抒情意味。"归去来兮"就是"归去"的意思,"来"、"兮"都是语助词。

原文

　　余家贫,耕植不足以自给。幼稚盈室①,瓶无储粟②,生生所资③,未见其术④。亲故多劝余为长吏⑤,脱然有怀⑥,求之靡途⑦。会有四方之事⑧,诸侯以惠爱为德⑨,家叔以余贫苦⑩,遂见用于小邑。于时风波未静⑪,心惮远役。彭泽去家百里⑫,公田之利,足以为酒,故便求之。及少日,眷然有归欤之情⑬。何则?质性自然⑭,非矫厉所得;饥冻虽切,违己交病⑮。尝从人事⑯,皆口腹自役⑰;于是怅然慷慨,深愧平生之志。犹望一稔(rěn)⑱,当敛裳宵逝⑲。寻程氏妹丧于武昌⑳,情在骏奔㉑,自免去职。仲秋至冬㉒,在官八十余日。因事顺心,命篇曰《归去来兮》。乙巳岁十一月也㉓。

归去来兮,田园将芜胡不归㉔!既自以心为形役㉕,奚惆怅而独悲?悟已往之不谏㉖,知来者之可追。实迷途其未远,觉今是而昨非。

舟遥遥以轻飏(yáng)㉗,风飘飘而吹衣。问征夫以前路,恨晨光之熹微。乃瞻衡宇㉘,载欣载奔㉙。僮仆欢迎,稚子候门。三径就荒㉚,松菊犹存。携幼入室,有酒盈樽。引壶觞以自酌,眄(miàn)庭柯以怡颜㉛。倚南窗以寄傲㉜,审容膝之易安㉝。园日涉以成趣,门虽设而常关。策扶老以流憩㉞,时矫首而遐观㉟。云无心以出岫(xiù)㊱,鸟倦飞而知还。景翳(yì)翳以将入㊲,抚孤松而盘桓。

归去来兮,请息交以绝游。世与我而相违,复驾言兮焉求㊳!悦亲戚之情话,乐琴书以消忧。农人告余以春及,将有事于西畴(chóu)㊴。或命巾车㊵,或棹(zhào)孤舟。既窈窕以寻壑㊶,亦崎岖而经丘。木欣欣以向荣,泉涓涓而始流。善万物之得时㊷,感吾生之行休㊸。

已矣乎㊹!寓形宇内复几时㊺,曷不委心任去留㊻?胡为遑遑欲何之㊼?富贵非吾愿,帝乡不可期㊽。怀良辰以孤往,或植杖而耘耔(zǐ)㊾。登东皋(gāo)以舒啸㊿,临清流而赋诗。聊乘化以归尽[51],乐夫天命复奚疑[52]!

注释

①幼稚:指幼儿。　②瓶:盛放粮食的容器。粟:小米,这里泛指粮食。③生生:维持生计。资:凭借,依靠。　④术:方法,本领。　⑤亲故:亲戚和朋友。长吏:县府中的官吏。　⑥脱然:轻快不受拘束的样子。有怀:有做官的念头。　⑦靡途:没有门路。　⑧四方之事:指出使外地的事情。　⑨诸侯:指州郡长官。　⑩家叔:叔父,指陶夔。　⑪风波:指军阀混战。　⑫彭泽:县名。在今江西省湖口县东。　⑬眷然:依恋的样子。归欤之情:回去的心情。　⑭质性:本性。　⑮违己:违反自己的本心。交病:指身心感到痛苦。　⑯从人事:从事于仕途中的人事交往,指做官。　⑰口腹自役:为了吃饭而驱使自己。　⑱一稔:公田收获一次。稔,谷物成熟。　⑲敛裳:收拾行装。　⑳寻:不久。程氏妹:嫁给程家的妹妹。㉑骏奔:急着前去奔丧。㉒仲秋:农历八月。　㉓乙巳岁:晋安帝义熙元年(405)。　㉔胡:何;为什么。　㉕以心为形役:让心志被形体所驱使。㉖已往:过去的事。谏:纠正,这里是挽救的意思。　㉗遥遥:漂荡。飏:飘扬。形容船驶行轻快。㉘瞻:望见。衡宇:犹衡门。横木为门,形容房屋简陋。　㉙载欣载奔:又是高兴,又是奔跑。　㉚三径:汉代蒋诩隐居后,在屋前竹下开了三条小路,只与隐士求仲、羊仲二人交往。　㉛眄:斜视。庭柯:庭院中的树木。　㉜寄傲:寄托傲世的情绪。　㉝审:明白;深知。容膝:形容居室狭小,仅能容膝。㉞策:拄着。扶老:手杖。流:周游。　㉟矫首:抬头。遐观:远望。㊱岫:山洞。㊲景:日光。翳翳:阴暗的样子。㊳焉求:何求。㊴畴:田地。㊵巾车:有篷幕的车子。㊶窈窕:幽深的样子。　㊷善:羡慕。㊸行休:将要终止,指死亡。㊹已矣乎:算了吧。㊺寓形宇内:寄身于天地之间。㊻曷不:何不。委心:随自己的心意。去留:指生死。　㊼遑遑:心神不定的样子。何之:到哪里去。㊽帝乡:天帝之乡,指仙境。㊾植杖:把手杖放在旁边。耘:田地里除草。耔:在苗根培土。　㊿皋:水边高地。舒啸:放声长啸。51乘化:随顺着大自然的运转变化。归尽:归向死亡。52乐乎天命:乐观地安于命运。

译文

　　我的家境贫困,耕种田地不能维持自己的生活。家中孩子很多，米缸里经常没有存粮，找不到维持生计的办法。亲戚朋友多劝我出去做个小官，自己心里也产生了这种念头，但苦于没有门路。刚巧碰上有出使到外地去的事情，各地州郡长官都以爱惜人才为美德，叔父因为看到我贫苦就加以推荐，于是被任命为小城的官吏。这时战乱没有平息，心里害怕远地的差使。彭泽县离开家乡只有一百里路程，公田收获的粮食足够酿酒之用，因此就要了下来。但过了没几天，思念田园，归乡的念头就产生了。为什么呢？因为我的本性坦率自然，不会勉强做作；饥冻虽是急迫之事，但违背自己本心就会使人感到十分痛苦。虽然自己曾经做过官，但都是为生活所驱使；于是感到烦恼，激动不已，有愧于平生的志愿。但还是想等到秋收以后，就收拾行装连夜离去。不久，嫁给程家的妹妹在武昌去世，要急着前去奔丧，就自己弃官离职了。从秋八月到冬季，做了八十多天的官。就针对这件事情来抒发自己心里的情意，给这篇文章命名为《归去来兮》。时在乙巳年十一月。

归去吧，田园将要荒了，为什么还不回去？既然让自己的心志受形体来驱使，为什么还要伤感而独自悲哀？我觉悟到过去的已无法挽回，而未来的却还来得及弥补。虽走入了迷途，但还不是太远。认识到如今归田是对的，以前出仕是错的。

船在水中轻快地漂荡向前，微风吹动着我的衣裳。向行人询问前面的路程，只恨早晨天色朦胧，还不十分明亮。我一看到自己的简陋家门，既高兴，又奔跑。家中的童仆前来迎接，孩子们都在门口等候。庭院中的小路已经荒芜，只有松树和菊花，还依旧存在。挽起孩子，走进屋里。酒已摆好，端起酒壶，自斟自酌。看着院子里的树木，感到非常愉快。身靠南窗，寄托傲岸的情怀，深感简陋的居室，也可以安乐满足。每天到园子里散步，自有乐趣，屋子虽然有门，却经常关着。拄着手杖，到处走动，有时抬头向远处眺望。天空中的云彩，悠闲地从山坳飘出；飞倦了的鸟儿，也知道自己回来。日光慢慢暗下将要隐没，我还抚摩着孤松，徘徊不前。

归去吧，让我断绝与世俗的交游。既然世俗与我的情志相违背,我还要驾车出游追求些什么呢!跟亲戚们谈谈知心话使我感到愉快,弹琴读书能够使我消愁解忧。农人们告诉我春天到了,将要到西边的田地里去耕种。有时乘了有篷帘的小车,有时划了一条小船。有时经过曲折幽深的山沟,有时经过高低不平的山丘。看到树木欣欣向荣,泉水涓涓地流淌。我真羡慕自然界万物正生机勃勃,感叹自己的生命即将终止。

算了吧!人寄身于天地之间又能有多少时候,为什么不随着自己的心意而任其自然?为什么整天心神不定又想要怎样呢?富贵荣华不是我的心愿,神仙境界也不可以期待。遇到好天气就一个人独自出去游览,或者把手杖放在一边做些除草培苗的工作。有时登上东边的高冈放声长啸,有时在清澈的水边吟咏赋诗。姑且随顺着大自然的变化以了结此生,抱定乐天安命的主意,又有什么可疑虑的呢!

五柳先生传

[东晋]陶渊明

题解

本文是作者用史传的笔法为自己写的一篇自传。文章通过对五柳先生这一假想人物的描述,来表现作者的生活方式和生活态度。记录一个爱好读书、不慕荣利、安贫乐道、忘怀得失的封建时代知识分子的形象。全文语言质朴生动,幽默而富有情趣。

原文

先生不知何许人也①,亦不详其姓字②。宅边有五柳树,因以为号焉③。闲静少言,不慕荣利。好读书,不求甚解④;每有会意⑤,便欣然忘食。性嗜酒,家贫,不能常得。亲旧知其如此⑥,或置酒而招之。造饮辄尽⑦,期在必醉;既醉而退,曾不吝情去留。环堵萧然⑧,不蔽风日,短褐穿结⑨,箪(dān)瓢(piáo)屡空⑩,晏如也⑪。常著文章自娱,颇示己志。忘怀得失,以此自终。

　　赞曰⑫:黔(qián)娄之妻有言⑬:"不戚戚于贫贱⑭,不汲汲于富贵⑮。"其言兹若人之俦乎⑯?衔觞赋诗,以乐其志,无怀氏之民欤⑰?葛天氏之民欤?

注释

　　①何许人:何处人。也可解作何等人。　②姓字:姓名。古代男子二十而冠,冠后另立别名称字。　③号:古人除名、字之外,还有别号。　④不求甚解:指对所读的书只求理解精神,不执著于对一字一句的解释。　⑤有会意:指对书中的意义有所体会。　⑥如此:指上文所说的"性嗜酒,家贫,不能常得"。　⑦造:去;到。　⑧环堵:房屋四壁。这里指居室。堵,墙壁。　⑨短褐:粗布短衣。穿结:指衣服破烂。穿,破。结,缝补。　⑩箪:盛饭的圆形竹器。瓢:舀水的葫芦。　⑪晏如:安然自得。　⑫赞:古人常用于传记体文章的结尾处,表示作传人对传主的评论。　⑬黔娄:春秋时鲁国人,清贫自守,不愿出仕。　⑭戚戚:忧虑的样子。　⑮汲汲:极力营求、不休息的样子。　⑯其言:她所说的话。若人:那人,指五柳先生。俦:同类。　⑰无怀氏:与下面的"葛天氏"都是传说中古朴淳厚的上古社会中的帝王。

译文

　　先生不知是什么地方人,也弄不清他的姓名。他的住宅旁边种了五棵柳树,因此就用"五柳"作为他的别号了。他安闲沉静,不多说话,也不羡慕荣华利禄。喜欢读书,但不执著于对一字一句的琐细解释;每当有了心得体会,便高兴得忘了吃饭。生性偏爱喝酒,但因家里贫穷,不能经常喝到酒。亲朋好友知道他的这种境况,有时就备好酒请他来喝。他去了总把酒喝完,让自己喝到大醉为止;醉了,就向主人告辞,从不顾惜人家的挽留之情。家中的四面墙壁,空空荡荡,连风和太阳都无法遮挡,穿的粗布短衣,打满了补丁,盛饭的箪和饮水的瓢经常是空的,他却能安然自得。常常写些文章来自我娱乐,表达志向。他忘掉世俗的得失,就这样度过自己的一生。

赞语说:黔娄的妻子曾这样说自己的丈夫:"不因为处境贫困而终日忧心忡忡,不为了追求富贵而到处奔走钻营。"她说的就是五柳先生这一类人吧!手拿酒杯吟咏诗篇,以此来愉悦自己的志向,这不就是无怀氏那个时代的人,或者是葛天氏时代的人?

新 亭 对 泣

[南朝·宋]刘义庆

题解

刘义庆(403—444),彭城(今江苏徐州)人,刘宋宗室,袭封临川王。著有《世说新语》。本文选自《世说新语》"言语篇"。

西晋末年,北方少数民族的统治者乘晋室内乱,纷纷起兵夺取政权,西晋随之灭亡。317年,晋元帝在建业(今江苏南京)建立东晋政权,中州士族纷纷渡江南下。本篇即反映了东晋士族官僚无力收复失地的无奈情绪。

原文

过江诸人①,每至美日②,辄相邀新亭③,藉卉饮宴④。周侯中坐而叹曰⑤:"风景不殊⑥,正自有山河之异⑦!"皆相视流泪。唯王丞相愀(qiǎo)然变色曰⑧:"当共戮力王室⑨,克复神州⑩,何至作楚囚相对⑪!"

注释

①过江诸人:指南渡初期东晋政权中的高级士族人物。 ②美日:风和日丽的好天气。 ③辄:常常。新亭:三国时吴所建,故址在今南京市南。④藉卉:坐在草地上。 ⑤周侯:周𫖮(yǐ),字伯仁,汝南安城(今河南汝南东南)人。官至尚书左仆射。中坐:坐于宴席中间。 ⑥殊:差别。 ⑦正:只是。山河之异:山河国土有了变化,指北方为外族占领。 ⑧王丞相:王导,字茂弘,临沂(今山东临沂)人。晋元帝过江后,被任命为丞相。愀然:脸色改变的样子,多指悲伤、严肃。 ⑨戮力:尽力。 ⑩克复:收服。 ⑪楚囚:晋人称被他们俘虏的楚国人钟仪为楚囚。语出《左传》。后泛指俘虏、囚犯。

译文

南下渡江避难的中原人士,每到天气晴朗的日子,就相互约请在新亭聚会,坐在草地上饮酒会餐。周侯𫖮在席间叹息说:"这里的风景跟洛阳的没什么不同,只是山河国土起了变化!"大家都相互对视,流泪不止。只有王导脸色骤变说:"我们大家应当同心协力来效忠朝廷,收复中原,哪至于像亡国的囚徒一样相对哭泣呢。"

北 山 移 文

[南朝·梁]孔稚珪

题解

孔稚珪(447—501),字德璋,会稽山阴(今浙江绍兴)人。官至太子詹事。本文是他的传世之作。

"移"是古代的一种文体,相当于现在的通告、布告。北山,指钟山,在建康城(今南京市,南朝京都)北,故名北山。文章假托北山神灵责让周颙,嘲讽了某些先隐后宦的人物。认为隐士有求仙、傲名和趋利三种类型。在慨叹真隐士尚子平、仲长统已成往事后,将周颙初来北山时的情景和后来的表现进行对比,即由初来时的清高,不把巢父、许由放在眼里,到后来接奉诏书时迫不及待出仕,从而揭示了这个人物的虚伪本性。

文章构思巧妙,立意新颖,寓庄于谐,具有很强烈的讽刺色彩。是六朝骈文的杰作。不过,文章中所叙述的周颙的经历,与史实不尽符合。作者之所以这样写,只是借机嘲弄。

原文

钟山之英,草堂之灵①,驰烟驿路②,勒移山庭③。

夫以耿介拔俗之标④,潇洒出尘之想⑤,度白雪以方洁⑥,干青云而直上⑦,吾方知之矣。若其亭亭物表⑧,皎皎霞外⑨,芥千金而不盼⑩,屣(xǐ)万乘其如脱⑪,闻风吹于洛浦⑫,值薪歌于延濑⑬,固亦有焉。岂期终始参(cēn)差(cī)⑭,苍黄翻覆⑮,泪翟子之悲⑯,恸朱公之哭⑰。乍回迹以心染⑱,或先贞而后黩⑲,何其谬哉! 呜呼,尚生不存⑳,仲氏既往㉑,山阿寂寥,千载谁赏!

世有周子㉒,俊俗之士㉓,既文既博,亦玄亦史㉔。然而学遁东鲁㉕,习隐南郭㉖,偶吹草堂㉗,滥巾北岳㉘。诱我松桂,欺我云壑㉙。虽假容于江皋㉚,乃缨情于好爵㉛。

其始至也,将欲排巢父㉜,拉许由㉝,傲百氏㉞,蔑王侯。风情张日㉟,霜气横秋㊱。或叹幽人长往㊲,或怨王孙不游㊳。谈空空于释部㊴,覈(hé)玄玄于道流㊵。务光何足比㊶,涓子不能俦㊷。

及其鸣驺(zōu)入谷㊸,鹤书赴陇㊹,形驰魄散,志变神动。尔乃眉轩席次㊺,袂(mèi)耸筵上㊻,焚芰(jì)制而裂荷衣㊼,抗尘容而走俗状㊽。风云凄其带愤,石泉咽而下怆㊾,望林峦而有失,顾草木而如丧。

至其纽金章㊿,绾(wǎn)墨绶㉛,跨属城之雄㉜,冠百里之首㉝。张英风于海甸㉔,驰妙誉于浙右㉕。道帙(zhì)长摈㉖,法筵久埋[57]。敲扑喧嚣犯其虑[58]，牒诉倥(kǒng)偬(zǒng)装其怀[59]。琴歌既断,酒赋无续。常绸(chóu)缪(móu)于结课[60],每纷纶于折狱[61],笼张赵于往图[62],架卓鲁于前箓(lù)[63],希踪三辅豪[64],驰声九州牧[65]。

使其高霞孤映,明月独举,青松落阴,白云谁侣?涧(jiàn)户摧绝无与归[66],石径荒凉徒延伫[67]。至于还飙(biāo)入幕[68],写雾出楹[69],蕙帐空兮夜鹄怨,山人去兮晓猨(yuán)惊。昔闻投簪逸海岸[70],今见解兰缚尘缨[71]。于是南岳献嘲,北陇腾笑,列壑争讥,攒峰竦(sǒng)诮[72]。慨游子之我欺,悲无人以赴吊。故其林惭无尽,涧愧不歇,秋桂遗风,春萝罢月[73]。骋西山之逸议[74],驰东皋之素谒[75]。

今又促装下邑[76],浪拽(yè)上京[77]。虽情投于魏阙[78],或假步于山扃(jiōng)[79]。岂可使芳杜厚颜[80],薜荔无耻,碧岭再辱,丹崖重滓(zǐ)[81],尘游躅(zhú)于蕙路[82],污渌(lù)池以洗耳[83]。宜扃岫幌(huǎng)[84],掩云关,敛轻雾,藏鸣湍,截来辕于谷口,杜妄辔于郊端[85]。于是丛条瞋胆,叠颖怒魄[86],或飞柯以折轮[87],乍低枝而扫迹[88]。请回俗士驾,为君谢逋客[89]。

注释

①英、灵:指山神。草堂:周颙(yóng)隐居钟山时住的地方。　②驰烟:腾云驾雾。驿路:通驿车的大路。　③勒:刻。　④耿介:光明正直。拔俗:超越流俗之上。标:风度;格调。　⑤出尘:超出世俗之外。　⑥度:衡量。方:比。　⑦干:犯;凌驾。　⑧物表:万物之上。　⑨霞外:天外。　⑩芥千金:把千金看作小草一样轻微。芥,小草,这里用作动词。　⑪屣:草鞋,此处用作动词。万乘:指天子。　⑫凤吹:指吹笙如凤。洛浦:洛水边。《列仙传》:"周灵王太子晋,好吹笙作凤鸣,常游于伊、洛之间。"　⑬值:遇到。薪歌:樵歌。延濑:长长的河滩。《文选》注谓苏门先生曾游延濑,见一人采薪,就问他是否以此为终,那人答道:"吾闻圣人无怀,以道德为心,何怪乎而为哀也。"并作歌二章而去。　⑭参差:不一致。　⑮苍黄:青色和黄色。翻覆:变化无常。　⑯翟子:墨翟。他见练丝而泣,为其可以黄可以黑。(见

《淮南子·说林训》) ⑰朱公:杨朱。杨朱见歧路而哭,为其可以南可以北。(见《淮南子·说林训》) ⑱乍:暂时。回迹:隐居。心染:心被仕途名利所动。 ⑲贞:清白。黩:污浊。 ⑳尚生:尚子平,西汉末隐士,以砍柴、卖柴为生。 ㉑仲氏:仲长统,东汉末年人,州郡屡召,往往借口生病不从。 ㉒周子:周颙。 ㉓俊俗:卓立世俗。 ㉔玄:老庄之道,即玄学。史:史书,指史学。 ㉕东鲁:指春秋时鲁国隐士颜阖(hé)。《庄子·让王》记鲁君使人礼聘于他,被他借故逃走。 ㉖南郭:南郭子綦。《庄子·齐物论》:"南郭子綦隐几而坐,仰天嗒然,似丧其偶。" ㉗偶吹:与别人一起吹奏乐器。用《韩非子·内储说》"滥竽充数"事。 ㉘滥巾:冒充隐士。巾,隐士所戴头巾。北岳:北山。 ㉙壑:山谷。 ㉚江皋:江岸。这里指隐士所居的长江之滨钟山。 ㉛缨情:系情,忘不了。 ㉜排:排斥。巢父:尧时隐士。 ㉝拉:折辱。许由:尧时隐士。见《高士传》。 ㉞百氏:诸子百家。 ㉟张:张大。㊱霜气:喻志气凛然如秋霜。横:弥漫。 ㊲幽人:隐逸之士。 ㊳王孙:指贵族子弟。 ㊴空空:佛家义理。佛家认为世上一切皆空,以空明空,故曰"空空"。释部:佛家之书。 ㊵覈:研究。玄玄:道家义理。《老子》:"玄之又玄,众妙之门。"道流:道家之学。 ㊶务光:夏时高人。《列仙传》谓汤得天下而让光,光潜水而逃。 ㊷涓子:齐人,隐居宕山。见《列仙传》。俦:匹敌。 ㊸鸣驺:指使者的车马。鸣,喝道。驺,随从骑士。 ㊹鹤书:指征召的诏书。因诏书所用的书体如鹤头,故称。陇:山阜。 ㊺尔:这时。轩:高扬。 ㊻袂耸:衣袖高举。 ㊼芰制、荷衣:以荷叶做成的隐者衣服。《离骚》:"制芰荷以为衣兮,集芙蓉以为裳。" ㊽抗:高举,这里指张扬。走:驰骋。这里喻迅速。 ㊾咽:悲泣。怆:怨怒的样子。 ㊿纽:系。金章:铜印。(51)绾:系。墨绶:黑色的印带。金章、墨绶为当时县令所佩带。 (52)跨:超越。属城:郡下所属各县。 (53)百里:古时一县约管辖百里。 (54)张:播。海甸:海滨。 (55)驰:传。浙右:今浙江绍兴一带。 (56)道帙:道家的经典。帙,书套,这里指书籍。摈:一作"殡",抛弃。 (57)法筵:讲佛法的几案。埋:废弃。(58)敲扑:鞭打。 (59)牒诉:诉讼状纸。倥偬:事务繁忙迫切的样子。 (60)绸缪:纠缠。结课:计算赋税。 (61)折狱:判理案件。 (62)笼:笼盖。张赵:张敞、赵广汉。两人都做过京兆尹,是西汉的能吏。往图:过去的记载。(63)架:超越。卓鲁:卓茂、鲁恭。两人都是东汉的循吏。箓:簿籍。 (64)希踪:追慕踪迹。三辅豪:三辅有名的能吏。三辅,汉代称京兆、左冯翊、右扶风为三辅。 (65)九州:指天下。牧:地方长官,如刺史、太守之类。 (66)摧绝:崩落。 ⑥延伫:长久站立有所等待。 ⑥还飚:回风。 ⑥写:同"泻",吐。楹:屋柱。 ⑦投簪:抛弃冠簪。簪,古时联结官帽和头发的用具。逸:隐遁。 ⑦兰:用来做的佩饰,隐士所佩。缚尘缨:束缚于尘网。 ⑦攒峰:密聚在一起的山峰。竦:同"耸",跳动。献嘲、腾笑、争讥、辣诮,都是嘲笑、讥讽的意思。 ⑦萝:女萝,一种植物。 ⑦逸议:隐逸高士的清议。 ⑦素谒:高尚有德的言论。 ⑦促装:束装。下邑:指原来做官的县邑(山阴县)。 ⑦浪拽:鼓棹,驾舟。 ⑦魏阙:高大门楼,这里指朝廷。 ⑦假步:借道。山扃:山门,指北山。 ⑧芳杜:芳香的杜若草。 ⑧重滓:再次蒙受污辱。 ⑧尘:动词,使蒙尘。躅:足迹。 ⑧渌池:清池。 ⑧岫幌:犹言山穴的窗户。岫,山穴。幌,帷幕。 ⑧杜:堵塞。妄辔:肆意乱闯的车马。 ⑧颖:草芒。 ⑧飞柯:飞落的树枝。 ⑧乍:骤然。扫迹:遮蔽路径。 ⑧君:北山神灵。逋客:逃客,指周颙。

译文

钟山的英魂,草堂的神灵,在驿路上腾云驾雾似的奔驰,要把这篇移文镌刻在山崖。

那些真正的隐士,具光明正直超越世俗的气节、潇洒高超超出流俗的思想,和白雪相比,一样洁白;与青云相比,一样高耸,这样的人我是很了解的。至于那些超然于物外的人,品格高洁得像云霞一样,他们把千金看作小草而不屑一顾,把万乘看作草鞋而随手抛掉。在洛水旁听听那凤鸣般的笙曲,在长河滩听听那伐木者的樵歌,这样的人确实也是有的。但怎么也想不到,有的人不能始终如一,就像白丝时而青,时而黄,使墨子为它悲哀而流泪;又像岔路可南可北,让杨朱为它哭泣。他们暂时来山中隐居而又对此怦然心动,开始还能洁身自好,后来又污浊不堪。这是多么荒谬啊。唉,尚子平早已不在人世,仲长统也已离去。山林寂寞,千年来,有谁来赏识啊。

如今世上有位姓周的人,是一位不同流俗的俊才,既能文,又博学,既通晓玄学,也了解史学。可他偏学习颜阖要遁世于东鲁,效仿子綦要隐居于南郭,混在草堂里滥竽充数,戴着头巾住在北山中冒充隐士。哄诱我们山中的松桂，欺骗我们的云崖。虽然在长江边假装隐居，心里却牵挂着高官厚禄。

他初来时，似乎要排斥巢父，折辱许由，瞧不起诸子百家的学说，蔑视王侯的尊荣。风度之高超过太阳，志气之盛就像秋霜。时而感叹隐士长去不回，时而又怪王孙贵族远游不归。大谈佛家的"四大皆空"，又谈道家的"玄之又玄"。就连上古时的务光也不能和他相比，涓子也不能与他同列。

等到皇帝的使者，驾着车马，前呼后拥进入山谷，天子的诏书传到山中时，他便手舞足蹈、魂飞魄散，志向改变。在征召的筵席上，眉飞色舞，得意挥袖，烧毁了隐居时穿的芰裳，撕破了荷衣，露出了庸俗的脸色，做出了世俗的举动。山中的风云悲伤含愤，石上的泉水呜咽难过。只见树林和山峦，若有所失，百草和树木，垂头丧气。

等到他挂着铜印，佩带黑色绶带，便占据一郡中最大的县，成了县令中的最大的官。威风遍及海滨，美名传到浙东。道家的书早已扔掉，讲佛法的坐席也被闲置。鞭打犯人的喧嚣声扰乱了他的思虑，各种文书和诉讼状堆满了他的心头。弹琴唱歌全已中断，饮酒赋诗也无法继续。常常被计算赋税等杂事所牵涉，每每为判决案件而忙碌。还想获取比史书记载中的张敞、赵广汉更大的名声，胜过东汉卓茂、鲁恭的功绩。希望赶上三辅有名的官吏，名声流传在九州大地。

这使得山中的烟霞孤独地映照，明月寂寞地升起，青松只落下绿荫，谁还会与白云相伴？涧间屋门崩塌，也无人回来；石径荒凉，白等一场。以至于回风吹进帐幕，云雾从屋柱间飘出。蕙帐空空，夜间的飞鹤在怨恨。人去后，清晨时的猿也在惊叫。从前听说有人脱去官服逃到海边隐居，今天却见到有人解下兰佩被尘世所束缚。于是南山诸峰嘲讽他，北边群山耻笑他，周围的深谷争相讥讽他，连绵的山峰指责他。感叹我们被那位游子所骗，又为无人来慰问而悲伤。因此，我们的山林非常羞耻，山涧非常惭愧。桂花在秋风中飘落,春萝辞别月光。西山旁传来了隐士的清议,东泽边也传来他们的高论。

如今这人又在整理行装,乘船前往京城。虽然他心中想的是朝廷,但或许会到山里来借住。怎能让山里的芳草再次羞惭,薜荔不知羞耻,青青的山岭再次受辱,红红的山岩重被污染,他的游踪会玷污山中的香草小路,会污染因洗耳闻名的池中的清水。应该关闭北山的窗户,掩上云门,收起轻雾,藏好泉流,在山口拦截他的车,到郊外去堵住他的马。于是,山中的树丛和重叠的草芒,勃然大怒,有的用飞落的树枝去打他的车轮,有的低垂枝叶去扫除他的踪迹。请这位俗客回去,为山神谢绝这位逃客的再次到来。

三　　峡

[北朝·魏]郦道元

题解

本文选自《水经注·江水》。《水经》三卷,是由魏晋时期的学者所著的一部记载全国河流水道的地理书。原书很简略,北魏郦道元为该书作注,成《水经注》四十卷。

郦道元(? —527),字善长,北魏范阳涿鹿(今河北涿州)人。历任州刺史、御史中尉等官职。后为雍州刺史萧宝夤所害。平生好学,博览群书,《水经注》即是他的传世之作。

郦道元博采汉魏以来许多山川土风、历史文献,广征博引,并根据亲身经历,叙述了一千多条水道的源流经历、山川景物、神话传说,以及各地的风土人情,是一部别开生面的著作。《水经注》虽属于地理著作,但其文字简练优美,具有较高的文学价值,对后代文学有很大的影响。《三峡》写三峡两岸高峻的山势,奔流的江水,以及三峡中四时景色的变化,富有诗意,堪称传世名篇。

原文

　　自三峡七百里中①,两岸连山,略无阙处②。重岩叠嶂③,隐天蔽日。自非停午夜分④,不见曦月。至于夏水襄陵⑤,沿泝(sù)阻绝⑥。或王命急宣⑦,有时朝发白帝⑧,暮到江陵⑨,其间千二百里,虽乘奔御风,不以疾也。春冬之时,则素湍(tuān)绿潭⑩,回清倒影。绝巘(yǎn)多生柽(chēng)柏⑪,悬泉瀑布,飞漱其间。清荣峻茂,良多趣味。每至晴初霜旦,林寒涧肃,常有高猿长啸,属引凄异⑫,空谷传响,哀转久绝。故渔者歌曰:"巴东三峡巫峡长⑬,猿鸣三声泪沾裳。"

注释

　　①三峡:指瞿塘峡、巫峡、西陵峡。在长江上游,西起四川奉节白帝城,东至湖北宜昌南津关,长193公里。　②阙处:缺口的地方。　③嶂:指像屏障似的山岩。　④停午:正午。夜分:夜半。　⑤襄:上,漫上。陵:山冈。⑥沿泝:顺流而下曰沿,逆流而上为泝。泝,即"溯"。　⑦王命:皇帝的命令。　⑧白帝:白帝城,在今四川奉节东。　⑨江陵:今湖北江陵。　⑩湍:急流的水。　⑪巘:山峰。柽柏:木名,即柽柳。　⑫属引:连续不断。⑬巴东:指今四川云阳、奉节、巫山一带。

译文

　　在三峡的七百里水路中,两岸山连着山,几乎没有半点空缺。层层叠叠的山岩峰峦,遮蔽了天空,挡住了日光。假如不是正午和半夜,就看不到太阳和月亮。到了夏季,大水漫上两岸的丘陵,无论顺水,还是逆水,都无路可通。有时,皇帝的命令亟须传达,于是,早晨从白帝城出发,傍晚就要到达江陵,这中间有一千二百里的路程,即使骑上奔驰的骏马,驾着长风飞翔,也没有如此迅速。

在春季和冬季,白色的急流,回旋着清波;碧绿的深潭,倒映着两岸
山色。极为陡峭的山峰上,生长着许多怪柳,大小瀑布,在那里飞
射冲刷。江水清澈,树木繁盛,群山峻峭,绿草丰茂,确实很有趣
味。每逢雨后初晴或霜天清晨,树林山涧冷落而萧索,常有猿猴在
高处长声鸣叫,声音连续不断,异常凄厉,回响在空旷的山谷中,很
长时间才消失。所以打鱼的人唱道:"巴东三峡,要数巫峡水路最
长;猿叫三声,令人听后泪落衣裳。"

白 马 寺

[北魏]杨衒之

题解

　　北魏自公元493年从平城迁都洛阳后,大量兴建寺庙。最盛
时京城里外佛寺多到一千三百六十余所。534年,孝静帝迁都邺
城以后,洛阳寺庙大半在兵火中毁灭。武定五年(547),杨衒之因
行役重游洛阳,有感于佛寺的兴废盛衰,撰写了《洛阳伽蓝记》。
本文选自该书卷四。文章记述了白马寺的名称由来、形胜之美以
及人物掌故。

原文

　　白马寺①,汉明帝所立也②,佛入中国之始③。寺在西阳门外
三里御道南④。帝梦金神长丈六⑤,项背日月光明⑥,金神号曰
佛。遣使向西域求之⑦,乃得经像焉⑧。时白马负经而来⑨,因以
为名。明帝崩⑩,起祇(zhī)洹(huán)于陵上⑪。自此以后,百姓
冢上⑫,或作浮图焉⑬。寺上经函至今犹存⑭。常烧香供养之,经

函时放光明,耀于堂宇,是以道俗礼敬之⑮,如仰真容。浮图前,奈(nài)林、蒲萄异于余处⑯,枝叶繁衍,子实甚大⑰。奈林实重七斤,蒲萄实伟于枣⑱,味并殊美⑲,冠于中京⑳。帝至熟时,常诣取之,或复赐宫人。宫人得之,转饷亲戚㉑,以为奇味,得者不敢辄食,乃历数家㉒。京师语曰㉓:"白马甜榴㉔,一实直牛㉕。"

注释

①白马寺:在河南省洛阳市东郊,为中国最早的寺院之一。 ②汉明帝:刘庄。公元58至75年在位。 ③佛:佛教。 ④西阳门:洛阳正西门。御道:天子行车之道。 ⑤金神:指佛像。长丈六:高度为一丈六寸。 ⑥项背:颈部和背部。日月光明:指佛像能发出光芒。 ⑦遣使:派使者。西域:汉以后对于玉门关、阳关以西地区的总称。 ⑧经像:佛经和佛像。焉:于此,在那里。 ⑨负:背负。经:指佛经和佛像。 ⑩崩:古代帝王去世称崩。⑪起:修建。祇洹:即精舍,修法的场所。陵:陵墓。 ⑫冢:坟墓。 ⑬浮图:佛塔。 ⑭经函:放置佛像的盒子。 ⑮道俗:僧人和俗人。 ⑯奈:果木名。林檎的一种。也称花红、沙果。蒲萄:同今"葡萄"。 ⑰子实:果实。⑱伟于枣:比枣子还大。 ⑲殊:非常。 ⑳中京:指中原。 ㉑饷:款待;招待。 ㉒历数家:经历许多人家。指互相转送。 ㉓京师:京城。 ㉔白马:白马寺。榴:石榴,属奈的一种。 ㉕一实直牛:一个果实相当于一头牛的价值。极言其珍贵。

译文

白马寺,是由汉明帝所建造的,那时是佛教传入中国的开始。寺院在西阳门外三里的御道南边。汉明帝梦见一个金神,高一丈六寸,颈部和背部能发出光芒,这个金神叫佛。明帝派遣使者向西域地区寻求金神,于是在那里得到了佛经和佛像。当时是由一匹白马驮着佛经和佛像过来的,因此用白马作为寺院的名称。汉明帝死后,人们在他的陵墓上建起了精舍。自此以后,百姓的坟墓上,有的也造了佛塔。寺院上的佛像盒,至今还保存着。人们常常烧香供养它,佛像盒里时常会放出光芒,照耀在殿堂里,因此,僧人和俗人对它行礼又恭敬,好像瞻仰到了佛的真容一样。佛塔前面的沙果树和葡萄,与别处的不相同,枝叶繁茂,果实很大。沙果的果实重达七斤,葡萄的个头比枣子还大,味道都非常鲜美,为中原之最。皇上在果树成熟时,常常前来摘取,有时再赐给宫中的人。宫人得到这些果实后,用来款待亲戚,大家认为这是奇特的美味果品,得到的人也不敢马上就食用,于是果实就从一个人家转送到另一个人家。京城有这样的说法:"白马寺里的甜榴果,光一个的价值就相当于一头牛的价值。"

谏太宗十思疏①

[唐]魏徵

题解

魏徵(580—643),字玄成,祖籍巨鹿曲城(今河北晋县)人,唐初著名政治家。唐太宗时任谏议大夫,以敢于犯颜直谏著称,先后陈事凡二百余次,劝唐太宗居安思危、举贤任能、戒奢爱民,于"贞观之治"功绩卓著。魏徵病卒后,唐太宗亲自撰写碑文,称:"人以铜为镜,可以正衣冠;以古为镜,可以见兴替;以人为镜,可以知得失。魏徵殁,朕亡一镜矣。"可见其所受的倚重。

唐太宗即位初期,因隋鉴不远,故能励精图治。随着功业日隆,生活渐加奢靡,"喜闻顺旨之说","不悦逆耳之言"。魏徵以此为忧,多次上疏,本文是其中的一篇。全文以"思国之安者,必积其德义"为中心,把积德义的具体内容归成十个需要认真思考的问题,规劝唐太宗要知足知止,谦虚纳下,赏罚公正,慎始敬终,知人善任,爱惜民力。写得语重心长,唐太宗对此十分赞赏,并把这篇疏放置案头,以资警惕。

在表现手法上,文章从比喻入手,通过成败得失的比较推论,归结到"可畏惟人",指出争取人心的积极意义。说理透彻,音韵铿锵,气势充沛,是一篇很好的论说文。

原文

臣闻求木之长(zhǎng)者,必固其根本②;欲流之远者,必浚(jùn)其泉源③;思国之安者,必积其德义。源不深而望流之远,根不固而求木之长,德不厚而思国之安,臣虽下愚④,知其不可,而况于明哲乎⑤!人君当神器之重⑥,居域中之大⑦,不念居安思危,戒奢以俭,斯亦伐根以求木茂⑧,塞源而欲流长也。

凡昔元首⑨,承天景命⑩,善始者实繁,克终者盖寡⑪。岂取之易,守之难乎?盖在殷忧⑫,必竭诚以待下;既得志,则纵情以傲物。竭诚,则吴、越为一体⑬;傲物,则骨肉为行路⑭。虽董之以严刑⑮,振之以威怒,终苟免而不怀仁,貌恭而不心服。怨不在大⑯,可畏惟人,载舟覆舟,所宜深慎。

诚能见可欲⑰,则思知足以自戒;将有作⑱,则思知止以安人⑲;念高危,则思谦冲而自牧⑳;惧满溢,则思江海下百川;乐盘游㉑,则思三驱以为度㉒;忧懈怠,则思慎始而敬终㉓;虑壅蔽㉔,则思虚心以纳下㉕;惧谗邪,则思正身以黜恶;恩所加,则思无因喜以谬赏;罚所及,则思无因怒而滥刑。总此十思,宏兹九德㉖,简能而任之㉗,择善而从之,则智者尽其谋,勇者竭其力,仁者播其惠,信者效其忠。文武并用,垂拱而治㉘。何必劳神苦思,代百司之职役哉㉙。

注释

①谏:劝谏。太宗:唐太宗李世民。疏:奏疏,封建时代臣子向君王陈述意见的一种文体。 ②固:使……稳固。本:草木的根干。 ③浚:疏通。④下愚:最愚笨的人。 ⑤明哲:贤明而有智慧的人。这里指唐太宗。

⑥当:主持、掌握的意思。神器:帝位。　⑦居域中之大:占据天地间的一大。《老子》上篇:"道大,天大,地大,王亦大。域中有四大,而王居其一焉。"域中,天地间。　⑧斯亦:这也是。　⑨元首:指帝王。　⑩景:大。　⑪克:能够。　⑫殷忧:深深的忧虑。　⑬吴、越:春秋时两个互相敌对的诸侯国。⑭骨肉:指亲属。行路:路人,指没有关系的陌生人。　⑮董:督责,监督。之:指代人民。　⑯怨不在大:语出《尚书》:"怨不在大,亦不在小。"谓人之怨恨不在事大,或由小事而起。这是说,使人民怨恨的事不可做。　⑰诚:果真。表示假设。可欲:指能引起欲念的事物。　⑱作:兴作,建筑。指兴建宫室之类。　⑲知止:知道适可而止。　⑳谦冲:谦虚。自牧:自我修养。㉑盘游:打猎游乐。　㉒三驱:一年打猎三次。　㉓敬:慎重。　㉔壅蔽:堵塞、遮蔽。　㉕纳下:接受下面的意见。　㉖九德:指忠、信、敬、刚、柔、和、固、贞、顺。　㉗简:选拔。　㉘垂拱而治:谓君主垂衣敛手,不用自己处理政务而天下治理得很好。　㉙百司:百官。职役:职务。

译文

　　我听说,要求树木生长,一定要加固它的根本;想要流水的长远,一定要疏通它的源头;想使国家安定,一定要积聚道德仁义。水源不深却希望水流长远,根不牢固却要求树木长成,德义不厚却想使国家安定,我虽是十分愚笨的人,也知道那是不可能的,更何况明智的人呢!国君担当着帝王的重任,处于天地间的尊位,不考虑在安逸时会出现危难,不用厉行节俭去戒除奢侈,这也是砍断树根却要树木茂盛,堵塞水源却要水流长远啊。

　　凡是古代的君主,承受上天的大命,开始做得好的确实很多,能够坚持到底的却很少。难道是取得天下容易,守住天下困难吗?大概是在忧患深重的时候,必然竭尽诚意对待下属;得志以后,便放纵自己而傲视他人。竭尽诚意,那么像吴、越也能结为一个整体;傲视他人,那么骨肉至亲也会像路人一样。即使用严酷的刑罚督责人们,用威风怒气恫吓人们,最终人们苟且求免于罪,却不会怀念恩德,表面上恭敬,但内心不服。怨恨不在于事大,可怕的只是百姓。百姓像水一样,可以载船,也可以翻船,这是应该特别谨慎的。

　　果真能够做到:见到想要的东西,就想到知足以自我警戒;将要大兴土木,就想到要适可而止而让百姓安宁;考虑到居高临险,就想到谦虚并加强自我修养;害怕骄傲自满,就想江海是居于百川的下游;喜欢打猎游乐,就想到每年三次的限度;担心志懈怠,就想到做事要始终谨慎;担忧被蒙蔽,就想到虚心接纳下属的意见;害怕谗佞奸邪,就想到端正自身以斥退邪恶小人;加恩于人时,就想到不要因为一时高兴而赏赐不当;施行刑罚时,就想到不要因为正在发怒而滥施刑罚。完全做到上述十个方面,扩大九德的修养,一定会得到很多补益。选拔有才能的人而任用他,选择好的意见而听从它,那么,聪明的人就会竭尽他们的智谋,勇敢的人就会竭尽他们的气力,仁爱的人就会广施他们的恩惠,诚实的人就会奉献他们的忠诚。文臣武将都得到任用,就可以垂衣拱手,安然而治了。何必劳神苦思,代行百官的职务呢。

代徐敬业传檄天下文①

［唐］骆宾王

题解

　　骆宾王(约640—?),婺州义乌(今浙江义乌)人。七岁能赋诗,有"神童"之誉。以诗文著称,与当时著名文士王勃、杨炯、卢照邻齐名。这篇《代徐敬业传檄天下文》,是其代表作。

　　唐中宗嗣圣元年(684),武则天废去刚登基的中宗李显,另立李旦为帝,自己临朝称制。身为开国元勋英国公徐世勣嗣孙的徐敬业,以已故太子李贤为号召,在扬州起兵,反对武则天临朝。骆宾王入徐敬业幕府,代徐敬业作这篇檄文。本文亦称《讨武曌檄》,但武则天自名"曌"是永昌元年(689)的事,这篇文章作于嗣圣元年(684),可知《讨武曌檄》一题,当为后人所改。

这篇檄文,分三段。首段揭露武后谋权篡位的种种罪行;次段说明了这次起事的主旨,并分析了有利形势;末段晓以大义,说以利害,要大家认清形势,迅速作出决定。结尾"请看今日之域中,竟是谁家之天下",表明了唐室必胜、武后必败的必胜信心。文章气势磅礴,语言豪壮,起到了很大的宣传鼓动作用。连武则天看到这篇文章时,也惊叹作者的才华,说:"有如此才,而使之沦落不遇,宰相之过也!"可见这篇檄文煽动力之强了。

原文

伪临朝武氏者②,人非温顺,地实寒微③。昔充太宗下陈④,尝以更衣入侍⑤。洎(jì)乎晚节⑥,秽乱春宫⑦。密隐先帝之私⑧,阴图后庭之嬖(bì)⑨。入门见嫉,蛾眉不肯让人⑩;掩袖工谗⑪,狐媚偏能惑主⑫。践元后于翚(huī)翟(dí)⑬,陷吾君于聚麀(yōu)⑭。加以虺(huǐ)蜴(yì)为心⑮,豺狼成性,近狎邪僻⑯,残害忠良⑰,杀姊屠兄⑱,弑君鸩(zhèn)母⑲。神人之所共疾,天地之所不容。犹复包藏祸心,窥窃神器⑳。君之爱子,幽之于别宫㉑;贼之宗盟㉒,委之以重任。呜呼!霍子孟之不作㉓,朱虚侯之已亡㉔。燕啄皇孙,知汉祚之将尽㉕;龙漦(chí)帝后,识夏庭之遽衰㉖。

敬业皇唐旧臣,公侯冢子㉗。奉先帝之遗训㉘,荷本朝之厚恩。宋微子之兴悲㉙,良有以也㉚;桓君山之流涕㉛,岂徒然哉!是用气愤风云,志安社稷㉜。因天下之失望,顺宇内之推心㉝,爰举义旗㉞,誓清妖孽。南连百越㉟,北尽三河㊱,铁骑成群,玉轴相接㊲。海陵红粟㊳,仓储之积靡穷;江浦黄旗㊴,匡复之功何远。班声动而北风起㊶,剑气冲而南斗平。暗(yīn)呜则山岳崩颓,叱咤则风云变色㊷。以此制敌,何敌不摧;以此攻城,何城不克!

公等或家传汉爵㊸,或地协周亲㊹,或膺(yīng)重寄于爪牙㊺,或受顾命于宣室㊻。言犹在耳,忠岂忘心?一抔(póu)之土未干㊼,六尺之孤安在㊽?傥能转祸为福㊾,送往事居㊿,共立勤王之勋(51),无废旧君之命(52),凡诸爵赏,同指山河(53)。若其眷恋穷城(54),徘徊歧路,坐昧先几之兆(55),必贻(yí)后至之诛(56)。

请看今日之域中,竟是谁家之天下!移檄州郡,咸使知闻。

注释

①徐敬业:唐代曹州离狐(今山东菏泽)人。祖父徐世勣为唐代开国元勋,封英国公,赐李姓(后改名勣)。徐敬业袭英国公爵。檄:檄文,是古代用于征召、晓谕、声讨等的一种文体,特指声讨敌人或叛逆的文书。一般用骈体文写作。 ②伪:表示不合法。非正统所承认。临朝:亲自处理国政,此指做君主。武氏:指武则天(624—705)。 ③地:指地位、出身。 ④太宗:指唐太宗李世民。下陈:古人宾主互相馈赠礼物,陈列在堂下,称为"下陈"。因而,古代统治者充实于府库、内宫的财物、妾婢,亦称"下陈"。这里指武则天曾充当过唐太宗的才人。 ⑤更衣:换衣。古人在宴会中常以此作为离席休息或入厕的托言。《汉书》记载:歌女卫子夫乘汉武帝更衣时入侍而得宠幸。这里借以说明武则天以不光彩的手段得到唐太宗的宠幸。 ⑥洎:及;到。晚节:后来。 ⑦春宫:亦称东宫,是太子居住的地方,后人常借指太子。 ⑧先帝:指唐太宗李世民。私:宠幸。 ⑨嬖:宠爱。 ⑩蛾眉:原以蚕蛾的触须比喻女子修长而美丽的眉毛,这里借指美女即武则天。 ⑪掩袖工谗:说武则天善于进谗害人。《战国策》记载:楚王夫人郑袖对楚王所爱美女说:"楚王喜欢你的美貌,但讨厌你的鼻子,以后见到楚王,要掩住你的鼻子。"美女照办,楚王因而发怒,割去美女的鼻子。这里借此暗指武则天曾偷偷杀死亲生女儿,而嫁祸于王皇后,使皇后失宠的事。(见《新唐书·后妃传》) ⑫狐媚:唐代迷信狐仙,认为狐狸能迷惑害人,所以称用手段迷人为狐媚。 ⑬践:履践,引申为就职。元后:正宫皇后。翚翟:用美丽鸟羽织成的衣服,指皇后的礼服。翚,五彩雉鸡。翟,长尾山鸡。 ⑭聚麀:多匹公鹿共有一匹母鹿。麀,母鹿。语出《礼记·曲礼上》:"夫惟禽兽无礼,故父子聚麀。"这句意谓武则天原是唐太宗的姬妾,现在当上高宗的皇后,使高宗乱伦。 ⑮虺蜴:毒蛇和蜥蜴,比喻用心险恶的人。 ⑯狎:亲近。邪僻:指不正派的人。

⑰忠良:指因反对武后而先后被杀的长孙无忌、上官仪、褚遂良等大臣。
⑱杀姊屠兄:指残害自己的亲属。《旧唐书·外戚传》记载:武则天被册立为
皇后之后,陆续杀死侄儿武惟良、武怀运和姊女贺兰氏。兄武元庆、武元爽也
被贬谪而死。 ⑲弑君鸩母:谋杀君王、毒死母亲。其实史书中并无武后谋
杀唐高宗和毒死母亲的记载。弑,臣下杀死君王。鸩,传说中的一种鸟,用其
羽毛浸酒能毒死人。 ⑳窥窃神器:阴谋取得帝位。神器,指皇位。 ㉑君
之爱子,幽之于别宫:指唐高宗死后,中宗李显继位,旋被武后废为庐陵王,改
立睿宗李旦为帝,但实际上是被幽禁起来。 ㉒宗盟:家属和党羽。 ㉓霍
子孟:名霍光,西汉大臣,受汉武帝遗诏,辅助幼主汉昭帝;昭帝死后,昌邑王
刘贺继位,荒嬉无道,霍光又废刘贺,更立宣帝。是安定西汉王朝的重臣。
作:兴起。 ㉔朱虚侯:汉高祖子齐惠王肥的次子,名刘章,封朱虚侯。高祖
死后,吕后专政,重用吕氏族人,危及刘氏天下,刘章与丞相陈平、太尉周勃等
合谋,诛灭吕氏,拥立文帝,稳定了西汉王朝。 ㉕"燕啄皇孙"二句:
《汉书·五行志》记载:汉成帝时有童谣说"燕飞来,啄皇孙"。指赵飞燕入宫
为皇后,因无子而妒杀了许多皇子,汉成帝因此无后嗣。不久,王莽篡政,西
汉灭亡。这里借汉朝故事,指斥武则天先后废杀太子李忠、李弘、李贤,致使
唐室倾危。祚:指皇位,国统。 ㉖"龙漦帝后"二句:据《史记·周本纪》记
载:当夏王朝衰落时,有两条神龙降临宫廷中,夏帝把龙的唾涎用木盒藏起
来,到周厉王时,木盒开启,龙漦溢出,化为玄鼋进入后宫,一宫女感而有孕,
生褒姒。后幽王为其所惑,废太子,西周终于灭亡。漦,涎沫。 ㉗冢子:嫡
长子。 ㉘先帝:指刚死去的唐高宗。 ㉙宋微子:微子名启,是殷纣王的庶
兄,被封于宋,所以称"宋微子"。殷亡后,微子去朝见周王,路过荒废了的殷
旧都,作《麦秀歌》来寄托自己亡国的悲哀。这里是徐敬业的自喻。 ㉚良:
确实;真的。以:原因。 ㉛桓君山:东汉人,名谭,光武帝时为给事中,因反
对当时盛行的谶纬神学,而被贬为六安郡丞,忧郁而死。 ㉜社稷:原为帝王
所祭祀的土神和谷神,后借指国家。 ㉝宇内:天下。推心:指人心所推重。
㉞爰:于是。 ㉟百越:通"百粤"。古代越族有百种,故称"百越"。这里指
越人所居的偏远的东南沿海。 ㊱三河:洛阳附近河东、河内、河南三郡,是
当时政治中心所在的中原之地。 ㊲玉轴:战车的美称。 ㊳海陵:古县名,
在今江苏省泰州市,汉代曾在此置粮仓。红粟:米因久藏而发酵变成红色。
㊴靡:无;不。 ㊵江浦:长江沿岸。黄旗:指王者之旗。 ㊶班声:马嘶鸣
声。 ㊷喑呜、叱咤:发怒时的喝叫声。 ㊸公等:诸位。家传汉爵:拥有世

代传袭的爵位。汉初曾大封功臣以爵位,可世代传下去,所以称"汉爵"。
㐀地协周亲:指身份地位都是皇家的宗室或姻亲。协,相配;相合。周亲,至亲。　㐅膺:承受。爪牙:喻武将。　㐆顾命:君王临死时的遗命。宣室:汉宫中有宣室殿,是皇帝斋戒的地方,汉文帝曾在此召见并咨问贾谊,后借指皇帝郑重召问大臣之处。　㐌一抔之土:语出《史记·张释之传》:"假令愚民取长陵(汉高祖陵)一抔土,陛下将何法以加之乎?"这里借指皇帝的陵墓。㐍六尺之孤:指继承皇位的新君。　㐎悦:通"倘",倘若,或者。　㐏送往事居:送走死去的,侍奉在生的。往,死者,指高宗。居,在生者,指中宗。㐐勤王:指臣下起兵救援王室。　㐑旧君:指已死的皇帝,一作"大君",义近。　㐒"凡诸爵赏"二句:语出《史记》,汉初大封功臣,誓词云:"使河如带,泰山若厉。国以永宁,爰及苗裔。"这里意为有功者授予爵位,子孙永享,可以指山河为誓。　㐓穷城:指孤立无援的城邑。　㐔昧:不分明。几:迹象。㐕贻:遗下;留下。后至之诛:意思说迟疑不响应,一定要加以惩治。语见《周礼·大司马》,原句为"比军众,诛后至者"。

译文

　　那个非法把持朝政的武氏,不是一个温和善良的人,出身卑下。当初是太宗皇帝的姬妾,曾因更衣的机会而得以奉侍左右。到后来,不顾伦常与太子(唐高宗李治)关系暧昧。隐瞒先帝曾对她的宠幸,谋求取得在宫中专宠的地位。进入宫里的妃嫔都遭嫉妒,她依仗美貌,不肯让人;如郑袖之善于害人,卖弄风情,迷住皇上。穿着华丽的礼服,登上皇后的宝座,把君王推到乱伦的境地。加上毒蛇般的心肠,凶残成性,亲近奸佞,残害忠良,杀戮兄姊,谋杀君王,毒死母亲。这种人为天神凡人所痛恨,为天地所不容。她还包藏祸心,图谋夺取帝位。皇上的爱子,被幽禁在冷宫里;而她的亲属党羽,却委派以重要的职位。可悲啊,霍光这样的重臣不再出现,刘章那样忠贞的宗室也没有了。"飞燕杀皇孙"成歌谣,可知汉朝的帝统将尽;龙涎生下的女人,成了皇后,标志着夏后氏王朝快要衰亡。

　　我徐敬业是大唐的老臣,是王公贵族的长子,奉行先帝留下的训示,承受本朝的恩典。像宋微子为故国的覆灭而悲哀,确实有他的原因;桓谭为失去爵禄而流泪,难道是毫无道理吗!因此气愤激荡风云,志在安定国家。依随着天下的失望情绪,顺应着举国推仰的心愿,于是高举正义之旗,发誓要消除害人的妖物。南至偏远的百越,北到中原的三河,铁骑成群,战车相连。海陵的粟米多得发酵变红,仓库里的储存真是无穷无尽;大江之滨旌旗飘扬,光复天下的日子不远了。战马在北风中嘶鸣,宝剑之气直冲向天上的星斗。怒吼使得山岳崩塌,云天变色。拿这来对付敌人,还有什么样的敌人不能打垮;拿这来攻击城市,有什么城市不能占领。

诸位或者是世代蒙受国家的封爵,或者是皇室的姻亲,或者是负有重任的将军,或者是接受先帝遗命的大臣。先帝的话音好像还在耳边,你们的忠诚怎能忘却?先帝的坟土尚未干透,我们的幼主却不知被贬到哪里去了。如果能转变当前的祸难成为福祉,好好地送走死去的旧主和服侍当今的皇上,共同建立匡救王室的功勋,不至于废弃先皇的遗命,那么各种封爵赏赐,一定如同泰山黄河那般牢固长久。如果留恋目前的既得利益,在关键时刻犹疑不决,看不清事先的征兆,就一定会招致严厉的惩罚。

请看明白今天的世界,到底是哪家的天下。这道檄文颁布到各州郡,让大家都知晓。

滕 王 阁 序①

[唐] 王勃

题解

王勃(650—676),字子安,绛州龙门(今山西稷山)人。27岁那年,前往南方探望任交趾令的父亲,渡海溺水,受惊而死。与杨炯、卢照邻、骆宾王并称"初唐四杰"。

本文在《全唐文》中,题为《秋日登洪府滕王阁饯别序》,一般选本简称为《滕王阁序》。序文由洪州的地势、人才写到宴会;写滕王阁的壮丽,眺望的广远,紧扣秋日,景色鲜明;再从宴会娱游写到人生遇合,抒发身世之感。接着写自己的遭遇和志向。最后以应命赋诗和自谦之辞作结。全文表露了作者的抱负和怀才不遇的愤懑心情。

作为一篇优秀的骈文,作者调动了对偶、用典等艺术手段,在精美严整的形式之中,表现了自然变化之趣;尤其是景物描写部分,文笔瑰丽,手法多样,以或浓或淡、或俯或仰、时远时近、有声有色的画面,把秋日风光描绘得神采飞动,令人击节叹赏。其中"落霞与孤鹜齐飞,秋水共长天一色"一联,动静相映,意境浑融,成为千古传诵的名句。

原文

豫章故郡②,洪都新府。星分翼轸(zhěn)③,地接衡庐④。襟三江而带五湖⑤,控蛮荆而引瓯越⑥。物华天宝,龙光射牛斗之墟⑦;人杰地灵,徐孺下陈蕃之榻⑧。雄州雾列⑨,俊采星驰⑩。台隍枕夷夏之交⑪,宾主尽东南之美。都督阎公之雅望⑫,棨(qǐ)戟遥临[13]；宇文新州之懿范[14]，襜(chān)帷暂驻[15]。十旬休暇[16]，胜友如云[17]；千里逢迎，高朋满座。腾蛟起凤，孟学士之词宗[18]；紫电青霜，王将军之武库[19]。家君作宰[20]，路出名区[21]，童子何知[22]，躬逢胜饯[23]。

时维九月，序属三秋[24]。潦(lǎo)水尽而寒潭清[25]，烟光凝而暮山紫。俨骖(cān)騑(fēi)于上路[26]，访风景于崇阿[27]。临帝子之长洲[28]，得仙人之旧馆[29]。层峦耸翠，上出重霄；飞阁流丹，下临无地。鹤汀凫渚，穷岛屿之萦回；桂殿兰宫，列冈峦之体势[30]。披绣闼(tà)[31]，俯雕甍(méng)[32]：山原旷其盈视[33]，川泽纡其骇瞩[34]。闾阎扑地[35]，钟鸣鼎食之家[36]；舸(gě)舰迷津，青雀黄龙之舳(zhú)[37]。虹销雨霁[38]，彩彻区明[39]。落霞与孤鹜齐飞[40]，秋水共长天一色。渔舟唱晚，响穷彭蠡(lǐ)之滨[41]；雁阵惊寒，声断衡阳之浦[42]。

遥吟俯畅[43]，逸兴遄(chuán)飞[44]。爽籁发而清风生[45]，纤歌凝而白云遏[46]。睢(suī)园绿竹[47]，气凌彭泽之樽[48]；邺水朱华[49]，光照临川之笔[50]。四美具[51]，二难并[52]。穷睇(dì)眄于中天[53]，极娱游于暇日。天高地迥，觉宇宙之无穷；兴尽悲来，识盈虚之有数。望长安于日下，指吴会于云间[54]。地势极而南溟深，天柱高而北辰远[55]。关山难越，谁悲失路之人；萍水相逢，尽是他乡之客。怀帝阍(hūn)而不见[56]，奉宣室以何年[57]？嗟乎！时运不齐，命途多舛；冯唐易老[58]，李广难封[59]。屈贾谊于长沙[60]，非无圣主[61]；窜梁鸿于海曲[62]，岂乏明时[63]？所赖君子安贫[64]，达人知命[65]。老当益壮，宁知白首之心；穷且益坚，不坠青云之志[66]。酌贪泉而觉爽[67]，处涸辙以犹欢[68]。北海虽赊，扶摇可接[69]；东隅已逝，桑榆非晚[70]。孟尝高洁，空怀报国之情[71]；阮籍猖狂，岂效穷途之哭[72]！

勃，三尺微命[73]，一介书生[74]。无路请缨，等终军之弱冠[75]；有怀投笔[76]，慕宗悫(què)之长风[77]。舍簪笏(hù)于百龄[78]，奉晨昏于万里[79]。非谢家之宝树[80]，接孟氏之芳邻[81]。他日趋庭，叨陪鲤对[82]；今晨捧袂[83]，喜托龙门[84]。杨意不逢[85]，抚凌云而自惜[86]；钟期既遇,奏流水以何惭^{⑧⑦}。呜呼!胜地不常,盛筵难再;兰亭已矣^{⑧⑧},梓(zǐ)泽丘墟^{⑧⑨}。临别赠言,幸承恩于伟饯^{⑨⓪};登高作赋,是所望于群公。敢竭鄙诚,恭疏短引^{⑨①};一言均赋^{⑨②},四韵俱成。请洒潘江^{⑨③},各倾陆海云尔^{⑨④}。

注释

①滕王阁:在今江西省南昌市赣江边。唐永徽四年(653),高祖子滕王元婴为洪州都督时建,以封号为名。 ②豫章:汉郡名,隋时改为县,属洪州,所以称为洪都。古治在今江西南昌市。 ③星分翼轸:星空的分野属于翼和轸。翼、轸,星宿名,古天文学认为,天上星辰的位置跟地上州、国的位置相对应,称为分野。 ④衡庐:衡,衡山,此代指衡州(治所在今湖南省衡阳市)。庐,庐山,此代指江州(治所在今江西省九江市)。 ⑤襟三江:以三江为襟。三江,泛指长江中下游的江河。带五湖:以五湖为带。五湖,南方大湖的总称。谓处于三江、五湖之间。 ⑥蛮荆:指古楚地。瓯越:古越地,即今浙江地区。 ⑦"物华"二句:写洪州有珍贵之物。相传晋代张华看到牛、斗两星宿之间常有紫气,便派人寻找,果然在丰城(属豫章郡)掘得龙泉、太阿二剑。后这对宝剑入水化为双龙。龙光:指剑气。墟:地域。 ⑧"人杰"两句:写洪州有杰出人才。徐孺:徐孺子的省称,名稚。东汉高士,豫章南昌人。陈蕃:豫章太守,不接待宾客,但特为徐孺设一睡榻,徐去后则悬置起来。 ⑨雄州:指洪州。雾列:如雾之弥漫。 ⑩采:通"寀",官吏。 ⑪台隍:指洪州城池。枕:据。夷夏:指荆楚地区和扬州地区。谓地处要冲。 ⑫都督:掌管督察诸州军事的官员。阎公:名未详。雅望:崇高的名望。 ⑬棨戟:外有赤黑色缯作套的木戟,古代大官出行时用。这里代指仪仗。 ⑭宇文新州:复姓宇文的新州(在今广东境内)刺史,名未详。懿范:美好的风范。 ⑮襜帷:车上的帷幕,这里代指车马。 ⑯十旬休暇:唐制,十日为一旬,遇旬日则官员休沐。 ⑰胜友:高尚的友人。 ⑱"腾蛟"两句:这里赞扬孟学士文采飞扬。孟学士:名未详。词宗:文章高手。 ⑲"紫电"两句:这里赞扬王将军之武略。紫电:宝剑名。青霜:形容宝剑锋利。王将军:名不详。武库:兵器库。这里借指富于谋略。 ⑳家君:对人称自己的父亲。作宰:做县令。 ㉑名区:有名之地,指洪州。 ㉒童子:作者自称。 ㉓躬:亲身。胜饯:盛大的送别宴会。 ㉔序:时节。三秋:古人称七、八、九月为孟秋、仲秋、

季秋。　㉕潦水：积存的雨水。　㉖俨：整治。骖：车辕两旁的马。騑：骖旁的马。上路：高而阔的路。　㉗崇阿：山陵。　㉘帝子：指滕王李元婴。㉙仙人：指滕王。　㉚列：排列。体势：指起伏之状。　㉛披：推开。闼：阁门。　㉜甍：屋脊。　㉝盈视：尽入视野。　㉞纡：曲折。骇瞩：令人惊奇地注视。　㉟闾阎：里门，这里代指房屋。扑地：遍地。　㊱钟鸣鼎食：古代贵族鸣钟列鼎而食。这里形容富贵气象。　㊲"舸舰"两句：指船舶停满渡口。青雀黄龙：船的装饰形状。舳：船尾。这里代指船只。　㊳雨霁：雨止。㊴彩：虹。彻：通贯。　㊵鹜：野鸭子。　㊶彭蠡：古大泽名，指鄱阳湖。㊷衡阳：今属湖南省。相传秋雁到此就不再南飞，待春而返。浦：水边。㊸遥吟：遥望长吟。俯：俯视。　㊹遄：迅速。　㊺爽籁：指管子参差不齐的排箫。㊻纤歌：柔美的歌声。白云遏：形容音响优美，能驻行云。　㊼睢园：即汉梁孝王的菟园，为其宴集宾客的地方。　㊽彭泽：县名，在今江西湖口县东。陶渊明曾做官彭泽县令，世称陶彭泽。　㊾邺水：在邺下（今河北省临漳县）。邺下是曹魏兴起的地方。朱华：荷花。曹植《公宴诗》："秋兰被长坂，朱华冒绿池。"　㊿"光照"句：与上句借曹、谢之名赞美与宴的文士。临川：郡名，治所在今江西省抚州市。这里指代谢灵运。　51四美：指良辰、美景、赏心、乐事。　52二难：指贤主、嘉宾难得。　53穷睇眄：极目而视。中天：天空。　54"望长安"二句：谓远谪之人，回望京都、江浙一带，如在日边和云间。长安：这里指都城。吴会：吴郡，即今江苏、浙江一带。　55"地势极"二句：谓南通南海，北仰北极，高远广大。天柱：传说昆仑山有铜柱高耸入天，称为天柱。北辰：即北极星。　56怀帝阍：怀念朝廷。帝阍，神话中天帝的守门人。　57奉：侍奉。宣室：汉未央宫正殿，汉文帝在此召见被贬后重新召用的贾谊。　58冯唐易老：言少壮之时不长，怕年华老大而仍不得志。冯唐，西汉人，老年而仍做小官。汉武帝时求贤良，有人推荐他，但已九十多岁了。　59李广难封：李广，汉武帝时名将，多次与匈奴作战，军功卓著，却始终未获封爵。　60屈：委屈。贾谊：西汉人，有高才而不得重用，被排挤出为长沙王太傅。　61圣主：指汉文帝。　62窜：放逐。梁鸿：东汉隐士。因得罪章帝，避居齐鲁、吴中。海曲：海边偏僻处。　63明时：政治清明之时。指章帝时代。　64安贫：安于贫贱。　65达人：旷达的人。知命：能顺天命。66青云之志：高尚的志向。　67"酌贪泉"句：饮贪泉水而心境仍然清明。贪泉：在广州附近的石门，传说饮此水会贪得无厌。　68"处涸辙"句：处于极端困厄中仍能乐观。涸辙：水已干涸的车辙。喻困厄的处境。　69"北海"

二句：谓北海虽远，乘风能到。赊：远。扶摇：旋风，喻时机。语本《庄子·逍遥游》。　⑦"东隅"二句：谓旧日时光虽已过去，将来仍有希望。东隅：日出处，表示早晨。桑榆：日落处，表示傍晚。　⑦"孟尝"二句：谓高洁如孟尝，有报国之心而不被重用。孟尝：字伯周，东汉会稽上虞人。曾任合浦太守，以廉洁奉公著称。　⑦"阮籍"二句：谓不当为失意而悲伤。阮籍：字嗣宗，晋代诗人。猖狂：放纵不拘。效：仿效。　⑦三尺微命：形容自己地位低微。⑦一介：一个，谦词。　⑦"无路"二句：谓自己与终军年龄相等，却没有报国的机会。请缨：指请求赐予克敌建功的命令。终军：字子云，汉代济南人。武帝时出使南越，死时仅二十余岁。等：相同，用作动词。弱冠：古人二十岁行冠礼，表示成年，称"弱冠"。　⑦投笔：指东汉班超投笔从戎的故事。此指弃文就武。　⑦宗悫：字元干，南朝宋南阳人，年少时向叔父自述志向："愿乘长风破万里浪。"　⑦簪笏：冠簪、手版。古代官吏所用之物。这里代指官职地位。百龄：一生。　⑦奉晨昏：指侍奉双亲。　⑧谢家之宝树：据《世说新语》记载，东晋谢安问子侄们：为什么人们希望子弟好？其中谢玄回答说："譬如芝兰玉树，欲使其生于庭阶耳。"这里用来比作优秀的子弟。　⑧"接孟氏"句：据说孟轲的母亲为教育儿子而三迁择邻，最后定居于学宫附近。这里用来比喻与会宾客的贤良。　⑧"他日"二句：谓将要到自己父亲那里去聆听教诲。《论语·季氏》记载：孔子站在庭中，他的儿子孔鲤从庭前过，父子俩问答学诗学礼之事。鲤：孔鲤，孔子之子。　⑧捧袂：举起双袖，表示恭敬的姿势。　⑧喜托龙门：谓以受到接待为荣幸。龙门，在今山西、陕西二省间黄河中。传说鲤鱼登龙门则化为龙。东汉李膺，极有声望，士人受到他的接待，被称为"登龙门"。这里指自己能参与阎公的盛筵，如登龙门一样。⑧杨意：西汉人，曾向汉武帝推荐司马相如。这里是说自己虽有才能而无人举荐，空自怜惜。　⑧凌云：指司马相如作《大人赋》。　⑧"钟期"二句：谓既遇知音，即当放胆赋诗作文。《列子·汤问》记载：春秋时楚人伯牙，鼓琴，想念高山，钟子期说："善哉，峨峨兮若泰山。"想念流水，钟子期说："善哉，洋洋兮若江河。"钟期：钟子期的省称。　⑧兰亭：在今浙江省绍兴市附近。东晋穆帝永和九年(353)三月三日上巳节，王羲之与群贤宴集于此，作《兰亭序》。　⑧梓泽：即晋石崇的金谷园，故址在今河南省洛阳市西北。　⑨伟饯：盛大的钱别宴会。　⑨疏：陈述。短引：短序。　⑨一言均赋：指与会诸人各分得一字为韵作诗。　⑨潘江：钟嵘《诗品》有"潘(岳)才如江"之评。⑨陆海：钟嵘《诗品》有"陆(机)才如海"之评。

译文

　　这里是早先的豫章郡,郡治就是新设的洪州都督府。星空与翼、轸二星相属,地形与衡、庐两山相接。三江是它的衣襟,五湖是它的衣带,控制着荆楚,接连着瓯越。物产的精华化为天上的宝气,宝剑的光芒直射牛星和斗星的区域。人中的俊杰凝聚着大地的灵气,徐孺子使得陈蕃专为他设下床榻。雄伟的州城如在云雾中罗列,有才能的官吏像群星在奔驰。亭台和城池处在蛮夷和中原的交界,宾客和主人都是东南一带的名流。都督阎公有着崇高的声望,大驾遥临;宇文刺史有着美好的风范,车驾暂停。正逢十天一次的休假,俊雅的人士像云一般地聚合;喜迎千里外的来宾,高贵的朋友坐满了宴席。孟学士是词章的宗师,文章能使蛟龙腾飞、凤凰起舞;王将军是武林的宝库,韬略闪着紫电和青霜宝剑的光辉。家父在交趾做县令,我省亲路过这名胜之地;一个年幼无知的少年,居然亲逢这难得的盛宴。

　　时光正值九月,节序已是深秋。积水退尽,寒冷的潭水变得分外清澈;烟霭凝聚,傍晚的山峦呈现出一派紫色。整治车马,登上大路;寻访美景,驰向高山。来到帝子建阁的沙洲,得见滕王昔日的亭馆。楼台层叠,像高耸的青山,向上直插云霄;阁檐飞架,如流动的彩饰丹漆,下视不见地面。栖息着白鹤和野鸭的河洲沙滩,极尽岛屿萦回之能事;用桂树和木兰建筑的殿堂楼馆,排列成冈峦起伏的形势。推开雕刻精致的门扇,俯瞰装饰华美的屋脊:山原辽阔,尽收眼底;江湖盘曲,望之心寒。住宅遍布大地,全都是钟鸣鼎食的人家;船只挤满渡口,尽雕成青雀黄龙的形状。云气消散,雨过天晴,彩虹贯天,长空明朗。落霞伴着孤鸟一齐向天边飞去;秋水映着长空融成一片澄碧。傍晚的渔船响起悠扬的歌声,歌声直飘到鄱阳湖的彼岸;秋凉的天空传来雁群的惊叫,叫声延续到衡阳的水边。

　　遥望长吟,登高俯视,心情舒畅,奔放的兴致又急剧飞扬。箫管齐鸣，鼓荡起清风阵阵;歌声纤柔，逗引得白云依依。仿佛在睢园的绿竹丛中宴饮，豪气盖过了善饮的彭泽县令;又如在邺水的荷花池畔吟咏，文笔辉映着擅诗的临川才子。良辰、美景、赏心、乐事四美俱全，贤主、嘉宾难得一起聚会。极目长天，畅游闲暇之日。天高地远，令人觉得宇宙无穷无尽;兴尽悲来，感到命运皆有定数。遥望夕阳映照下的长安，指点云雾缥缈中的江南。大地的尽头南海最深，天柱虽高而北极星更远。关山难以逾越，有谁同情迷路的游子? 偶然萍水相逢，人人都是异乡的来客。怀念天子而不得朝见，奉召到宣室殿更不知在何年。唉! 命运不好，遭遇坎坷。冯唐容易衰老，李广难以封侯。使贾谊屈居长沙，并非没有圣明的君主;让梁鸿逃隐海滨，又难道不在清明的时代? 所可依仗的是君子安于贫贱，而通事理之人懂得天命。年纪老了应当更加豪壮，哪能在白头时改变初衷? 境遇不好应当更加坚定，绝不能抛弃凌云的壮志。喝了贪泉的水，神志更觉得清爽;处在干涸的车辙内，心情却依然欢乐。北海虽然遥远，乘大风可以到达;晨光虽已逝去，日暮为时未晚。孟尝品德高洁，空留下报国的热情;阮籍行为狂放，岂能学他无路便痛哭?

我身份低微，只是个读书人。没有门路去请求赐予长缨，尽管已到了与终军相同的年龄;只有怀着抛下笔墨的决心，去羡慕宗悫那乘风破浪的豪情。我舍弃了一生的富贵前程，不远万里去朝夕侍奉父亲。我不是谢家宝树般的子弟，却有幸结交孟母芳邻般的诸君。不久我将到父亲身边，惭愧地比附孔鲤的庭对;今天我拱手请谒，高兴自己得以托身于龙门。遇不到杨得意，只好手抚《大人赋》般的文章而空自叹惜;见到了钟子期，奏出《高山流水》的乐曲又有什么羞惭! 啊! 名胜之地不会长存，盛大的宴会也难以再逢。兰亭的宴集已是陈迹，梓泽名园也成了废墟。临别赠言，承蒙阁公的盛意;登高作诗，只有借重在座诸公。我冒昧地尽情倾吐，恭敬地写下短序。按照规定的韵字大家作诗，我的一首也同时写成。请诸位展露潘岳般的文采，各自倾泻陆机般的才华吧。

与韩荆州书①

[唐]李白

题解

　　李白(701—762)，字太白，号青莲居士。唐代伟大诗人。绵州昌隆县(今四川江油南)人。青少年时期在蜀中度过，约二十五六岁时，出蜀漫游各地。玄宗天宝(742—756)初至长安，待诏翰林院。不久便遭谗去京，南北漫游。安史之乱中，因参加永王李璘幕府，被流放夜郎，途中遇赦。晚年漂泊江南，病逝于当涂(今属安徽)。

　　本文约作于开元二十二年(734)，李白在襄阳(今属湖北)。韩荆州，即韩朝宗，时任荆州长史兼襄州刺史、山南东道采访使。李白抱负宏大，他不欲经由进士、明经等常规考试进入仕途，而企图一朝蒙受帝王赏识，获得重用。所以上书韩朝宗，希望获得接见和称誉。文中，作者先借"天下谈士"的话，肯定韩朝宗的德高望重、援引贤才，进而以毛遂自比，不亢不卑地表明自己的态度和心愿，作为全文的纲领。然后叙述自己的经历和才能，赞颂韩朝宗的学识和声望，并反复请求援引。通篇骈散并用，长短错落，既表现了作者的文才，也表现了他的气魄。读来颇有气盛言宜之感。

原文

　　白闻天下谈士相聚而言曰②："生不用封万户侯③，但愿一识韩荆州。"何令人之景慕④，一至于此⑤！岂不以有周公之风⑥，躬吐握之事⑦，使海内豪俊⑧，奔走而归之，一登龙门⑨，则声价十倍。所以龙蟠凤逸之士⑩，皆欲收名定价于君侯⑪。君侯不以富贵而骄之，寒贱而忽之，则三千之中有毛遂⑫，使白得颖脱而出⑬，即其人焉。

白，陇西布衣⑭，流落楚汉⑮。十五好剑术，遍干诸侯⑯；三十成文章，历抵卿相⑰。虽长不满七尺，而心雄万夫。皆王公大人许与气义。此畴(chóu)曩(nǎng)心迹⑱，安敢不尽于君侯哉？

君侯制作侔(móu)神明⑲，德行动天地，笔参造化⑳，学究天人㉑。幸愿开张心颜㉒，不以长揖见拒㉓。必若接之以高宴㉔，纵之以清谈㉕，请日试万言，倚马可待㉖。今天下以君侯为文章之司命㉗，人物之权衡㉘，一经品题，便作佳士。而君侯何惜阶前盈尺之地㉙，不使白扬眉吐气，激昂青云耶？

昔王子师为豫州㉚，未下车㉛，即辟荀慈明㉜；既下车，又辟孔文举㉝。山涛作冀州㉞，甄拔三十余人，或为侍中、尚书㉟，先代所美。而君侯亦一荐严协律㊱，入为秘书郎㊲，中间崔宗之、房习祖、黎昕、许莹之徒㊳，或以才名见知，或以清白见赏。白每观其衔恩抚躬㊴，忠义奋发，白以此感激，知君侯推赤心于诸贤之腹中㊵，所以不归他人，而愿委身国士㊶。倘急难有用，敢效微躯。

且人非尧舜，谁能尽善？白谟猷(yóu)筹画㊷，安能自矜㊸？至于制作，积成卷轴㊹，则欲尘秽视听㊺，恐雕虫小技㊻，不合大人。若赐观刍(chú)荛(ráo)㊼，请给纸笔，兼之书人㊽，然后退扫闲轩㊾，缮写呈上。庶青萍、结绿㊿，长(zhǎng)价于薛、卞之门㉛。幸推下流㉜，大开奖饰㉝。惟君侯图之㉞。

注释

①韩荆州，即韩朝宗，时任荆州长史兼襄州刺史、山南东道采访使。②谈士：谈论世事的士人。　③万户侯：汉制，食邑万户的封侯。唐朝封爵已无万户侯之称，这里借指显贵。　④景慕：景仰爱慕。　⑤一：竟然。　⑥周公：即姬旦，周文王子，武王弟。因采邑在周(今陕西岐山县北)，故称周公。⑦吐握：吐哺(口中所含食物)握发(头发)。周公自称"我一沐(洗头)三握

发,一饭三吐哺,起以待士,犹恐失天下之贤人",后因以"吐握"形容礼贤下士。　⑧豪俊:有才德的人。　⑨登龙门:比喻得到有声望者的接见或援引。⑩龙蟠:像龙一样盘曲。凤逸:像凤一样隐逸。比喻贤人因怀才不遇而在野或屈居下位。　⑪收名:获取美名。定价:确定评价。君侯:对尊贵者的敬称。　⑫毛遂:战国时赵国平原君食客。秦围邯郸,赵王使平原君求救于楚,毛遂自荐请求随同前往。随从至楚,果然说服了楚王,使其同意发兵。平原君乃以为上客。(见《史记·平原君虞卿列传》)　⑬颖脱:当毛遂自荐时,平原君用锥子在袋中作比喻,说有才能的人早就像锥子那样显露出来了。喻才士若获得机会,必能充分显示其才能。颖,指锥芒。　⑭陇西:古郡名。李白自称祖籍陇西成纪(今甘肃秦安北),故称。布衣:平民。　⑮楚汉:指古代楚国、汉水一带。当时李白家于安陆(今属湖北),往来于襄阳、江夏等地。⑯干:犯,此处引申为接触。诸侯:此指地方长官。　⑰历:普遍。抵:拜谒、进见。卿相:指中央朝廷高级官员。　⑱畴曩:往日。　⑲制作:指文章著述。侔:相等;齐同。　⑳参:参与。造化:自然的创造化育。　㉑究:研究。天人:天道和人事。　㉒幸愿:希望。开张:舒展。心颜:心胸和颜面。㉓长揖:相见时拱手高举自上而下以为礼。㉔高宴:盛大的宴会。　㉕纵:纵任。清谈:本指玄谈,这里指任情畅谈。　㉖倚马可待:喻文思敏捷。东晋时袁宏随同桓温北征,受命作露布文(檄文、捷书之类),他倚马前而作,手不辍笔,顷刻便成,而文极佳妙。　㉗司命:星名,古代天文指文昌第四星。此指判定文章优劣的权威。㉘权:秤锤。衡:秤杆。此指品评人物的权威。㉙盈尺之地:满一尺的地方,指很小的地方。㉚王子师:东汉王允,字子师,灵帝时为豫州刺史(治所在沛国谯县,即今安徽亳县)。㉛下车:指官吏到任。㉜辟:征召。荀慈明:名爽,汉末硕儒。被征召为州从事。㉝孔文举:名融,汉末名士。亦被征召为从事。　㉞山涛:字巨源,西晋名士,竹林七贤之一。曾任冀州(今河北高邑西南)刺史。　㉟侍中、尚书:中央政府官名。㊱严协律:名不详。协律,协律郎,掌管音乐。㊲入:入朝为官。秘书郎:属秘书省,掌管中央政府藏书。　㊳崔宗之:李白好友,开元中入仕,曾为起居郎、礼部尚书员外郎、礼部郎中、右司郎中等职。房习祖:不详。黎昕:曾为拾遗官。许莹:不详。㊴衔恩:感恩。抚躬:省察自己。抚,拍。㊵推赤心于诸贤之腹中:以至诚对待贤人。　㊶国士:国中才识至高之人。这里指韩朝宗。㊷谟猷:谋划;谋略。　㊸自矜:自夸。　㊹卷轴:古代帛书或纸书以轴卷束。㊺尘秽视听:自谦之词,请对方观看自己作品的谦语。

尘,尘土。秽,杂草。　㊻雕虫小技:微不足道的技能。这里指赋诗作文。
㊼刍荛:割草为刍,打柴为荛,刍荛指草野之人。亦用以谦称自己的作品。
㊽书人:抄写的人。　㊾闲轩:静室。　㊿青萍:宝剑名。结绿:美玉名。这
里作者用来比自己的诗文。　⑤长价:增添身价。薛:薛烛,古代善相剑者。
卞:卞和,古代善识玉者。　㊼幸推:希望推恩于。下流:指地位低下的人。
㊼奖饰:奖励称誉。　㊼图:考虑。

译文

　　我李白听说天下谈士聚在一起议论道:"人生不用封为万户
侯,只愿结识一下韩荆州。"如何使人景仰爱慕竟然到如此程度!
岂不是因为您有周公的风范,躬行吐哺握发之事,使海内的豪杰俊
士都奔走到您的门下。一经接待,如登龙门,声名大增。所以屈而
未伸的贤士,都想在您这儿获得美名,确定评价。希望您不因自己
富贵而对他们傲慢,不因他们微贱而轻视他们,那么您众多的宾客
中便会出现毛遂那样的奇才。假使我能有机会显露才干,我就是
那样的人啊。

　　我是陇西平民,流落于楚汉。十五岁时爱好剑术,谒见接触了
许多地方长官;三十岁时成就文章,拜见了很多卿相显贵。虽然身
长不满七尺,但志气雄壮,胜于万人。王公大人都赞许我有气概,
讲道义。这是我往日的心事行迹,怎敢不尽情向您表露呢?

　　您的著作堪与神明相比,您的德行感动天地,文章与自然造化
同功,学问穷极天道人事。希望您度量宽宏,和颜悦色,不因我长
揖之礼而拒绝我。如肯用盛宴来接待我,任凭我清谈高论,那请您
再以日写万言试我,我将手不停挥,顷刻可就。如今天下人认为您
是决定文章命运、衡量人物高下的权威,一经您的品评,便被认作
美士。您何必舍不得阶前的区区一尺之地接待我,而使我不能扬
眉吐气、激情昂扬、气概凌云呢?

　　从前王子师担任豫州刺史,未到任即征召荀慈明;到任后又征
召孔文举。山涛做冀州刺史,选拔三十余人,有的成为侍中、尚书,

这都是前代人所称美的。而您也荐举过一位严协律,进入中央为秘书郎,还有崔宗之、房习祖、黎昕、许莹等人,有的因才干名声被您知晓,有的因操行清白受您赏识。我每每看到他们怀恩感慨,忠义奋发,因此我感动激励,知道您对诸位贤士推心置腹,赤诚相见,故而我不归向他人,而愿意托身于您。如逢紧急艰难有用我之处,我当献身效命。

一般人都不是尧、舜那样的圣人,谁能完美无缺?我的谋略策划,岂能自我夸耀?至于我的作品,已积累成为卷轴,却想要请您过目,只怕这些雕虫小技,不能受到大人的赏识。若蒙您垂青,愿意看看拙作,那便请给以纸墨,还有抄写的人手,然后我回去打扫静室,缮写呈上。希望青萍宝剑、结绿美玉,能在薛烛、卞和门下增添价值。愿您顾念身居下位的人,大开奖誉之门。请您加以考虑。

春夜宴桃李园序

[唐]李白

题解

本文一作《春夜宴从弟桃花园序》,是李白用骈体写成的一篇脍炙人口的抒情小品。序中写了欣赏美景、高谈清论、饮酒作诗的情景。虽有"浮生若梦"等颓废之语,但主要抒发了热爱大自然、热爱生活的豪情逸兴。全文仅百余字,紧扣题目,句无虚设,而层次井然。以骈偶句式为主,铿锵动听,而又潇洒流动,无板滞之弊。

原文

夫天地者①,万物之逆旅②;光阴者,百代之过客也③。而浮

生若梦④,为欢几何? 古人秉烛夜游⑤,良有以也⑥。况阳春召我
以烟景⑦,大块假我以文章⑧。会桃李之芳园,序天伦之乐事⑨。
群季俊秀⑩,皆为惠连⑪;吾人咏歌,独惭康乐⑫。幽赏未已⑬,高
谈转清。开琼筵以坐花⑭,飞羽觞而醉月⑮。不有佳作,何伸雅
怀⑯? 如诗不成,罚依金谷酒数⑰。

注释

①夫:助词。用在句首,表示议论的语气。　②逆旅:旅舍。逆,迎。
③过客:过路的旅客。　④浮生:漂浮不定的人生。《庄子·刻意》:"其生若
浮,其死若休。"　⑤秉:持;拿着。　⑥良:的确。以:原因。　⑦阳春:温暖
的春天。烟景:指良辰美景。　⑧大块:指大自然。假:借。文章:原指错杂
的色彩、花纹。此指大自然中各种美好的形象、色彩、声音等。　⑨序:叙。
天伦:天然的伦次,这里指兄弟、父子等亲属关系。　⑩群季:诸位弟弟。季,
幼小。　⑪惠连:谢惠连,南朝宋文学家。幼而聪慧,十岁便能作文。这里作
者用来赞誉自己的各位弟弟。　⑫康乐:谢灵运,南朝宋诗人,以写作山水诗
著名。这里作者用来自比。　⑬幽赏:对幽美景色的观赏。　⑭琼筵:美好
的筵席。琼,美玉。　⑮飞:形容不断地举杯。羽觞:古时饮酒用的两边有耳
的杯子。　⑯伸:抒发。　⑰金谷酒数:晋代石崇家有金谷园,经常与友人在
园中宴饮,并当筵赋诗,没有写成的就罚酒三杯。

译文

　　天地是万物的旅舍,光阴是古往今来的过客。漂浮不定的人
生,如梦一般,能有几多欢乐? 古人持烛夜游,确实有道理啊。况
且温煦的春天用艳丽的景色召唤我们,大自然将美好的一切提供
给我们。我们相会在桃李园,叙说兄弟团聚的快乐。诸位弟弟英
俊挺秀,个个好比谢惠连;而我的作诗吟咏,却惭愧不如谢康乐。
幽雅景色的欣赏情趣未了,高超议论转为清妙。铺开盛席,坐在花
间;举杯如飞,醉于月下。不作好诗,怎能抒发高雅的情怀? 如果
赋诗不成,就照金谷园的成例罚酒三杯。

吊古战场文

[唐]李华

题解

李华(715—774),字遐叔,赵郡赞皇(今属河北)人。开元进士,官至吏部员外郎。为盛唐时期的著名古文家,与萧颖士齐名,世称"萧李"。

本文是李华的力作。约作于天宝末年。文章以凭吊古战场起兴,通过对古战场的详细描写,抒发了作者厌战、反战的思想感情。文章着重反对秦汉以来的开边战争,但却肯定了李牧破林胡、逐匈奴,以安定边疆的正义战争。唐玄宗开元后期,好战喜功,战祸不断,士兵伤亡惨重。如天宝八载(749)哥舒翰攻吐蕃石堡城,唐军战死数万;天宝十载(751)安禄山率兵六万进攻契丹,全军覆没。因此,本文名为吊古,实乃伤今,主要谴责了唐王朝穷兵黩武的政策。具有强烈的针对性。

全文虽用骈文形式,但文字流畅,情景交融,主题鲜明,寄意深切,不愧为古今传诵的名篇。

原文

浩浩乎平沙无垠①,夐(xiòng)不见人②。河水萦带③,群山纠纷④。黯兮惨悴⑤,风悲日曛(xūn)⑥。蓬断草枯⑦,凛若霜晨。鸟飞不下,兽铤(tǐng)亡群⑧。亭长告余曰⑨:"此古战场也,尝覆三军⑩。往往鬼哭,天阴则闻。"伤心哉!秦欤汉欤?将近代欤⑪?

吾闻夫齐魏徭戍,荆韩召募⑫。万里奔走,连年暴露。沙草晨牧,河冰夜渡。地阔天长,不知归路。寄身锋刃,腷(bì)臆谁诉[13]?秦汉而还,多事四夷[14],中州耗斁(dù)[15],无世无之。古称戎夏[16],不抗王师[17]。文教失宣[18],武臣用奇[19]。奇兵有异于仁义[20],王道迂阔而莫为[21]。呜呼噫嘻!

吾想夫北风振漠[22],胡兵伺便[23]。主将骄敌,期门受战[24]。野竖旄旗[25],川回组练[26]。法重心骇,威尊命贱。利镞穿骨,惊沙入面,主客相搏,山川震眩。声析江河[27],势崩雷电。至若穷阴凝闭[28],凛冽海隅[29],积雪没胫,坚冰在须。鸷鸟休巢,征马踟蹰。缯(zēng)纩(kuàng)无温[30],堕指裂肤。当此苦寒,天假强胡,凭陵杀气[31],以相剪屠。径截辎(zī)重[32],横攻士卒。都尉新降[33],将军覆没。尸踣(bó)巨港之岸[34],血满长城之窟。无贵无贱,同为枯骨。可胜(shēng)言哉[35]!鼓衰兮力竭,矢竭兮弦绝,白刃交兮宝刀折,两军蹙(cù)兮生死决[36]。降矣哉,终身夷狄;战矣哉,骨暴沙砾。鸟无声兮山寂寂,夜正长兮风淅淅。魂魄结兮天沉沉,鬼神聚兮云幂幂[37]。日光寒兮草短,月色苦兮霜白。伤心惨目,有如是耶!

吾闻之:牧用赵卒[38],大破林胡,开地千里,遁逃匈奴。汉倾天下,财殚(dān)力痡(pū)[39]。任人而已,其在多乎?周逐猃(xiǎn)狁(yǔn)[40],北至太原,既城朔方[41],全师而还。饮至策勋[42],和乐且闲。穆穆棣棣[43],君臣之间。秦起长城,竟海为关。荼(tú)毒生灵[44],万里朱殷(yān)[45]。汉击匈奴,虽得阴山,枕骸遍野,功不补患。

苍苍蒸民[46],谁无父母?提携捧负,畏其不寿。谁无兄弟?如足如手。谁无夫妇?如宾如友。生也何恩?杀之何咎?其存其没,家莫闻知。人或有言,将信将疑。悁(yuān)悁心目[47],寝寐见之。布奠倾觞[48],哭望天涯。天地为愁,草木凄悲。吊祭不至[49],精魂无依[50]。必有凶年[51],人其流离[52]。呜呼噫嘻!时耶命耶?从古如斯!为之奈何?守在四夷[53]。

注释

①浩浩:辽阔的样子。垠:边际。　②复:远。　③萦带:弯弯曲曲如带子一样。　④纠纷:重叠交错的样子。　⑤黯:昏黑。　⑥曛:形容日色昏暗。　⑦蓬:草名,即蓬蒿。　⑧铤:疾走的样子。　⑨亭长:秦汉时每十里为一亭,设亭长一人,掌管治安、诉讼等事。这里借指地方小吏。　⑩三军:这里泛指军队。　⑪将:抑或;还是。　⑫齐、魏、荆、韩:战国七雄中的四个国家。这里泛指战国时代。荆,即楚国。徭戍:徭役征戍。召募:招募兵员。　⑬腷臆:苦闷的心情。　⑭事:战事。四夷:四方边境的少数民族。夷,古时对异族的贬称。　⑮中州:中原。耗斁:损耗败坏。　⑯戎:西方少数民族。此泛指少数民族。夏:华夏,汉族。　⑰王师:古代对帝王军队的称呼。　⑱文教:指礼乐法度,文章教化。失宣:没有得到宣扬。　⑲用奇:用奇兵诡计。　⑳奇兵:乘敌不备进行突然袭击的部队。　㉑王道:指礼乐仁义等治理天下的准则。迂阔:迂腐空疏。　㉒振漠:震撼沙漠。　㉓胡兵:指北方少数民族军队。伺便:乘机。　㉔期门:军营的大门。　㉕旄旗:旗帜的统称。　㉖组练:即"组甲被练",战士的衣甲服装。此代指战士。　㉗析:分离,劈开。　㉘穷阴:犹穷冬,极寒之时。　㉙海隅:西北极远之地。海,瀚海,沙漠。　㉚缯纩:指冬天所穿的衣服。缯,丝织品的总称。纩,丝绵。　㉛凭陵:凭借,倚仗。杀气:寒气。　㉜辎重:军用物资的总称。　㉝都尉:官名,此指职位低于将军的武官。　㉞踣:僵仆。　㉟胜:尽。　㊱蹙:迫近;接近。　㊲幂幂:深浓阴暗。　㊳牧:李牧,战国末年赵国名将,守雁门(今山西北部),大破匈奴的入侵,击败东胡,降服林胡(均为匈奴所属的部族)。其后十余年,匈奴不敢靠近赵国边境。　㊴殚:尽。痡:劳倦;病苦。　㊵周:指周代。猃狁:古代北方的少数民族,即匈奴的前身。　㊶城:筑城。朔方:北方。一说即今宁夏灵武一带。　㊷饮至:古代盟会、征伐归来后,告祭于宗庙,举行宴饮,称为"饮至"。策勋:把功勋记载在简策上。　㊸穆穆:形容仪态端庄的样子。棣棣:文雅安和的样子。　㊹荼毒:残害。　㊺朱殷:指鲜血。朱,红色。殷,赤黑色。　㊻苍苍:指天。蒸:通"烝",众,多。　㊼悁悁:忧愁郁闷的样子。　㊽布奠倾觞:把酒倒在地上以祭奠死者。布,陈列。奠,设酒食以祭祀。　㊾不至:不能达于死者。　㊿精魂:精气灵魂。古时认为人死后,其精气灵魂能够离开身体而存在。　51凶年:荒年。　52其:将。　53守在四夷:语出《左传·昭公二十三年》:"古者天子,守在四夷。"这是说要

用仁德使四方归服,都来为天子守卫国土,就可以免于战争。

译文

多么辽阔啊,无边无际的旷野。极目远望,看不到人影。河水像一条带子弯曲萦绕,无数的山峰重叠错乱。阴暗凄凉,寒风悲啸,日色昏黄。蓬蒿断落,野草萎枯。寒气凛冽,有如降霜的冬晨。鸟儿飞过,不肯落下。野兽奔窜,失散了同伴。亭长告诉我说:"这就是古代的战场,曾经覆没过全军。时常有鬼哭的声音,阴天就会听到。"伤心啊!这是秦朝、汉朝,还是近代的事呢?

我听说,战国时期,齐魏征集壮丁服役,楚韩募集兵员备战。士兵们奔走万里,年复一年暴露在外。早晨,寻找沙漠中的水草放牧,夜晚,穿涉结冰的河流。地远天长,不知道回家的路。性命交给了刀枪,苦闷的心情向谁诉说?秦汉以来,四方边境上战争频繁,中原地区受损耗破坏,哪个朝代不是这样?古人说,戎狄和华夏,都不和帝王的军队为敌。后来不再宣扬礼乐教化,武将们就使用奇兵诡计。奇兵不符合仁义,王道被认为迂腐不再去实行。哎哟哟!

我想象,北风摇撼着沙漠,胡兵乘机来袭。主将骄傲轻敌,敌兵已到营门才仓促接战。原野上竖起各种战旗,河谷地奔驰着全副武装的士兵。严峻的军法使人心惊胆战,当官的威权重大,士兵的性命微贱。锋利的箭镞穿透骨头,飞扬的沙粒直扑人面,敌我两军激烈搏斗,山川也被震得头昏眼花。声势之大,足以使江河分裂,使雷电崩裂。何况正值极冬,空气凝结,天地闭塞,寒气凛冽的瀚海边上,积雪陷没小腿,坚冰冻住胡须。凶猛的鸷鸟躲在巢里休息,征战的军马也徘徊不前。棉衣毫无暖气,人冻得手指掉落,肌肤开裂。在这苦寒之际,老天假借强大的胡兵之手,凭仗寒冬肃杀之气,来斩伐屠戮我们的士兵。半途中截取军用物资,拦腰冲断士兵队伍。都尉刚刚投降,将军又复战死。尸体僵仆在大港沿岸,鲜血淌满了长城下的窟穴。无论高贵或是卑贱,同样成为枯骨。说不完的凄惨哟！鼓声微弱啊，战士已经精疲力竭；箭已射尽啊，弓弦也断绝。白刃相交肉搏啊，宝刀已折断；两军迫近啊，以生死相决。投降吧，终身将沦于异族；战斗吧，尸骨将暴露于沙砾！鸟儿无声啊群山沉寂，漫漫长夜啊悲风渐渐。阴魂凝结啊天色昏暗，鬼神聚集啊阴云厚积。日光惨淡啊映照着短草，月色凄苦啊笼罩着白霜。人间还有像这样令人伤心惨目的景况吗？

我听说：李牧统率赵国的士兵，大破林胡的入侵，开辟疆土千里，匈奴望风远逃。而汉朝倾全国之力和匈奴作战，反而民穷财尽，国力削弱。关键是任人得当，哪在于兵多呢！周朝驱逐猃狁，一直追到太原，在北方筑城防御，尔后全军凯旋回京，在宗庙举行祭祀和饮宴，记功授爵，大家和睦愉快而又安适。君臣之间，端庄和蔼，恭敬有礼。而秦朝修筑长城，直到海边都建起关塞，残害了无数的人民，鲜血把万里大地染成了赤黑。汉朝出兵攻击匈奴，虽然占领了阴山，但阵亡将士骸骨遍野，互相枕藉，实在是得不偿失。

苍天所生众多的人民，谁没有父母？从小拉扯带领，抱着背着，唯恐他们夭折。谁没有亲如手足的兄弟？谁没有相敬如宾的妻子？他们活着受过什么恩惠？又犯了什么罪过而遭杀害？他们的生死存亡，家中无从知道。即使听到有人传信，也是疑信参半。整日忧愁郁闷，夜间音容入梦。不得已只好陈列祭品，酹酒祭奠，望远痛哭。天地为之忧愁，草木也含悲伤。这样不明不白的吊祭，不能为死者在天之灵所感知，他们的精魂也无所归依。何况战争之后，一定会出现灾荒，人民难免流离失所。唉唉！这是时势造成，还是命运招致呢？从古以来就是如此！怎样才能避免战争呢？唯有宣扬教化，施行仁义，才能使四方民族为天子守卫疆土啊。

右　溪　记

[唐]元结

题解

元结(719—772)，字次山，河南鲁山人。天宝进士。是唐代古文运动的先驱者之一。

右溪是道州(在今湖南省道县)城西的一条小溪，这里泉清石奇，草木葱郁，环境十分优美。元结任道州刺史时，又对它进行了一番修葺，并刻石铭文，取名右溪。作者擅长状物记事，短短一百多字，即把此溪的幽趣描绘得历历在目。淡雅隽永的文笔，与清新俊秀的景物，达到了和谐的统一，可视为柳宗元山水游记的先声。

原文

道州城西百余步[①]，有小溪。南流数十步，合营溪[②]。水抵两岸，悉皆怪石，欹(qí)嵌盘屈[③]，不可名状。清流触石，洄悬激注。休木异竹[④]，垂阴相荫[⑤]。此溪若在山野，则宜逸民退士之所游处[⑥]；在人间[⑦]，可为都邑之胜境，静者之林亭[⑧]。而置州已来[⑨]，无人赏爱；徘徊溪上，为之怅然！乃疏凿芜秽，俾为亭宇；植松与桂，兼之香草[⑩]，以裨形胜。为溪在州右，遂命之曰"右溪"。刻铭石上，彰示来者。

注释

①道州：州名，唐时属江南西道，治所在今湖南省道县。　②合：合并，汇合。营溪：河流名，发源于今湖南省宁远县南，流经道县，北至零陵县西入湘

水。　③攲嵌盘屈:倾斜嵌叠、曲折盘旋的样子。　④休:美好。　⑤阴:树荫。荫:遮盖。　⑥逸民退士:退居山林的隐士。　⑦人间:与前文"山野"对举,指有居民的地方。　⑧静者:喜欢清静的人。　⑨置州已来:成为州的治所以来。唐高祖武德四年(621)置营州,后改为道州。已,通"以"。⑩香草:即香茅,多年生草本植物,其根状茎蔓延,可巩固坡地。这里也可指芳香的花草。

译文

　　道州城西边一百多步的地方,有一条小溪。向南流几十步,并入营溪。溪水两岸,全都是怪石,它们倾斜嵌叠,回旋盘曲,无法用语言来形容。清澈的溪流冲击到岩石,便激起腾空的浪花和股股洄流。还有美丽的树木和珍奇的青竹,垂下阴影相互遮蔽。这条溪水如果在空旷的山野,那是很适合隐士游览和居住的;如果在人烟密集的地方,也可成为都市人游览的胜地,喜爱清静者的园林。可是自从道州城成为州的治所以来,没有人欣赏和喜爱;我在溪水旁徘徊,为此怅然惋惜!于是疏导开通,清除杂草,建造了亭阁;种了松树、桂树,还铺植香茅,来增添它的景致。因为溪在州城之右(即西面),便命名它为"右溪"。把这些文字刻在石上,让后来的人知道。

阿 房 宫 赋

[唐]杜牧

题解

　　杜牧(803—852),字牧之,京兆万年(今陕西西安)人,二十六岁中进士。曾做了十多年的幕僚。历任黄州、池州、睦州、湖州刺史。官终中书舍人。杜牧诗文兼擅,是晚唐著名作家。

　　本文作于唐敬宗宝历元年(825)。阿房宫是秦始皇所建的宫苑,故址在今陕西省西安市西南。据史书记载,阿房宫的建筑穷极奢华,而唐敬宗却要步秦皇后尘,即位之初就大兴土木,纵情声色。对此,杜牧作《阿房宫赋》,旨在借秦警唐。通过写阿房宫事总结亡秦教训,使唐敬宗李湛引为鉴戒:统治者横征暴敛,荒淫无度,其结果只能是民怨沸腾,国亡族灭。

　　这篇赋充分体现了唐代文赋的特点,即描写和议论紧密结合。前面极力铺叙渲染宫殿歌舞之盛,宫女珍宝之多,人民痛苦之深,既夸张,又富于想象,且比喻奇巧新颖。后面发议论,回环往复,层层推进,见解精辟,发人深省。语言上骈散兼行,错落有致,词采瑰丽,声调和谐,一扫汉赋那种平板单调的弊病,成为古代赋体中不可多得的佳作。

原文

　　六王毕①,四海一②。蜀山兀③,阿房出。覆压三百余里④,隔离天日。骊山北构而西折⑤,直走咸阳⑥。二川溶溶⑦,流入宫墙。五步一楼,十步一阁。廊腰缦回⑧,檐牙高啄。各抱地势,勾心斗角。盘盘焉⑨,囷(qūn)囷焉⑩,蜂房水涡,矗不知其几千万落⑪。长桥卧波,未云何龙?复道行空⑫,不霁(jì)何虹⑬?高低冥迷,不知西东。歌台暖响,春光融融;舞殿冷袖,风雨凄凄。一日之内,一宫之间,而气候不齐。

妃嫔(pín)媵(yìng)嫱(qiáng)⑭,王子皇孙,辞楼下殿,辇来于秦⑮,朝歌夜弦,为秦宫人。明星荧荧,开妆镜也;绿云扰扰,梳晓鬟也;渭流涨腻,弃脂水也⑯;烟斜雾横,焚椒兰也⑰。雷霆乍惊,宫车过也,辘(lù)辘远听⑱,杳不知其所之也⑲。一肌一容,尽态极妍,缦立远视,而望幸焉⑳,有不得见者,三十六年㉑。燕、赵之收藏,韩、魏之经营,齐、楚之精英,几世几年,剽掠其人㉒,倚叠如山。一旦不能有,输来其间。鼎铛(chēng)玉石㉓,金块珠砾。弃掷逦(lǐ)迤(yǐ)㉔,秦人视之,亦不甚惜。

嗟乎!一人之心,千万人之心也。秦爱纷奢,人亦念其家。奈何取之尽锱(zī)铢(zhū)㉕,用之如泥沙?使负栋之柱㉖,多于南亩之农夫㉗;架梁之椽,多于机上之工女;钉头磷磷,多于在庾之粟粒㉘;瓦缝参差,多于周身之帛缕㉙;直栏横槛,多于九土之城郭㉚;管弦呕哑㉛,多于市人之言语。使天下之人,不敢言而敢怒。独夫之心㉜,日益骄固。戍卒叫㉝,函谷举㉞,楚人一炬㉟,可怜焦土。

呜呼!灭六国者,六国也,非秦也;族秦者,秦也,非天下也。嗟乎!使六国各爱其人,则足以拒秦;秦复爱六国之人,则递三世可至万世而为君㊱,谁得而族灭也㊲?秦人不暇自哀,而使后人哀之;后人哀之而不鉴之,亦使后人而复哀后人也。

注释

①六王:指战国时齐、楚、燕、韩、赵、魏六国的君王。毕:完结。 ②四海:指全国。一:统一。 ③蜀山:蜀地的山。兀:突兀,指山高而秃。 ④覆压:覆盖。三百余里:指宫殿占地面积大。 ⑤骊山:在今陕西省临潼县东南。构:建筑。 ⑥走:趋向。咸阳:秦朝的国都。 ⑦二川:指渭水和樊川。

渭水源出甘肃,流经陕西省;樊川即樊水,灞水的支流,在今陕西省。　⑧廊腰:走廊中间的转折处。缦:无花纹的丝绸。　⑨盘盘:盘旋。焉:犹"然"。⑩囷囷:曲折。　⑪矗:高耸。落:座、所,建筑物的单位量词。一说指院落、院子。　⑫复道:宫中楼阁相通,上下都有通道,称复道。因筑在山上,故称行空。　⑬霁:雨止云开。　⑭妃:帝王的妾,太子王侯的妻。嫔:宫中女官。媵:后妃陪嫁的女子。嫱:宫中女官。　⑮辇:古代贵族乘坐的人力车。此用作动词,乘车。　⑯脂水:洗胭脂的水。　⑰椒兰:两种芳香植物。　⑱辘辘:车声。　⑲杳:远。　⑳望幸:盼望皇帝到来。幸,封建时代称皇帝亲临为幸。　㉑三十六年:秦始皇在位共三十六年多(前246—前210)。　㉒其人:其民。唐人避太宗李世民讳,以"人"代"民"。　㉓鼎:古代一种三足两耳的贵重器物。铛:铁锅,三足。　㉔逦迤:接连不断。这里是说到处都是。㉕锱铢:古时的重量单位。此极言微小。　㉖负栋:支撑栋梁的柱子。㉗南亩:泛指农田。　㉘庾:粮仓。　㉙帛缕:丝绸衣服上的纱线。　㉚九土:九州,指全国。郭:外城。　㉛管弦:指箫笙、琴瑟等乐器。呕哑:乐器发出的声音。　㉜独夫:丧尽人心的暴君,指秦始皇。　㉝戍卒叫:指陈胜、吴广在征戍渔阳途中,于大泽乡振臂一呼,率众起义。　㉞函谷举:指刘邦攻破函谷关。举,攻破,拔取。　㉟楚人一炬:公元前206年,项羽入咸阳,杀秦降王子婴,"烧秦宫室,火三月不灭"(《史记·项羽本纪》)。楚人,指项羽。项羽是楚将项燕的后代,故称楚人。　㊱递三世:传至第三代。　㊲族灭:即灭族。古有灭三族、九族、十族的酷刑。此指秦朝彻底覆灭。

译文

　　六国灭亡,秦始皇统一中国后,伐光了蜀山的树木,阿房宫才盖起来。阿房宫占地三百多里,楼阁高耸,遮天蔽日。从骊山之北构筑宫殿,曲折地向西延伸,一直修到秦京咸阳。渭水和樊川两条河,水波荡漾地流入宫墙。五步一栋楼,十步一座阁。走廊曲折像缦带一般回环,飞檐像禽鸟在高处啄食。楼阁各依地势的高下而建,像是互相环抱,宫室高低屋角,像钩一样联结,飞檐彼此相向,又像在争斗。盘旋曲折,密接如蜂房,回旋如水涡,不知矗立着几千万座。长桥横卧在渭水上,人们看了要惊讶:天上没有云,怎么出现了龙?复道横空而过,彩色斑斓,人们看了要诧异:不是雨过天晴,哪里来的彩虹?楼阁随着地势高高低低,使人迷糊,辨不清东西方向。台上歌声悠扬,充满暖意,使人感到有如春光那样和煦。殿中舞袖飘拂,好像带来阵阵寒意,使人感到风雨交加那样凄冷。就在同一天,同一座宫里,气候竟会如此不同。

那些亡了国的妃嫔和公主们,皇子皇孙,辞别了自己国家的楼阁、宫殿,被一车车送来秦国,日夜献歌奏乐,成了秦国的宫人。星光闪烁,原来是她们打开了梳妆镜子;绿云缭绕,原来是她们早晨正在梳理发髻;渭水河面上浮起一层垢腻,是她们倒掉的残脂剩粉;空中烟雾弥漫,是她们在焚烧椒兰香料。皇帝的宫车驰过,声如雷霆,使人骤然吃惊;听那车声渐远,也不知驰到哪儿去了。宫人们用尽心思修饰容貌,打扮得极其娇媚妍丽,耐心地久立远视,盼望皇帝能亲自驾临。可是有许多宫女整整等了三十六年,还未见到皇帝。燕、赵收藏的财宝,韩、魏聚敛的金玉,齐、楚搜求的珍奇,这都是多少世代、多少年月以来,从人民那里掠夺来的,堆积得如山一样。一旦国家灭亡,不能占有了,统统运进了阿房宫。在这里把宝鼎作铁锅,美玉当石头,又视黄金为土块,珍珠为沙石,随意丢弃,秦人看见了也不觉得可惜。

唉!一个人的心,也就是千万个人的心。秦始皇喜爱奢侈,老百姓也顾念自己的家业。为什么搜刮人民的财物一分一厘都不放过,挥霍时却像泥沙一样毫不珍惜呢?阿房宫中的柱子,比田里的农夫还多;架在梁上的椽子,比织布机上的女工还多;建筑物上的钉头,比粮仓里的粟粒还多;横直密布的瓦缝,比身上衣服的线缕还多;栏杆纵横,比天下的城郭还多;嘈杂的器乐声,比闹市的人说话声还多。使天下的老百姓敢怒而不敢言。秦始皇这个独夫,却越来越骄横顽固。于是,戍守边疆的士卒揭竿而起,四方响应,刘邦攻破函谷关,楚人放了一把火,可惜富丽堂皇的阿房宫变成了一片焦土。

唉!灭亡六国的是六国自己,而不是秦国;灭亡秦国的是秦国自己,而不是天下百姓。唉!如果六国统治者都爱护本国人民,那么就有足够的力量抗拒秦国;如果秦国统治者同样能爱护六国的人民,那么秦就能从三世传下去,甚至可以传到万世,世世为君王,谁还能灭掉秦国呢? 秦统治者来不及为自己的灭亡哀叹,只好让后世的人为他们哀叹;后世的人如果只是哀叹而不引为鉴戒,那么又要让再后世的人为他们哀叹了。

原　　毁①

［唐］韩愈

题解

　　韩愈(768—824),字退之,河阳(今河南孟县)人。祖籍河北昌黎,故世称韩昌黎。贞元进士。累迁监察御史,以言事贬阳山县令。继任国子博士。又贬为潮州刺史。后召还为国子祭酒。以吏部侍郎任京兆尹。是中唐时期杰出的散文家。

　　本文论述和探究毁谤产生的原因。作者认为,士大夫之间毁谤之风的盛行是道德败坏的一种表现,其根源在于"怠"和"忌",即怠于自我修养且又妒忌别人;不怠不忌,毁谤便无从产生。文章先从正面开导,说明一个人应该如何正确对待自己和对待别人才符合君子之德、君子之风,然后将不合这个准则的行为拿来对照,最后指出其根源及危害性。通篇采用对比手法,有"古之君子"与"今之君子"的对比,有同一个人"责己"和"待人"不同态度的比较,还有"应者"与"不应者"的比较,等等。全篇行文严肃而恳切,句式整齐中有变化,语言生动而形象,刻画当时士风,可谓入木三分。

原文

古之君子②,其责己也重以周③,其待人也轻以约④。重以周,故不怠⑤;轻以约,故人乐为善。闻古之人有舜者⑥,其为人也,仁义人也⑦。求其所以为舜者⑧,责于己曰:"彼人也⑨,予人也。彼能是⑩,而我乃不能是!"早夜以思,去其不如舜者,就其如舜者。闻古之人有周公者⑪,其为人也,多才与艺人也⑫。求其所以为周公者,责于己曰:"彼人也,予人也。彼能是,而我乃不能是!"早夜以思,去其不如周公者,就其如周公者。舜,大圣人也,后世无及焉;周公,大圣人也,后世无及焉。是人也,乃曰:"不如舜,不如周公,吾之病也⑬。"是不亦责于身者,重以周乎!其于人也,曰:"彼人也,能有是,是足为良人矣;能善是,是足为艺人矣⑭。"取其一不责其二,即其新不究其旧⑮。恐恐然惟惧其人之不得为善之利⑯。一善易修也,一艺易能也,其于人也,乃曰:"能有是,是亦足矣。"曰:"能善是,是亦足矣。"不亦待于人者,轻以约乎?

今之君子则不然,其责人也详,其待己也廉⑰。详,故人难于为善;廉,故自取也少。己未有善,曰:"我善是,是亦足矣。"己未有能,曰:"我能是,是亦足矣。"外以欺于人,内以欺于心,未少有得而止矣,不亦待其身者已廉乎⑱!其于人也,曰:"彼虽能是,其人不足称也;彼虽善是,其用不足称也。"举其一不计其十,究其旧不图其新。恐恐然惟惧其人之有闻也。是不亦责于人者已详乎!夫是之谓不以众人待其身,而以圣人望于人,吾未见其尊己也。

虽然,为是者有本有原,怠与忌之谓也。怠者不能修,而忌者畏人修。吾尝试之矣,尝试语于众曰:"某良士,某良士。"其应者,必其人之与也;不然,则其所疏远,不与同其利者也;不然,则其畏也。不若是,强者必怒于言,懦者必怒于色矣。又尝语于众曰:"某非良士,某非良士。"其不应者,必其人之与也;不然,则其所疏远,不与同其利者也;不然,则其畏也。不若是,强者必说于言⑲,

懦者必说于色矣。是故事修而谤兴,德高而毁来。呜呼!士之处此世,而望名誉之光,道德之行,难已!

将有作于上者⑳,得吾说而存之,其国家可几而理欤㉑!

注释

①原毁:探求毁谤的根源。　②君子:指有道德和地位的人。　③责:要求。重:严格。周:周密;全面。　④轻:宽容。约:简少。以上二句出自《论语·卫灵公》:"躬自厚而薄责于人。"　⑤怠:懈怠。　⑥舜:传说中远古时代的君王。　⑦仁义人:能行仁义的人。句出《孟子·离娄下》:"舜明于庶物,察于人伦,由仁义行,非行仁义也。"　⑧求:探求;研究。　⑨彼:指舜。　⑩是:如此;这样。句出《孟子·滕文公上》:"颜渊曰:'舜何人也?予何人也?有为者,亦若是。'"　⑪周公:周文王的儿子,周武王的弟弟。武王死后,成王年幼继位,由周公摄政。　⑫多才与艺人:多才多艺的人。句出《尚书·金滕》:周公有言:"予仁若考,能多才多艺,能事鬼事神。"　⑬病:过错,缺点。　⑭艺人:有技能的人。　⑮即:接触。　⑯恐恐然:谨慎小心的样子。　⑰廉:少。　⑱已:太;甚。　⑲说:通"悦",高兴。　⑳于上者:居于上位的人。指统治者。　㉑几:将近;差不多。

译文

古时候的君子,要求自己严格而全面,对待别人宽容又简约。严格而全面,所以不懒惰;宽容又简约,所以别人乐意做好事。听说古代有个叫舜的,他做人,做仁义的人。探究舜所以成为多才多艺的人的道理,就责备自己说:"他是人,我也是人。他能这样,我却不能这样!"早晚都在思考,改掉那不如舜的行为,去做与舜一样的。听说古代有个叫周公的,他做人,做多才多艺的人。探究他所以成为多才多艺的人的道理,就责备自己说:"他是人,我也是人。他能这样,我却不能这样!"早晚都在思考,改掉那不如周公的,去做与周公一样的。舜,是大圣人,后代没有能及得上的;周公,是大圣人,后代没有能及得上的。这些人却说:"及不上舜,及不上周公,是我的缺点。"这不就是要求自身严格而且全面吗?他对待别人,说道:"那个人能有这点,这就够得上是善良的人了;能擅长这个,就算得上是有才能的人了。"取他的一个方面,而不苛求他别的方面,论他今天的表现,而不计较他的过去。担心的是怕别人做好事得不到应得的表扬。一件好事是容易做到的,一种技能是容易学得的,他对待别人,便说:"能有这样,这就够了。"说:"能擅长这个,这就够了。"这不是对待别人宽容又简约吗?

现在的君子却不这样,他责备别人周详,他要求自己简约。周详,所以人家难以做好事;简约,所以自己进步就少。自己没有什么优点,说:"我有这优点,这就够了。"自己没有什么才能,说:"我有这本领,这就够了。"对外欺骗别人,对己欺骗良心,还没有多少收获就止步不前,这不是要求自身太少了吗? 他们要求别人,说:"他虽然能做这个,但他的人品不值得赞美;他虽然擅长这个,但他的才用不值得称道。"举出他一方面的欠缺不考虑他多方面的长处,只追究他的既往,不考虑他的今天。心中惶惶不安只怕别人有好的名声。这不是责求别人太周全了吗? 这就叫不用常人的标准要求自身,却用圣人的标准希望别人,我看不出他是尊重自己的啊!

尽管如此,这样做是有他的根源的,就是所谓懒惰和忌妒。懒惰的人不能自我修养,忌妒的人害怕别人修身。我曾试验过,对大家说:"某人是好人,某人是好人。"那些应和的,一定是他的同伙;要不就是和他疏远没有相同利害的人;要不就是怕他的人。不是这样的话,强横的定会厉声反对,软弱的定会满脸不高兴。我又曾经试着对大家说:"某人不是好人,某人不是好人。"那些不应和的人,一定是他的同伙;要不就是和他疏远没有相同利害的人;要不就是怕他的人。不这样的话,强悍的定会连声赞同,软弱的定会喜形于色。因此,事业成功诽谤便随之产生;德望高了恶言就接踵而来。唉! 读书人生活在当今世界上,而希望名誉光大、德行推广,难极了!

居上位而想有所作为的人,听取我的说法,记在心中,那国家差不多可以治理好了!

杂　说　（四）

[唐]韩愈

题解

韩愈的《杂说》是一组杂感式的小品文,也可以说是古代的杂文。共四篇,这里选的是第四篇。本文借千里马不遇伯乐来比喻才能之士怀才不遇,抨击在位掌权者的不识人才和摧残人才。在表现手法上,通篇采用比喻,在顺接逆转之中,层层深入,说明了识才、用才的重大意义。篇末一问一叹,曲折中含无穷不平之意。有人据文意认为作于贞元十一年(795)韩愈三上宰相书求仕不遂之后。可备一说。

原文

世有伯乐①,然后有千里马②。千里马常有,而伯乐不常有。故虽有名马,只辱于奴隶人之手,骈死于槽枥之间③,不以千里称也。

马之千里者,一食或尽粟一石④。食(sì)马者⑤,不知其能千里而食也。是马也,虽有千里之能,食不饱,力不足,才美不外见(xiàn)⑥,且欲与常马等不可得,安求其能千里也? 策之不以其道⑦,食之不能尽其材,鸣之而不能通其意⑧,执策而临之曰:"天下无马。"呜呼! 其真无马邪,其真不知马也?

注释

①伯乐:春秋秦穆公时人,姓孙名阳,字伯乐。以善于相马著称(事见《战国策·楚策》、《庄子·马蹄篇》等),因此历来又作为善于识拔人才的代表。 ②千里马:指具有日行千里之能而未被发现的好马。 ③骈死:齐并而死。槽:盛马饲料的器具。枥:马厩。 ④一食:吃一顿。尽粟一石:吃完一石粟。 ⑤食:饲;喂养。 ⑥才美:才具;长处。见:现,表现出来。⑦策:赶马的棍子。这里作动词用,鞭策、驾驭之意。 ⑧鸣之:马鸣叫。

译文

世上有了伯乐,然后才会有千里马。千里马常有,而伯乐却不常有。因此,虽然有不少好马,却只能在马夫手中受糟蹋,最后接连不断地死在马厩之中,而不能以千里马著名。

那些千里马,一顿往往要吃尽一石小米。可是喂马的人,不知道它能日行千里而饲养它。这样的马,虽然有日行千里的本领,可是吃不饱,力气不足,才干特长就不能表现出来,即使想与一般的马那样也不可能,哪里还能叫它日行千里呢?驾驭时不能顺其本性,喂养时又不能给足料好让它充分发挥才能,(听到)马鸣叫,却不懂得它的意思,拿着马鞭对它说:"天下没有千里马。"唉!是真的没有好马呢,还是确实不识好马呢?

师　说①

[唐]韩愈

题解

　　这篇文章从理论上阐述了老师的作用和从师的重要性。是针对当时士大夫阶层耻于从师的风气而发的。作者认为"人非生而知之者",所以人人都要从师学习;从师的原则是"道之所存,师之所存也",不分长幼,不论贵贱;老师与弟子之间,"弟子不必不如师,师不必贤于弟子",因为"闻道有先后,术业有专攻"。这些见解,在今天仍有积极意义。

　　在表现手法上,作者将从师与不从师、学道与学句读、士大夫和巫医乐师百工之人作对比,在对比中论证全文的中心观点。

原文

　　古之学者必有师②。师者,所以传道受业解惑也③。人非生而知之者④,孰能无惑⑤?惑而不从师⑥,其为惑也,终不解矣⑦。生乎吾前⑧,其闻道也⑨,固先乎吾⑩,吾从而师之⑪;生乎吾后,其闻道也,亦先乎吾,吾从而师之。吾师道也⑫,夫庸知其年之先后生于吾乎⑬!是故无贵无贱⑭,无长无少,道之所存,师之所存也。

　　嗟乎!师道之不传也久矣⑮,欲人之无惑也难矣。古之圣人,其出人也远矣⑯,犹且从师而问焉;今之众人,其下圣人也亦远矣⑰,而耻学于师⑱。是故圣益圣⑲,愚益愚。圣人之所以为圣,愚人之所以为愚,其皆出于此乎⑳?爱其子,择师而教之,于其身也,则耻师焉㉑,惑矣。彼童子之师,授之书而习其句读者也㉒,非吾所谓传其道、解其惑者也。句读之不知,惑之不解,或师焉,或不焉,小学而大遗,吾未见其明也。巫医乐师百工之人不耻相师㉓,士大夫之族㉔,曰师曰弟子云者㉕,则群聚而笑之。问之,则曰:"彼与彼年相若也㉖,道相似也㉗,位卑则足羞,官盛则近谀。"呜呼!师道之不复可知矣㉘。巫医乐师百工之人,君子不齿㉙。今其智乃反不能及㉚,其可怪也欤㉛!

圣人无常师㉜。孔子师郯(tán)子、苌(cháng)弘、师襄、老聃㉝。郯子之徒,其贤不及孔子。孔子曰:"三人行,则必有我师㉞。"是故弟子不必不如师,师不必贤于弟子。闻道有先后,术业有专攻㉟,如是而已。

李氏子蟠㊱,年十七,好古文,六艺经传皆通习之㊲,不拘于时㊳,学于余。余嘉其能行古道㊴,作《师说》以贻之㊵。

注释

①说:议论文的一种。　②学者:求学的人。　③传道:传授儒家之道。受业:教授儒家经典。解惑:解决道和业方面的疑难。　④"人非"句:出自《论语》。知:懂得。　⑤孰:谁。　⑥从师:跟老师学。　⑦"其为惑也"二句:那成为疑难的问题,终究不能解决。　⑧乎:于。　⑨闻道:懂得道。⑩固:本来。　⑪吾从而师之:我跟着他,以他为师。师,这里作意动用法。⑫吾师道也:我学的是道。师,学。　⑬"夫庸知"句:意思为,哪里考虑他的年龄比我大还是小呢? 夫:发语词。庸:难道。　⑭无贵无贱:不论地位高低。　⑮师道:从师之道。⑯出人:超出众人。⑰下圣人:不如圣人。⑱耻:以为可耻。　⑲益:更加。　⑳其:表示推测。㉑耻师:以从师为耻。㉒习其句读:学习断句和分逗。古人读书的基本功。㉓巫医:古代巫、医不分,指以看病和降神弄鬼为职业的人。乐师:从事音乐的人。百工:各种工匠。　㉔士大夫:封建社会读书做官的上层人物。族:类。㉕"曰师"句:说起老师、弟子的时候。㉖年相若:年岁相近。㉗道相似:道德修养相近。㉘复:恢复。　㉙不齿:不屑与之同列,即看不起。㉚乃:竟。反:反而。㉛欤:语气词,表示感叹。㉜常师:固定的老师。㉝郯子:春秋郯国(今属山东)的国君。苌弘:周敬王时大夫。师襄:春秋时鲁国的乐官。老

聃:老子,春秋战国时思想家。 ㉞"三人行"两句:见《论语》。 ㉟术业有专攻:在业务上各有其专门的研究。 ㊱李氏子蟠:李蟠,韩愈的弟子。 ㊲六艺经传:六艺的经文和传文。六艺,即《诗》、《书》、《礼》、《乐》、《易》、《春秋》六种儒家经典。传,解释经文的著作。 ㊳拘:束缚。 ㊴嘉:嘉奖;赞许。古道:古代的从师之道。 ㊵贻:赠送。

译文

古时候求学问的人一定有老师。所谓老师,就是用来传授道理、授予专业知识、解答疑难问题的人。人不是生下来就懂道理的,谁能够没有疑难问题呢?有疑难问题却不向老师请教,那些成为疑难的问题便终究不会解决了。出生在我前面的,他懂得道理本来比我早,我跟随他,以他为师;出生在我后面的,他懂得道理要是也比我早,我也跟他学习。我学习的是道理,哪管他出生在我之前还是在我之后呢?因此,不论地位高还是低,不论年龄大还是小,道理存在的地方,老师也就在那里。

唉!从师学习的传统不被继承已经很久了,要人们没有疑难问题是很困难的了!古时候的圣人,超出一般人够远了,尚且跟从老师请教;现在的一般人,他们不如圣人也够远了,却以向老师学习为耻辱。因此,圣人就更加圣明,愚人就更加愚蠢。圣人的所以成为圣人,愚人的所以成为愚人,大概都是由于这个原因吧?人们爱自己的孩子,就选择老师来教他们,对于自己呢,却不肯从师学习,这真糊涂了。那些儿童们的老师,是教给儿童们读书和学习断句的,不是我所说的那种传授道理、解释疑难问题的老师。不懂断句,疑难问题不得解释,有的向老师请教,有的却不向老师请教,小事学习,大事反而丢弃,我看不出他们明白道理的地方。巫医、乐师、各种工匠不把相互学习当作难为情,读书做官的这类人,一听到有人以"老师"、"学生"相称,就许多人聚集在一起讥笑人家。问他们为什么这样,他们就说:"他和他年纪差不多,学问也差不多。称地位低的人为师,就感到羞耻,称官位高的人为老师,就近于拍马。"唉！从师学习的传统不能恢复，从这里可以知道了。巫医、乐师和工匠，是所谓上层人士看不起的。现在那些"上层人士"的明智程度竟然反而不及这些人，岂不是可以奇怪的么！

圣人没有固定的老师。孔子曾以郯子、苌弘、师襄、老聃为师。郯子这些人，他们的品德才能并不如孔子。孔子说："三个人一起走，那一定有可以当我老师的。"所以，学生不一定不及老师，老师不一定比学生高明。懂得道理有先有后，技能业务各有钻研与擅长，不过这样罢了。

李家的儿子名叫蟠，十七岁，爱好古文，六艺的经文和传文全都学了，不被时俗拘束，来向我学习。我赞许他能实行古代的从师之道，写这篇《师说》来赠给他。

进　学　解

[唐]韩愈

题解

本文是韩愈在元和年间任国子博士时所写的。文章假托向学生训话，勉励他们在学业、德行方面取得进步，学生提出质问，他再进行解释，故名"进学解"。文章通过设问设答，反话正说，含蓄地讽刺了当权者的不公与不明，抒发了作者长期不受重用，反遭贬斥的愤懑情绪。文章通过学生之口，形象地突出了自己学习、捍卫儒道以及从事文章写作的努力与成就，有力地衬托了自己遭遇的不平；而作者针锋相对的解释，表面心平气和，字里行间却充满了郁勃的感情，也反映了对社会的批评。文中"业精于勤荒于嬉，行成于思毁于随"等语，凝聚着作者治学、修德的经验结晶；从"沈浸醲郁"到"同工异曲"一段,生动表现出他对前人文学艺术风格兼收并蓄的态度。

作为散文家,韩愈很推重汉代扬雄的辞赋。本文的写作即有所借鉴于扬雄的《解嘲》、《解难》等篇,辞采丰富,音节铿锵、对偶工整,允属赋体,然而气势奔放,语言流畅,摆脱了汉赋、骈文中常有的艰涩呆板、堆砌辞藻等缺点。

原文

国子先生晨入太学①,招诸生立馆下②,诲之曰:"业精于勤荒于嬉;行成于思毁于随。方今圣贤相逢,治具毕张③。拔去凶邪,登崇俊良④。占小善者率以录⑤,名一艺者无不庸⑥。爬罗剔抉⑦,刮垢磨光⑧。盖有幸而获选,孰云多而不扬?诸生业患不能精,无患有司之不明⑨;行患不能成,无患有司之不公。"

言未既,有笑于列者曰:"先生欺余哉!弟子事先生,于兹有年矣。先生口不绝吟于六艺之文⑩,手不停披于百家之编⑪。纪事者必提其要,纂言者必钩其玄⑫。贪多务得,细大不捐。焚膏油以继晷(guǐ)⑬,恒兀兀以穷年⑭。先生之业,可谓勤矣。抵排异端⑮,攘斥佛老⑯。补苴(jū)罅(xià)漏⑰,张皇幽眇⑱。寻坠绪之茫茫⑲,独旁搜而远绍⑳。障百川而东之㉑,回狂澜于既倒。先生之于儒,可谓有劳矣㉒。沈浸醲郁㉓,含英咀华㉔,作为文章㉕,其书满家。上规姚、姒(sì)㉖,浑浑无涯;周诰、殷《盘》㉗,佶屈聱牙㉘;《春秋》谨严㉙,《左氏》浮夸㉚;《易》奇而法㉛,《诗》正而葩㉜;下逮《庄》、《骚》㉝,太史所录㉞;子云,相如㉟,同工异曲㊱。先生之于文,可谓闳其中而肆其外矣㊲。少始知学,勇于敢为;长通于方㊳,左右具宜。先生之于为人,可谓成矣。然而公不见信于人㊴,私不见助于友。跋(bá)前踬(zhì)后㊵,动辄得咎㊶。暂为御史㊷,遂窜南夷㊸。三年博士㊹,冗(rǒng)不见(xiàn)治㊺。命与仇谋,取败几时㊻。冬暖而儿号寒,年丰而妻啼饥。头童齿豁㊼,竟死何裨。不知虑此,而反教人为㊽?"

先生曰:“吁,子来前!夫大木为杗(máng)(49),细木为桷(jué)(50),欂(bó)栌(lú)侏儒(51),椳(wēi)闑(niè)扂(diàn)楔(xiē)(52),各得其宜,施以成室者,匠氏之工也。玉札、丹砂(53),赤箭、青芝(54),牛溲、马勃(55),败鼓之皮(56),俱收并蓄,待用无遗者,医师之良也。登明选公,杂进巧拙,纡(yū)余为妍(57),卓荦(luò)为杰(58),校(jiào)短量长(59),惟器是适者,宰相之方也(60)。昔者孟轲好辩(61),孔道以明,辙(zhé)环天下(62),卒老于行。荀卿守正(63),大论是弘,逃谗于楚,废死兰陵。是二儒者,吐辞为经,举足为法,绝类离伦(64),优入圣域,其遇于世何如也?今先生学虽勤而不由其统(65),言虽多而不要其中(66),文虽奇而不济于用,行虽修而不显于众。犹且月费俸钱,岁靡廪粟(67);子不知耕,妇不知织;乘马从徒,安坐而食。踵(zhǒng)常途之促促(68),窥陈编以盗窃(69)。然而圣主不加诛,宰臣不见斥,兹非其幸欤?动而得谤,名亦随之。投闲置散,乃分之宜。若夫商财贿之有亡(70),计班资之崇庳(bēi)(71),忘己量之所称(72),指前人之瑕疵(73),是所谓诘匠之不以杙(yì)为楹(74),而訾(zǐ)医师以昌阳引年(75),欲进其豨(xī)苓也(76)。

注释

①国子先生:韩愈自称,当时他任国子博士。唐代主管教育的国家机关是国子监,管理国子学、太学等七学,各学置博士,即国子监博士、太学博士、四门博士等。太学:这里指国子学。 ②馆:学舍。 ③治具:治理的工具,主要指法令。毕:全部。张:指建立、确立。 ④登崇:提拔推重。俊良:才俊善良的人。 ⑤占:具有。率:都。以:同“已”。录:录用。 ⑥名:占有。庸:用。 ⑦爬罗:整理收罗。剔抉:区别选择。这里指选拔人才。 ⑧刮垢磨光:这里指造就人才。刮垢,刮除尘垢。 ⑨有司:主管官署。 ⑩六艺:指儒家六经,即《诗》、《书》、《礼》、《乐》、《易》、《春秋》六部儒家经典。 ⑪披:翻阅。百家:指诸子百家。编:指著作。 ⑫纂:编集。 ⑬膏油:油脂,指灯烛。晷:日影。 ⑭恒:经常。兀兀:辛勤不懈的样子。穷:终;尽。 ⑮异端:儒家称儒家以外的学说、学派为异端。 ⑯攘:排除。老:老子,道家的创始人,这里借指道家。 ⑰苴:鞋底中垫的草,这里作动词用,是填补的

意思。罅：裂缝。　⑱皇：大。幽：深。眇：微小。　⑲绪：前人留下的事业，这里指儒家的道统。　⑳绍：继承。　㉑障：防堵。百川：比喻百家之说。东之：使之向东流。比喻归入儒家。　㉒有劳：有功劳。　㉓酝郁：浓厚芬芳的气息。这里指儒家典籍。　㉔英、华：都是花的意思，这里指文章中的精华。　㉕作为：写作。　㉖上规姚、姒：向上取法虞夏之书。虞舜姓姚，夏禹姓姒。故以姚姒指代《尚书》中的《虞书》、《夏书》。　㉗周诰：指《尚书·周书》中的《大诰》、《康诰》、《酒诰》、《召诰》、《洛诰》。诰，古代一种训诫勉励的文告。殷《盘》：指《尚书》的《商书》中的《盘庚》篇。　㉘佶屈：屈曲。聱牙：形容不顺口。　㉙《春秋》：鲁国史书，记载鲁隐公元年（前722）到鲁哀公十四年（前481）间史事。谨严：指《春秋》文辞简而寓褒贬。　㉚《左氏》：指《春秋左氏传》，简称《左传》。浮夸：指《左传》记事详赡，富有文采。　㉛《易》：《易经》，古代占卜用书，相传为周人所撰。奇：奇妙。这里指通过八卦变化来推算自然和人事规律。法：有规律。　㉜《诗》：《诗经》，我国最早的一部诗歌总集。正：思想内容雅正。葩：文辞华美。　㉝逮：及；到。《庄》：《庄子》，战国时思想家庄周的著作。《骚》：《离骚》，战国时屈原的长诗。　㉞太史：指汉代司马迁，曾任太史令。所录：指司马迁所著的《史记》。　㉟子云：汉代文学家扬雄，字子云。相如：汉代辞赋家司马相如。　㊱同工异曲：乐工技艺相同而奏出的曲调不同。　㊲闳：大。中：指文章内容。肆：放。外：指文章形式。　㊳方：道理。　㊴见信：被信任。见，在动词前表示被动。　㊵跋：踩。疐：绊倒。语出《诗经·豳风·狼跋》："狼跋其胡，载疐其尾。"意思说，狼向前走就踩着颔下的悬肉（胡），后退就绊倒在尾巴上。形容进退都有困难。　㊶辄：常常。　㊷为御史：指韩愈任监察御史。　㊸窜：窜逐；贬谪。南夷：韩愈于贞元十九年（803）授四门博士，次年转监察御史，冬，上书论宫市之弊，触怒德宗，被贬为连州阳山令。阳山在今广东，故称南夷。　㊹三年博士：做了三年博士。韩愈在元和元年（806）六月至四年任国子博士。　㊺冗：闲散。见：表现。　㊻几时：不时；随时。　㊼头童：头秃。齿豁：牙齿脱落，露出豁口。　㊽为：语助词，表示疑问。　㊾宗：屋梁。　㊿桷：屋椽。　51 㰯栌：斗拱，柱顶上承托栋梁的方木。侏儒：梁上短柱。　52 椳：门枢。闑：门中央所竖的短木，在两扇门相交处。扂：门闩之类。楔：门两旁长木柱。以上都是用来比喻各种不同人才。　53 玉札：药名，地榆。丹砂：朱砂。　54 赤箭：药名，天麻。青芝：药名，龙兰。以上四种都是名贵药材。　55 牛溲：牛尿。马勃：药名，属菌类。　56 败鼓之皮：坏了的鼓的皮。

与牛溲、马勃同为贱价药材。　㉗纡余:委婉从容的样子。妍:美。　㉘卓荦:突出,超群出众。　㉙校:比较。　㉚方:方法:治术。　㉛孟轲好辩:孟子有好辩的名声。　㉜辙:车轮痕迹。　㉝荀卿:即荀况,战国后期时儒家大师。　㉞绝类离伦:超越同类。绝、离,都是超越的意思。类、伦,都是"类"的意思,这里指儒家的同类。　㉟统:指儒家道统。　㊱要:求。中:中于理。㊲靡:浪费;消耗。廪:粮仓。　㊳踵:跟随。促促:拘谨局促的样子。㊴窥:察看。陈编:古旧的书籍。　㊵财贿:财物,这里指俸禄。　㊶班资:等级;资格。崇庳:高低。　㊷量:分量,指才能高下。称:相称。　㊸前人:指职位在自己前列的人。瑕疵:毛病。比喻人的缺点。　㊹杙:小木桩。楹:柱子。这里韩愈以杙、楹自喻,说自己才不堪大用。　㊺訾:毁谤非议。昌阳:菖蒲,药材名,相传久服可以长寿。　㊻豨苓:药名,又名猪苓,对延年无用。

译文

　　国子先生早上走进太学,召集学生们站在学舍下面,教导他们说:"学业的精进由于勤奋,而荒废由于游荡玩乐;德行的成就由于思考,而败坏由于因循随便。当前,圣君与贤臣相遇合,法令全备。拔除凶恶奸邪,晋升英俊善良。具有微小优点的都已录取,称有一技之长的无不任用。搜罗人材,加以甄别、教育、培养,对他们刮去污垢,磨炼得闪闪发光。大概只有侥幸而得选上的,谁说多才多艺而不被高举呢?诸位学生只怕学业不能精进,不要怕主管部门官吏看不清;只怕德行不能成就,不要怕主管部门官吏不公正。"

　　话没说完,有人在队列里笑道:"先生在欺骗我们吧?我们这些学生侍奉您先生,到现在已经好几年了。先生嘴里不断地诵读六经的文章,两手不停地翻着诸子百家的书籍。对记事之文一定提取它的要点,对言论之编一定探索它深奥的旨意。不知满足地多方面学习,力求有所收获,大的小的都不舍弃。点上灯烛夜以继日,经常这样刻苦用功,一年到头不休息。先生的从事学业可以说勤奋了。抵制、批驳异端邪说,排斥佛教与道家,弥补儒学的缺漏,发扬光大精深微妙的义理。寻找渺茫失落的古代圣人之道的传统,独自广泛搜求、远继前贤。防堵纵横奔流的各条川河,引导它们东注大海；挽回那狂涛怒澜，尽管它们已经倾倒泛滥。先生您对于儒家，可以说是有功劳了。心神沉浸在意味浓郁淳厚的书籍里，仔细地品尝咀嚼其中精英华采，写作起文章来，书卷堆满了家屋。向上规模取法虞、夏时代的典章，深远博大得无边无际；周代的诰书和殷代的《盘庚》，多么艰涩拗口难读；《春秋》的语言精练准确，《左传》的文辞铺张夸饰；《易经》变化奇妙而有法则，《诗经》思想端正而辞采华美；往下一直到《庄子》、《离骚》、太史公的记录；扬雄、司马相如的创作，同样巧妙而曲调各异。先生的文章可以说是内容宏大而外表气势奔放，波澜壮阔。先生少年时代就开始懂得学习，敢作敢为；长大之后通达道理，处理各种事情，左的右的，无不合宜。先生的做人，可以说是有成就的了。可是在公的方面不能被人们信任，在私的方面得不到朋友的帮助。前进退后，都发生困难，动一动便惹祸获罪。刚当上御史就被贬到南方边远地区。做了三年博士，职务闲散表现不出治理的成绩。您的命运与敌仇打交道，不时遭受失败。冬天气候还算暖和的日子里，您的儿女们已为缺衣少穿而哭着喊冷；年成丰收而您的夫人却仍为食粮不足而啼说饥饿。您自己的头顶秃了，牙齿缺了，这样一直到死，有什么好处呢？不知道想想这些，倒反而来教训别人干吗呢？"

国子先生说："唉，你到前面来啊！要知道那些大的木材做屋梁，小的木材做瓦椽，做斗拱，短椽的，做门臼、门橛、门闩、门柱的，都量材使用，各适其宜而建成房屋，这是工匠的技巧啊。贵重的地榆、朱砂，天麻、龙芝，牛尿、马勃，坏鼓的皮，全都收集，储藏齐备，等到需用的时候就没有遗缺的，这是医师的高明啊。提拔人才，公正贤明，选用人才，态度公正。灵巧的人和朴质的人都得引进，有的人谦和而成为美好，有的人豪放而成为杰出，比较各人的短处，衡量各人长处，按照他们的才能品格分配适当的职务，这是宰相的方法啊！从前孟轲爱好辩论，孔子之道得以阐明，他游历的车迹周遍天下，最后在奔走中老去。荀况恪守正道，发扬光大宏伟的理论，因为逃避谗言到了楚国，还是丢官而死在兰陵。这两位大儒，说出话来成为经典,一举一动成为法则,远远超越常人,优异到进入圣人的境界,可是他们在世上的遭遇是怎样呢? 现在你们的先生学习虽然勤劳却不能遵循道统,言论虽然不少却不切合要旨,文章虽然写得出奇却无益于实用,行为虽然有修养却并没有突出于一般人的表现。尚且每月浪费国家的俸钱,每年消耗仓库里的粮食;儿子不懂得耕地,妻子不懂得织布;出门乘着车马,后面跟着仆人,安安稳稳地坐着吃饭。局局促促地按常规行事,眼光狭窄地在旧书里盗窃陈言,东抄西袭。然而圣明的君主不加处罚,也没有被宰相大臣所斥逐,岂不是幸运么? 有所举动就遭到毁谤,名誉也跟着受到影响。被放置在闲散的位置上,实在是恰如其分的。至于讨论财物的有无,计较品级的高低,忘记了自己有多大才能、多少分量和什么相称,指摘官长上司的缺点,这等于是在责问工匠为什么不用小木桩做柱子,批评医师用菖蒲延年益寿,却想叫人采用他的猪苓啊!"

送孟东野序①

[唐]韩愈

题解

　　这是韩愈送给孟郊的临别赠言。孟郊壮年屡试不第,四十六岁才中进士,五十岁时被授为溧阳县尉。怀才不遇,心情抑郁。在他上任之际,韩愈写此文加以宽慰,流露出对朝廷用人不当的感慨和不满。文章运用比兴手法,从物不平则鸣,写到人不平则鸣。全序仅篇末少量笔墨直接点到孟郊,其他内容都凭空结撰,出人意外,但又紧紧围绕孟郊其人其事而设,言在彼而意在此,因而并不显得空疏游离,体现了布局谋篇上的独到造诣。

原文

大凡物不得其平则鸣:草木之无声,风挠之鸣[2]。水之无声,风荡之鸣。其跃也,或激之[3];其趋也,或梗之;其沸也,或炙之[4]。金石之无声,或击之鸣。人之于言也亦然,有不得已者而后言,其歌也有思,其哭也有怀,凡出乎口而为声者,其皆有弗平者乎!乐也者,郁于中而泄于外者也,择其善鸣者而假之鸣。金、石、丝、竹、匏(páo)、土、革、木八者[5],物之善鸣者也。维天之于时也亦然,择其善鸣者而假之鸣。是故以鸟鸣春,以雷鸣夏,以虫鸣秋,以风鸣冬。四时之相推夺[6],其必有不得其平者乎?

其于人也亦然。人声之精者为言,文辞之于言,又其精也,尤择其善鸣者而假之鸣。其在唐虞[7],咎(gāo)陶(yáo)、禹其善鸣者也[8],而假以鸣。夔(kuí)弗能以文辞鸣[9],又自假于《韶》以鸣[10]。夏之时,五子以其歌鸣[11]。伊尹鸣殷[12],周公鸣周[13]。凡载于《诗》、《书》六艺[14],皆鸣之善者也。周之衰,孔子之徒鸣之[15],其声大而远。传曰:"天将以夫子为木铎[16]。"其弗信矣乎? 其末也,庄周以其荒唐之辞鸣[17]。楚,大国也,其亡也,以屈原鸣[18]。臧孙辰、孟轲、荀卿[19],以道鸣者也。杨朱、墨翟、管夷吾、晏婴、老聃、申不害、韩非、慎到、田骈、邹衍、尸佼、孙武、张仪、苏秦之属[20],皆以其术鸣。秦之兴,李斯鸣之[21]。汉之时,司马迁、相如、扬雄[22],最其善鸣者也。其下魏、晋氏,鸣者不及于古,然亦未尝绝也。就其善者,其声清以浮,其节数(shuò)以急[23],其辞淫以哀,其志弛以肆[24];其为言也,乱杂而无章。将天丑其德莫之顾邪? 何为乎不鸣其善鸣者也?

唐之有天下,陈子昂、苏源明、元结、李白、杜甫、李观[25],皆以其所能鸣。其存而在下者,孟郊东野始以其诗鸣。其高出魏晋,不懈而及于古,其他浸淫乎汉氏矣[26]。从吾游者,李翱、张籍其尤也[27]。三子者之鸣信善矣。抑不知天将和其声,而使鸣国家之盛邪？抑将穷饿其身，思愁其心肠，而使自鸣其不幸邪？三子者之命，则悬乎天矣。其在上也，奚以喜；其在下也，奚以悲？东野之役于江南也㉓，有若不释然者，故吾道其命于天者以解之。

注释

①孟东野：即孟郊(751—814)，湖州武康(今浙江德清)人。中唐著名诗人。　②挠：搅动；摇动。　③激：阻遏水势。《孟子·告子上》："今夫水，搏而跃之，可使过颡；激而行之，可使在山。"后世也称石堰之类的挡水建筑物为激。　④炙：烤。这里指烧煮。　⑤金、石、丝、竹、匏、土、革、木：我国古代用这八种质料制成的各类乐器的总称，也称"八音"。如钟属金类，磬属石类，瑟属丝类，箫属竹类，笙属匏类，埙(xūn)属土类，鼓属革类，柷(zhù)属木类。　⑥推夺：推易变化。　⑦唐虞：尧帝国号为唐，舜帝国号为虞。　⑧咎陶：也作咎繇、皋陶。传说为舜帝之臣，主管刑狱之事。《尚书》有《皋陶谟》篇。禹：夏朝开国君主。传说治洪水有功，舜让位于他。《尚书》有《大禹谟》、《禹贡》篇。　⑨夔：传说是舜时的乐官。　⑩《韶》：舜时乐曲名。⑪五子：夏王太康的五个弟弟。太康耽于游乐而失国，五子作歌告诫。《尚书》载有《五子之歌》，系伪托。　⑫伊尹：名挚。商汤时的宰相，曾佐汤伐桀。《尚书》载有他所作《咸有一德》、《伊训》、《太甲》等文。或说系后人伪作。　⑬周公：名旦，武王之弟。辅佐武王伐纣灭商，建立周王朝。后又辅佐幼主成王，曾代行政事，制礼作乐。《尚书》载有他《金縢》、《大诰》等多篇文章。　⑭六艺：汉以后对《诗》、《书》、《易》、《礼》、《乐》、《春秋》等六种儒家经典的统称。　⑮孔子：字仲尼，春秋时鲁国人，儒家学说的主要代表。⑯"天将以夫子为木铎"：语出《论语·八佾》。木铎：木舌的铃。古代发布政策教令时，先摇木铎以引起人们注意。后遂以木铎比喻宣扬教化的人。⑰庄周：即庄子，战国时宋国蒙(今河南商丘)人，道家学说的代表人物。荒唐：漫无边际，荒诞不经。《庄子·天下》篇说庄周文章有"以谬悠之说，荒唐之言，无端崖之辞，时恣纵而不傥"的特色。　⑱屈原：战国时楚人。楚怀王时任左徒、三闾大夫，主张联齐抗秦，后遭谗被贬。楚顷襄王时，国事日非。秦兵攻破郢都，屈原投汨罗江自尽。著有《离骚》等不朽诗篇。　⑲臧孙辰：即春秋时鲁国大夫臧文仲，《左传》、《国语·鲁语》载有他的言论。孟轲：战国时期儒家代表人物，著有《孟子》。荀卿：名况。战国后期儒家学者，著有

《荀子》。 ⑳杨朱:战国初期思想家。其说重在"为我爱己","拔一毛以利天下不为"。言论散见于《孟子》、《庄子》、《荀子》、《韩非子》。墨翟:春秋战国之际思想家。墨家学说的创始者,主张兼爱、非攻、尚贤等。其言行主要见于《墨子》。管夷吾:字仲,春秋时政治家,辅佐齐桓公称霸。后人辑有《管子》一书。晏婴:春秋时政治家,任齐景公贤相,以节俭力行,显名诸侯。其言行见于《晏子春秋》。老聃:春秋时思想家。道家学说的创始人,著有《老子》,又名《道德经》。申不害:战国时韩昭侯相。其说本于黄老而主刑名。著有《申子》。韩非:战国后期韩国公子。著名法家代表,著有《韩非子》。慎到:战国时赵国人,著有《慎子》。田骈:战国时齐人,著有《田子》。邹衍:战国时齐人,阴阳家代表人物,著有《邹子》。尸佼:战国时鲁人,杂家,著有《尸子》。孙武:战国时齐人,著名军事家,著有《孙子》。张仪:战国时魏人,纵横家。秦惠王时入秦为相,主"连横"说,游说六国与秦结盟,以瓦解"合纵"战略。苏秦:战国时东周洛阳人,纵横家。曾游说燕、赵、韩、魏、齐、楚六国,合纵抗秦,身佩六国相印,为纵约长。 ㉑李斯:战国时楚国人。秦始皇时任廷尉、丞相。他对秦统一天下起过重要作用。写有《谏逐客书》。 ㉒司马迁:西汉史学家,著有《史记》。相如:司马相如,西汉辞赋家,著有《子虚赋》、《上林赋》等。扬雄:西汉辞赋家,著有《甘泉赋》、《羽猎赋》等,又有《太玄》、《法言》等专著。 ㉓节数:节奏短促而急迫。 ㉔弛:松弛,引申为颓废。肆:放荡。 ㉕陈子昂:字伯玉,唐代著名诗人,韩愈《荐士》诗称其"国朝盛文章,子昂始高蹈"。著有《陈伯玉集》。苏源明:唐代文学家,盛名于玄宗天宝年间。元结:字次山,是唐代古文运动的先驱者,有《元次山文集》。李白:字太白,有《李太白集》。杜甫:字子美,有《杜工部集》。李观:字元宾。擅长散文,有《李元宾文集》。 ㉖浸淫:水的渗透。这里指文章的造诣。 ㉗李翱:字习之,韩愈门人,有《李文公集》。张籍:字文昌,韩愈门人。善作乐府诗,有《张司业集》。 ㉘役于江南:指赴溧阳就任县尉。唐代溧阳县属江南道。

译文

　　一般说来事物处在不平静时就会发出声音:草木没有声音,风摇动它就发出声响。水没有声音,风震荡它就发出声响。水浪腾涌,或是有东西在阻遏水势;水流湍急,或是有东西阻塞了水道;水花沸腾，或是有火在烧煮它。金属石器本来没有声音，有人敲击它就发出音响。人的语言也同样如此，往往到了不得不说的时候才发言。人们唱歌是为了寄托情思，人们哭泣是因为有所怀恋，凡是从口中发出而成为声音的，大概都有其不能平静的原因吧！音乐，是人们心中郁闷而抒发出来而形成的，人们选择最适合发音的东西来奏乐。金、石、丝、竹、匏、土、革、木这八种乐器，是各类物质中发音最好的。上天对于一年四季也是这样，选择最善于发声的事物借它来发声。因此春天让百鸟啁啾，夏天让雷霆轰鸣，秋天让虫声唧唧，冬天让寒风呼啸。一年四季互相推移变化，也一定有其不能平静的原因吧？

对于人来说也是这样。人类声音的精华是语言，文辞对于语言来说，又是它的精华，所以尤其要选择善于表达的人，依靠他们来表达意见。在唐尧、虞舜时，咎陶、禹是最善于表达的，因而借助他俩来表达。夔不能用文辞来表达，他就借演奏《韶》乐来表达。夏朝的时候，太康的五个弟弟用他们的歌声来表达。殷朝善于表达的是伊尹，周朝善于表达的是周公。凡是记载在《诗经》、《尚书》等儒家六种经典上的诗文，都是表达得很高明的。周朝衰落时，孔子和他的弟子表达看法，他们的声音洪大而传播遥远。《论语》上说："上天将使孔子成为宣扬教化的人。"这难道不是真的吗？周朝末年，庄周用他那荒诞不经的文辞来表达。楚国是大国，它灭亡时候，靠着屈原的创作来表达。臧孙辰、孟轲、荀卿等人用他们的学说来表达。杨朱、墨翟、管夷吾、晏婴、老聃、申不害、韩非、慎到、田骈、邹衍、尸佼、孙武、张仪、苏秦这些人，都通过各自的主张来表达。秦朝的兴起，李斯是表达者。在汉朝，司马迁、司马相如、扬雄，是其中最善于表达的人。此后的魏朝、晋朝，能表达的人及不上古代，可是也并未绝迹。就其比较好的人来说，他们作品的声音清轻而虚浮，节奏短促而急迫，辞藻艳丽而伤感，志趣颓废而放旷；他们的文辞，杂乱而没有章法。这大概是上天厌弃这个时代的丑德败行而不愿照顾他们吧？为什么不让那些善于表达的人出来表达呢?

　唐朝建立以后,陈子昂、苏源明、元结、李白、杜甫、李观,都凭他们的出众才华来表达心声。其后还活着的人当中,孟郊开始用他的诗歌来表达感情。这些作品超过了魏晋,有些经过不懈的努力已达到了上古诗作的水平,其他作品也都接近了汉朝的水准。同我交往的人中间,李翱、张籍大概是最引人注目的。他们三位的文辞表达确实是很好的。但不知道上天将应和他们的声音,使他们作品表达国家的强盛呢? 还是将让他们贫穷饥饿,愁肠百结,使他们作品表达自身的不幸遭遇呢? 他们三位的命运,就掌握在上天的手里了。身居高位有什么可喜的,身沉下僚有什么可悲的?东野将到江南地区去就任县尉,心里好像有想不开的地方,所以我讲这番命由天定的话来劝解他。

送董邵南序①

[唐]韩愈

题解

　董邵南因屡考进士未中,拟去河北托身藩镇幕府。韩愈一贯反对藩镇割据,故作此序赠送他,既同情他仕途的不遇,又劝他不要去为割据的藩镇做不义之事。首段先说此行一定"有合",是陪笔。次段指出古今风俗不同,故此行未必"有合",虽不明说而主旨已露。末段借用乐毅和高渐离之事,喻示董邵南生不逢时,应当效法古代的忠臣义士,效力朝廷。全文措辞深婉,但态度鲜明。文章虽短,但一波三折,抑扬反复地唱出了一曲无韵的慷慨悲歌。

原文

燕、赵古称多感慨悲歌之士②。董生举进士③,连不得志于有司④,怀抱利器⑤,郁郁适兹土⑥。吾知其必有合也⑦。董生勉乎哉!

夫以子之不遇时,苟慕义强仁者⑧,皆爱惜焉。矧(shěn)燕、赵之士⑨,出乎其性者哉!然吾尝闻风俗与化移易,吾恶(wū)知其今不异于古所云邪⑩?聊以吾子之行卜之也。董生勉乎哉!

吾因子有所感矣。为我吊望诸君之墓⑪,而观于其市,复有昔时屠狗者乎⑫?为我谢曰:"明天子在上⑬,可以出而仕矣!"

注释

①董邵南:寿州安丰(今安徽寿县)人。　②燕、赵:原是周朝的两个诸侯国。战国时属于七个强国中的两个。燕国位于今河北北部、辽宁西部一带;赵国位于今山西北部、河北西部一带。　③董生:指董邵南。举进士:指乡贡(地方推荐)到京城参加进士科考试。　④有司:有关的主管官吏。这里指主持进士考试的礼部官。　⑤利器:锋利的兵器。这里比喻杰出的才能。　⑥兹土:这个地方。指燕、赵一带。　⑦合:遇合,即受到赏识重用。⑧强:勉力。　⑨矧:况且。　⑩恶:怎么。　⑪望诸君:即乐毅,战国时燕国名将,辅佐燕昭王击破齐国,成就霸业,后被诬谄,离燕归赵,赵封他为"望诸君"。　⑫屠狗者:指高渐离,战国时燕国侠士,曾以屠狗为业。其友荆轲刺秦王未遂而被杀,高渐离替他报仇,也未遂而死。这里泛指不得志的豪侠义士。　⑬明天子:指唐宪宗。

译文

燕、赵一带自古都称说有很多慷慨激昂的豪侠义士。董生考进士,接连几次未被主考官录取,怀抱杰出的才能,心情抑郁地要到那个地方去。我知道董生此行一定会有所遇合。董生,努力吧!

像你这样不遇于时,如果是仰慕而勉力实行仁义的人,都会同情怜惜你的。何况燕、赵一带的豪侠之士,(奉行仁义)是出于他们的本性呢！然而，我曾听说风俗是随着教化而改变的，我怎么知道那里现在同古时候所说的没有什么两样呢？姑且拿你的这次旅行去证实吧。董生，努力吧！

我因为你的这次行程而产生一些感想。请你代我凭吊望诸君乐毅的墓地，并且到街市上看看，还有过去的屠狗者高渐离一类的豪侠义士吗？替我向他们致意："圣明天子在上执政，可以出来做官了！"

祭十二郎文①

[唐]韩愈

题解

这是韩愈悼念侄子十二郎的一篇祭文。韩愈有兄二人，长韩会，仲韩介，另一位兄长早年即离世。十二郎本是韩介的次子，出嗣韩会为子，在族中排行第十二。韩愈两岁丧父，亦由长兄韩会与嫂抚养成长。从小和十二郎生活在一起，经历患难，因年龄相差无几，虽为叔侄，实同兄弟，彼此感情十分亲密。这篇祭文追叙他与十二郎孤苦相依的幼年往事，融注了深厚的感情。字里行间，凄楚动人，于萦回中见深挚，于呜咽处见沉痛，语语从肺腑中流出。被前人誉为祭文中的"千古绝调"。

原文

年月日②，季父愈闻汝丧之七日，乃能衔哀致诚③，使建中远具时羞之奠④，告汝十二郎之灵：

呜呼！吾少孤⑤，及长，不省所怙（hù）⑥，惟兄嫂是依。中

年,兄殁南方⑦,吾与汝俱幼,从嫂归葬河阳⑧,既又与汝就食江
南⑨,零丁孤苦,未尝一日相离也。吾上有三兄⑩,皆不幸早世。
承先人后者⑪,在孙惟汝,在子惟吾,两世一身⑫,形单影只。嫂尝
抚汝指吾而言曰:"韩氏两世,惟此而已。"汝时尤小,当不复记忆。
吾时虽能记忆,亦未知其言之悲也。吾年十九,始来京城。其后四
年,而归视汝⑬。又四年,吾往河阳省(xǐng)坟墓⑭,遇汝从嫂丧
来葬⑮。又二年,吾佐董丞相于汴州⑯,汝来省吾,止一岁⑰,请归
取其孥(nú)⑱。明年,丞相薨(hōng)⑲,吾去汴州,汝不果来⑳。
是年,吾佐戎徐州㉑,使取汝者始行㉒,吾又罢去㉓,汝又不果来。
吾念汝从于东㉔,东亦客也,不可以久,图久远者,莫如西归,将成
家而致汝。呜呼! 孰谓汝遽(jù)去吾而殁乎㉕! 吾与汝俱少年,
以为虽暂相别,终当久相与处,故舍汝而旅食京师,以求斗斛(hú)
之禄㉖。诚知其如此,虽万乘之公相㉗,吾不以一日辍汝而
就也㉘!

去年㉙,孟东野往㉚,吾书与汝曰:"吾年未四十,而视茫茫,而
发苍苍,而齿牙动摇。念诸父与诸兄㉛,皆康强而早世㉜,如吾之
衰者,其能久存乎? 吾不可去,汝不肯来,恐旦暮死,而汝抱无涯之
戚也㉝。"孰谓少者殁而长者存,强者夭而病者全乎? 呜呼! 其信
然邪? 其梦邪? 其传之非其真邪? 信也,吾兄之盛德而夭其嗣乎?
汝之纯明而不克蒙其泽乎? 少者强者而夭殁,长者衰者而存全乎?
未可以为信也。梦也,传之非其真也,东野之书,耿兰之报㉞,何为
而在吾侧也? 呜呼! 其信然矣! 吾兄之盛德而夭其嗣矣,汝之纯
明宜业其家者㉟,不克蒙其泽矣! 所谓天者诚难测,而神者诚难明
矣! 所谓理者不可推,而寿者不可知矣! 虽然,吾自今年来,苍苍
者或化而为白矣㊱,动摇者或脱而落矣㊲。毛血日益衰㊳,志气日
益微㊴,几何不从汝而死也! 死而有知,其几何离;其无知,悲不几
时,而不悲者无穷期矣。汝之子始十岁㊵,吾之子始五岁㊶,少而
强者不可保,如此孩提者㊷,又可冀其成立耶? 呜呼哀哉! 呜呼
哀哉!

汝去年书云："比(bì)得软脚病㊸，往往而剧。"吾曰："是疾也，江南之人，常常有之。"未始以为忧也。呜呼！其竟以此而殒其生乎㊹？抑别有疾而至斯乎？汝之书，六月十七日也。东野云，汝殁以六月二日，耿兰之报无月日。盖东野之使者，不知问家人以月日；如耿兰之报，不知当言月日。东野与吾书，乃问使者，使者妄称以应之耳。其然乎？其不然乎？

今吾使建中祭汝，吊汝之孤与汝之乳母㊺。彼有食可守以待终丧㊻，则待终丧而取以来㊼；如不能守以终丧，则遂取以来。其余奴婢，并令守汝丧。吾力能改葬㊽，终葬汝于先人之兆㊾，然后惟其所愿㊿。

呜呼！汝病吾不知时，汝殁吾不知日，生不能相养以共居，殁不能抚汝以尽哀(51)，敛不凭其棺(52)，窆(biǎn)不临其穴(53)。吾行负神明，而使汝夭，不孝不慈，而不得与汝相养以生，相守以死。一在天之涯，一在地之角，生而影不与吾形相依，死而魂不与吾梦相接。吾实为之，其又何尤(54)？彼苍者天，曷其有极(55)！自今以往，吾其无意于人世矣！当求数顷之田于伊、颍之上(56)，以待余年，教吾子与汝子，幸其成；长(zhǎng)吾女与汝女(57)，待其嫁，如此而已。呜呼！言有穷而情不可终，汝其知也邪？其不知也邪？呜呼哀哉！尚飨(58)。

注释

①十二郎：名老成，本是韩介的次子，出嗣韩会为子，在族中排行第十二。②年月日：旧注是唐德宗贞元十九年五月二十六日。与祭文中所说的时间有矛盾。 ③衔哀：心中含着悲哀。致诚：表达赤诚的心意。 ④建中：人名，当为韩愈家中仆人。羞：同"馐"，美味的食物。奠：祭，这里指祭品。⑤孤：幼年丧父。 ⑥省：知道。怙：依靠。 ⑦兄殁南方：韩会在大历十二年(777)，由起居舍人贬为韶州(今广东韶关)刺史，次年死于任所，年四十二岁。 ⑧河阳：今河南孟县西，是韩氏祖宗坟墓所在地。 ⑨就食江南：去江南庄园过日子。江南，指长江以南的宣州(今安徽宣城)。韩家在宣州有田宅别业。 ⑩三兄：三兄指韩会、韩介和另一位早死的哥哥。 ⑪先人：指已

去世的父亲韩仲卿。 ⑫两世一身:子辈和孙辈均只剩一个男丁。 ⑬视:探望。上对下曰视。 ⑭省:探望。下对上曰省。这里引申为凭吊。 ⑮嫂丧:韩愈嫂子郑氏卒于唐贞元九年(793)。 ⑯董丞相:指董晋。贞元十二年(796),董晋以检校尚书左仆射,同中书门下平章事任宣武军节度使,汴、宋、亳、颍等州观察使。时韩愈在董晋幕中任节度推官。汴州:治所在今河南开封市。 ⑰止:住。 ⑱孥:妻和儿女的统称。 ⑲薨:古时诸侯或二品以上大官死曰薨。贞元十五年(799)二月,董晋死于汴州任所,韩愈随丧西行。去后第四天,汴州即发生兵变。 ⑳不果:没能够。指因兵变事。 ㉑佐戎:辅助军事工作。贞元十五年秋,宁武军节度使张建封任韩愈为节度推官。徐州:宁武军节度使驻地,今属江苏。 ㉒取:迎接。 ㉓吾又罢去:贞元十六年五月,张建封卒,韩愈离开徐州赴洛阳。 ㉔东:指故乡河阳之东的汴州和徐州。 ㉕孰谓:谁料到。遽:骤然。 ㉖斗斛之禄:指微薄的俸禄。斗斛,唐时十斗为一斛。 ㉗万乘:指高官厚禄。古代兵车一乘,有马四匹。封国大小以兵赋计算,凡地方千里的大国,称为万乘之国。 ㉘辍:停止。辍汝,和上句"舍汝"义同。就:就职。 ㉙去年:指贞元十八年(802)。 ㉚孟东野:孟郊,唐代诗人。是年孟郊出任溧阳(今属江苏)尉,溧阳去宣州不远,故韩愈托他捎信给宣州的十二郎。 ㉛诸父:伯父、叔父的统称。 ㉜早世:过早去世。 ㉝无涯之戚:无穷的悲伤。戚,忧伤。 ㉞耿兰:韩家仆人。十二郎死后,孟郊在溧阳写信告诉韩愈,时耿兰也有丧报。 ㉟业:继承家业。 ㊱苍苍者:指花白头发。 ㊲动摇者:指牙齿松动。 ㊳毛血:人的毛发、气血,指体质。 ㊴志气:指精神。 ㊵汝之子:十二郎的儿子韩湘。 ㊶吾之子:指韩愈长子韩昶。 ㊷孩提:本指二三岁的幼儿。此为年纪尚小之意。 ㊸比:近来。软脚病:即脚气病。 ㊹殒:死亡。 ㊺吊:这里指慰问。孤:指十二郎的儿子。 ㊻终丧:守满三年丧期。 ㊼取以来:指把十二郎的儿子和乳母接来。 ㊽力能改葬:如果有能力迁葬。假设之意。 ㊾兆:墓地。 ㊿惟其所愿:才算了却心事。 (51)抚汝以尽哀:指抚尸恸哭。 (52)敛:同"殓"。为死者更衣称小殓,尸体入棺材称大殓。 (53)窆:下棺入土。 (54)何尤:怨恨谁? (55)彼苍者天,曷其有极:意谓你青苍的上天啊,我的痛苦哪有尽头啊。语本《诗经·唐风·鸨羽》:"悠悠苍天,曷其有极。" (56)伊、颍:伊水和颍水,均在今河南省境。这里指韩愈的故乡。 (57)长:养育。 (58)尚飨:古代祭文结语用词,意为希望死者享用祭品。

译文

某年某月某日，叔父韩愈听到你去世消息的第七天，才得以含着哀痛向你表达心意。打发建中从远路备办了应时佳肴作祭品，告慰于你十二郎的灵前：

唉！我幼年丧父，等到长大，还不知道父亲的模样，全是依靠着哥哥和嫂子。哥哥中年时，在南方去世。当时我和你年纪还都小，跟随嫂嫂送哥哥的灵柩回河阳安葬。随后又和你到江南谋生，孤苦伶仃，我俩没有一天分离过。我上面有三个哥哥，都不幸很早去世了。继承先父的后代，在孙辈里只有你，在儿辈里只有我，两代都只剩一个人，孤孤单单。嫂嫂常常一面抚摸着你一面指着我说："韩家两代，只有你们这两个人了！"那时你还小，恐怕已记不得了；我那时虽能记得，但也不懂得她话中的悲酸。我十九岁时，初次来到京城。此后四年，才回家看望你。又过了四年，我去河阳凭吊祖坟，遇到你送嫂嫂的灵柩来河阳安葬。又过了两年，我在汴州辅佐董丞相，你来看望我，只住了一年，你要求回去接家眷来。第二年，董丞相去世，我离开了汴州，你没有能够来。那一年，我在徐州辅助军事，派去接你的人刚要起程，我又罢职离开了徐州，你又没能够来。我想，你跟随我到东边，东边也是异乡客地，不能久住，从长远打算，不如西归河阳老家，将家安顿好再接你来。唉！谁料到你竟骤然去世离开了我啊！当初，我与你都还年轻，以为虽然暂时分别，终究会长久与你在一起的，所以才离开你到京师谋食，为了求得微薄的俸禄。倘使早知如此，纵然是做王公宰相，我也不愿意一天离开你而去就职啊。

去年，孟东野前往江南，我托他带给你的信中说："我还未到四十岁，而视力模糊，头发花白，牙齿松动。想到诸位叔伯父和各兄长，都是在健康壮盛时便过早去世，像我这样衰弱的身体，能够活得长久吗？我不能离开职守，你又不肯来。只怕我早晚死了，而你将会怀有无穷无尽的忧伤。"谁料想到年少的死了，而年长的却反活着;身强的夭折,而病弱的却反保全了生命。唉! 难道这是真的吗? 是做梦呢? 还是传送的消息不确实呢? 如是真的,为什么我哥哥有那么美好的德行却丧失了后代? 你那么纯正贤明却不能承受他的遗泽? 为什么年少身强的反而早死,年长衰弱的却反活着呢? 我不敢相信这是真的啊。如这是梦,那就是传送的消息不真实。孟东野的来信、耿兰的丧报,却又为什么在我的身边呢? 唉! 这是真的了! 我哥哥有那么美好的德行竟丧失了后代,你那么纯正贤明本当继承家业的,竟不能承受他的遗泽! 所谓天公啊,实在让人难以推测;神明啊,实在让人难以明白! 这真是天理不可推究,寿命不可预卜啊! 虽说如此,我自从今年以来,花白的头发有的变成全白了,松动的牙齿有的已经脱落了。体质一天比一天衰弱,精神一天不如一天。不用多久,不就跟着你去死了么! 如果死后能有知觉,那分离的日子也不会太久了;如果死后没有知觉,那我也悲伤不了多少时候,而没有悲伤的日子倒是无穷无尽的。你的儿子才十岁,我的儿子刚五岁。年少身强的都不能保全,像这样的孩子,又怎么能希望他们长大成人呢? 唉,悲痛啊! 唉,悲痛啊!

你去年来信说:"近来得了脚气病,时常发作得很厉害。"我说:"这种病,江南人是常有的。"未曾为你这种病而担忧。唉! 难道你竟然因为这种病而丧失了生命吗? 还是因为有别的疾病而导致丧生呢? 你的信,我是六月十七日收到的。孟东野说,你是在六月二日去世的,耿兰报丧时没有写明月日。大概东野派来的差使,不知道向家里人问清楚月日;而耿兰的丧报,又不知道应当说清你死的月日。或是东野给我写信时,才去问差使,差使信口胡说以应付他罢了。是这样呢,或不是这样呢?

现在我派建中来祭你,慰问你的儿子和你的奶妈。他们家中有粮可以守你的灵到丧期结束,那么就等到丧期完了再接他们来;如果不能等到丧期结束,就立即接他们来,其余奴婢下人,都让他们守你的丧。如果我有能力给你迁葬,最终一定把你葬到祖先的墓地里,然后才算了却我的心愿。

　　唉!你患病我不知道时间,你去世我不知道日子,你活着时我不能和你生活在一起互相照顾,你去世了我不能抚摸你的遗体表达我的哀思,入殓时我不能靠在你棺木旁,下葬时我不能亲临你墓穴边。我的行为背负了神明,而使你年少夭折。我对上不孝,对下不慈,我既不能和你互相照顾共同生活,又不能和你相互陪伴一同去死。如今一个在天涯,一个在地角,活着时你的影子不能与我的形体相依偎,死后你的魂灵不能和我在梦里相聚会。这实在是我造成的,又能怨恨谁呢?那苍苍的上天啊,我的痛苦何时才有尽头!从今以后,我没有心思活在人世了!我应当在伊水和颍水之畔置几顷田地,来度过我的晚年,教育我的儿子和你的儿子,期望他们长大成人;抚养我的女儿和你的女儿,等到她们出嫁,我的心愿不过如此罢了!唉!言语有穷尽之时,而哀痛之情却是无尽的,这些你是知道了呢?还是不知道呢?啊,悲痛啊!希望你享用祭品吧!

柳子厚墓志铭

[唐]韩愈

题解

　　柳宗元,字子厚,与韩愈同是唐代古文运动的领袖人物,私交甚深,友情笃厚。柳宗元卒于元和十四年,为此,韩愈写下了这篇墓志铭。

　　墓志铭,是古代文体的一种,刻石纳入墓内或墓旁,表示对死者的纪念,以便后人稽考。文章通常分两部分,前一部分是序文,叙述死者的姓氏、爵位、世系和生平事迹;后一部分是铭文,缀以韵语,表示对死者的悼念和颂赞。这一篇墓志铭的铭文极短,是一种变格。

韩愈在这篇铭文中,除概述柳宗元的生平事迹外,着重论述了他在政治、文学两方面的成就,以及他的高风亮节。文章既称颂他遭贬后关心人民疾苦,解救被当作抵押品而没为奴婢的人,充分肯定了他的政绩;又推崇他在文学词章上的杰出成就,并指出这比做将相更有价值。但由于政治见解的不同,韩愈认为柳宗元早年参加王叔文的改革是一种失误,表现了作者的保守思想。

原文

子厚讳宗元①。七世祖庆,为拓跋魏侍中,封济阴公②。曾伯祖奭(shì)③,为唐宰相,与褚(chǔ)遂良、韩瑗(yuàn)俱得罪武后④,死高宗朝。皇考讳镇⑤,以事母弃太常博士⑥,求为县令江南。其后以不能媚权贵⑦,失御史。权贵人死⑧,乃复拜侍御史⑨。号为刚直⑩,所与游,皆当世名人⑪。

子厚少精敏,无不通达。逮其父时⑫,虽少年,已自成人⑬,能取进士第⑭,崭然见头角⑮,众谓柳氏有子矣⑯。其后以博学宏词⑰,授集贤殿正字⑱。俊杰廉悍⑲,议论证据今古⑳,出入经史百子㉑,踔(chuō)厉风发㉒,率常屈其座人㉓。名声大振,一时皆慕与之交。诸公要人争欲令出我门下㉔,交口荐誉之㉕。

贞元十九年,由蓝田尉拜监察御史㉖。顺宗即位,拜礼部员外郎㉗。遇用事者得罪㉘,例出为刺史㉙。未至,又例贬州司马㉚。居闲㉛,益自刻苦,务记览㉜,为词章,泛滥停蓄㉝,为深博无涯涘(sì)㉞,而自肆于山水间㉟。

元和中,尝例召至京师,又偕出为刺史㊱,而子厚得柳州㊲。既至,叹曰:"是岂不足为政邪㊳?"因其土俗㊴,为设教禁㊵,州人顺赖㊶。其俗以男女质钱㊷,约不时赎㊸,子本相侔㊹,则没为奴婢㊺。子厚与设方计㊻,悉令赎归㊼。其尤贫力不能者,令书其佣(48),足相当(49),则使归其质(50)。观察使下其法于他州(51),比一岁(52),免而归者且千人。衡湘以南为进士者(53),皆以子厚为师。其经承子厚口讲指画为文词者,悉有法度可观(54)。

其召至京师而复为刺史也,中山刘梦得禹锡亦在遣中(55),当诣播州(56)。子厚泣曰:“播州非人所居,而梦得亲在堂(57),吾不忍梦得之穷(58),无辞以白其大人(59),且万无母子俱往理。”请于朝,将拜疏(60),愿以柳易播(61),虽重(chóng)得罪(62),死不恨。遇有以梦得事白上者(63),梦得于是改刺连州(64)。呜呼!士穷乃见节义。今夫平居里巷相慕悦,酒食游戏相征逐(65),诩(xǔ)诩强(qiǎng)笑语以相取下(66),握手出肺肝相示(67),指天日涕泣,誓生死不相背负(68),真若可信。一旦临小利害,仅如毛发比(69),反眼若不相识。落陷阱(70),不一引手救,反挤之又下石焉者,皆是也。此宜禽兽夷狄所不忍为,而其人自视以为得计。闻子厚之风,亦可以少愧矣(71)。

子厚前时少年,勇于为人(72),不自贵重顾籍(73),谓功业可立就(74),故坐废退(75)。既退,又无相知有气力得位者推挽(76),故卒死于穷裔(77),材不为世用,道不行于时也。使子厚在台省时(78),自持其身,已能如司马、刺史时,亦自不斥;斥时,有人力能举之,且必复用不穷。然子厚斥不久,穷不极,虽有出于人,其文学辞章,必不能自力(79),以致必传于后如今,无疑也。虽使子厚得所愿,为将相于一时(80),以彼易此,孰得孰失,必有能辨之者。

子厚以元和十四年十一月八日卒(81),年四十七。以十五年七月十日,归葬万年先人墓侧(82)。子厚有子男二人:长曰周六,始四岁;季曰周七(83),子厚卒乃生。女子二人,皆幼。其得归葬也,费皆出观察使河东裴君行立(84)。行立有节概(85),重然诺(86),与子厚结交,子厚亦为之尽(87),竟赖其力。葬子厚于万年之墓者,舅弟卢遵(88)。遵,涿(zhuō)人(89),性谨慎,学问不厌。自子厚之斥,遵从而家焉(90),逮其死不去。既往葬子厚,又将经纪其家,庶几有始终者(91)。

铭曰:是惟子厚之室(92),既固既安,以利其嗣人(93)。

注释

①讳:名,旧时指死去的帝王或尊长的名字,引处表尊敬。生者称名,死者称讳。　②"七世祖庆"三句:柳宗元的七世祖柳庆,在北魏时任侍中,入北周封为平齐公。子柳旦,任北周中书侍郎,封济阴公。韩愈所记有误。侍中:官名。北魏时位同宰相。拓跋魏:北魏国君姓拓跋(后改姓元),故称。③曾伯祖奭:柳奭,字子燕,柳旦之孙,柳宗元高祖子夏之兄。当为高伯祖,此作曾伯祖,误。柳奭贞观时为中书舍人,因外甥女王氏为皇太子(唐高宗)妃,擢升为兵部侍郎。王氏当了皇后后,又升为中书侍郎。永徽三年(652)代褚遂良为中书令,位相当于宰相。后来高宗欲废王皇后立武则天为皇后,韩瑗和褚遂良力争,武则天一党人诬说柳奭要和韩、褚等谋反,被杀。　④褚遂良:字登善,曾做过吏部尚书、知政事、尚书左仆射等官。唐太宗临终时命他与长孙无忌一同辅助高宗。后因劝阻高宗改立武后,遭贬忧病而死。韩瑗:字伯玉,官至侍中,为救褚遂良,也被贬黜。　⑤皇考:对亡父的尊称。⑥太常博士:太常寺掌宗庙礼仪的属官。柳镇于肃宗朝授左卫率府兵曹参军,佐郭子仪守朔方。后调长安主簿,居母丧,服除,命为太常博士。镇以"有尊老孤弱在吴",再三辞谢,愿为宣城(今属安徽)令。这里说"以事母弃太常博士",恐误。　⑦权贵:此指窦参。柳镇曾迁殿中侍御史,因不肯与御史中丞卢佋、宰相窦参一同诬陷侍御史穆赞,后又为穆赞平反冤狱,得罪窦参,被窦参以他事陷害贬官。　⑧权贵人死:其后窦参因罪被贬,第二年被德宗赐死。　⑨侍御史:御史台的属官,职掌纠察百僚,审讯案件。　⑩号为刚直:郭子仪曾表柳镇为晋州录事参军,晋州太守骄悍好杀戮,吏莫敢与争,而柳镇独能抗之以理,故云。　⑪"所与游"二句:柳宗元有《先君石表阴先友记》,记载他父亲相与交游者计六十七人,并说:"先君之所与友,凡天下善士举集焉。"　⑫逮:及;到。　⑬已自成人:柳宗元十三岁即作《为崔中丞贺平李怀光表》,刘禹锡作集序云:"子厚始以童子,有奇名于贞元初。"　⑭取士第:贞元九年柳宗元进士及第,年二十一岁。　⑮崭然:高峻突出貌。见:同"现"。　⑯有子:意谓有光耀门楣之子。　⑰博学宏词:唐朝制度,进士及第,再参加博学宏词科考试,录中后即授予官职。　⑱集贤殿:集贤殿书院,是收藏、整理图书的官署。正字:集贤殿置学士、正字等官,正字掌管编校典籍、刊正文字的工作。宗元二十六岁授集贤殿正字。　⑲廉悍:方正、廉洁和坚毅有骨气。　⑳证据今古:引据今古事例作证。　㉑出入:融会贯通,深

入浅出。　㉒踔厉风发:议论纵横,言辞奋发,见识高远。踔,远。厉,高。
㉓率:每每。屈:使之屈服。　㉔令出我门下:意谓都想叫他做自己的门生以
沾光彩。　㉕交口:异口同声。　㉖蓝田:县名,今属陕西。尉:县的属官,管
理治安。拜:古代以一定礼节授予官职或某种名义称拜。监察御史:御史台
的属官,掌纠察工作。　㉗礼部员外郎:官名,掌管辨别和拟定礼制之事及学
校贡举之法。柳宗元因王叔文推荐而任此职。　㉘用事者:掌权者,指王叔
文。　㉙例出:按规定遣出。永贞元年(805),柳宗元被贬为邵州(今湖南邵
阳)刺史。　㉚例贬:依照"条例"贬官。州:永州,今湖南零陵县。司马:州
刺史属下掌管军事的副职,唐时已成为有职无权的冗员。　㉛居闲:指公事
清闲。　㉜记览:记诵阅览。此喻刻苦为学。　㉝泛滥:文笔汪洋恣肆。停
蓄:文笔雄厚凝练。　㉞涯涘:水的边际。　㉟肆:放情。　㊱偝出:元和十
年(815),宗元等"八司马"同时被召回长安,但又同被迁往更远的地方。
㊲柳州:治所在今广西柳州市。　㊳是岂不足为政邪:意谓柳州地虽僻远,也
可以做出政绩。是,指柳州。　㊴因:顺着;按照。土俗:当地的风俗。
㊵教禁:教谕和禁令。　㊶顺赖:顺从信赖。　㊷质:典当;抵押。　㊸不时
赎:不按时赎取。　㊹子:子金,即利息。本:本金。相侔:相等。　㊺没:没
收。　㊻与设方计:替债务人想方设法。　㊼悉:全部。　㊽书:写;记下。
佣:当雇工。此指雇工劳动所值,即工资。　㊾足相当:意谓佣工所值足以抵
消借款本息。　㊿质:人质。　51观察使:又称观察处置使,是中央派往地方
掌管监察的官。下其法:推行赎回人质的办法。　52比:及;等到。　53衡
湘:衡山,湘水,泛指岭南地区。为:应试。　54法度:规范。　55中山:今河
北定县。刘梦得:名禹锡,彭城(今江苏徐州)人,中山为其郡望。王叔文失
败后,刘被贬为朗州司马,这次召还入京后又贬播州刺史。　56诣:前往。播
州:今贵州遵义一带。　57亲在堂:母亲健在。　58穷:困窘。　59大人:父
母。此指刘母。句谓这种不幸的处境难以向老母讲。　60拜疏:向皇帝上
疏。　61以柳易播:意指宗元自愿到播州去,让刘禹锡去柳州。　62重得罪:
再一次获罪。　63"遇有"句:指当时御史中丞裴度、崔群上疏为刘禹锡陈情
一事。　64刺:任刺史。连州:治所在今广东连县。　65征:召;邀约。逐:追
随。　66诩诩:夸大的样子。强:勉强;做作。取下:指采取谦下的态度。
67出肺肝相示:比喻做出非常诚恳和坦白的样子。　68背负:背叛;变心。
69如毛发比:像汗毛头发一般细小,比喻事情之细微。比,类似。　70陷阱:
圈套;祸难。　71少:稍微。　72为人:助人。此处有认为柳宗元参加王叔文

集团是政治上的失慎之意。故下云"不自贵重"。　⑦顾籍:顾惜。
⑦立就:即刻成功。　⑦坐:因他人获罪而受牵连。废退:指远谪边地,不用
于朝廷。　⑦有气力:有权势和力量的人。推挽:推举提携。　⑦穷裔:穷困
的边远地方。　⑦台省:御史台和尚书省。　⑦自力:自我努力。　⑧为将
相于一时:被贬"八司马"中,只有程异后来得到李巽推荐,位至宰相,但不久
便死,也没有什么政绩。此处暗借程异作比。　⑧元和:唐宪宗年号。十四
年,即819年。十一月八日:一作"十月五日"。　⑧万年:在今陕西临潼县
东北。先人墓:在万年县之栖凤原。见柳宗元《先侍御史府君神道表》。
⑧周七:即柳告,字用益,柳宗元遗腹子。　⑧河东:治所在今山西永济县。
裴君行立:绛州稷山(今山西稷山县)人,时任桂管观察使,是柳宗元的上司。
⑧节概:节操度量。　⑧重然诺:看重许下的诺言。　⑧尽:尽心尽力。
⑧卢遵:柳宗元舅父之子。　⑧涿:今河北涿县。　⑨从而家:跟从柳宗元以
为己家。　⑨庶几:近似;差不多。　⑨惟:就是。室:幽室,即墓穴。　⑨嗣
人:子孙后代。

译文

　　子厚名叫宗元。七世祖柳庆,做过北魏的侍中,被封为济阴
公。曾伯祖柳奭,做过唐朝的宰相,同褚遂良、韩瑗一起得罪了武
则天皇后,在高宗时被处死。父亲叫柳镇,为了侍奉母亲,放弃了
太常博士的官位,请求到江南做县令。后来因为他不肯向权贵献
媚,丢掉了御史官。那位权贵死了,才又被任命为侍御史。人们都
说他刚毅正直,与他交往的都是当时名人。

　　子厚少年时就很精明能干,没有不明白通晓的事。当他的父
亲还在世的时候,他虽然很年轻,但已经成才,能够考取进士科第,
显露出出众的才华,大家都说柳家有个好儿子。后来又通过博学
宏词科的考试,被授为集贤殿正字。他才智突出,清廉刚毅,发表
议论时能引证今古事例为依据,精通经史典籍和诸子百家,言谈纵
横上下,意气风发,常常使满座的人为之叹服。因此名声轰动,一
时之间人们都敬慕而希望与他交往。那些公卿贵人争着要收他做
自己的门生,众口一辞地推荐称赞他。

　　贞元十九年，子厚由蓝田县尉调任监察御史。顺宗即位，又升为礼部员外郎。逢遇当权人获罪，他也按例被贬出京城当刺史。还未到任，又被依例贬为永州司马。身处清闲之地，自己更加刻苦为学，专心诵读，写作诗文，文笔汪洋恣肆，雄厚凝练，像无边的海水那样精深博大，而他自己则纵情于山水之间。

　　元和年间，他曾经与同案人一起奉召回到京师，又一起被遣出做刺史，子厚分在柳州。到任之后，他慨叹道："这里难道不值得做出政绩吗？"于是按照当地的风俗，为柳州制订了教谕和禁令，全州百姓都顺从并信赖他。当地习惯于用儿女做抵押向人借钱，约定如果不能按时赎回，等到利息与本金相等时，债主就把人质没收做奴婢。子厚为此替借债人想方设法，都让他们把子女赎了回来。那些特别穷困没有能力赎回的，就让债主记下子女当佣工的工钱，到应得的工钱足够抵消债务时，就让债主归还被抵押的人质。观察使把这个办法推广到别的州县，到一年后，免除奴婢身份回家的将近一千人。衡山、湘水以南准备考进士的人，就把子厚当做老师。那些经过子厚亲自讲授和指点的人所写的文章，全都可以看得出是合乎规范的。

　　他被召回京师又再次被遣出做刺史时，中山人刘梦得刘禹锡也在被遣之列，应当去播州。子厚流着泪说："播州不是一般人能住的地方，况且梦得有老母在堂，我不忍心看到梦得处境困窘，他没有办法把这事告诉他的老母，况且绝没有母子一同前往的道理。"向朝廷请求，并准备呈递奏章，情愿拿柳州换播州，表示即使因此再度获罪，死也无憾。正遇上有人把梦得的情况告知了皇上，梦得因此改任连州刺史。唉！士人在穷境时才显出他的气节。现在那些平日同住在街坊中，互相仰慕要好的人，吃喝玩乐来往频繁，夸夸其谈，强作笑脸，互相表示尊重，手握手作出掏肝挖肺之状给对方看，指着天日流泪，发誓不论生死谁都不背弃朋友，简直像真的一样可信。一旦遇到小小的利害冲突，仅仅像头发丝般细小，便翻脸不认人。朋友落入陷阱，也不伸一下手去救，反而借机推挤他,再往下扔石头,到处都是这样的人啊!这应该是连那些禽兽和野蛮人都不忍心干的,而那些人却自以为得计。他们听到子厚的高尚风节,也应该觉得有点惭愧了!

子厚从前年轻时,勇于帮助别人,自己不看重和爱惜自己,认为功名事业可以一蹴而就,所以受到牵连而被贬斥。贬谪后,又没有熟识而有力量有地位的人推荐与引进,所以最后死在荒僻的边远之地,才干不能为世间所用,抱负不能在当时施展。如果子厚当时在御史台、尚书省做官时,能谨慎约束自己,已像在司马、刺史时那样,也自然不会被贬官了;贬官后,如果有人能够推举他,将一定会再次被任用,不至穷困潦倒。然而若是子厚被贬斥的时间不久,穷困的处境未达到极点,虽然能够在官场中出人头地,但他的文学辞章一定不能这样地下工夫,以至于像今天这样一定流传后世,这是毫无疑问的。即使让子厚实现他的愿望,一度官至将相,拿那个换这个,何者为得,何者为失,一定能有辨别它的人。

子厚在元和十四年十一月初八去世,终年四十七岁。在十五年七月初十安葬在万年县他祖先墓地的旁边。子厚有两个儿子:大的叫周六,才四岁;小的叫周七,是子厚去世后才出生的。两个女儿,都还小。他的灵柩能够回乡安葬,费用都是观察使河东人裴行立先生付出的。行立先生为人有气节,重信用,与子厚是朋友,子厚对他也很尽心尽力,最后竟仰赖他的力量办理了后事。把子厚安葬到万年县墓地的,是他的表弟卢遵。卢遵是涿州人,性情谨慎,做学问永不满足。自从子厚被贬斥之后,卢遵就跟随他和他家住在一起,直到他去世也没有离开。既送子厚归葬,又准备安排料理子厚的家属,可以称得上是有始有终的人了。

铭文说:这是子厚的幽室,既牢固又安适,对子厚的子孙会有好处。

种树郭橐(tuó)驼传①

［唐］柳宗元

题解

　　柳宗元(773—819)，字子厚，原籍河东(今山西永济)人。贞元九年中进士。顺宗永贞元年任礼部员外郎，参加了以王叔文为首的政治改革运动。失败后，被贬永州司马，元和十年，改任柳州刺史。他在中国文学史上的重要贡献，是与韩愈一起成功地领导了唐代古文运动。

　　本文是一篇兼具寓言和政论色彩的传记文。文章通过对郭橐驼种树之道的记叙，说明"顺木之天，以致其性"是"养树"的法则，并由此推论出"养人"的道理，指出为官治民不能"好烦其令"，指摘中唐吏治的扰民、伤民，反映出作者同情人民的思想和改革弊政的愿望。这种借传立说、因事出论的写法，别开生面。文章先以种植的当与不当作对比，继以管理的善与不善作对比，最后以吏治与种树相映照，在反复比照中导出题旨，阐明事理。文中描写郭橐驼的体貌特征，寥寥几笔，形象而生动；记述郭橐驼的答话，庄谐杂出，语精而意丰。全文以记言为主，在记言中穿插描写，错落有致，引人入胜。

原文

　　郭橐驼，不知始何名。病偻②，隆然伏行③，有类橐驼者，故乡人号之"驼"。驼闻之曰："甚善，名我固当。"因舍其名，亦自谓"橐驼"云。其乡曰丰乐乡，在长安西。

驼业种树,凡长安豪家富人为观游及卖果者④,皆争迎取养。视驼所种树,或移徙,无不活,且硕茂,早实以蕃⑤。他植者虽窥伺效慕,莫能如也。

有问之,对曰:"橐驼非能使木寿且孳(zī)也⑥,能顺木之天,以致其性焉尔。凡植木之性:其本欲舒,其培欲平,其土欲故,其筑欲密。既然已,勿动勿虑,去不复顾。其莳(shì)也若子⑦,其置也若弃,则其天者全而其性得矣。故吾不害其长而已,非有能硕茂之也;不抑耗其实而已,非有能早而蕃之也。他植者则不然,根拳而土易⑧,其培之也,若不过焉则不及。苟有能反是者,则又爱之太殷,忧之太勤,旦视而暮抚,已去而复顾。甚者爪其肤以验其生枯,摇其本以观其疏密,而木之性日以离矣。虽曰爱之,其实害之;虽曰忧之,其实仇之。故不我若也。吾又何能为哉!"

问者曰:"以子之道,移之官理⑨,可乎?"驼曰:"我知种树而已,官理,非吾业也。然吾居乡,见长(zhǎng)人者好烦其令⑩,若甚怜焉⑪,而卒以祸。且暮吏来而呼曰:'官命促尔耕,勖(xù)尔植⑫,督尔获,早缲(sāo)而绪⑬,早织而缕⑭,字而幼孩⑮,遂而鸡豚⑯。'鸣鼓而聚之,击木而召之。吾小人辍飧(sūn)饔(yōng)以劳吏者⑰,且不得暇,又何以蕃吾生而安吾性耶?故病且怠⑱。若是,则与吾业者其亦有类乎?"

问者曰:"嘻,不亦善夫! 吾问养树,得养人术。"传其事以为官戒也。

注释

①橐驼:骆驼。 ②偻:脊背弯曲,驼背。 ③隆然:突起的样子。 ④观游:观赏游览的园林。 ⑤蕃:繁多。 ⑥孳:生长得快。 ⑦莳:移栽。 ⑧土易:换了新土。 ⑨官理:为官治民。唐人避高宗名讳,改"治"为"理"。 ⑩长人者:指治理人民的官长。 ⑪怜:爱。 ⑫勖:勉励。 ⑬缲:煮茧抽丝。 ⑭缕:线,这里指纺线织布。 ⑮字:养育。而:通"尔",你。 ⑯遂:长,喂大。豚:小猪。 ⑰飧:晚饭。饔:早饭。 ⑱病:困苦。

译文

郭橐驼，不知道原先叫什么。由于得了佝偻病，后背隆起，俯伏着走路，好像骆驼的样子，所以乡里人称呼他"橐驼"。橐驼听到这个外号，说："好得很，用它来称呼我确实很恰当。"于是舍弃他的原名，也自称"橐驼"了。他的家乡叫丰乐乡，在长安城的西郊。

橐驼以种树为职业，凡是长安城的豪绅人家修建观赏游览的园林，以及卖水果的商人，都争相迎请雇用他。看橐驼所种植的树木，或者移栽的树木，没有不成活的，而且高大茂盛，果实结得又早又多。其他种树的人虽然偷偷地察看仿效，都不能赶上他。

有人问他原因，他回答说："我郭橐驼并不能使树木活得长久而且生长得快，只不过能够顺应树木自然生长的规律，使它按照自己的习性成长罢了。一般说来，种植树木的习性要求是：树根要舒展，培土要均匀，移栽树木要保留根部的旧土，捣土要细密。这样做了以后，不要再去动它，也不要再为它担心，离开后就不必再去看顾它了。树木移栽的时候要像培育子女一样精心细致，栽好后置于一旁要像把它丢弃一样，那么树木的生长规律就可以不受破坏，而能按照它的本性自然生长了。所以我只是不妨害它生长罢了，并没有使它长得高大茂盛的特殊本领；我只是不抑制、减少它的结果罢了，并没有使它果实结得又早又多的特殊本领。其他种树的人却不是这样，树根卷曲不能伸展，又换了新土，培土不是多了就是少了。如果有与此相反的人，却又对树木爱得过于深厚，担心得过了头，早晨看看，晚上摸摸，已经离开了，还要回头看顾。更严重的，还用手指抓破树皮来检验树的死活，摇动树根来察看栽得是松是实，这样，树木的本性就一天天丧失了。虽然说是爱护树，实际上却害了树；虽然说是忧虑树，实际上却是仇恨树。所以都不如我啊。我又有什么本领呢？"

问的人说："把你种树的道理，转用到为官治民上，可以吗？"

橐驼说:"我只知道种树罢了,为官治民,不是我的职业啊。然而我住在乡里,看到那些官吏喜欢不断地发布各种命令,好像很爱惜百姓,但最后反造成了灾祸。每天早晚,差吏来到村中喊叫:'官长命令催促你们耕田,勉励你们播种,督促你们收割,早点缫好你们的丝,早点纺好你们的线,抚育好你们幼小的子女,喂养大你们的鸡和猪。'一会儿击鼓让人们聚集在一起,一会儿敲木梆把大家召来。我们小百姓顾不上吃晚饭、早饭来应酬慰劳差吏,尚且都没有空暇,又靠什么来使我们人口兴旺生活安定呢?所以都非常困苦而且疲乏。像这样,那就与我们行业的人大概也有相似之处吧?"

问的人说道:"哈,这不是说得很好吗?我问养树,却得到了养民的办法。"我记下这件事,把它作为官吏的鉴戒。

愚 溪 诗 序

[唐]柳宗元

题解

柳宗元被贬到永州的第六年(810),迁居到城郊冉溪的旁边,并把溪名改为愚溪,作《八愚诗》(已失传),歌咏溪边的景色。本文是作者为《八愚诗》所作的一篇序文。序中说明了把溪、丘、泉、沟、池、堂、亭、岛八物一概以"愚"题名的缘由。柳宗元虽有才能,有报国之志,但因不满现实,不愿投机逢迎,最终遭到贬黜,因而是很"愚"的;溪水虽然景色秀美,但地处荒远,于世无用,同样也很"愚"。作者以"愚"自称,以"愚"称溪,在自嘲中反映了自己被统治者排挤、抱负不能施展的愤激之情。

原文

灌水之阳①，有溪焉，东流入于潇水②。或曰："冉氏尝居也，故姓是溪为冉溪③。"或曰："可以染也，名之以其能，故谓之染溪。"余以愚触罪，谪潇水上。爱是溪，入二三里，得其尤绝者家焉④。古有愚公谷⑤，今余家是溪，而名莫能定，土之居者犹龂(yín)龂然⑥，不可以不更也，故更之为愚溪。

愚溪之上，买小丘，为愚丘。自愚丘东北行六十步，得泉焉，又买居之，为愚泉。愚泉凡六穴，皆出山下平地，盖上出也。合流屈曲而南，为愚沟。遂负土累石，塞其隘，为愚池。愚池之东为愚堂，其南为愚亭。池之中为愚岛，嘉木异石错置，皆山水之奇者，以余故，咸以愚辱焉。

夫水，智者乐(yào)也⑦。今是溪独见辱于愚，何哉？盖其流甚下，不可以灌溉。又峻急，多坻(chí)石⑧，大舟不可入也。幽邃浅狭，蛟龙不屑，不能兴云雨。无以利世，而适类于余，然则虽辱而愚之，可也。

宁武子"邦无道则愚"⑨，智而为愚者也；颜子"终日不违如愚⑩"，睿(ruì)而为愚者也⑪。皆不得为真愚。今余遭有道⑫，而违于理，悖于事⑬，故凡为愚者，莫我若也。夫然，则天下莫能争是溪，余得专而名焉。

溪虽莫利于世，而善鉴万类⑭，清莹秀澈，锵(qiāng)鸣金石⑮，能使愚者喜笑眷慕，乐而不能去也。余虽不合于俗，亦颇以文墨自慰，漱涤万物⑯，牢笼百态⑰，而无所避之。以愚辞歌愚溪，则茫然而不违，昏然而同归，超鸿蒙⑱，混希夷⑲，寂寥而莫我知也。于是作《八愚诗》，记于溪石上。

注释

①灌水：湘江支流，在今广西东北部，今称灌江。阳：河流的北面。
②潇水：在今湖南省道县北，因源出潇山，故称潇水。　③是溪：这条溪。

④家焉:安家在这里。 ⑤愚公谷:在今山东省淄博市北。刘向《说苑·政理》记载,齐桓公外出打猎,进入一山谷中,见到一位老翁,便问这山谷叫什么。老翁说,叫愚公谷。齐桓公问为什么叫这个名称。老翁说,因为我叫愚公,所以给它起的名字叫愚公谷。 ⑥断断然:争辩的样子。 ⑦乐:喜爱;爱好。此句语出《论语·雍也》:"知者乐水,仁者乐山。" ⑧坻:水中的高地或小洲。 ⑨宁武子:春秋时卫国大夫宁俞,"武"是谥号。此句语出《论语·公冶长》:"子曰:'宁武子,邦有道则智,邦无道则愚。其智可及也,其愚不可及也。'"意谓宁武子乃佯愚,并非真愚。 ⑩颜子:颜回,字子渊,孔子学生。此句语出《论语·为政》:"子曰:'吾与回言终日,不违如愚。退而省其私,亦足以发,回也不愚。'"意谓颜回听孔子讲学,从不提不同看法,好像很愚笨。但考察他私下的言行,发现他不但懂得孔子的话,而且还有所发挥,可见他不愚。 ⑪睿:通达;明智。 ⑫有道:指政治清明的时代。 ⑬悖:违背;逆而不顺。 ⑭鉴:照。 ⑮锵鸣金石:水声像金石一样铿锵作响。锵,金石撞击声。金石,用金属、石头制成的钟、磬一类乐器。 ⑯漱涤:洗涤。 ⑰牢笼:包罗;概括。 ⑱鸿蒙:指宇宙未形成之前的一种混沌状态,也指自然界之气。 ⑲希夷:指虚寂缥缈、无法感知的一种境界。《老子》:"视之不见名曰夷,听之不闻名曰希。"

译文

　　灌水的北面有一条溪水,向东流入潇水。有人说:"过去有个姓冉的人在这里住过,所以这条溪水被称为冉溪。"也有人说:"这溪里的水可以用来染色,根据这种性能,所以称它为染溪。"我因为愚昧而犯了罪,被贬谪到潇水边。我喜爱这条溪水,沿着溪边往里走了二三里路,发现了一个景色绝佳的地方,就在这里安了家。古代有个愚公谷,现在我住在这条溪水旁,而溪水的名字没有定下来,当地的居民还在争论不休,不能不换个名称,所以替它改名叫愚溪。

　　我在愚溪上游,买了个小丘,称为愚丘。从愚丘往东北方向走六十步,发现一处泉水,又把它买了下来,称为愚泉。这愚泉有六个泉眼,都出自山下平地,泉水是往上涌出来的。六股泉水合流后,弯弯曲曲向南流去,我称它为愚沟。于是堆土砌石,堵住愚沟的狭窄部位,形成了一个愚池。愚池的东面是愚堂,它的南面是愚亭。愚池的中央是愚岛,岛上美好的树木和奇异的石头参差错落。这些都是山水中的奇景,因为我的缘故,都用愚字玷辱了它们。

水是聪明人喜欢的。现在这条溪水却被愚字玷辱,那是什么原因呢?因为它水道很低,不能用来灌溉。又险峻湍急,有许多突起的石头,大船无法驶入。它幽深浅狭,蛟龙不愿住在里面,因为不能在浅水中兴云化雨。它对世人没有带来好处,而这些却正好与我相似,既然如此,即使是玷辱了它,用愚字称呼它,也是可以的。

宁武子"在国家混乱时就装愚",那是聪明人故意装作愚昧;颜回"整天听孔子讲学,从来不提相反的见解,像个愚蠢的人",那是智力很高而在表面上显得愚昧。他们都不是真正的愚笨。现在我身逢政治清明的时世,却违反常理,做了蠢事,所以凡是愚蠢的人,也没有一个像我这样愚蠢的了。这样,天下就没有谁能和我争这条溪水,我就可以单独占有并给它取这个名字了。

这条溪水虽然对世人没有带来什么利益,但它能映照万物;它清秀明澈,水声铿锵,像金石作响,能使愚笨的人喜笑颜开,眷恋爱慕,高兴得不愿离去。我虽然不合于世俗,也颇能用写文章来安慰自己;我描写的各种事物像用水洗涤过一样,鲜明生动,又能概括各种形态,无论什么形状都逃不过我的笔端。我用愚昧的诗歌唱愚溪,便觉得茫茫然与愚溪不相背离,昏昏然与愚溪找到了同样的归宿,超越天地人间,进入了虚寂静谧的境界,在寂静无声之中,忘却了自己。于是写了《八愚诗》,刻在溪旁的石头上。

钴(gǔ)鉧(mǔ)潭西小丘记①

[唐]柳宗元

题解

　　柳宗元被贬永州时写了一组共八篇的山水游记散文,即著名的"永州八记"。本文是"八记"中的第三篇。作者以工巧生动的笔触描绘了钴鉧潭上小丘的美景,抒发了自己身怀奇才异能却因横遭贬逐而不得施展的郁抑心情。文中着重刻画的嶒崚磊落的奇峰怪石,正是作者性格才能的自我写照。景色佳胜的小丘成为"唐氏之弃地",虽贱价出售却连年无人问津,但最终还是有人赏识,正隐喻作者自己被唐王朝摒弃蛮荒,长期得不到有力者的同情援引的痛苦。

原文

　　得西山后八日②,寻山口西北道二百步③,又得钴鉧潭。西二十五步,当湍而浚者为鱼梁④。梁之上有丘焉,生竹树。其石之突怒偃蹇(jiǎn)⑤,负土而出,争为奇状者,殆不可数。其嵚(qīn)然相累而下者⑥,若牛马之饮于溪;其冲然角列而上者,若熊罴(pí)之登于山⑦。

　　丘之小不能一亩,可以笼而有之。问其主,曰:"唐氏之弃地,货而不售。"问其价,曰:"止四百。"余怜而售之。李深源、元克己时同游⑧,皆大喜,出自意外。即更取器用,铲刈(yì)秽草⑨,伐去恶木,烈火而焚之。嘉木立,美竹露,奇石显。由其中以望,则山之高,云之浮,溪之流,鸟兽之遨游,举熙熙然回巧献技⑩,以效兹丘之下。枕席而卧,则清泠(líng)之状与目谋⑪,瀯(yíng)瀯之声与耳谋⑫,悠然而虚者与神谋,渊然而静者与心谋。不匝旬而得异地者二⑬,虽古好事之士,或未能至焉。

噫!以兹丘之胜,致之沣(fēng)、镐(hào)、鄠(hù)、杜⑭,则贵游之士争买者,日增千金而愈不可得。今弃是州也,农夫渔父过而陋之,价四百,连岁不能售。而我与深源、克己独喜得之,是其果有遭乎!书于石,所以贺兹丘之遭也。

注释

①钻鉧:熨斗。因潭形似熨斗,故名钻鉧潭。 ②西山:在永州(今湖南零陵县)城西五里。 ③寻:沿着。道:步行。 ④浚:深。鱼梁:阻水的坝,中间留有空缺,可放置捕鱼的竹篓。 ⑤偃蹇:曲折起伏的样子。 ⑥嵚然:山石耸立的样子。 ⑦罴:熊的一种,体形比熊大,俗称人熊。 ⑧李深源、元克己:二人均为柳宗元友人,此时同贬居永州。 ⑨刈:割。 ⑩举:全部。熙熙然:欢乐的样子。回:运用。 ⑪清泠:清澈明净。 ⑫瀯瀯:泉水声。⑬匝旬:周旬,即十天。 ⑭沣:在今陕西户县东,周文王建都处。镐:在今陕西西安市西南,周武王建都处。鄠:今陕西户县。杜:亦称杜陵,在今西安市东南。以上四地都是唐都长安附近豪门贵族聚居之地。

译文

找到西山后的第八天,沿着山口向西北走两百步,又找到了钻鉧潭。离潭西二十五步,正当水深流急的地方是一道坝。坝顶上有一座小丘,上面长着竹子和树木。小丘上的石头拔地而起曲折起伏,破土而出,争奇斗怪的,几乎多得数不清。那些嶒崚重叠相负而下的,好像牛马俯身在小溪里喝水;那些高耸突出、如兽角斜列往上冲的,好像熊罴在登山。

这小丘小得不足一亩,简直可以把它装在笼子里提走。我打听它的主人是谁,有人说:"这是唐家不要的地方,想出售而没人买。"问它的价钱,说:"只要四百文。"我很喜欢它,就买了下来。李深源、元克己这时和我一起游览,他们都非常高兴,以为是出乎意料的收获。我们就轮流拿起镰刀、锄头,铲去杂草,砍掉那些乱七八糟的树,点起一把大火把它们烧掉。好看的树木竹子显露出来了,奇峭的石头也呈现出来了。站在其中眺望,只见四面的高山,天上的浮云,潺潺的溪流,飞禽走兽的遨游,全都自然融洽地呈巧献技,在这小丘之下表演。枕石席地而卧,清澈明净的溪水使我眼目舒适,潺潺的水声分外悦耳,那悠远寥廓、恬静幽深的境界使人心旷神怡。不满十天就得到二处风景胜地,即使古代爱好山水的人士,也许都没有到过这地方哩。

　　唉!凭着这小丘优美的景色,如果把它放到京都附近的沣、镐、鄠、杜等地,那么,喜欢游览观赏的人士争先恐后地来买它的,每天加价千金恐怕也买不到。如今被抛弃在这荒僻的永州,连农民、渔夫走过也瞧不上眼,售价只有四百文钱,一连几年也卖不出去。而我和深源、克己独独为了得到它而高兴,这大概是它真的走运吧!我把这篇文章写在石碑上,用来祝贺这小丘的好运道。

待 漏 院 记①

[宋]王禹偁

题解

　　王禹偁(954—1001),字元之,济州巨野(今山东巨野)人。宋太宗时进士,历任翰林学士、知制诰等职。以刚直敢言著称,因而屡遭贬谪。在文学创作上反对宋初浮靡文风,提倡平易朴素。所作诗文对当时政治现实有所揭露,为后来诗文革新运动开辟了道路。

"记"原以叙述为主,但在宋代散文中普遍加重了议论的成分。本篇虽名为待漏院记,但重点并不在待漏院这一建筑物本身,而是借题发挥,抓住宰相待漏片刻时的思想活动,着力渲染,解剖灵魂,并用对比的手法,将贤相与奸相、庸相作对比,使是非邪正的区别更加明白清楚。是一篇告诫宰相大臣的政论文。文字表达上,也是两两相对,多用排句,严谨精练,在整齐的形式中取得了强烈的效果,增强了文章的说服力。

原文

天道不言②,而品物亨、岁功成者③,何谓也?四时之吏④,五行之佐⑤,宣其气矣⑥。圣人不言⑦,而百姓亲、万邦宁者,何谓也?三公论道⑧,六卿分职⑨,张其教矣⑩。是知君逸于上,臣劳于下,法乎天也。古之善相天下者,自皋、夔至房、魏可数也⑪。是不独有其德,亦皆务于勤耳。况夙兴夜寐⑫,以事一人⑬,卿大夫犹然⑭,况宰相乎!

朝廷自国初因旧制,设宰相待漏院于丹凤门之右⑮,示勤政也。乃若北阙向曙⑯,东方未明,相君启行⑰,煌煌火城⑱,相君至止,哕(huì)哕銮声⑲。金门未辟⑳,玉漏犹滴㉑。撤盖下车㉒,于焉以息㉓。

待漏之际,相君其有思乎:其或兆民未安㉔,思所泰之;四夷未附㉕,思所来之;兵革未息㉖,何以弭(mǐ)之㉗;田畴多芜㉘,何以辟之㉙;贤人在野,我将进之;佞人立朝㉚,我将斥之;六气不和㉛,灾眚(shěng)荐至㉜,愿避位以禳(ráng)之㉝;五刑未措㉞,欺诈日生,请修德以厘之㉟。忧心忡忡㊱,待旦而入㊲。九门既启㊳,四聪甚迩㊴。相君言焉,时君纳焉㊵。皇风于是乎清夷㊶,苍生以之而富庶。若然,则总百官㊷,食万钱㊸,非幸也㊹,宜也。

其或私仇未复,思所逐之;旧恩未报,思所荣之;子女玉帛,何以致之㊺;车马器玩,何以取之;奸人附势,我将陟(zhì)之㊻;直士抗言,我将黜之㊼;三时告灾㊽,上有忧色,构巧词以悦之;群吏弄

法,君闻怨言,进谄容以媚之。私心慆(tāo)慆⑲,假寐而坐。九门既开,重瞳屡回⑳。相君言焉,时君惑焉,政柄于是乎隳(huī)哉㉑,帝位以之而危矣。若然,则下死狱,投远方,非不幸也,亦宜也。

是知一国之政,万人之命,悬于宰相,可不慎欤?复有无毁无誉,旅进旅退㉒,窃位而苟禄,备员而全身者㉓,亦无所取焉。

棘寺小吏王禹偁为文㉔,请志院壁,用规于执政者㉕。

注释

①待漏院:百官早晨到皇宫等候上朝时休息的地方。漏,古代的计时工具。　②天道:大自然。　③品物:万物。亨:亨通,顺利生长。岁功:一年的收成。　④四时之吏:指掌管四季的神。　⑤五行之佐:掌管金、火、水、木、土五行的天神。　⑥宣其气:古人认为万物生长、四时变化都是由于一种内在的“气”促动。这里指万物、四时顺乎自然的规律成长和运转。　⑦圣人:指国君。　⑧三公:泛指中央政府的最高长官。论道:讨论治国道理。⑨六卿:中央各部的长官。分职:分部门负责。　⑩张其教:发扬教化。⑪皋、夔:舜时的贤臣。房、魏:房玄龄和魏徵。唐朝名相。　⑫夙兴夜寐:早起晚睡。⑬一人:指国君。　⑭卿大夫:指上文的“三公”、“六卿”等朝廷大臣。　⑮丹凤门:宋朝皇城的正南门。　⑯北阙:指皇帝接见群臣议政的宫殿。向曙:天快亮。　⑰相君:宰相。⑱煌煌:明亮。　⑲哕哕:铃的响声。鸾声:铃声。　⑳金门:宫门。辟:开。　㉑玉漏犹滴:指夜还未过去。玉漏,计时器的一种。　㉒盖:车篷。　㉓于焉:在此。㉔兆民:百姓。㉕四夷:四方少数民族。　㉖兵革:战争。㉗弭:平息。㉘田畴:田地。㉙辟:开垦。　㉚佞人:奸邪小人。　㉛六气:阴、阳、风、雨、晦、明六种自然现象。㉜灾眚:灾祸。荐至:接连到来。㉝避位:让位。禳:祈求消灾。㉞五刑:指轻重不同的五种刑罚。未措:不废除。　㉟厘:治理,矫正。㊱忡忡:忧虑不安的样子。　㊲旦:天明;早晨。㊳九门:泛指宫门。㊴四聪:指能听到四面八方反映的人。这里指国君。㊵纳:接受。　㊶皇风:国家的政治风气。清夷:清明平夷。　㊷总:统帅。㊸食万钱:指俸禄优厚。　㊹幸:侥幸。㊺致:获得。　㊻陟:提升。㊼黜:贬斥。㊽三时:指春、夏、秋三个农忙时节。㊾慆慆:放纵无度。㊿重瞳:眼睛有两个

瞳子。相传舜是重瞳子,这里指皇帝的眼睛。屡回:屡屡回看。 (51)政柄:指国家政权。隳:毁坏。 (52)旅进旅退:随众人进退。旅,众。 (53)备员:充数。(54)棘寺:大理寺的别称,掌管司法的中央机关。小吏:谦称。王禹偁当时是大理寺的官员。 (55)用:以。规:劝诫。

译文

天道不说话,而万物却能顺利生长,年年有收成,这是为什么呢?因为分管四时、五行的天官,疏通了万物的"气"使它们顺应自然规律。国君不说话,而百姓和睦相亲,四方万国安宁,这是为什么呢?因为三公商讨了治国纲要,六卿职责分明,发扬了国君的教化。由此可知,国君在上安逸,臣子在下勤劳,这就是效法天道。古代善于治理国家的人,从皋陶、夔到房玄龄、魏徵,是屈指可数的。他们不但有德行,而且都勤劳。早起晚睡,为国君效力,连卿大夫也是这样,何况宰相呢!

朝廷从建国初即沿袭前代的制度,在丹凤门右边设立宰相待漏院,这是表示勉力勤于政务。当国君议政的宫殿的门楼上映出一线曙光,东方还未大亮时,宰相就动身启行,随行的灯笼明亮地闪耀。宰相到了,马车铃声叮当响。宫门还未开,玉漏还在滴。撩开车篷下来,到待漏院稍作休息。

在等待上朝的时候,宰相大概想得很多吧:有的在想,万民尚未安宁,考虑怎样使他们平安;各方少数民族尚未归顺,考虑怎样使他们前来归附;战事未息,怎样使它平息;田园荒芜,怎样使人们去开垦;德才兼备之人尚未任用,我怎样推荐他们;奸人在朝,我怎样贬斥他们;天时不正,灾害不断,我愿意辞去相位,向上天祷告以消除灾害;各种刑罚不能废止,欺诈行为不断发生,我将修德加以治理。怀着深深的忧虑,等待天明入宫。宫门开后,善听各方意见的天子离得很近。宰相进言,国君采纳。国家风气从此清明,百姓因此富裕。如能这样,宰相统帅百官,享受优厚俸禄,就不是侥幸而得,而是完全应该的。

　　有的在想,私仇未报,考虑怎样赶走仇敌;旧恩未报,考虑怎样使恩人荣华富贵;美女宝玉,怎样获得;车马玩物,怎样取得;奸邪小人依附我的权势,我要提拔他们;正直之臣直言谏诤,我要贬谪他们;农忙季节有报告灾情的,国君忧虑,我便编造巧言来取悦他;众官枉法,国君听到怨言,我便装出奉承的脸色向他献媚。个人的打算没完没了,打着瞌睡而坐。宫门开了,国君四顾,宰相进言,国君被他蒙蔽,政权由此毁坏,君位也因此而动摇。如这样,那么宰相被打入死牢,或流放远地,也不是不幸,而是完全应该的。

　　由此可知,一国的政治,百姓的命运,都掌握在宰相手中,难道可以不谨慎对待吗? 还有一种宰相,没有恶名也没有好名,跟随众人进退,窃居高位而贪图利禄,占有职位而保全身家,也是不足取的。

　　大理寺小官吏王禹偁撰写此文,请求把它记在待漏院的壁上,用来劝诫执政的大臣。

严先生祠堂记①

〔宋〕范仲淹

题解

　　范仲淹(989—1052),字希文,苏州吴县(今属江苏)人。宋真宗祥符八年(1015)进士。官至枢密副使,参知政事。范仲淹在仕途上虽历尽坎坷,但从不消极遁世。本文写于谪居睦州(今浙江淳安)任上,处于政治失意时期。他在当地建严光祠,并撰写了这篇祠堂记。文章先写严光与汉光武帝刘秀之间的特殊关系,然后以《周易》中《蛊》、《屯》二卦的卦象和卦、爻辞,巧妙地比附严光与光武帝,高度赞扬严光的品德和光武帝的气度,进而指出两者互相映衬、互相依存的关系。最后则点明建祠堂所希望取得的社会教化作用。全文语言凝练,句式对称,具有音韵之美。

原文

先生,光武之故人也②,相尚以道。及帝握赤符③,乘六龙④,得圣人之时⑤,臣妾亿兆⑥,天下孰加焉⑦? 惟先生以节高之。既而动星象⑧,归江湖⑨,得圣人之清⑩。泥涂轩冕⑪,天下孰加焉? 惟光武以礼下之。

在《蛊》之上九⑫,众方有为,而独不事王侯,高尚其事。先生以之。在《屯》之初九⑬,阳德方亨,而能以贵下贱,大得民也。光武以之。盖先生之心,出乎日月之上;光武之量,包乎天地之外。微先生不能成光武之大⑭,微光武岂能遂先生之高哉⑮? 而使贪夫廉,懦夫立,是大有功于名教也⑯。

仲淹来守是邦⑰,始构堂而奠焉。乃复为其后者四家⑱,以奉祠事,又从而歌曰:"云山苍苍,江水泱泱⑲。先生之风⑳,山高水长。"

注释

①先生:指严光,字子陵。东汉初会稽余姚(今属浙江)人。曾与刘秀同学。刘秀即位后,他隐居在富春江边。刘秀几次请他出山做官,都不接受。②光武:即东汉光武帝刘秀。 ③握赤符:光武帝行至鄗,儒生强华从关中奉赤符奏上,光武因而即帝位。 ④乘六龙:古代天子的马车有六马,因此以"六龙"作天子的车驾的代称。 ⑤"得圣人"句:语见《孟子·万章下》:"孔子,圣之时者也。"谓孔子是能够顺天应时的圣人。这里指光武帝能顺应时势,建立东汉。 ⑥臣妾:作动词。意为统治、役使。亿兆:指广大百姓。⑦加:超过。 ⑧动星象:传说光武帝与严光共卧,严光把脚放在光武帝腹上。次日,太史奏客星犯帝座甚急,光武帝笑道:"我只是与故人严光共卧而已。" ⑨归江湖:指严光离开洛阳后隐居富春江。 ⑩"得圣人"句:语见《孟子·万章下》:"伯夷,圣之清者也。"这里谓严光像伯夷一样也是清高的

圣人。　⑪泥涂轩冕:把官爵看作泥土一样。泥涂,污泥。轩冕,显贵者的冠服。这里喻官爵。　⑫"在《蛊》"句:《周易》的《蛊》卦辞为:"不事王侯,高尚其事。"意谓退居在野,洁身自守。　⑬"在《屯》"句:《周易》的《屯》卦辞为:"以贵下贱,大得民也。"意谓尊贵之人,谦卑居下,能得到百姓拥护。⑭微:不是;没有。　⑮遂:成就;完成。　⑯名教:纲常;教化。　⑰是邦:指睦州。　⑱复:免除徭役。其后者:他的后人。　⑲泱泱:水深广的样子。⑳风:风范。

译文

　　严先生是汉光武帝的老朋友,彼此以道义相结交。当光武帝手握赤符,做皇帝,顺时应变,统治万众,天下有谁能超过他? 只有严先生凭他高尚的气节超过他。后来他和光武共卧惊动了星象,返回富春江畔隐居,守持了清高,把官爵看得像泥土一样。天下有谁能超过他? 只有光武帝以礼敬重他。

　　在《蛊》卦上九的爻辞中说,大家正有所作为,而唯独他不事奉王侯,保持了高尚的品德。严先生正是这样。在《屯》初九的爻辞中说,帝德正亨通,而他能以尊贵身份敬重贫贱,是大得民心的。光武帝正是这样。原来严先生的心,比日月还光明;光武帝的气量,比天地还宽广。没有严先生就不能成就光武帝的伟大,没有光武帝又怎能成全严先生的高节呢? 这能使贪婪的人清廉,懦弱的人自立,对于名教大有功劳啊。

　　仲淹来这里做太守,开始构建祠堂祭祀先生。还免除他后代子孙四家的赋役,让他们去奉行祭祀的事,还因此作了短歌:"云山苍茫,江水浩荡。先生的高风亮节,像山高,像水长。"

书洛阳名园记后

[宋]李格非

题解

李格非,字文叔,济南(今属山东)人。宋神宗熙宁九年(1076)中进士。历任礼部员外郎等职。他是宋朝女词人李清照的父亲。

《洛阳名园记》写于宋哲宗绍圣二年(1095),记述了北宋时洛阳十九座花园的情况。随后又写了这篇短跋。文章先提出洛阳的盛衰是天下治乱的标志;进而论述洛阳园圃的兴废是洛阳盛衰的标志;最后推断洛阳园圃的兴废紧紧地关系着天下的治乱,士大夫们要保持园圃,就必须关心天下大事。这是本文的主旨。体现了作者对北宋国势危殆的忧虑。

原文

洛阳处天下之中,挟殽、渑(miǎn)之阻①,当秦、陇之襟喉②,而赵、魏之走集③,盖四方必争之地也。天下常无事则已,有事则洛阳必先受兵④。予故尝曰:"洛阳之盛衰,天下治乱之候也⑤。"

方唐贞观、开元之间⑥,公卿贵戚开馆列第于东都者⑦,号千有余邸⑧;及其乱离⑨,继以五季之酷⑩。其池塘竹树,兵车蹂践,废而为丘墟;高亭大榭⑪,烟火焚燎,化而为灰烬,与唐共灭而俱亡,无余处矣。予故尝曰:"园圃之兴废,洛阳盛衰之候也。"

且天下之治乱,候于洛阳之盛衰而知⑫;洛阳之盛衰,候于园圃之兴废而得,则《名园记》之作,予岂徒然哉?

　　呜呼！公卿士大夫方进于朝⑬，放乎一己之私意以自为⑭，而忘天下之治忽⑮，欲退享此乐⑯，得乎？唐之末路是矣！

注释

　　①挟：挟持；靠着。殽：崤山，在今河南省。渑：地名，即今河南渑池。阻：险阻。　②当：正处于。秦：指秦地，今陕西一带。陇：指陕西西部和甘肃一带。襟喉：衣襟和咽喉，比喻地势险要。　③走集：原指边境上的堡垒。因地处险要，是往来必经之地，所以叫"走集"。　④受兵：遭遇战事。　⑤候：征兆；标志。　⑥方：当。贞观：唐太宗年号（627—649）。开元：唐玄宗年号（713—741）。　⑦开馆列第：建造馆舍。东都：指洛阳，是唐朝的陪都，也称东都。　⑧邸：指官员的住宅。　⑨乱离：遭乱而流离失所。　⑩五季：五代，即梁、唐、晋、汉、周。酷：指惨重的兵祸。　⑪榭：高台上的敞屋。⑫候：预测。　⑬进：进用。　⑭放：放纵。自为：随心所欲。　⑮治忽：指国家政治的好或坏。　⑯退：退隐不做官。

译文

　　洛阳处于中国的中心，凭借崤山与渑池的险阻，正当秦川和陇地的咽喉，又是通往赵、魏两地的交通要冲，可以说是四方必争之地了。中国若是平安无事也就算了，一旦发生变乱，那么洛阳一定首先遭受兵灾。因此我曾经说过："洛阳的兴盛与衰败，便是中国安定和战乱的预兆啊！"

　　在唐朝贞观、开元年间，公卿贵戚在东都洛阳建馆舍、置宅第的，不下千有余家；等到发生动乱的时候，接踵而起的是梁、唐、晋、汉、周的残酷战争。洛阳的池塘竹树，遭到兵车的蹂躏践踏，变成了座座废墟；高大的凉亭、轩敞的水榭，也被烟火焚燎，化成堆堆灰烬。它们都与大唐江山同归于尽，没有剩下一处了。因此我曾经说："这些园林的兴盛与荒废，便是洛阳繁盛与衰败的预兆啊！"

　　既然中国的安定与战乱，从洛阳的盛衰迹象上可以看出来；而洛阳的盛衰，又可以从这些园林废兴的迹象上看出来，那么我写这《洛阳名园记》，难道是徒劳无益、白费笔墨吗？

唉,公卿士大夫们正当进用于朝廷的,大都放纵自己的私欲,任意而为,而不把国家的好坏放在心上。他们又想在告老退休后享受园林之乐,这可能吗? 唐朝没落的道路就是这样的啊!

谏院题名记^①

[宋]司马光

题解

司马光(1019—1086),字君实,陕州夏县(今山西夏县)涑水人,仁宗宝元元年进士。历仕仁宗、英宗、神宗三朝。神宗朝,官至翰林学士、御史中丞。因反对王安石变法,离开洛阳十五年,倾全力编《资治通鉴》。哲宗即位,召为门下侍郎,拜尚书左仆射。

本文是司马光为谏院题名刻石写的一篇杂记。文章追述了谏院的来历,着重阐明了谏官的重大责任和谏官应具备的品德。全文虽只有一百余字,却曲折周到,包括无遗,言简意赅。文章的结尾,以题名来告诫担任谏官职务的人,更是警策动人。

原文

古者谏无官,自公卿大夫至于工商,无不得谏者^②。汉兴以来,始置官^③。夫以天下之政,四海之众,得失利病^④,萃于一官使言之^⑤,其为任亦重矣。居是官者,当志其大,舍其细;先其急,后其缓;专利国家而不为身谋。彼汲汲于名者^⑥,犹汲汲于利也。其间相去何远哉!

天禧初^⑦,真宗诏置谏官六员^⑧,责其职事。庆历中^⑨,钱君始书其名于版^⑩。光恐久而漫灭^⑪,嘉祐八年^⑫,刻著于石。后之人将历指其名而议之曰:"某也忠,某也诈,某也直,某也曲。"呜呼,可不惧哉!

注释

①谏院:谏官的官署。　②得:能够。　③"汉兴以来"二句:汉代开始设谏议大夫,是属于光禄勋的专职谏官。唐代除谏议大夫外,又增设补阙、拾遗,三者各分左右,分属门下、中书二省。宋代左右补阙改为左右司谏,左右拾遗改为左右正言。仁宗明道初年,置谏院,直属中书、门下省,以左右谏议大夫为首长。　④利病:利弊。　⑤萃:集中。　⑥汲汲:心情急切不肯休息的样子。　⑦天禧:宋真宗年号(1017—1021)。　⑧谏官六员:指左右司谏、左右正言、左右谏议大夫。　⑨庆历:宋仁宗年号(1041—1048)。　⑩钱君:一说钱惟演,一说钱惟演之子钱明逸。　⑪漫灭:模糊难辨的样子。　⑫嘉祐:宋仁宗年号(1056—1063)。

译文

古时候没有谏官,从公卿大夫到一般工商业者,没有不能进谏的。汉朝建立以来,开始设置谏官。将天下的政事,四海的民众,治理国家的得失利弊,集中在一个谏官身上,让他提意见,他的责任也重大啊。担任这个官职的人,应当牢记重大事情,舍弃细小事情;要先进谏急迫的问题,而后谏不很急迫的问题;要专为国家谋利,而不为自己打算。那些追求声名的人,与追求私利的人一样。这两种人与谏官的职责相距多远啊!

天禧初年,真宗下诏设置六名谏官,并明确了他们的职责。庆历年间,钱君开始将谏官们的名字写在木板上。我怕因时间长了要磨灭,在嘉祐八年,将谏官名字刻在石上。后代人会逐个指着他们的名字而议论他们说:"某某人忠诚,某某人奸诈,某某人正直,某某人邪恶。"啊,这能不叫人惧怕吗?

朋 党 论①

［宋］欧阳修

题解

欧阳修（1007—1072），字永叔，自号醉翁，晚年又号六一居士。吉州吉水（今属江西）人。仁宗时中进士。后历任枢密副使、参知政事等职。

这是欧阳修批驳北宋保守派代表人物夏竦、吕夷简等攻击范仲淹、韩琦等革新派"引用朋党"的政治论文。文章首先划清"君子之朋"和"小人之朋"的界限，又进一步剖析"小人无朋"和"君子有朋"的道理，然后引证大量的历史事实，说明国家的兴亡治乱和朋党的真实关系，给予政敌致命的打击。文中正反史事的鲜明对比，排比、反复句式的运用，更增添了文章的气势和说服力。

原文

臣闻朋党之说，自古有之，惟幸人君辨其君子小人而已②。大凡君子与君子，以同道为朋③；小人与小人，以同利为朋。此自然之理也。

然臣谓小人无朋，惟君子则有之。其故何哉？小人所好者禄利也，所贪者财货也。当其同利之时，暂相党引以为朋者④，伪也；及其见利而争先，或利尽而交疏，则反相贼害⑤，虽其兄弟亲戚，不能相保。故臣谓小人无朋，其暂为朋者，伪也。君子则不然：所守者道义⑥，所行者忠信，所惜者名节⑦。以之修身，则同道而相益；以之事国，则同心而共济⑧；终始如一，此君子之朋也。故为人君者,但当退小人之伪朋^⑨,用君子之真朋,则天下治矣。

尧之时^⑩,小人共工、驩(huān)兜等四人为一朋^⑪,君子八元、八恺十六人为一朋^⑫。舜佐尧,退四凶小人之朋,而进元、恺君子之朋,尧之天下大治。及舜自为天子,而皋、夔、稷、契等二十二人并列于朝^⑬,更相称美,更相推让,凡二十二人为一朋,而舜皆用之,天下亦大治。《书》曰^⑭:"纣有臣亿万^⑮,惟亿万心;周有臣三千,惟一心。"纣之时,亿万人各异心,可谓不为朋矣,然纣以亡国。周武王之臣,三千人为一大朋,而周用以兴^⑯。后汉献帝时^⑰,尽取天下名士囚禁之,目为党人^⑱。及黄巾贼起^⑲,汉室大乱,后方悔悟,尽解党人而释之,然已无救矣。唐之晚年,渐起朋党之论^⑳。及昭宗时^㉑,尽杀朝之名士,或投之黄河,曰:"此辈清流,可投浊流^㉒。"而唐遂亡矣。

夫前世之主,能使人人异心不为朋,莫如纣;能禁绝善人为朋,莫如汉献帝;能诛戮清流之朋,莫如唐昭宗之世;然皆乱亡其国。更相称美、推让而不自疑,莫如舜之二十二臣,舜亦不疑而皆用之。然而后世不诮(qiào)舜为二十二人朋党所欺^㉓,而称舜为聪明之圣者^㉔,以能辨君子与小人也。周武之世,举其国之臣三千人共为一朋,自古为朋之多且大,莫如周;然周用此以兴者,善人虽多而不厌也。

夫兴亡治乱之迹,为人君者可以鉴矣。

注释

①朋党:人们因某种相同的目的而聚合在一起。　②幸:希望。　③同道为朋:在道义一致的基础上结合成朋党。　④党引:勾结。　⑤贼害:伤害。　⑥守:信奉。　⑦名节:名誉节气。　⑧济:救助。　⑨退:废斥不用。⑩尧:和下文的舜、周武王,都是儒家推崇的贤君。　⑪共工、驩兜:尧时被称为"四凶"中的两个。　⑫八元:指上古高辛氏的八个儿子。八恺:指上古高阳氏的八个儿子。元,善良的人。恺,忠诚的人。　⑬皋、夔、稷、契:都是舜时贤臣,分别被舜委以管理刑法、音乐、农事和教育的长官。　⑭《书》:《尚书》。　⑮纣:商纣王。亿万:指人数众多。　⑯用:因此。　⑰献帝:刘协,

东汉的最后一位皇帝。　⑱"尽取"二句：汉桓帝时，宦官专权，名士李膺、杜密等被诬为结党营私，被逮捕。灵帝时，宦官曹节等杀死窦武、李膺等一百多人。　⑲黄巾：东汉末年农民起义军。贼：封建统治者对农民起义军的蔑称。⑳"唐之晚年"二句：唐朝穆宗至宣宗年间，朝臣之间产生了以李德裕为首和以牛僧孺、李宗闵为首的两党互相倾轧的斗争。两派势不两立，斗争延续了近四十年。史称"牛李党争"。　㉑昭宗：李晔，在位时间为公元889至904年。　㉒"此辈清流"二句：哀帝天祐二年（905），李振唆使权臣朱全忠诱杀当时士大夫裴枢等三十余人，说："此辈常自谓清流，宜投入黄河，使为浊流。"朱竟这样干了。　㉓诮：责备。　㉔聪明：耳聪目明，指天资高、能力强。

译文

　　我听说关于朋党的说法，自古就有，只是希望君主能分清他们是君子还是小人就好了。一般说来君子与君子，因志趣一致结为朋党；而小人与小人，则因利益相同而结为朋党。这是自然的道理。

　　但我以为，小人并无朋党，只有君子才有。这是什么原因呢？小人所喜爱的是薪俸，所贪图的是钱财。当他们利益相同时，暂时互相勾结而成朋党，那是虚假的；等到他们见到利益便争先恐后，或者利益已尽而交情疏远，就会反过来互相残害，即使是兄弟亲戚，也不会互相保护。所以说小人并无朋党，他们暂时结为朋党，也是虚假的。君子就不是这样：他们坚持的是道义，履行的是忠信，珍惜的是名节。用这些来提高自身修养，那么志趣一致就能相互补益；用这些来为国家做事，那么观点相同就能共同前进；始终如一，这就是君子的朋党啊。所以做君主的，只要能斥退小人的假朋党，进用君子的真朋党，那么天下就可以安定了。

　　唐尧的时候，小人共工、驩兜等四人结为一个朋党，君子八元、八恺等十六人结为一个朋党。舜辅佐尧，斥退四凶的小人朋党，而进用元、恺的君子朋党，唐尧的天下因此得到大治。等到虞舜自己做了天子，皋陶、夔、稷、契等二十二人同时列位于朝廷。他们互相推举，互相谦让，一共二十二人结为一个朋党，而虞舜全都进用他们，天下也因此得到大治。《尚书》上说："商纣有亿万臣子，是亿万条心；周有三千臣子，却是一条心。"商纣王的时候，亿万人各存异心，可以说不成朋党了，但是纣王因此而亡国。周武王的臣下，三千人结成一个大朋党，但周朝却因此而兴盛。后汉献帝的时候，把天下名士都关押起来，把他们视作同党之人。等到"黄巾贼"来了，汉王朝大乱，然后才悔悟，解除了党锢释放了他们，可是已经无可挽救了。唐朝的末期，逐渐生出朋党的议论。到了昭宗时，把朝廷中的名士都杀害了，有的竟被投入黄河，说："这些人自命为清流，应当把他们投到浊流中去。"唐朝也就随之灭亡了。

　　前代的君主，能使人人心怀异心不结为朋党的，谁也不及商纣王；能禁绝好人结为朋党的，谁也不及汉献帝；能杀害清流党人的，谁也不及唐昭宗之时。然而都由此而使他们的国家招来混乱以致灭亡。互相推举谦让而不疑忌的，谁也不及虞舜的二十二位大臣，虞舜也毫不猜疑地进用他们。但是后世并不讥笑虞舜被二十二人的朋党所蒙骗，却赞美虞舜是聪明的圣主，原因就在于他能区别君子和小人。周武王时，全国所有的臣下三千人结成一个朋党，自古以来结为朋党又多又大的，谁也不及周朝；然而周朝因此而兴盛，原因就在于善良之士虽多却不感到满足。

　　前代治乱兴亡的过程，为君主的可以作为借鉴了。

五代史伶官传序①

［宋］欧阳修

题解

《五代史》是欧阳修编撰的一部记录梁、唐、晋、汉、周五个朝代历史的史籍。在每篇纪传的前后，大多有序论。这篇序，即是借后唐庄宗宠幸伶官反受其祸一事，对庄宗的成败作了深刻的剖析，得出了"忧劳可以兴国，逸豫可以亡身"的结论，以此来劝诫统治者。全文前段叙事，后段议论，善于抓住一兴一亡的对比，反复说明，文短而有力，语少而富有感情。

原文

呜呼！盛衰之理，虽曰天命，岂非人事哉！原庄宗之所以得天下②，与其所以失之者，可以知之矣。

世言晋王之将终也③，以三矢赐庄宗，而告之曰："梁④，吾仇也⑤；燕王⑥，吾所立；契丹⑦，与吾约为兄弟，而皆背晋以归梁。此三者，吾遗恨也。与尔三矢，尔其无忘乃父之志⑧！"庄宗受而藏之于庙⑨，其后用兵，则遣从事以一少牢告庙⑩，请其矢⑪，盛以锦囊，负而前驱，及凯旋而纳之⑫。

方其系燕父子以组⑬，函梁君臣之首⑭，入于太庙⑮，还矢先王⑯，而告以成功，其意气之盛，可谓壮哉！及仇雠（chóu）已灭⑰，天下已定，一夫夜呼，乱者四应⑱，仓皇东出，未及见贼，而士卒离散。君臣相顾，不知所归，至于誓天断发，泣下沾襟，何其衰也！岂得之难而失之易欤？抑本其成败之迹而皆自于人欤⑲？

《书》曰⑳："满招损,谦受益㉑。"忧劳可以兴国,逸豫可以亡身㉒,自然之理也。故方其盛也,举天下之豪杰莫能与之争㉓;及其衰也,数十伶人困之,而身死国灭,为天下笑。夫祸患常积于忽微㉔,而智勇多困于所溺㉕,岂独伶人也哉!作《伶官传》。

注释

①伶官:宫廷中的乐官。　②原:推究;考察。庄宗:指五代后唐主李存勖。　③晋王:庄宗父亲李克用。　④梁:后梁。黄巢起义军将领朱温建立。⑤吾仇也:朱温曾企图谋害李克用。　⑥燕王:指刘守光的父亲刘仁恭。⑦契丹:契丹族首领耶律阿保机与李克用拜为兄弟。　⑧其:副词,加强语气,相当于"一定"。　⑨庙:宗庙。⑩从事:泛指一般僚属随从。少牢:猪、羊两种用祭祀品。牢,用于祭祀的牺牲品。告庙:祷告于宗庙。　⑪请其矢:请出那些箭来。　⑫纳之:把箭放好。　⑬方:当。系:捆绑。组:指绳索。　⑭函:用木盒装。⑮太庙:宗庙。⑯先王:指晋王李克用。　⑰仇雠:仇敌。　⑱"一夫夜呼"二句:926 年,邺都发生兵变,李存勖派李嗣源前往镇压,不料李嗣源反被部下推为皇帝,联合邺都乱兵,向京城洛阳进军。⑲抑:或。本:考究原因。迹:轨迹。这里引申为原因。　⑳《书》:指《尚书》。㉑"满招损"二句:出自《尚书·大禹谟》篇。意思是,自满招来损失,谦虚便能得到益处。　㉒逸豫:安乐。㉓举:全。㉔忽微:细小。㉕溺:溺爱;嗜好。

译文

唉!盛衰的原由,虽说是天命,难道不也是由于人事吗?探究后唐庄宗取得天下,及其之所以失去的原因,就可以明白这个道理了。

世人传说晋王临死时,把三支箭赐给庄宗,并嘱咐他说:"后梁,是我的仇家;燕王,是我扶植起来的;契丹,也曾和我拜为兄弟,却都背叛了我们而归顺了梁国。这三者是我遗留下来的恨事!给你三支箭,你不要忘记你父亲的心愿。"庄宗接受了箭并供奉在宗庙里,以后出兵作战,就派部下用一副少牢去宗庙向晋王祷告,并请出那些箭,放在锦囊里,让人肩背着它,走在队伍的前面,等到凯旋后,再把它放还宗庙。

当他用绳子捆绑起燕王父子,用匣子盛着梁朝君臣的头颅,送进宗庙,把箭还给先王,并把成功的消息报告亡灵的时候,那强盛的意气,可谓壮观了。等到仇敌已经消灭,天下已经平定,然而一个人在夜间一声呼喊,叛乱者就四下响应,只好仓皇向东逃出,还没碰见乱贼,军队却已离散了。君臣们互相呆看着,不知该向何处去,以至于剪断头发,对天发誓,眼泪沾湿了衣裳,又是多么的衰败啊! 难道是因为取得天下艰难而失去容易吗? 还是探究他的成败原因都出自人为的原因呢?

《尚书》上说:"自满会招来损害,谦虚能得到补益。"忧虑与勤劳可以振兴国家,安逸和舒适可以丧失性命,这是自然的道理啊。因此当他强盛时,普天下的豪杰,没有一个能与他争雄;到他衰败时,几十个优伶来挟持他,就可使他丧命亡国而被天下所讥笑。可见,祸患常常是在细微的小事上积聚起来的,而聪明勇敢又往往因沉湎嗜好中而受到困厄,难道仅是优伶就能造成祸患吗! 因而写了《伶官传》。

秋　声　赋

[宋]欧阳修

题解

赋,形成于汉代,发展到宋代则演变成一种骈散结合的文体。

本篇从凄切悲凉的秋声写到肃杀寂寥的秋景,由草木经秋而摧败零落写到人事忧劳而使身心受到戕害,抒发了作者在政治上不能有所作为的郁闷心情。作者耳闻秋声,目睹秋天萧瑟之状,原有怨秋情绪,可是想到秋声秋气是自然界必然的现象,草木无情,与人事无关,自己不该把内心的不满归之于秋声,发出怨秋的叹息,隐约地讽喻了现实政治。这种认识是比较深刻的,说明作者仍是在借赋秋声来抒发内心的不满情绪。

原文

　　欧阳子方夜读书①,闻有声自西南来者,悚然而听之②,曰:"异哉!"初淅沥以萧飒③,忽奔腾而砰湃④,如波涛夜惊,风雨骤至。其触于物也,铁铁(cōng)铮(zhēng)铮⑤,金铁皆鸣;又如赴敌之兵,衔枚疾走⑥,不闻号令,但闻人马之行声⑦。予谓童子⑧:"此何声也?汝出视之。"童子曰:"星月皎洁,明河在天⑨,四无人声,声在树间。"

　　予曰:"噫嘻⑩,悲哉!此秋声也,胡为乎来哉?盖夫秋之为状也⑪:其色惨淡,烟霏云敛⑫;其容清明,天高日晶⑬;其气栗冽⑭,砭人肌骨⑮;其意萧条,山川寂寥⑯。故其为声也,凄凄切切,呼号奋发。丰草绿缛(rù)而争茂⑰,佳木葱茏而可悦⑱;草拂之而色变,木遭之而叶脱。其所以摧败零落者,乃一气之余烈⑲。夫秋,刑官也⑳,于时为阴㉑;又兵象也㉒,于行为金㉓。是谓天地之义气㉔,常以肃杀而为心㉕。天之于物,春生秋实。故其在乐也,商声主西方之音㉖,夷则为七月之律㉗。商,伤也,物既老而悲伤㉘;夷,戮也,物过盛而当杀㉙。嗟乎!草木无情,有时飘零。人为动物,惟物之灵,百忧感其心,万事劳其形,有动于中,必摇其精㉚。而况思其力之所不及,忧其智之所不能,宜其渥然丹者为槁木㉛,黟(yī)然黑者为星星㉜。奈何以非金石之质,欲与草木而争荣?念谁为之戕贼㉝,亦何恨乎秋声?"

　　童子莫对,垂头而睡。但闻四壁虫声唧唧,如助余之叹息。

注释

　　①欧阳子:作者自称。　②悚然:吃惊的样子。　③淅沥:形容雨声。萧

飒:形容风声。　④砰湃:形容波涛声。　⑤钑钑铮铮:形容金属撞击声。⑥衔枚:古代行军时,常令士兵口衔一根像筷子一样的小棒,以免发声,暴露行迹。　⑦但:只。　⑧童子:指书童。　⑨明河:银河。　⑩噫嘻:感叹词。　⑪盖夫:发语词。　⑫烟霏:烟雾。敛:聚集。　⑬日晶:阳光灿烂。⑭栗冽:寒冷。　⑮砭:古代用来治病的石针。这里是针刺的意思。　⑯寂寥:冷落。　⑰缛:繁茂。　⑱葱茏:草木青翠茂盛。　⑲一气:指秋气。余烈:余威。　⑳“夫秋”二句:上古设官,以四时为名,掌管刑法的司寇为秋官。　㉑于时为阴:古时以阴阳配合四时。春夏为阳,秋冬为阴。　㉒又兵象也:古代征伐多在秋天,所以称秋为“兵象”。　㉓于行为金:古人把金、木、水、火、土五行分配于四季,认为四季是五行相生的结果。秋天属金。㉔天地之义气:指刚正之气,也就是秋气。　㉕心:指用心、目的。　㉖“商声”句:商声是五声(即宫、商、角、徵、羽)之一。五声分配于四时,商属秋,商声代表西方之音。　㉗“夷则”句:夷则是十二律(即黄钟、大吕、太簇、夹钟、姑洗、仲吕、蕤宾、林钟、夷则、南吕、无射、应钟)之一。十二律分配于十二月。七月为夷则。　㉘“商,伤也”三句:古人以同声通训,“商”与“伤”音同义近,物既衰老就悲伤。　㉙“夷,戮也”三句:夷的本意是杀戮,物类过盛就该消灭。　㉚摇:指消耗。精:精气。　㉛渥然丹者:指红润的面容。比喻年轻力壮。槁木:枯木,喻衰老。　㉜黟然黑者:指乌黑的鬓发,喻年轻。星星:形容鬓发花白。　㉝戕贼:残害。

译文

　　我正在夜间读书,听到有声音从西南方传来,吃惊地听着,说:“奇怪啊!”初来时像淅沥的雨声,像飒飒的风声,忽然间奔腾澎湃,如波涛在黑夜里翻滚,风雨突如其来。它碰在物体上,钑钑铮铮,像金属撞击的声音;又如奔袭敌阵的战士,衔枚疾走,听不见号令,只听见人马行走之声。我对书童说:“这是什么声音啊? 你出去看看吧!”书童说:“星星和月亮晶莹洁白,银河横挂天边,四周没有人声,声音来自树间。”

　　我说:“啊,啊,悲伤啊! 这就是秋声啊,为什么要来呢? 那秋天的情状:它的天色暗淡,烟雾蒙蒙云气聚;它的容貌清净,天空高旷,阳光灿烂;它的气候寒冷,刺人肌骨;它的神意萧条,山河寂寞冷落。因此它发出的声音,凄凄切切,呼喊号叫,奋发而起。茂盛的青草在绿地上媲美,美丽的树木郁郁葱葱惹人喜爱;草被秋风吹拂,颜色就变;树被秋风一碰,叶子就落。那使草木零落的原因,就是秋气的一点余威。秋天,是司寇用刑的时候,在季节上属阴;又是用兵的象征,在五行上属金。这就是天地间的刚正之气,常常以肃杀作为目的。天对于万物,让它们春天生长,秋天结果。因此,秋天在音乐中是商声,就是主管西方的音调,夷则是七月的音律。商,就是悲伤,生物衰老就会悲伤;夷,就是戮,生物过盛就会被杀戮。啊,草木无情,尚且按时凋零。而人作为动物,是万物中最有灵性的,许多忧愁触动他的心,许多事情劳累他的身体,心中有触动,一定会损伤他的精神。何况要思考他的力量办不到的、他的智慧做不到的事情,这就必然会使红润的脸变成枯木,乌黑的头发变得花白。为什么要用不是金石的身躯,去和草木争奇斗胜?应该想想究竟谁是害我们的贼人,又何必去怨恨那不相关的秋声?”

书童没有回答,垂下头已经熟睡,只听得四周墙壁下虫声唧唧,好像在帮助我叹息。

祭石曼卿文①

[宋]欧阳修

题解

这是欧阳修为诗友石曼卿写的一篇祭文。祭文中,“呜呼曼卿”三复其词,如与老友直面。祭文除开头交代事由一段外,也从三呼曼卿处分为三段。一呼曼卿,赞叹他的才学名声;二呼曼卿,感叹他坟墓的荒凉,非但未能生长松、生长灵芝,亦且不免藏狐走兽;三呼曼卿,感念往昔交谊,情不能已,不觉唏嘘流泪。全文缠绵悱恻,字里行间充溢着作者对石曼卿赍志以殁的痛惜和对友人深切的怀念。在句式上,全文以四言韵语为主,又极富伸缩变化,于整饬中见疏散,具有较强的感染力。

原文

维治平四年七月日②,具官欧阳修谨遣尚书都省令史李敭(yì)至于太清③,以清酌庶羞之奠④,致祭于亡友曼卿之墓下,而吊之以文曰:

呜呼曼卿! 生而为英⑤,死而为灵⑥。其同乎万物生死,而复归于无物者,暂聚之形⑦;不与万物共尽,而卓然其不朽者⑧,后世之名。此自古圣贤,莫不皆然。而著在简册者⑨,昭如日星。

呜呼曼卿! 吾不见子久矣,犹能仿佛子之平生。其轩昂磊落⑩,突兀峥嵘⑪,而埋藏于地下者,意其不化为朽壤,而为金玉之精;不然,生长松之千尺,产灵芝而九茎⑫。奈何荒烟野蔓,荆棘纵横,风凄露下,走磷飞萤⑬,但见牧童樵叟,歌吟而上下;与夫惊禽骇兽,悲鸣踯躅而咿嘤⑭。今固如此,更千秋而万岁兮,安知其不穴藏狐貉(hé)与鼯(wú)鼪(shēng)⑮? 此自古圣贤亦皆然兮,独不见夫累累乎旷野与荒城⑯!

呜呼曼卿! 盛衰之理,吾固知其如此,而感念畴昔⑰,悲凉凄怆,不觉临风而陨(yǔn)涕者⑱,有愧乎太上之忘情⑲。尚飨⑳!

注释

①石曼卿(994—1041):名延年,河南商丘人,北宋诗人。　②维:发语词。治平四年:公元1067年。治平,北宋英宗年号。　③具官:官爵品级的写法。欧阳修当时的官职为观文殿学士、刑部尚书、知亳州军州事。尚书都省:管理全国行政的衙门。令史:管理文书的官员。李敭:生平不详。太清:地名。在今河南商丘,石曼卿的故乡墓地。　④清酌:美酒。庶羞:各类食品。奠:祭品。　⑤英:不平凡的人才。　⑥灵:神灵。　⑦暂聚之形:临时

集合的形体。　⑧卓然:超群出众的样子。　⑨简册:指史书。　⑩轩昂:形容人的气度不凡。磊落:心地光明坦率。　⑪突兀峥嵘:高而不平。指石曼卿的精神气质与众不同。　⑫灵芝:菌类植物。古人视为瑞草。九茎:形容灵芝的茎很多。　⑬走磷:飘动的磷火。　⑭踯躅:徘徊不前。咿嘤:哭声。这里指禽兽的叫声。　⑮貉:一种像狐狸的野兽。鼯:飞鼠。鼪:黄鼠狼。⑯累累:重叠相连的样子。荒城:荒凉的坟墓。　⑰畴昔:从前。　⑱陨涕:落泪。　⑲太上之忘情:晋朝人王戎死了儿子,山简去慰问,见他悲痛欲绝,就劝他不要太伤心。王戎回答说:"圣人忘情,最下不及情,情之所钟,正在吾辈。"见《世说新语》。太上,最上,指圣人。全句意为圣人能达到不动感情的境界。　⑳尚飨:祭文的常用语。意思是,请享用祭品。

译文

　　治平四年七月日,官员欧阳修谨派尚书都省令史李敭到太清乡,用美酒和各种食品为祭品,拜祭亡友曼卿的墓前,并用祭文吊唁他,说:

　　唉,曼卿! 生前是英杰,死后为神灵。那同万物一样有生有死,因而再回到虚无的东西,是精气暂时聚集的身体;那不与万物共同消失的,而能超然出众、流传不朽的,是后世的名声。这是自古以来的圣贤,没有不这样的。而且写在史籍中的,就像太阳和星星一样明亮。

　　唉,曼卿! 我不见你已很久了,但还能大致记得你的生平。你气度轩昂,心地光明,才能出众,而埋藏在地下的你,想来不会化为腐朽的泥土,而会变为金玉的精粹;不是这样的话,也会生长成千尺之高的松树,产出长了九茎的灵芝。怎奈荒烟野草,荆棘纵横,冷风吹,凄露下,磷火游动,萤虫飞窜,只看放牛的童子和砍柴的老人,吟唱着歌,来来回回;还有那受惊的飞禽和野兽,悲声鸣叫,徘徊不前。现在就已这样,再过千万年呢,哪知道不会有狐貉与鼯鼪在这里打洞藏身呢? 这是自古以来的圣贤也都是这样的啊,难道不曾见那接连不断的旷野和坟墓?

　　唉,曼卿! 兴盛和衰败的道理,我本已知道是这样,但感念过去,心中悲凉凄怆,不知不觉就对着风落泪了,有愧于能忘情的圣人。请享用祭品吧。

泷 冈 阡 表①

[宋]欧阳修

题解

本文是欧阳修为他的父母的墓碑撰写的表文。在这篇表文中,作者追述了父亲的孝顺和仁厚,缅怀了母亲的俭约与安于贫贱。这些都是通过一些琐事琐谈来表现的,率意写出,不事描绘,而语语入情。

原文

呜呼!惟我皇考崇公②,卜吉于泷冈之六十年③,其子修始克表于其阡④。非敢缓也,盖有待也。

修不幸,生四岁而孤⑤。太夫人守节自誓⑥,居穷,自力于衣食,以长(zhǎng)以教⑦,俾至于成人。太夫人告之曰:“汝父为吏,廉而好施与⑧,喜宾客。其俸禄虽薄,常不使有余,曰:‘毋以是为我累。’故其亡也,无一瓦之覆,一垄之植⑨,以庇而为生⑩。吾何恃而能自守耶?吾于汝父,知其一二,以有待于汝也。自吾为汝家妇,不及事吾姑⑪,然知汝父之能养也。汝孤而幼,吾不能知汝之必有立,然知汝父之必将有后也。吾之始归也⑫,汝父免于母丧方逾年⑬。岁时祭祀,则必涕泣曰:‘祭而丰,不如养之薄也。’间御酒食⑭,则又涕泣曰:‘昔常不足,而今有余,其何及也!’吾始一二见之,以为新免于丧适然耳⑮。既而其后常然,至其终身未尝不然。吾虽不及事姑,而以此知汝父之能养也。

　　"汝父为吏,尝夜烛治官书⑯,屡废而叹⑰。吾问之,则曰:'此死狱也,我求其生不得尔!'吾曰:'生可求乎?'曰:'求其生而不得,则死者与我皆无恨也!矧(shěn)求而有得耶⑱!以其有得,则知不求而死者有恨也!夫常求其生,犹失之死,而世常求其死也。'回顾乳者抱汝而立于旁,因指而叹曰:'术者谓我岁行在戌将死⑲。使其言然,吾不及见儿之立也,后当以我语告之。'其平居教他子弟⑳,常用此语,吾耳熟焉,故能详也。其施于外事,吾不能知;其居于家,无所矜饰㉑,而所为如此。是真发于中者耶㉒!呜呼!其心厚于仁者耶!此吾知汝父之必将有后也。汝其勉之!夫养不必丰,要于孝;利虽不得博于物㉓,要其心之厚于仁。吾不能教汝,此汝父之志也㉔。"修泣而志之不敢忘。

　　先公少孤力学㉕。咸平三年进士及第㉖。为道州判官㉗,泗、绵二州推官㉘,又为泰州判官㉙,享年五十有九,葬沙溪之泷冈。太夫人姓郑氏,考讳德仪,世为江南名族。太夫人恭俭仁爱而有礼,初封福昌县太君㉚,进封乐安、安康、彭城三郡太君㉛。自其家少微时㉜,治其家以俭约,其后常不使过之,曰:"吾儿不能苟合于世,俭薄所以居患难也。"其后修贬夷陵㉝,太夫人言笑自若,曰:"汝家故贫贱也,吾处之有素矣㉞。汝能安之,吾亦安矣。"

　　自先公之亡二十年,修始得禄而养㉟。又十有二年,列官于朝,始得赠封其亲㊱。又十年,修为龙图阁直学士、尚书吏部郎中、留守南京㊲。太夫人以疾终于官舍㊳,享年七十有二。又八年,修以非才,入副枢密㊴,遂参政事㊵。又七年而罢。自登二府㊶,天子推恩,褒其三世。盖自嘉祐以来㊷,逢国大庆,必加宠锡㊸:皇曾祖府君㊹,累赠金紫光禄大夫、太师、中书令㊺;曾祖妣㊻,累封楚国太夫人;皇祖府君㊼,累赠金紫光禄大夫、太师、中书令兼尚书令;祖妣,累封吴国太夫人;皇考崇公,累赠金紫光禄大夫、太师、中书令兼尚令令;皇妣,累封越国太夫人。今上初郊㊽,皇考赐爵为崇国公,太夫人进号魏国。

于是小子修泣而言曰:呜呼! 为善无不报,而迟速有时,此理之常也。惟我祖考,积善成德,宜享其隆。虽不克有于其躬,而赐爵受封,显荣褒大,实有三朝之锡命⑭。是足以表见于后世,而庇赖其子孙矣。乃列其世谱,具刻于碑。既又载我皇考崇公之遗训,太夫人之所以教而有待于修者,并揭于阡⑮。俾知夫小子修之德薄能鲜,遭时窃位⑪,而幸全大节,不辱其先者,其来有自。

熙宁三年⑫,岁次庚戌,四月辛酉朔⑬,十有五日乙亥,男推诚保德崇仁翊戴功臣、观文殿学士、特进、行兵部尚书、知青州军州事、兼管内劝农使、充京东路安抚使、上柱国、乐安郡开国公⑭,食邑四千三百户⑮,食实封一千二百户⑯,修表。

注释

①泷冈:地名,在今江西永丰沙溪南凤凰山上。阡表:写在墓碑上的文字,也称墓表。　②皇考:对亡父的尊称。崇公:欧阳修的父亲名观,死后追封崇国公。　③卜吉:选择吉日吉地。　④克:能够。　⑤孤:年幼丧父曰孤。　⑥太夫人:欧阳修的母亲。古代列侯之妻称夫人,列侯死,子称其母为太夫人。　⑦长:抚养。　⑧施与:施舍,以财物助人。　⑨垅:田埂。⑩庇:庇护。　⑪姑:妻子称丈夫的母亲为姑。这里指欧阳修的祖母。⑫始归:刚出嫁。古代女子称出嫁为归。　⑬免于母丧:母亲死后,守丧期满。免,期满。　⑭间:间或、偶然。御:进用。　⑮适然:方才这样。　⑯官书:官府的文书。这里指刑狱案件。　⑰废:停止。　⑱矧:何况;况且。⑲术者:算命的人。岁行在戌:指岁星(木星)运行到戌年。　⑳平居:平时。㉑矜饰:夸张做作。　㉒中:内心。　㉓博于物:普及于人。　㉔志:志向。㉕先公:指欧阳修的父亲。　㉖咸平三年:即公元1000年。咸平,宋真宗年号。　㉗道州:治所在今湖南道县。判官:州长官的僚属,掌管文书事务。㉘泗、绵二州:泗州,治所在今安徽泗县。绵州,治所在今四川绵阳。推官:州长官的僚属,掌管刑罚。　㉙泰州:治所在今江苏泰州。　㉚福昌:古县名。县太君:古代官员母亲的一种封号。　㉛乐安、安康、彭城:古郡名。㉜微:贫贱。㉝夷陵:今湖北宜昌。㉞素:向来。这里引申为习惯。㉟“自先公”二句:指欧阳修于宋仁宗天圣八年(1030)考取进士。后授将仕郎,充西京留守推官。㊱“又十有二年”三句:指欧阳修于仁宗康定元年(1040)

被招还京。庆历元年(1041)祀南郊,加骑都尉,改集贤校理。封赠事可能在这一年。 ㊲龙图阁直学士:龙图阁为宋代管理文献典籍的官署,设学士、直学士、待制、直阁等职。尚书:即尚书省,下统吏、户、礼、兵、刑、工六部。吏部:掌管全国官吏的任免、考课、升降、调动等事务。长官为吏部尚书,下设郎中四人。留守南京:宋真宗升宋州(今河南商丘)为应天府,建为南京。皇祐二年(1050),欧阳修以龙图阁直学士知应天府兼南京留守司事,转吏部郎中,加轻骑都尉。 ㊳"太夫人"句:欧阳修母亲死于皇祐四年(1052)。 ㊴副枢密:枢密院的副长官。 ㊵参政事:任参知政事,即为副宰相。 ㊶二府:指主管军事的枢密院和主管政事的中书省。 ㊷嘉祐:宋仁宗年号(1056—1063)。 ㊸宠锡:特别赏赐。 ㊹府君:子孙对祖先的尊称。 ㊺累赠:累加的最后封赠。金紫光禄大夫:官名。正三品。太师:为封赠官名,无实职务。中书令:中书省长官。 ㊻曾祖妣:已故的曾祖母。 ㊼皇祖府君:指欧阳修的祖父。 ㊽今上:当今皇上。初:初次。郊:在郊外祭祀。 ㊾三朝:指宋仁宗、英宗、神宗。锡命:皇帝赐封的诏书。 ㊿揭:记载。 (51)遭时窃位:作者自谦之词。谓并无才德却幸逢时机而侥幸做了大官。 (52)熙宁三年:公元1070年。 (53)四月辛酉朔:四月初一。 (54)男:儿子对父母的自称。推诚保德崇仁翊戴功臣:朝廷赐予欧阳修的荣誉。观文殿学士:宋代为优礼大臣和文人而赠的荣誉。特进:官名,正二品。行兵部尚书:大官兼任小官称行某官。欧阳修以特进兼兵部尚书,故称。知青州军州事:朝臣为知州,号权知军州事。兼掌军政大权。青州,治所在今山东益都。内劝农使:官名,掌劝农桑事宜。京东路:宋代的行政区域有十五路,京东路的治所在宋州(今河南商丘)。安抚使:官名,主持一路军政事务。上柱国:官名,为勋官的称号。乐安郡:古郡名,在山东境内。开国公:宋代封给官员的第六等爵位。 (55)食邑:亦称"采邑"或"封邑"。指以征收封地的租税作食禄。 (56)食实封:指实封的食邑。

译文

唉!我的父亲崇国公,卜吉日吉地在泷冈安葬六十年后,他的儿子欧阳修才能够在墓道上立碑。不是敢有意迟缓,因为有所等待啊。

我不幸,生下来四岁失去了父亲。母亲发誓守节,过着贫穷生

活,自己操持生活,抚养、教育我,使我长大成人。母亲告诉我道:
"你父亲做官,清廉又乐于助人,喜结宾客。他的俸禄虽微薄,常
不使它有余留,说:'不要因这钱财成为我的累赘。'因此他死去
时,没有留下一处房屋,一块田地,用来依托生存。我靠什么能自
己守节呢?我对你的父亲,略知一二,因此对你有所期待啊。自我
嫁到这里成为这个家的媳妇,来不及侍奉我的婆婆,但知道你的父
亲能孝顺赡养。你没有了父亲,年纪又小,我不能够知道你必有成
就,但知道你父亲必将后继有人啊。我刚嫁过来时,你父亲守满你
祖母的丧期才一年。逢年过节祭祀,就一定哭着说:'祭品丰盛,
不如生前微薄的供养啊。'偶然用些酒菜,就又哭着说:'以前常嫌
不够,现在却有剩余,但已来不及供养父母了!'我开始看到一二
次,以为他新近免除丧服才这样的。后来经常这样,直到终身未尝
不是这样。我虽然来不及侍奉婆婆,但凭这一点知道你父亲能供
养长辈的。

　　"你父亲做官,曾在夜间点烛处理公文,屡次停下来叹息。我
问他,就说:'这是判死罪的啊,我想救他活命却做不到啊!'我说:
'活路能找得到吗?'他说:'救他活命却不能,那么将死的人和我
都没有遗恨了!况且确有找到活路的啊!因为能找到活路,所以
知道不去为他寻求生路而死的人会有遗憾啊!常常想救他活,还
是免不了去死,而世上(有人)常常想要他死啊。'回过头,看到奶
妈抱着你站在旁边,就指着你感叹道:'算命的人说我岁星行经成
年时,就将死去。假使他的话说对了,我来不及看见儿子自立了,
今后应当把我的话告诉他。'他平时教育其他晚辈,常常用这样的
话,我听熟了,因此能记得详细啊。他在外面做事,我不能知道;他
住在家里,没有一点虚假做作,所做的就是这样。这是真正发自内
心的啊!唉!他内心厚道仁义。这是我知道你父亲必将后继有人
的原因啊。你要勉励啊!奉养长辈不必丰厚,重要的是孝;好处虽
然不能遍及万物,重要的是心地要仁厚。我不能教你,这是你父亲
的志向啊。"我哭着记住这些话不敢忘记。

先父小时候失去父亲，努力学习。咸平三年考中进士。做过道州判官，泗、绵二州的推官，又做过泰州的判官，享年五十九岁，葬在沙溪的泷冈。母亲姓郑，她父亲名德仪，世代是江南名族。母亲恭敬勤俭，宽仁慈爱，待人有礼，起初封为福昌县太君，又进封为乐安、安康、彭城三郡太君。从家里早年贫穷时起，就勤俭节约地治家，后来也常常不让超过这样的限度，说："我儿不能苟且以迎合世俗，节约俭朴才能度过患难。"后来我被贬到夷陵，母亲谈笑自如，说："你家本来就贫穷，我过得习惯。你能安心，我也能安心。"

自从先父去世后二十年，我才得到俸禄来奉养母亲。又过了十二年，在朝廷做官，才使父母得到赠封。又过了十年，我做龙图阁直学士、尚书吏部郎中、留守南京。母亲因病在官舍去世，享年七十二岁。又过了八年，我以平庸的才能，进入枢密院做副使，任参知政事。又过了七年被罢免。自进入枢密院和中书省二府，天子推广恩泽，褒奖我的三世先人。从嘉祐年间以来，每逢国家大庆，一定特加恩宠赏赐：先曾祖父，累赠金紫光禄大夫、太师、中书令；先曾祖母，累封楚国太夫人；先祖父，累赠金紫光禄大夫、太师、中书令兼尚书令；先祖母，累封吴国太夫人；先父崇公，累赠金紫光禄大夫、太师、中书令兼尚书令；先母，累封越国太夫人。当今皇上即位初次郊祀，又赠封先父为崇国公，先母进号魏国太夫人。

于是我哭泣道：唉！做了善事没有不回报的，只是时间有快慢，这道理很平常啊。我的祖先，积累善行成就德行，应当享受隆盛的回报。虽然不能亲身享受，但受赐爵位，接受封号，显扬荣光，褒奖大德，确实拥有了三朝的恩宠诏命。这足以在后世出名，而庇佑他们的子孙了。于是罗列世代的家谱，详尽地刻在墓碑上。然后又记载我先父崇公的遗训，母亲用来教诲我并期望于我的话，一并刻到碑上。使人们知道我德行微薄、才能少，遇到好时机担任官职，而能幸运地保全大节，没有辱没祖先，实在是有原因的。

熙宁三年，庚戌岁四月初一辛酉十五日乙亥，儿子推诚保德崇仁翊戴功臣、观文殿学士、特进、行兵部尚书、知青州军州事、兼管内劝农使、充京东路安抚使、上柱国、乐安郡开国公,食邑四千三百户,食实封一千二百户,欧阳修撰写此表。

墨 池 记①

[宋]曾巩

题解

曾巩(1019—1083),字子固,建昌南丰(今江西南丰)人。宋仁宗嘉祐二年(1057)进士,历任太平州司法参军、馆阁校勘、越州通判等职,官至中书舍人。是欧阳修领导的宋代诗文革新运动的积极支持者,为唐宋八大家之一。

本文是作者应抚州州学教授王君之请而作。文章从墨池落笔,结合王羲之"临池学书,池水尽墨"的传说,指出王羲之的书法之所以取得卓越成就,完全是"以精力自致"的结果,而并非出于"天成",进而推及学者深造道德,更应该加强学习。文章阐述了勤学苦练对于事业的重要性。鼓励后人勤奋学习,努力上进,是有积极意义的。文章一面记事,一面议论,篇幅短小,内容精警,耐人寻味,充分体现了曾巩行文的风格。

原文

临川之城东②,有地隐然而高③,以临于溪④,曰新城。新城之上,有池窪(wā)然而方以长⑤,曰王羲之之墨池者⑥,荀伯子《临川记》云也⑦。羲之尝慕张芝⑧,临池学书,池水尽黑,此为其故迹,岂信然邪⑨?

方羲之之不可强以仕⑩，而尝极东方⑪，出沧海⑫，以娱其意于山水之间⑬，岂有徜(cháng)徉(yáng)肆恣⑭，而又尝自休于此邪⑮？羲之之书晚乃善⑯，则其所能⑰，盖亦以精力自致者⑱，非天成也⑲。然后世未有能及者，岂其学不如彼邪？则学固岂可以少哉！况欲深造道德者邪⑳？

墨池之上，今为州学舍㉑。教授王君盛恐其不章也㉒，书"晋王右军墨池"之六字于楹(yíng)间以揭之㉓，又告于巩曰："愿有记。"推王君之心㉔，岂爱人之善，虽一能不以废㉕，而因以及乎其迹邪㉖？其亦欲推其事以勉其学者邪㉗？夫人之有一能，而使后人尚之如此㉘，况仁人庄士之遗风余思㉙，被于来世者何如哉㉚！

庆历八年九月十二日㉛，曾巩记。

注释

①墨池：洗涤笔砚的水池。　②临川：宋县名，为江南西路抚州治所，今江西省抚州市。　③隐然：不明显。形容地高而不陡。　④临：靠近。⑤窊然：低深的样子。方以长：方而长，即长方形。　⑥王羲之：晋琅琊临沂(今属山东)人，居会稽山阴(今浙江绍兴)。官至右军将军、会稽内史，世称王右军。是著名的书法家。　⑦荀伯子：南朝宋代颍阴(今河南许昌)人。曾任临川内史，著《临川记》六卷。　⑧张芝：东汉酒泉(今甘肃酒泉)人，善草书，后世称"草圣"。　⑨岂：难道。信然：的确如此。　⑩方：当。强以仕：勉强做官。　⑪极：穷尽。　⑫出沧海：泛舟出海。　⑬娱其意：娱乐他的心意。　⑭徜徉：游荡。肆恣：放纵。　⑮休：停留。　⑯晚乃善：晚年才特别好。　⑰能：才能。　⑱致：取得。　⑲天成：天生。　⑳深造道德：在品德方面造就很高。　㉑州学舍：指抚州州学学舍。州学，州所办的官学。㉒教授：官名。宋朝在路学、府学、州学均置教授，主管教育所属生员。其：指墨池。章：显著。　㉓楹：厅前的柱子。揭：举以标示。㉔推：推测。㉕一能：一种技能。　㉖迹：遗迹，指墨池。　㉗"其亦"句：莫非是推崇王羲之刻苦学习的事迹来勉励那些到此学习的人们吧。　㉘尚：崇尚；推崇。㉙仁人庄士：指有道德学问的人。遗风余思：留传下来的典范德行。　㉚被于：影响到。何如：怎样。　㉛庆历八年：公元1048年。

译文

临川郡城的东面,有块突起的高地,下临溪水,名叫新城。新城上面,有一口低洼的长方形水池,称为王羲之墨池。这是荀伯子《临川记》所记述的。王羲之曾经仰慕张芝,在此池边练习书法,池水因而全变黑了,这就是他的故迹。难道真的是如此吗?

当王羲之不愿受人勉强而做官的时候,曾遍游越东各地,泛舟东海之上,在山光水色中娱乐心情。莫非他尽情遨游时,又曾经在此停留过? 王羲之的书法到了晚年才好,那么他所以能有这样的才能,是凭借刻苦用功所达到的吧,而不是天生的。但后世没有能及得上王羲之的,恐怕是他们刻苦学习的功夫不如王羲之吧? 学习的功夫怎么可以少花呢? 何况要想在道德方面成就很高的人呢?

墨池的旁边,现在是抚州州学的校舍。教授王君深怕墨池的事迹被湮没无闻,就写了"晋王右军墨池"这六个大字悬挂在柱子间标明它,又告诉我说:"希望有文章记叙。"我推测王君的心意,无非是珍爱别人的长处,即使是一技之长也不让它埋没,因此也推及到他的遗迹? 或者是推崇王羲之刻苦学习的事迹来勉励这里的学生吧? 人有一技之长,尚且使后代人尊崇到这般地步,更不用说仁人君子们留下来的风尚和美德会怎样地影响到后世人呢!

庆历八年九月十二日,曾巩作记。

范 增 论 ①

[宋]苏轼

题解

范增是秦末楚汉战争时项羽的重要谋臣,曾被项羽尊为"亚父"。但因其"不知几",没有发觉项羽对他由信任到怀疑的转变,还贪图名利,年已七十,仍想依靠项羽获取功名,因而不能在宋义被杀、自己被怀疑的时候就离开项羽。等到项羽中了刘邦的反间计,削夺其权力时,才被迫离去,且死在归途中,成为悲剧人物。

本文针对这个历史人物进行评论。首先指出,"增之去善矣","独恨其不早耳"。然后由此生发,多方证明,反复设想推测,认为范增应该在宋义被杀时就走。惋惜范增不识"去就之分"。结尾部分,则对范增作了必要的赞扬,认为他是杰出的人才。这样就避免了全面否定范增的偏颇,又揭示了项羽不知人而必然灭亡的道理。

原文

汉用陈平计②,间疏楚君臣③。项羽疑范增与汉有私④,稍夺其权。增大怒曰:"天下事大定矣,君王自为之!愿赐骸骨归卒伍⑤。"归未至彭城,疽(jū)发背死⑥。苏子曰⑦:增之去善矣。不去,羽必杀增。独恨其不早耳。然则当以何事去?增劝羽杀沛公⑧,羽不听,终以此失天下,当于是去耶?曰:否。增之欲杀沛公,人臣之分也;羽之不杀,犹有君人之度也。增曷为以此去哉?《易》曰:"知几其神乎⑨!"《诗》曰:"相彼雨雪⑩,先集维霰(xiàn)⑪。"增之去,当于羽杀卿子冠军时也⑫。

陈涉之得民也⑬,以项燕、扶苏⑭。项氏之兴也,以立楚怀王孙心⑮,而诸侯叛之也,以弑义帝⑯。且义帝之立,增为谋主矣。义帝之存亡,岂独为楚之盛衰,亦增之所与同祸福也。未有义帝亡而增独能久存者也。羽之杀卿子冠军也,是弑义帝之兆也。其弑义帝,是疑增之本也,岂必待陈平哉?物必先腐也,而后虫生之;人必先疑也,而后谗入之。陈平虽智,安能间无疑之主哉?吾尝论义帝天下之贤主也。独遣沛公入关⑰,不遣项羽;识卿子冠军于稠人之中,而擢(zhuó)以为上将⑱。不贤而能如是乎?羽既矫杀卿子冠军⑲,义帝必不能堪⑳。非羽弑帝,则帝杀羽。不待智者而后知也。增始劝项梁立义帝㉑,诸侯以此服从;中道而弑之,非增之意也。夫岂独非其意,将必力争而不听也。不用其言而杀其所立,羽之疑增,必自是始矣。方羽杀卿子冠军,增与羽比肩而事义帝㉒,君臣之分未定也。为增计者,力能诛羽则诛之,不能则去之,岂不毅然大丈夫也哉?增年已七十,合则留,不合则去。不以此时明去就之分,而欲依羽以成功名,陋矣㉓。

虽然,增,高帝之所畏也㉔。增不去,项羽不亡。呜呼!增亦人杰也哉!

注释

①范增:秦末居郧(今安徽桐城)人。项梁、项羽的重要谋臣。 ②汉:指汉王刘邦。陈平:阳武(今河南原阳)人。汉初政治家。刘邦的重要谋臣。 ③楚:指项羽的西楚。 ④项羽:名籍,秦末楚国贵族。秦亡后,自称西楚霸王。 ⑤赐骸骨:退休回家。骸骨,尸骨。卒伍:秦时乡里的基层组织,这里指家乡。 ⑥疽:毒疮。 ⑦苏子:作者自称。 ⑧沛公:刘邦。 ⑨几:细微迹象。 ⑩相:看。 ⑪霰:雪珠。 ⑫卿子冠军:即宋义,卿子是人们对他的尊称,冠军,指地位在其他将领之上的上将。为义帝所封,被项羽所杀。 ⑬陈涉:秦末农民起义军首领。 ⑭项燕:战国末年楚国名将,项羽的祖父。扶苏:秦始皇长子。 ⑮楚怀王孙心:楚怀王的孙子熊心。 ⑯弑:古代称臣

杀君、子杀父为狱。义帝:即楚怀王熊心。　⑰关:指关中地区。义帝命宋
义、项羽救赵,而命刘邦攻打咸阳,并与诸将约定,先达关中灭秦者为王。
⑱擢:提拔。　⑲矫杀:指项羽诈称义帝命令杀卿子冠军宋义。　⑳堪:忍
受。　㉑项梁:楚名将项燕之子,项羽叔父,始立楚怀王熊心。　㉒比肩:并
肩,这里比喻地位相当。　㉓陋:学识疏浅。　㉔高帝:汉高祖刘邦。

译文

　　汉王刘邦采用陈平的计策,离间西楚的君臣关系。项羽怀疑
范增与汉王有私情,渐渐地剥夺了他的权力。范增很愤怒,说:
"天下大事已经平定了,以后君王就自己来干吧。希望允许我告
老回乡。"回乡时,还未到彭城,因背上的毒疮发作而死。苏轼说:
范增离去,是很正确的。若不离去,项羽一定会杀掉范增。只遗憾
他不早点离开罢了。那么他该因什么事离去呢?范增劝项羽杀刘
邦,项羽不听,最终因此失去天下,范增因此该离开吗?回答说:不
是。范增要杀刘邦,是尽臣子的职责;项羽不杀刘邦,说明他还有
君王的度量。范增为什么要为这事离去呢?《易经》上说:"能预
知事物的苗头是聪明的!"《诗经》上说:"看那天要下雪,先落下的
是雪珠。"范增的离去,应当在项羽杀卿子冠军的时候。
　　陈胜能得民心,是因为假借了项燕、扶苏的名义。项氏的兴
起,是因为拥立了楚怀王的孙子熊心,而诸侯反叛项羽,是他杀了
义帝熊心。况且义帝被拥立,范增是主谋。义帝的生死,难道只是
关系楚国的盛衰,也是与范增的祸福有关的。没有义帝死而范增
能长久活着的道理。项羽杀掉宋义,是杀义帝的先兆。他杀了义
帝,就是怀疑范增的根本原因。难道一定要等陈平来离间吗?事
物一定先腐朽而后生虫子;人一定先怀疑,而后别人才进谗言。陈
平虽有智谋,又怎能离间没有疑心的君主呢?我曾经评论义帝是
天下的贤君啊。只派遣沛公进入关中,不派遣项羽;从众人中识得
卿子冠军,并提拔为上将军。不是贤明,而能做到这样吗?项羽既
假托命令杀了卿子冠军,义帝必然不能忍受。不是项羽杀死义帝,

就是义帝杀死项羽。这是不等聪明的人说就可以知道的。范增开始劝项梁拥立义帝，诸侯因此服从；半途却杀了他，并非范增的用意。非但不是他的用意，还必定竭力谏诤而不听从的。不采纳他的进言而杀了他所拥立的人，项羽的怀疑范增，必定从这时开始了。当项羽杀死卿子冠军，范增与项羽并肩奉事于义帝，君臣的名分还没有确定。为范增想想，有实力能杀死项羽，就杀死他，不能，就离开他，这难道不正是坚毅的大丈夫吗？范增已七十岁了，合得来就留下，合不来就离去。不在这个时候明确该去该留，却想依靠项羽来成就功名，浅陋啊。

虽然这样，范增还是高帝所畏惧的人。范增不离去，项羽不会灭亡。唉！范增也是人中豪杰啊！

石 钟 山 记①

[宋]苏轼

题解

本文围绕石钟山的命名，展开叙述、描写和议论。先列举前人的解释，再记作者自己考察的过程与所得，从而对前人不同的说法加以评判。对"事不目见耳闻"，仅凭点滴了解便臆测的态度进行了批评。文章对夜探石钟所见的奇特景物，作了绘声绘色的描写，不仅突现了石钟的特色，而且使读者产生身临其境的感觉，具有强烈的感染力和说服力。

原文

《水经》云②："彭蠡(lǐ)之口有石钟山焉③。"郦元以为下临深潭④,微风鼓浪,水石相搏,声如洪钟。是说也,人常疑之。今以钟磬置水中⑤,虽大风浪不能鸣也,而况石乎?至唐李渤始访其遗踪⑥,得双石于潭上。扣而聆之⑦,南声函胡⑧,北音清越⑨,枹(fú)止响腾⑩,余音徐歇⑪。自以为得之矣。然是说也,余尤疑之。石之铿然有声者,所在皆是也,而此独以钟名,何哉?

元丰七年六月丁丑⑫,余自齐安舟行适临汝⑬,而长子迈将赴饶之德兴尉⑭,送之至湖口⑮,因得观所谓石钟者。寺僧使小童持斧,于乱石间择其一二扣之,硿(kōng)硿然⑯,余固笑而不信也。至其夜月明,独与迈乘小舟至绝壁下。大石侧立千尺,如猛兽奇鬼,森然欲搏人⑰;而山上栖鹘(gǔ)⑱,闻人声亦惊起,磔(zhé)磔云霄间⑲;又有若老人欬(kài)且笑于山谷中者⑳,或曰:“此鹳鹤也㉑。”余方心动欲还,而大声发于水上,噌(chēng)吰(hóng)如钟鼓不绝㉒,舟人大恐,徐而察之,则山下皆石穴罅㉓,不知其浅深,微波入焉,涵澹(dàn)澎湃而为此也㉔。舟回至两山间㉕,将入港口,有大石当中流,可坐百人,空中而多窍㉖,与风水相吞吐,有窾(kuǎn)坎镗(tāng)鞳(tà)之声㉗,与向之噌吰者相应,如乐作焉。因笑谓迈曰:“汝识之乎?噌吰者,周景王之无射(yì)也㉘;窾坎镗鞳者,魏庄子之歌钟也㉙。古之人不余欺也。”

事不目见耳闻而臆断其有无㉚,可乎?郦元之所见闻殆与余同㉛,而言之不详;士大夫终不肯以小舟夜泊绝壁之下,故莫能知;而渔工水师虽知而不能言㉜,此世所以不传也。而陋者乃以斧斤考击而求之㉝,自以为得其实。余是以记之,盖叹郦元之简,而笑李渤之陋也。

注释

①石钟山:山名,位于江西省湖口县鄱阳湖边。 ②《水经》:我国古代一部专记水流河源的地理著作。 ③彭蠡:湖名,即今江西鄱阳湖。 ④郦元:即郦道元,南北朝北魏范阳涿鹿(今属河北)人。古代著名的地理学家,曾为《水经》作注,称《水经注》。 ⑤磬:一种石制的打击乐器。 ⑥李渤:

唐代洛阳人。曾写过《辩石钟山记》文。   ⑦扣:打;击。聆:听。   ⑧函胡:含糊。这里指声音厚重。   ⑨清越:清晰高扬。   ⑩枹:鼓槌。   ⑪徐歇:慢慢停止。   ⑫元丰:宋神宗年号(1078—1085)。六月丁丑:指当年的六月初九。   ⑬齐安:即黄州,今湖北黄冈。适:往。临汝:今河南汝州。   ⑭迈:苏迈,苏轼长子。饶:饶州,治所在今江西鄱阳。德兴:县名,在今江西德兴。尉:县尉,主管一县治安的官吏。   ⑮湖口:县名,今江西湖口县,石钟山所在地。   ⑯硿硿然:石头被打击后发出的声音。   ⑰森然:恐怖。   ⑱鹘:一种凶猛的鸟。   ⑲磔磔:鹘鸟的叫声。   ⑳欬:咳。   ㉑鹳鹤:一种水鸟。   ㉒噌吰:形容钟的声音宏大。   ㉓罅:裂缝。   ㉔涵澹:江水激荡的样子。   ㉕两山:石钟山分南北两山。   ㉖空中:即中空。窍:小孔。   ㉗窾坎:击物声。镗鞳:钟鼓声。   ㉘周景王:东周国君。无射:钟名。   ㉙魏庄子:即魏绛,春秋时晋国大夫。歌钟:编钟,一种乐器。   ㉚臆断:想象推断。   ㉛殆:大概。   ㉜渔工水师:渔夫、船工。   ㉝斧斤:斧头。考击:敲打。

译文

《水经》上说:"鄱阳湖的湖口,有一座石钟山。"郦道元认为这山下临深潭,微风鼓动着波浪,流水与山石相击,而发出的声音像洪钟般响。这种说法,人们常怀疑它。现在拿钟或磬放在水中,即使是大风浪,也不能使它发出响声,何况是石头呢?到了唐朝的李渤,才去查访这石山的旧迹,在水潭边找到两块石头。敲着听听声音,南边那块的声音模糊厚重,北边那块的声音清脆悠远,敲击的槌子停止了,声音仍在散播,余音袅袅,久久才消失。自以为探得缘由了。然而这种说法,我更加怀疑它。石头铿然有声的到处都有,唯独这山要用钟来命名,为什么呢?

元丰七年六月初九,我从齐安郡乘船到临汝去,大儿子苏迈将到饶州德兴去做县尉,我送他到湖口,因此有机会看所谓的石钟山。寺庙里的和尚叫小童拿着斧头,在乱石中挑一两块去敲敲,石头硿硿作响,我只笑笑而不信是这样。待到晚上月明时,独自与苏迈坐小船来到峭壁下。有块大石斜立着有千尺之高,像猛兽奇鬼一般,阴森森地像要搏击人;而山上栖息着的鹘鸟,听见人声也惊恐地飞起,在云中磔磔地叫着;又有像老人在山谷中边咳嗽边笑的声音。有人说:"这是鹳鹤啊!"我正犹豫着想回去,但从水面上发出了巨响,轰隆隆地像敲钟擂鼓之声而不停止,船夫大为恐慌,我慢慢地察看,发现山下都是石洞石缝,不知它们的深浅,微波涌进了洞、缝,流转奔腾,形成这种声响。船转回到两山之间,刚准备进港,发现有块巨石拦在中间,可以坐上百余人,里面空空,有很多洞穴,与风、水互相吞吐,发出撞击声像钟鼓齐鸣,与先前轰隆的声音相呼应,如同奏乐一般。我笑着对苏迈说:"你记得吗?轰隆的声音,像周景王的无射钟所发出的,撞击声和钟鼓声,又像是魏庄子的歌钟所发出的。古人没有骗我们呀!"

事情不亲眼看到、亲耳听到就妄断有无,可以吗?郦道元所看到和听到的,大概与我相同,但说得不详尽;一般士大夫们终究不愿乘小船深夜来到峭壁下,所以不能知道真相;而渔夫船工,虽然知道却无法写下来,这就是世上不能把真相传布开来的原因呀。而识见浅陋的人,竟用斧头敲击石头的方法来探求,自以为求得了结果。我所以记下这一切,是因为叹惜郦道元说得过于简略,也嘲笑李渤说法的浅陋。

前 赤 壁 赋^①

[宋]苏轼

题解

宋神宗元丰二年(1079),苏轼因"乌台诗案"被捕入狱,获释后被贬到黄州。在黄州期间,苏轼写下了这篇《前赤壁赋》。文章通过泛游赤壁的所见所感,以及主客之间的相互辩驳,反映了作者由故作旷达到陷于苦闷,又由苦闷到解脱的思想过程,表现了他身处逆境仍热爱生活的积极乐观的人生态度。

原文

壬戌之秋②,七月既望③,苏子与客泛舟游于赤壁之下④。清风徐来,水波不兴。举酒属客,诵明月之诗⑤,歌窈窕之章⑥。少焉⑦,月出于东山之上,徘徊于斗牛之间⑧。白露横江,水光接天。纵一苇之所如⑨,凌万顷之茫然⑩。浩浩乎如冯(píng)虚御风⑪,而不知其所止;飘飘乎如遗世独立⑫,羽化而登仙⑬。

于是饮酒乐甚,扣舷而歌之⑭。歌曰:"桂棹(zhào)兮兰桨⑮,击空明兮溯(sù)流光⑯。渺渺兮予怀⑰,望美人兮天一方。"客有吹洞箫者⑱,依歌而和之⑲。其声呜呜然,如怨如慕,如泣如诉,余音袅袅⑳,不绝如缕㉑,舞幽壑之潜蛟㉒,泣孤舟之嫠(lí)妇㉓。

苏子愀(qiǎo)然㉔,正襟危坐而问客曰:"何为其然也?"客曰:"'月明星稀,乌鹊南飞',此非曹孟德之诗乎㉕?西望夏口㉖,东望武昌㉗,山川相缪(liǎo)㉘,郁乎苍苍㉙,此非孟德之困于周郎者乎㉚?方其破荆州㉛,下江陵㉜,顺流而东也,舳(zhú)舻(lú)千里㉝,旌旗蔽空,酾(shī)酒临江㉞,横槊(shuò)赋诗㉟,固一世之雄也㊱,而今安在哉㊲?况吾与子渔樵于江渚之上㊳,侣鱼虾而友麋鹿㊴,驾一叶之扁舟㊵,举匏(páo)樽以相属㊶。寄蜉蝣于天地㊷,渺沧海之一粟㊸。哀吾生之须臾㊹,羡长江之无穷。挟飞仙以遨游㊺,抱明月而长终㊻。知不可乎骤得㊼,托遗响于悲风㊽。"

苏子曰:"客亦知夫水与月乎?逝者如斯㊾,而未尝往也㊿;盈虚者如彼○51,而卒莫消长也○52。盖将自其变者而观之○53,则天地曾不能以一瞬○54;自其不变者而观之,则物与我皆无尽也○55,而又何羡乎?且夫天地之间○56,物各有主,苟非吾之所有,虽一毫而莫取。惟江上之清风,与山间之明月,耳得之而为声,目遇之而成色,取之无禁,用之不竭,是造物者之无尽藏(zàng)也○57,而吾与子之所共适⁵⁸。"

　　客喜而笑，洗盏更酌。肴核既尽⁵⁹，杯盘狼藉⁶⁰。相与枕藉乎舟中⁶¹，不知东方之既白⁶²。

注释

　　①赤壁:实为黄冈县赤鼻矶,并非三国时赤壁之战的旧址。苏轼明知其误,只是借此抒怀而已。　②壬戌:宋神宗元丰五年(1082)。　③既望:阴历每月十六日。望,阴历每月的十五日。　④苏子:苏轼自称。泛舟:乘船从流漂荡。　⑤明月之诗:指《诗经》中《月出》篇。　⑥窈窕之章:《月出》篇中有"舒窈纠兮"的句子。窈窕,即窈纠。　⑦少焉:一会儿。　⑧斗牛:二星宿名,斗宿和牛宿。斗,指南斗星。　⑨纵:任。一苇:比喻船。如:往。　⑩凌:超越。万顷:指江面。茫然:旷远而迷茫。　⑪冯虚御风:凌空乘风。冯,凭。虚,天空。　⑫遗世独立:离开人间。遗,这里指离开。　⑬羽化:道教语。喻成仙。　⑭扣舷:敲打船舷。　⑮桂棹:桂木做的棹。兰桨:兰木做的桨。　⑯击:指船桨击打水面。空明:月光照射下的水面。溯:逆流而行。流光:有月光照耀的水面。　⑰渺渺:悠远的样子。予怀:我的情思。　⑱洞箫:一种管乐器。　⑲倚歌:随着歌声。和:伴奏。　⑳袅袅:连绵不断的样子。　㉑缕:细细的丝。　㉒舞:使……起舞。幽壑:深渊。　㉓泣:使……哭泣。嫠妇:寡妇。　㉔愀然:忧愁变容的样子。　㉕"月明星稀"三句:曹操《短歌行》诗句。孟德:曹操,字孟德。　㉖夏口:地名,在今湖北武汉。㉗武昌:今湖北鄂城县。　㉘缪:盘绕。㉙郁乎:繁茂的样子。苍苍:深青色。　㉚周郎:周瑜。三国时孙吴名将。　㉛方:当。荆州:今湖北襄阳市。㉜江陵:今湖北江陵。　㉝舳舻:战船。㉞酾酒:斟酒,饮酒。　㉟横槊:横握长矛。　㊱固:本来。一世之雄:一代英雄。㊲安在:在哪里。㊳渔樵:捕鱼砍柴。江渚:江边沙洲。㊴侣鱼虾:与鱼虾作伴侣。友麋鹿:与麋鹿作朋友。　㊵扁舟:小船。㊶匏樽:用葫芦做的酒器。㊷蜉蝣:一种生命短促的昆虫。㊸渺:渺小。沧海:大海。粟:小米。㊹须臾:片刻。㊺挟:持;带。飞仙:指神仙。㊻长终:长存。㊼骤得:轻易得到。㊽托:寄托。遗响:余音,指箫声。悲风:秋风。㊾逝:往。斯:这样。㊿往:消失。51盈:指月圆。虚:指月缺。52卒:最终。消长:消减和增长。53盖:表示推测。54一瞬:喻短暂。55无尽:没有穷尽。56且

夫:况且。　⑤造物者:天;大自然。藏:宝藏。　⑧共适:共同享受。　⑲肴核:菜肴和果品。　⑳狼藉:凌乱的样子。　㉑枕藉:相互枕着睡觉。　㉒既白:指天亮。既,已经。

译文

壬戌年的秋天,七月十六日,我和客人在赤壁下的江面荡船游览。清凉的风缓缓吹来,水面上不起波浪。我端起酒杯劝客人们喝酒,朗诵"明月"的诗歌,高唱"窈窕"的篇章。一会儿,月亮从东山上升起,在斗宿和牛宿之间逗留不前。白蒙蒙的水汽笼罩江面,江水的泛光和天空连成一片。任凭小船到处漂荡,越过茫茫无边的江面。江面是那么浩瀚啊,船儿像凌空乘风而行,不知道将要飞向何方;我们轻快地飘起啊,像脱离尘世,无牵无挂,飞升到仙境的神仙。

这时,酒喝得十分欢畅,我敲着船舷唱起歌来,歌词说:"桂木做的棹啊兰木做的桨,划开清澈澄明的江水,迎着江面浮动的月光。我的情思啊悠远茫茫,盼望着美人啊,在天边遥远的地方。"客人中有位吹洞箫的,随着歌声伴奏。那洞箫声呜呜地响,像怨恨,像思慕,像抽泣,像倾诉;吹完后,余音悠长,像细长的丝线延绵不断,使得潜藏在深渊中的蛟龙跳起舞来,使得孤独小船上的寡妇哭泣起来。

我顿时忧愁变容,整理好衣服,端正地坐着,问客人说:"为什么箫声这样悲凉呢?"客人说:"'月明星稀,乌鹊南飞',这不是曹操的诗句吗? 向西望是夏口,向东望是武昌,山水互相环绕,草木茂盛苍翠,这不就是曹操被周瑜打败的地方吗? 当他占领荆州,攻下江陵,顺着长江东进的时候,战船连接千里,旌旗遮蔽天空。他面对长江饮酒,横握长矛吟诗,本是盖世的英雄,如今在哪里呢? 何况我和您在江中小洲上捕鱼打柴,和鱼虾做伴侣,与麋鹿交朋友,驾着一片叶子似的小船,拿着简陋的酒杯互相劝酒。就像蜉蝣一样,将短暂的生命寄托在天地之间,渺小得像大海里的一粒米。

哀叹我们生命的短促,羡慕长江的无穷无尽。希望拉着神仙飞升遨游,和明月一起永世长存。明知道这种想法是不可能轻易实现的,只好把感慨寄托在曲调之中,在悲凉的秋风中吹奏出来。"

我对客人说:"您了解那江水和月亮吗?江水总是像这样不断地流去,但始终没有消失;月亮有时圆有时缺,但最终没有消损和增长。原来,如果从那变化的一面去看它,那么天地间的万事万物,连一眨眼的工夫都不曾保持过原状;从那不变的一面看,那么事物和我们都是无穷无尽的,还羡慕什么呢?再说,天地之间,事物都各自有其主宰,如果不是我所有的东西,虽然是一丝一毫也不能取用。只有江上的清风,和山间的明月,耳朵听到它就成为声音,眼睛看到它就成为颜色,取用它们没有人禁止,享用它们不会竭尽,这是大自然的无穷的宝藏,我和您可以共同享用的。"

客人高兴地笑了,于是洗了酒杯,重新斟酒再喝。菜肴和果品都吃完了,空杯、空盘杂乱地放着。我和客人们互相靠着在船中睡着了,不知不觉东方已经发白。

后 赤 壁 赋

[宋]苏轼

题解

苏轼写完《前赤壁赋》三个月后,再次游览赤壁,并写了这篇《后赤壁赋》。一样的风月,但在作者笔下,表现出不一样的境界。前赋着重写水,后赋着重写山。前赋着重写秋景,后赋着重写冬景。前赋安谧幽静,在消极中又有一种开阔旷达的胸怀。后赋惊险恐怖,迷离恍惚,特别是通过道士化鹤的幻觉,给文章笼罩上了一层缥缈的气氛,反映出作者企图超尘脱俗的思想。

原文

是岁十月之望①,步自雪堂②,将归于临皋③。二客从予,过黄泥之坂(bǎn)④。霜露既降,木叶尽脱,人影在地,仰见明月。顾而乐之,行歌相答⑤。

已而叹曰⑥:"有客无酒,有酒无肴。月白风清,如此良夜何⑦?"客曰:"今者薄暮⑧,举网得鱼,巨口细鳞,状如松江之鲈⑨。顾安所得酒乎⑩?"归而谋诸妇⑪。妇曰:"我有斗酒,藏之久矣,以待子不时之需⑫。"

于是携酒与鱼,复游于赤壁之下⑬。江流有声,断岸千尺⑭;山高月小,水落石出。曾日月之几何⑮,而江山不可复识矣!予乃摄衣而上⑯,履巉(chán)岩⑰,披蒙茸⑱,踞虎豹⑲,登虬(qiú)龙⑳,攀栖鹘之危巢㉑,俯冯夷之幽宫㉒。盖二客不能从焉。划然长啸㉓,草木震动,山鸣谷应,风起水涌。予亦悄然而悲㉔,肃然而恐,凛乎其不可留也㉕。返而登舟,放乎中流㉖,听其所止而休焉。时夜将半,四顾寂寥。适有孤鹤,横江东来。翅如车轮,玄裳缟(gǎo)衣㉗,戛(jiá)然长鸣㉘,掠予舟而西也㉙。

须臾客去,予亦就睡。梦一道士,羽衣蹁(pián)跹(xiān),过临皋之下,揖予而言曰㉚:"赤壁之游乐乎?"问其姓名,俯而不答。"呜呼噫嘻㉛!我知之矣。畴昔之夜㉜,飞鸣而过我者,非子也耶?"道士顾笑㉝,予亦惊寤㉞。开户视之,不见其处。

注释

①是岁:指宋神宗元丰五年(1082)。 ②雪堂:苏轼在黄州时建造的住房。 ③临皋:亭名。在今湖北黄冈长江边。苏轼家所在地。 ④黄泥之坂:即黄泥坂。坂,斜坡。 ⑤行歌:边走边唱。 ⑥已而:过了一会儿。 ⑦如此良夜何:如何度过这个良夜。 ⑧薄暮:傍晚。薄,迫近。 ⑨松江:江名。流经今江苏和上海。 ⑩顾:但是。安所:从哪里。 ⑪谋诸妇:和妻

子商量这件事。诸,之于。　⑫不时之需:随时的需要。　⑬复游:再度游览。　⑭断岸:陡峭的江岸。　⑮曾日月之几何:才隔了几天。曾,才,刚刚。⑯摄衣:撩起衣服。　⑰巉岩:险峻的山石。　⑱蒙茸:草木繁盛的样子。⑲踞:蹲坐。虎豹:指像虎豹形的石头。　⑳登:攀登。虬龙:像虬龙一样弯曲的古木。　㉑栖:宿息。鹘:一种凶猛的鸟。危巢:高高的鸟巢。　㉒俯:俯视。冯夷:水神名。幽宫:深宫。　㉓划然:形容长啸的声音。　㉔悄然:忧愁的样子。　㉕"凛乎"句:感到害怕,不敢逗留。　㉖中流:水中央。㉗玄:黑色。裳:下裙。缟:白色丝织品。衣:上衣。　㉘戛然:形容鹤的叫声。　㉙掠:擦过。　㉚揖予:向我拱手施礼。　㉛呜呼噫嘻:感叹词。㉜畴昔:从前。　㉝顾:回头。　㉞寤:醒。

译文

　　这年十月十五日,我从雪堂出发,准备回临皋。两位客人跟随我,一起过黄泥坂。这时霜露已经降下,树叶全都脱落,人的身影倒映在地上,抬头望见明月。环顾四下,心里十分快乐,一面走一面吟诗,相互酬答。

　　过了一会儿,我叹惜道:"有客人却没有酒,有酒却没有菜。月色皎洁,清风吹拂,我们怎么度过这美好的夜晚呢?"客人说:"今天傍晚,撒网捕到了鱼,大嘴细鳞,形状就像吴淞江的鲈鱼。不过,到哪里去弄到酒呢?"我回家和妻子商量,妻子说:"我有一斗酒,保藏了很久,以备您随时的需要。"

　　就这样带着酒和鱼,再次到赤壁的下面游览。长江的流水发出声响,陡峭的江岸高峻耸天;山峦很高,月亮很小,水位降低,礁石露出。才相隔几天,上次所见的江景山色再也认不出来了!我就撩起衣襟上岸,踏着险峻的山岩,拨开纷乱的野草,蹲在虎豹形状的怪石上,攀着形如虬龙的树枝,登上猛禽做窝的悬崖,下望水神冯夷的深宫。两位客人已不能跟着我。我一声长啸,草木被震动,高山共鸣,深谷回响,大风起来,波浪汹涌。我也不觉忧伤悲哀,感到恐惧,觉得害怕,不敢久留。回到船上,把船划到江心,任凭它漂流到哪里就在那里停泊。这时快到半夜,望望四周,冷清寂寞。正好有只鹤,横穿江面从东边飞来,翅膀像车轮一样大小,尾部的黑羽如同黑裙子,身上的白羽如同洁白的衣衫,它戛戛地拉长声音叫着,擦过我们的船向西飞去。

不一会儿,客人离去,我也入睡。梦见一位道士,穿着羽毛做的衣裳,轻快地走来,走过临皋亭的下面,向我拱手作揖说:"赤壁的游览快乐吗?"我问他的姓名,他低头不回答。"噢!哎呀!我知道了。昨天夜晚,边飞边叫经过我船的,不就是你吗?"道士回头笑了起来,我也惊醒了。开门一看,却看不到他在什么地方。

方 山 子 传①

[宋]苏轼

题解

这是苏轼为他的老朋友陈季常写的一篇人物小传。文章一开始概述了方山子由侠而隐的变化经过,其关键在于"终不遇"三字,与末尾说方山子若走仕途则已显闻遥相照应。中间两段承上,以倒叙笔法写方山子携家隐居时的散淡自得和少时任侠的豪迈,各得其神,而"精悍之色,犹见于眉间"一语,又将侠、隐中的方山子相贯一体。结尾议论,指出方山子弃富贵而隐居山中根源于学道有得。

原文

方山子,光、黄间隐人也②。少时慕朱家、郭解为人③,闾里之侠皆宗之④。稍壮,折节读书⑤,欲以此驰骋当世⑥,然终不遇。晚乃遁于光、黄间,曰岐亭⑦。庵居蔬食⑧,不与世相闻。弃车马,

毁冠服,徒步往来山中,人莫识也。见其所著帽,方屋而高⑨,曰:"此岂古方山冠之遗像乎⑩?"因谓之方山子。

余谪居于黄⑪,过岐亭,适见焉,曰:"呜呼!此吾故人陈慥(zào)季常也,何为而在此?"方山子亦矍(jué)然问余所以至此者⑫。余告之故,俯而不答,仰而笑,呼余宿其家。环堵萧然⑬,而妻子奴婢皆有自得之意。

余既耸然异之⑭,独念方山子少时,使酒好剑⑮,用财如粪土。前十九年,余在岐下⑯,见方山子从两骑⑰,挟二矢,游西山,鹊起于前,使骑逐而射之,不获。方山子怒马独出⑱,一发得之。因与余马上论用兵及古今成败,自谓一世豪士。今几日耳,精悍之色,犹见于眉间,而岂山中之人哉?

然方山子世有勋阀⑲,当得官⑳,使从事于其间㉑,今已显闻。而其家在洛阳,园宅壮丽,与公侯等。河北有田㉒,岁得帛千匹,亦足以富乐。皆弃不取,独来穷山中,此岂无得而然哉?

余闻光、黄间多异人㉓,往往佯狂垢污㉔,不可得而见,方山子傥见之欤㉕?

注释

①方山子:陈慥,字季常,号方山子。 ②光:光州,治所在今河南潢川。黄:黄州,治所在今湖北黄冈。 ③朱家:汉初鲁(今属山东)人,著名游侠。郭解:汉初河内轵(今属河南)人,著名游侠。 ④闾里:乡间。宗:崇拜。 ⑤折节:改变过去的志向和行为。 ⑥驰骋当世:在当代施展抱负。 ⑦岐亭:镇名,在今湖北麻城。 ⑧庵:小草屋。 ⑨方屋:方形帽顶。屋,帽顶。 ⑩方山冠:汉代祭祀宗庙时乐人所戴的帽子。唐宋时为隐士所用。 ⑪谪:降职。 ⑫矍然:惊奇相看的样子。 ⑬环堵:四壁。萧然:空寂的样子。 ⑭耸然:形容程度较深。 ⑮使酒:喝酒使性。 ⑯岐下:即凤翔。 ⑰从两骑:两位骑手随从。 ⑱怒马:策马。 ⑲世有勋阀:世代有功勋。勋阀,功臣门第。 ⑳当得官:应当荫补得官。 ㉑从事于其间:指在官场做官。 ㉒河:指黄河。 ㉓异人:有特别才能或性格的人。 ㉔佯狂:假装癫狂。 ㉕傥见:偶然相见。

译文

　　方山子是光州、黄州一带的隐士。年轻时，仰慕朱家、郭解的为人，乡里的侠士都推崇他。年岁稍长，改变志趣去读书，想以此在当代施展抱负，但是始终没有遇上时机。晚年就隐居在光州、黄州之间叫岐亭的地方。住茅屋，吃素食，不与世人来往。放弃坐车骑马，毁坏书生衣帽，徒步来往于山里，没有人认识他。人们见他戴的帽子，方方的，高高的，就说："这不就是古代方山冠遗留下来的样子吗？"因此就称他为"方山子"。

　　我贬官居住在黄州，经过岐亭，正巧碰见他，我说："啊哟，这是我的老朋友陈慥陈季常呀，为什么住在这里呢？"方山子也惊讶地问我来这里的原因。我告诉他原因，他低头不语，又仰天大笑，招呼我住他家。他家里四壁空空，但妻儿、奴仆都显出怡然自得的样子。

　　我对此十分惊异，独自想起方山子年轻时，喝酒使性，喜欢弄剑，用起钱财来如粪土一样。十九年前，我在岐下，见到方山子以及两名骑手随从，手拿两张弓箭，在西山游猎，前方一鹊飞起，便叫随从追赶射鹊，没有射中。方山子策马独自出击，一箭射中。就在马上与我谈论用兵之道及古今成败之事，自认为是一代豪杰。到今天才几日啊，那股英气勃勃的神色，依然在眉宇间显现，这怎么会是隐居山中的人呢？

　　方山子家世代有功勋，应当荫补得官，假如他能在官场做官，现在早已显赫了。而他老家在洛阳，住宅壮丽，与公侯之家相同。黄河北岸还有田地，每年可得上千匹的丝帛收入，也足够富裕和安乐了。都抛弃不要了，独自来到穷山中，这哪里会别无所得就这样做呢？

　　我听说光州、黄州一带有很多奇异的人，常常假装疯癫、衣衫脏污破旧，但无法见到，方山子或许能遇见他们吧？

六　国　论

[宋]苏辙

题解

苏辙(1039—1112),字子由,眉州眉山(今四川眉山)人。苏轼之弟。与苏轼同为仁宗嘉祐二年(1057)进士,累官尚书右丞、门下侍郎。与父苏洵、兄苏轼并称"三苏",同列唐宋八大家。

六国,指战国时期与秦国抗衡而先后灭亡的齐、楚、燕、赵、韩、魏六个诸侯国。六国灭亡的原因是历代文人不断探讨的论题。苏辙本文主要从韩、魏两国所处的战略地位出发,认为六国未能团结一致共同对付秦国,反而目光短浅,见小利而忘大患,彼此间"背盟败约,以自相屠灭,秦兵未出,而天下诸侯已自困矣",出于对北宋面临辽和西夏两个少数民族政权的侵扰的忧患而言,本文具有明确的现实针对性。文章以史实为论据,从正反两个方面论述,观点鲜明,脉络清晰,分析精当,逻辑严密。

原文

尝读六国世家①,窃怪天下之诸侯②,以五倍之地,十倍之众,发愤西向,以攻山西千里之秦③,而不免于灭亡。常为之深思远虑,以为必有可以自安之计。盖未尝不咎其当时之士④,虑患之疏,而见利之浅,且不知天下之势也。

夫秦之所与诸侯争天下者,不在齐、楚、燕、赵也,而在韩、魏之郊⑤;诸侯之所与秦争天下者,不在齐、楚、燕、赵也,而在韩、魏之野。秦之有韩、魏,譬如人之有腹心之疾也。韩、魏塞秦之冲⑥,而蔽山东之诸侯⑦，故夫天下之所重者，莫如韩、魏也。昔者范雎(jū)用于秦而收韩⑧，商鞅用于秦而收魏⑨。昭王未得韩、魏之心，而出兵以攻齐之刚、寿⑩，而范雎以为忧，然则秦之所忌者可见矣！

秦之用兵于燕、赵，秦之危事也。越韩过魏而攻人之国都，燕、赵拒之于前，而韩、魏乘之于后，此危道也。而秦之攻燕、赵，未尝有韩、魏之忧，则韩、魏之附秦故也。夫韩、魏，诸侯之障，而使秦人得出入于其间，此岂知天下之势耶？委区区之韩、魏⑪，以当强虎狼之秦，彼安得不折而入于秦哉⑫？韩、魏折而入于秦，然后秦人得通其兵于东诸侯，而使天下遍受其祸。

夫韩、魏不能独当秦，而天下之诸侯藉之以蔽其西⑬，故莫如厚韩亲魏以摈(bìn)秦⑭。秦人不敢逾韩、魏以窥齐、楚、燕、赵之国⑮，而齐、楚、燕、赵之国，因得以自完于其间矣。以四无事之国，佐当寇之韩、魏⑯，使韩、魏无东顾之忧，而为天下出身以当秦兵。以二国委秦⑰，而四国休息于内，以阴助其急。若此可以应夫无穷，彼秦者将何为哉？不知出此，而乃贪疆场(yì)尺寸之利⑱，背盟败约，以自相屠灭。秦兵未出，而天下诸侯已自困矣。至于秦人得伺其隙，以取其国，可不悲哉！

注释

①世家：《史记》中传记的一种体例。主要叙述世袭封国的诸侯的事迹。②窃：私下。用作表示个人意见的谦词。天下之诸侯：指秦国以外的六国诸侯。　③山西：战国时称崤山(在今河南省西部)以西地区。秦国地处崤山以西。　④咎：责怪。　⑤郊：泛指国土。　⑥冲：交通要道。　⑦山东之诸侯：指齐、楚、燕、赵四个诸侯国。山东，指崤山以东地区。　⑧范雎：魏国人。入秦后任秦相。　⑨商鞅：卫国人，姓公孙，名鞅。入秦后，佐秦孝公变法。⑩"而出兵"句：指秦昭王攻取齐国。刚：在今山东宁阳东北。寿：在今山东东平西南。　⑪委：丢弃；听任。区区：形容小。　⑫折：折服；屈服。⑬藉：凭借；依靠。　⑭摈：排斥。　⑮窥：窥伺；等待时机。　⑯寇：敌寇。这里指秦国。　⑰委：对付。　⑱疆场：疆界。场，田界。尺寸：形容数量

很小。

译文

　　我曾读过《史记》的六国世家,私下感到奇怪的是,天下的诸侯凭借五倍于秦国的土地,十倍于秦国的民众,发愤向西,攻打崤山西面方圆千里的秦国,却竟然不能免于灭亡。我常常对这个问题深思远虑,认为一定有可以使他们保全自己的策略。因此未尝不责怪当时六国的谋臣,对于祸患的考虑太粗疏,谋求利益的眼光太短浅,而且没有明察天下的形势啊!

　　秦国与诸侯争夺天下的地区,并不在齐、楚、燕、赵,而是在韩、魏的国土;诸侯与秦国争夺天下的地区,也不是在齐、楚、燕、赵,而是在韩、魏的区域。对秦国来说,韩、魏的存在就好比人有心腹之患。韩、魏两国阻塞了秦国的交通要道,掩护着崤山以东的各诸侯国,所以天下最重要的地区,没有比得上韩、魏两国了。从前范雎被秦国重用,收抚韩国;商鞅被秦国重用,收抚魏国。秦昭王没有得到韩、魏的归顺之心,就出兵攻打齐国的刚、寿地区,范雎为此忧虑。那么秦国所顾忌的是什么,可以看见了。

　　秦国对燕、赵用兵,对秦国是危险的事。因为越过韩国、穿过魏国去进攻另一国的国都,燕、赵在前面抵抗,而韩、魏可乘机从背后下手,这是一条危险的道路。然而秦国进攻燕国、赵国时,不曾担忧韩、魏会从后面袭击,因为韩、魏都已归附了秦国的缘故。韩国、魏国是各诸侯国的屏障,却让秦国军队能够往来其间,这难道是明了天下的形势吗?放弃小小的韩、魏,让它们去抵挡如狼似虎的秦国,它们怎能不屈服并落入秦国的手中呢?韩、魏两国既已屈服于秦国,然后秦国的军队就能够无所阻挡地向东方各诸侯国用兵,从而使各国遍受它的祸害了。

　　韩国和魏国不能独自抵挡秦国,然而天下的诸侯却又要凭借韩、魏来作为他们西方的屏障,因此,不如厚待、亲近韩、魏来排斥秦国。秦国人不敢越过韩、魏来窥伺齐、楚、燕、赵四国,那么,齐、楚、燕、赵四国就能凭借这种形势保全自己。由四个没有战事的国家，来帮助面对敌寇的韩、魏，使韩、魏没有东顾之忧，而为天下的诸侯挺身而出，抵御秦兵。由韩、魏两国对付秦国，而另外四国在后方休养生息，并且暗中帮助解决韩、魏的急难。像这样就可以用来应付一切，那个秦国还能做什么呢？不知道出此策略，却贪图边界上的微小利益，背弃、破坏盟约，以至于自相残杀。秦国军队尚未出动，而天下的诸侯已经陷于困境。致使秦人得以钻他们的空子，攻取他们的国家，能不令人悲痛吗？

上枢密韩太尉书①

［宋］苏辙

题解

本文是苏辙为了求见枢密使韩琦而呈上的一封书信。文章在立意上很巧妙，从作文养气，说到游历名山大川，由名山大川的壮观，说到晋见欧阳修；又由欧阳修再说到愿见韩太尉，点出上书的本意。既表达了对韩琦的仰慕，又不显得低声下气。

原文

太尉执事②：辙生好为文，思之至深。以为文者，气之所形③，然文不可以学而能，气可以养而致④。孟子曰："我善养吾浩然之气⑤。"今观其文章，宽厚宏博，充乎天地之间，称其气之小大⑥。太史公行天下⑦，周览四海名山大川，与燕、赵间豪俊交游⑧，故其文疏荡⑨，颇有奇气。此二子者，岂尝执笔学为如此之文哉？其气充乎其中而溢乎其貌，动乎其言而见乎其文⑩，而不自知也。

辙生十有九年矣。其居家,所与游者不过其邻里乡党之人[11],所见不过数百里之间,无高山大野可登览以自广[12];百氏之书[13],虽无所不读,然皆古人之陈迹,不足以激发其志气。恐遂汩(gǔ)没[14],故决然舍去,求天下奇闻壮观,以知天地之广大。过秦、汉之故都[15],恣观终南、嵩、华之高[16],北顾黄河之奔流[17],慨然想见古之豪杰。至京师[18],仰观天子宫阙之壮,与仓廪、府库、城池、苑囿之富且大也[19],而后知天下之巨丽。见翰林欧阳公[20],听其议论之宏辩,观其容貌之秀伟,与其门人贤士大夫游,而后知天下之文章聚乎此也。太尉以才略冠天下,天下之所恃以无忧,四夷之所惮(dàn)以不敢发[21],入则周公、召公[22],出则方叔、召虎[23],而辙也未之见焉。

且夫人之学也,不志其大[24],虽多而何为? 辙之来也,于山见终南、嵩、华之高,于水见黄河之大且深,于人见欧阳公,而犹以为未见太尉也。故愿得观贤人之光耀[25],闻一言以自壮,然后可以尽天下之大观,而无憾者矣。

辙年少,未能通习吏事。向之来[26],非有取于斗升之禄[27]。偶然得之,非其所乐。然幸得赐归待选[28],使得优游数年之间[29],将以益治其文[30],且学为政。太尉苟以为可教而辱教之[31],又幸矣[32]。

注释

①枢密:即枢密使,枢密院的长官。与宰相共同负责军国政要。韩太尉:韩琦,北宋著名的政治家和军事家。太尉,官名。 ②执事:指侍从左右的人。古代书信常用"执事"称对方,表示尊敬。 ③形:显现。 ④致:得到。 ⑤"我善养"句:语出《孟子·公孙丑上》。浩然之气:指刚正博大之气。 ⑥称:相称;符合。 ⑦太史公:指司马迁。 ⑧燕、赵:指战国时期的燕国和赵国。在今河北、山西等地。 ⑨疏荡:疏放跌宕。指文章风格。 ⑩动乎其言:即发于言的意思。见:现。 ⑪乡党:指乡里。上古时期,以五百家为党,一万二千五百家为乡。 ⑫自广:指开阔自己的胸襟。 ⑬百氏:指诸子百家。 ⑭汩没:沉沦;埋没。 ⑮秦、汉之故都:秦都咸阳(今陕西西安市

东),西汉都长安(今陕西西安),东汉都洛阳(今河南开封)。　⑯恣:放纵;尽情。终南:终南山,在今陕西西安市南。嵩:嵩山,在今河南登封。华:华山,在今陕西华阴。　⑰顾:观望。　⑱京师:京城。指北宋汴京,今河南开封。　⑲仓廪:粮仓。苑囿:园林。囿,古代帝王畜养禽兽的园林。　⑳翰林欧阳公:即欧阳修,曾任翰林学士。　㉑四夷:指四方的少数民族。发:指侵扰。　㉒周公、召公:为周文王之子、周武王之弟。武王死后,他们辅佐幼主成王,政绩卓著。　㉓方叔、召虎:均为周宣王时大臣,曾征战有功。　㉔志:有志于。　㉕光耀:指人的风采。　㉖向之来:指先前来京应试。向,以前。　㉗斗升之禄:指很微薄的俸禄。　㉘待选:等待朝廷选拔。作者当时已中进士,取得做官的资格,还须参加吏部考试,通过考试,才能授官。　㉙优游:悠闲。　㉚治:研究。　㉛辱教:屈尊指教。辱,谦词,承蒙的意思。　㉜幸:幸运。

译文

　　太尉执事:我苏辙生性喜好写作,对此思考很深。我以为文章是作者气质、性格的显现,然而文章不是学了就能写好的,气质却可以通过修养而得到。孟子说:"我善于培养我的浩然正气。"现在看他的文章宽厚宏博,充塞于天地之间,和他的气概的大小相称。太史公走遍天下,博览四海名山大川,与燕、赵之间的豪士俊杰交游,所以他的文章疏放跌宕,颇有奇伟的气概。这两位难道常常拿着笔学习写作这样的文章吗?这是因为他们的浩气充满在他们的胸中,流露到他们的形貌之外,体现在他们的言语间,表现为文章,但自己并不曾觉察到。

　　我出生已经十九年了。住在家中,所交游的不过是自己乡间邻里的人,所见到的不过是几百里之内的事物,没有高山旷野可供攀登观览,以开阔自己的胸襟;诸子百家的书,虽然无所不读,然而都是古人的陈迹,不足以激发我的志气。担心因此埋没了自己,所以毅然离开了故乡,去寻求天下的奇闻壮观,以了解天地的广大。我路过了秦、汉的故都,尽情观赏了终南山、华山、嵩山的高峻,北望黄河的奔腾流泻,深有感触地想起了古代的豪士俊杰。到了京

城,瞻仰了天子宫殿的雄伟,以及国家粮仓、府库、城池、苑囿的富庶和巨大,这才知道天下的宏伟和壮丽。我见到了翰林学士欧阳公,聆听了他的宏大而雄辩的议论,看见了他秀美而俊伟的容貌,同他的门生贤士大夫交往,这才知道天下的文章都聚集在这里。太尉的雄才大略称冠天下,天下士民依仗您而平安无忧,四方各族惧怕您而不敢发难,您在朝廷之内如同周公、召公辅佐君王,您在边域就如同方叔、召虎那样御侮安边,然而我还未曾见到您啊。

况且,一个人从事学习,如果不立志在远大的方面,即使学得很多又有什么用呢? 我这一次来,关于山,看见了终南山、嵩山、华山的崇高;关于水,看见了黄河的深广;关于人,看见了欧阳公,但是,仍然因为没有拜见太尉而感到遗憾。所以希望能够亲睹贤人的风采,即使只听到一句话也足以使自己志气壮大。这样就可算是尽览了天下的壮观,而不会有什么遗憾了。

我还年轻,尚未通晓当官的事务。先前来京都应试,不是为了谋取区区的俸禄。偶然得到了,也不是我所喜欢的。然而有幸得到恩赐回家,等待朝廷的选用,使我能悠闲几年,将进一步钻研作文之道,并且学习从政。太尉如果认为我还可以指教,而屈尊给我以教诲的话,就更使我感到荣幸了。

黄州快哉亭记

[宋]苏辙

题解

黄州,在今湖北黄冈。苏轼曾被贬为黄州团练副使。其间,苏轼友人张梦得修筑了一座亭子,苏轼为亭子取名为快哉亭。苏辙的这篇文章就是用来阐发苏轼命名的含义的。文章先从描写"江流之胜"落笔，交代了筑亭、命名的缘由。接着，围绕"快哉"二字，展开了描写和议论，揭示了快哉亭命名的原因，又从"快哉"两字的来历，引出楚王披襟当风的故事，辨析了"快哉"的确切含义。由此，作者阐述了"士生于世，使其中不自得，将何往而非病？使其中坦然，不以物伤性，将何适而非快"的观点，表达了作者与其兄苏轼在逆境中仍保持乐观的人生态度。

原文

江出西陵①，始得平地，其流奔放肆大②；南合湘、沅③，北合汉、沔（miǎn）④，其势益张⑤；至于赤壁之下，波流浸灌，与海相若⑥。清河张君梦得谪居齐安⑦，即其庐之西南为亭，以览观江流之胜。而余兄子瞻名之曰"快哉"⑧。

盖亭之所见，南北百里，东西一舍⑨，涛澜汹涌，风云开阖⑩。昼则舟楫出没于其前⑪，夜则鱼龙悲啸于其下。变化倏忽⑫，动心骇目，不可久视。今乃得玩之几席之上⑬，举目而足。西望武昌诸山⑭，冈陵起伏⑮，草木行列，烟消日出，渔夫、樵父之舍，皆可指数⑯，此其所以为"快哉"者也。至于长洲之滨⑰，故城之墟⑱，曹孟德、孙仲谋之所睥（pì）睨（nì）⑲，周瑜、陆逊之所驰骛（wù）⑳，其流风遗迹，亦足以称快世俗。

昔楚襄王从宋玉、景差于兰台之宫㉑，有风飒然至者㉒，王披襟当之㉓，曰："快哉此风！寡人所与庶人共者耶㉔？"宋玉曰："此独大王之雄风耳，庶人安得共之!"玉之言，盖有讽焉。夫风无雄雌之异，而人有遇不遇之变。楚王之所以为乐，与庶人之所以为忧，此则人之变也，而风何与焉！士生于世，使其中不自得㉕，将何往而非病？使其中坦然，不以物伤性，将何适而非快㉖？今张君不以谪为患，窃会计之余功㉗，而自放山水之间，此其中宜有以过人者。将蓬户瓮牖㉘，无所不快；而况乎濯（zhuó）长江之清流㉙，挹西山之白云㉚，穷耳目之胜以自适也哉㉛！不然，连山绝壑，长林古木,振之以清风³²,照之以明月,此皆骚人思士之所以悲伤憔悴而不能胜者,乌睹其为快也哉³³!

注释

①江:长江。西陵:西陵峡,长江三峡之一,在今湖北宜昌西北。 ②肆大:浩大。 ③湘、沅:湘水和沅水,均在今湖南境内。 ④汉、沔:本是同一条河流,流经陕西和湖北。 ⑤张:盛大。 ⑥相若:相似。 ⑦清河:地名,在今河北清河。张君梦得:张梦得,字怀民,元丰年间谪居黄州,苏轼友人。齐安:即黄州。 ⑧子瞻:苏轼,字子瞻。 ⑨一舍:古时行军以三十里为一舍。 ⑩阖:合;关闭。 ⑪舟楫:泛指船。楫,桨。 ⑫倏忽:一瞬间。⑬玩之几席之上:指在亭中的茶几旁赏玩风光。 ⑭武昌:今湖北鄂城县。⑮冈陵:山陵。 ⑯指数:指点计算。 ⑰长洲:指江中的沙洲。滨:水边。⑱故城:旧城。墟:废墟。 ⑲曹孟德:曹操,字孟德。孙仲谋:孙权,字仲谋。睥睨:侧目窥伺。 ⑳周瑜:字公瑾,东吴大将。陆逊:字伯言,东吴名将。驰骛:即驰骋。 ㉑楚襄王:楚顷襄王。宋玉、景差:楚国大夫、辞赋家。兰台:楚国宫苑名,旧址在今湖北境内。 ㉒飒然:形容风声。 ㉓披襟:敞开衣襟。 ㉔寡人:古代诸侯对下属的自称。庶人:指百姓。 ㉕中:心中。㉖适:往。 ㉗窃会计之余功:意思为利用管理事物的余暇。窃,偷闲的意思。会计,指掌管征收赋税钱谷等事务。 ㉘蓬户:用蓬草编门。瓮牖:用破瓮作窗。喻指贫穷人家的住房。牖,窗。 ㉙濯:洗涤。 ㉚挹:舀取。这里指尽情观赏。 ㉛胜:美妙。适:舒适。 ㉜振:振动。这里指被风吹动。㉝乌睹:哪里看得出。乌,何、哪里。

译文

长江从西陵峡流出,开始进入平旷的原野,于是江流奔放浩大;在南面汇合了湘水与沅水,在北面汇合了汉水与沔水,水势越加盛大;流到赤壁之下,波流浸润灌注,犹如大海一样。清河人张梦得君贬官后居住在齐安,在他住宅的西南方修建了一座亭子,用来观览江流的胜景。而我的兄长子瞻为亭子起名为"快哉"。

登亭可见的范围,南北大概百余里,东西大概三十里。江面波涛起伏,时而风起云涌,时而风散云消。白天有船只出没在眼前,夜间则有鱼龙在身下悲鸣。景色变化在瞬息之间,动人心魄,惊人眼目,令人不能长久地观赏。如今却可以在亭中凭几而坐,尽情赏玩,一抬眼便可看个够。向西遥望武昌一带的群山,山陵起伏蜿蜒,草木成行成列,当雾霭消散,太阳升起时,渔人和樵夫的房舍,都可以一一指点,这就是将亭子命名为"快哉"的缘故吧。至于那长长的沙洲沿岸,旧时城郭的废墟,曹操、孙权曾经窥视谋夺,周瑜、陆逊曾经率兵驰骋。它那往日的风情和遗迹,也足以使世俗之人称快。

从前,楚襄王让宋玉、景差跟随着同游兰台宫,有一阵清风飒飒吹来。楚王敞开衣襟,迎着风说道:"痛快啊,这阵风!这是我和百姓共同享受的吗?"宋玉说:"这只是大王的雄风,百姓怎么能和您共同享受它啊!"宋玉的话大概有讽谏的意味。风并没有雌雄的区别,而人却有遇时、不遇时的变数。楚王之所以感到快乐,百姓之所以感到忧愁,这是人本身处境的不同,与风有什么关系呢?士人生活在世间,假如他心中不坦然自得,那么到哪里不会不感到难过呢?假如他心中坦然,不因外物而伤害性情,那么到哪里不感到快乐呢?如今,张梦得君不把贬官当作忧患,利用办理公务的余暇,在山水之间纵情游玩,这表明他的心胸应该有超过常人的地方。即使用蓬草编门,用破瓮作窗,没有什么不快乐的,何况在长江的清流中洗濯,观览西山的白云,让耳目尽情感受美景来使自己舒心快意呢!如不是这样,连绵的山峰,幽绝的沟壑,成片的森林,高大的古树,清风回旋其间,明月当空朗照,这些都是使失意的文人士大夫悲伤憔悴而感到不能忍受的景色,哪里看得出它们是令人畅快的呢?

游褒禅山记①

[宋]王安石

题解

　　王安石(1021—1086),字介甫,晚号半山,抚州临川(今江西临川)人。曾封荆国公,世称王荆公。庆历二年(1042)进士,历任签书淮南节度判官厅公事、鄞县知县、常州知府、江南东路提点刑狱等地方官和三司度支判官、知制诰等朝廷官职。熙宁二年(1069)任参知政事(副宰相),次年为同中书门下平章事(宰相)。在宋神宗的支持下,从事改革。熙宁七年(1074),改革失败而辞职。次年春复相,熙宁九年(1076)再度辞职,回到江宁,直到去世。是北宋著名的诗人和散文家,尤以散文著称,为唐宋八大家之一。

　　本文是一篇通过记游而说理的名作。全文围绕两个问题来写。一是用登山探洞的亲身经历,具体生动地论述了志、力、物三者之间的关系,指出必须有意志、有能力、有客观物质条件的配合,才能做到深入探索、百折不回,反对浅尝辄止、半途而废;二是由所见残碑,联想到由于古代文献资料的不足,致使后人以讹传讹,弄不清事情的真相,因而提倡学者必须"深思而慎取"。

　　在表现手法上,本文以游踪为线索,先记游,后议论,议论承上文记游而来,记游为下文议论作铺垫,由具体事实的叙述到抽象道理的议论,转折变化十分自然。在结构上,上述两层意思并不并列叙述,而是以前者为主,后者为副,情理互见,虚实相生,谋篇布局显得灵活而有变化。

原文

褒禅山亦谓之华山。唐浮图慧褒始舍于其址②,而卒葬之,以故其后名之曰"褒禅"。今所谓慧空禅院者③,褒之庐冢也④。距其院东五里,所谓华山洞者,以其乃华山之阳名之也。距洞百余步,有碑仆道⑤,其文漫灭⑥,独其为文犹可识,曰"花山"。今言"华"如"华实"之"华"者,盖音谬也⑦。

其下平旷,有泉侧出,而记游者甚众,所谓"前洞"也。由山以上五六里,有穴窈然⑧,入之甚寒。问其深,则其好游者不能穷也,谓之"后洞"。予与四人拥火以入,入之愈深,其进愈难,而其见愈奇。有怠而欲出者,曰:"不出,火且尽。"遂与之俱出。盖予所至,比好游者尚不能十一,然视其左右,来而记之者已少。盖其又深,则其至又加少矣。方是时,予之力尚足以入,火尚足以明也。既其出,则或咎其欲出者⑨,而予亦悔其随之,而不得极夫游之乐也。

于是予有叹焉。古人之观于天地、山川、草木、虫鱼、鸟兽,往往有得⑩,以其求思之深而无不在也。夫夷以近⑪,则游者众;险以远,则至者少。而世之奇伟、瑰怪、非常之观⑫,常在于险远,而人之所罕至焉。故非有志者,不能至也;有志矣,不随以止也,然力不足者,亦不能至也;有志与力,而又不随以怠,至于幽暗昏惑⑬,而无物以相之⑭,亦不能至也。然力足以至焉,于人为可讥,而在己为有悔。尽吾志也而不能至者,可以无悔矣,其孰能讥之乎? 此予之所得也。

予于仆碑,又有悲夫古书之不存,后世之谬其传而莫能名者⑮,何可胜道也哉⑯! 此所以学者不可以不深思而慎取之也。

四人者,庐陵萧君圭君玉⑰,长乐王回深父⑱,予弟安国平父、安上纯父⑲。

注释

①褒禅山:在今安徽含山县北。　②浮图:指佛、佛教徒或佛塔。此指僧

人。慧褒:唐代僧人。址:指山脚。　③禅院:佛寺。　④庐冢:庐舍和坟墓。
⑤仆:跌倒。　⑥漫灭:磨灭;模糊不清。　⑦谬:错误。　⑧窈然:幽暗深
远。　⑨咎:责怪。　⑩有得:心有所得。　⑪夷以近:平坦而路近。
⑫瑰:壮丽。观:可观的景象。　⑬昏惑:迷糊又困惑。　⑭物:外力。相:辅
佐。　⑮莫能名:无法说明。　⑯胜:尽;完。　⑰庐陵:今江西吉安县。萧
君圭:字君玉。　⑱长乐:今福建长乐县。王回:字深父。　⑲安国:王安国,
字平父,王安石弟。安上:王安上,字纯父,王安石弟。

译文

　　褒禅山也被称作华山。唐代僧人慧褒开始在这座山下造屋居
住,死后就葬在这里,因为这个缘故,以后就把这座山称作"褒禅
山"。现在称作慧空禅院的地方,就是慧褒和尚生前居住的屋舍
和死后埋葬的墓地。距离慧空禅院东面五里,有个称作华山洞的
地方,是因为它在华山的南面而得名的。离洞百余步,有一块石碑
倒在路上,碑文已模糊不清了,唯有碑文残存的字迹还可辨认,叫
做"花山"。现在将"华"字读成"华实"的"华",大概是音读错了。
　　山下平坦而开阔,有泉水从旁边涌出,来游览和题字的人很
多,这就是"前洞"。沿山向上走五六里,有个山洞很幽深,走进去
会感到很寒冷。询问洞的深度,就是那些喜欢游玩的人也没有走
到尽头,人们称它为"后洞"。我和四个人举着火把进去,进得越
深,前进越难,而见到的景色就越奇异。有感到疲倦而想出来的
人,说:"不出洞,火把就要烧完了。"于是就和他一起出来。大概
我到达的地方,比起那些喜欢游玩的人还不到十分之一,可是看到
左右洞壁,来到这里并题字的人已很少了。大概再往深处,进去的
人就更少了。这时候,我的力气还足以前进,火把也还够照明。出
洞以后,有人就责怪要出来的人,我也后悔跟着他出来,而不能尽
情享受游览的乐趣。
　　于是,我颇有感慨。古人在观察天地、山川、草木、虫鱼、鸟兽
时,往往有所心得,因为他们思考得深刻而且处处都能考虑到。那

些平坦而又路近的地方,游人就多;艰险而又遥远的地方,到的人就少。然而世上奇特壮丽又罕见的自然风景,常常是在艰险遥远而且人们很少到达的地方。因此,没有志向的人,是不能到达的;有了志向,不随别人停止前进,但是气力不足,也不能到达目的地;既有志向又有气力,也不随着别人后退,但是到了幽深昏暗又神迷目乱的地方,没有得到外物的辅助,也不能达到目的地。然而,气力足够却没有到达,在别人看来是可以讥笑的,而在自己则应感懊悔。自己已经尽了力却不能到达的,可以不必后悔,还有谁能讥笑他呢? 这就是我的心得。

　　我对于倒在地上的石碑,又感慨古书没有保存下来,使后人以讹传讹而不能说清楚,哪里能说得完呢! 这就是治学的人不能不深思熟虑和谨慎择取的原因。

　　同游的四个人,庐陵的萧君圭,字君玉;长乐的王回,字深父;我的弟弟安国,字平父,安上,字纯父。

指南录后序

[宋]文天祥

题解

　　文天祥(1236—1283),字宋瑞,号文山,庐陵(今江西吉安)人。南宋杰出诗人,著名民族英雄。这是文天祥自编《诗集》的一篇序文,因卷首有自序,故称本文为后序。《指南录》诗集四卷,是文天祥在德祐二年(1276)奉命出使元营被扣押、中途逃归过程中所作。其中《扬子江》诗说:"臣心一片磁针石,不指南方不肯休。"因以"指南"名集。在这篇后序中,作者追叙了自己出使元营与敌人抗争的情况,以及逃脱敌手后颠沛流离、九死一生的流亡经历,并扼要说明他抄录诗篇和编纂诗集的目的。序文字里行间,充满了百折不挠的战斗精神,洋溢着坚贞不渝的爱国热情。文章慷慨悲壮,可歌可泣,感人肺腑。在表现手法上,全文以叙事为主,又有强烈的抒情意味,自首至尾,寓抒情于叙议之中。

原文

德祐二年正月十九日[1],予除右丞相兼枢密使[2],都督诸路军马[3]。时北兵已迫修门外[4],战、守、迁皆不及施[5]。缙绅、大夫、士萃于左丞相府[6],莫知计所出。会使辙交驰[7],北邀当国者相见[8],众谓予一行为可以纾(shū)祸[9]。国事至此,予不得爱身[10];意北亦尚可以口舌动也[11]。初,奉使往来,无留北者,予更欲一觇(chān)北[12],归而求救国之策。于是,辞相印不拜[13],翌日[14],以资政殿学士行[15]。

初至北营,抗辞慷慨[16],上下颇惊动,北亦未敢遽轻吾国[17]。不幸吕师孟构恶于前[18],贾余庆献谄(chǎn)于后[19],予羁縻(mí)不得还[20],国事遂不可收拾。予自度不得脱[21],则直前诟虏帅失信[22],数吕师孟叔侄为逆[23],但欲求死,不复顾利害[24]。北虽貌敬[25],实则愤怒,二贵酋名曰馆伴[26],夜则以兵围所寓舍,而予不得归矣。

未几,贾余庆等以祈请使诣北[27]。北驱予并往[28],而不在使之目[29]。予分当引决[30],然而隐忍以行。昔人云:"将以有为也[31]。"至京口[32],得间奔真州[33],即具以北虚实告东西二阃(kǔn)[34],约以连兵大举[35]。中兴机会[36],庶几在此[37]。留二日,维扬帅下逐客之令[38]。不得已,变姓名[39],诡踪迹[40],草行露宿,日与北骑相出没于长淮间[41]。穷饿无聊[42],追购又急[43],天高地迥[44],号呼靡及[45]。已而得舟[46],避渚洲[47],出北海[48],然后渡扬子江[49],入苏州洋[50],展转四明、天台[51],以至于永嘉[52]。

呜呼!予之及于死者[53],不知其几矣[54]!诋大酋当死[55];骂逆贼当死㊶；与贵酋处二十日㊷，争曲直㊸，屡当死；去京口㊹，挟匕首以备不测，几自刭（jǐng）死㊺；经北舰十余里㊻，为巡船所物色㊼，几从鱼腹死㊽；真州逐之城门外，几徬徨死；如扬州，过瓜洲扬子桥㊾，竟使遇哨㊿，无不死；扬州城下，进退不由，殆类送死；坐桂公塘土围中，骑数千过其门，几落贼手死；贾家庄几为巡徼所陵迫死；夜趋高邮，迷失道，几陷死；质明，避哨竹林中，逻者数十骑，几无所逃死；至高邮，制府檄下，几以捕系死；行城子河，出入乱尸中，舟与哨相后先，几邂逅死；至海陵，如高沙，常恐无辜死；道海安、如皋，凡三百里，北与寇往来其间，无日而非可死；至通州，几以不纳死；以小舟涉鲸波出，无可奈何，而死固付之度外矣！呜呼！死生，昼夜事也，死而死矣，而境界危恶，层见错出，非人世所堪。痛定思痛，痛何如哉！

予在患难中，间以诗记所遭，今存其本，不忍废，道中手自抄录。使北营，留北关外，为一卷；发北关外，历吴门、毗陵，渡瓜洲，复还京口，为一卷；脱京口，趋真州、扬州、高邮、泰州、通州，为一卷；自海道至永嘉、来三山，为一卷。将藏之于家，使来者读之，悲予志焉。

呜呼！予之生也幸，而幸生也何所为？所求乎为臣，主辱，臣死有余僇；所求乎为子，以父母之遗体行殆，而死有余责。将请罪于君，君不许；请罪于母，母不许；请罪于先人之墓。生无以救国，死犹为厉鬼以击贼，义也；赖天之灵、宗庙之福，修我戈矛，从王于师，以为前驱，雪九庙之耻，复高祖之业，所谓"誓不与贼俱生"，所谓"鞠躬尽力，死而后已"，亦义也。嗟夫！若予者，将无往而不得死所矣。向也，使予委骨于草莽，予虽浩然无所愧怍（zuò），然微以自文于君亲，君亲其谓予何？诚不自意返吾衣冠，重见日月，使旦夕得正丘首，复何憾哉！复何憾哉！

是年夏五，改元景炎，庐陵文天祥自序其诗，名曰《指南录》。

注释

①德祐二年:公元1276年。　②除:委任官职。右丞相:宋代设左、右丞相总管国事。枢密使:最高武官,主管全国军事。　③都督:统帅。路:宋代最大的区域单位,类似后代的"省"。　④北兵:元兵。修门:国都城门。这里指南宋都城临安的城门。　⑤战、守、迁皆不及施:作战、守城、迁都均来不及进行。　⑥缙绅:古代官吏插笏于绅带间,故称"缙绅",这里指高级官员。大夫、士:指缙绅以下的大小官员。萃:聚集。左丞相府:左丞相的官署。当时左丞相为吴坚。　⑦会:正逢。使辙:使者的车辆。交驰:往来不停。⑧北:指元人。当国者:当政的人。　⑨纾祸:解除祸患。　⑩爱身:爱惜自己。　⑪意:料想。口舌:言辞。动:打动。　⑫觇:暗中观察。⑬不拜:不接受。　⑭翌日:第二天。　⑮资政殿学士:宋代宰相辞职后被授予的荣誉官衔。相当于皇帝的顾问。　⑯抗辞:抗争的言辞。　⑰遽:立刻。轻:轻视。　⑱吕师孟:南宋兵部侍郎,出使元军,提出纳币称臣等投降条件,文天祥上疏主张将他斩首,因而结下怨仇。构恶:结仇。　⑲贾余庆:文天祥之后的南宋右丞相。谄:讨好逢迎。　⑳羁縻:拘留。　㉑度:推测;估计。㉒诟:责骂。虏帅:指元丞相伯颜。　㉓数:列举罪状。为逆:成为叛逆。㉔顾:考虑。　㉕貌敬:表面上尊敬。　㉖二贵酋:忙古歹和唆都,二人均为元军高级将领。馆伴:陪伴宾客的人员。　㉗祈请使:奉表投降的使者。诣北:到元京大都(今北京)。　㉘驱:强迫。并往:一同去。　㉙目:名列;名单。　㉚分当:理当。引决:自杀。　㉛将以有为:将要有所作为。　㉜京口:今江苏省镇江市。　㉝间:空隙;机会。真州:治所在今江苏省仪征市。㉞具:全。东西二阃:指淮南东路和淮南西路两制置使(边防军事长官)。阃,本指国门,此指受命在外的将帅。　㉟连兵:联合兵力。㊱中兴:复兴。㊲庶几:也许。㊳维扬帅:扬州的主帅。指淮东制置使李庭芝。客:指文天祥。㊴变姓名:文天祥改名为刘洙。㊵诡踪迹:隐蔽行踪。㊶北骑:元军的骑兵。相出没:出没,指躲避元兵。长淮:淮河。㊷穷饿:困窘饥饿。无聊:无所依靠。㊸追购:追捕。购,悬赏捉拿。㊹迥:远。㊺靡及:不及。㊻已而:后来。㊼避:避开。渚洲:长江中的沙洲。当时为元军所据。㊽北海:长江口以北的海面。㊾扬子江:即长江。㊿苏州洋:今上海市附近的海面。(51)四明:今浙江省宁波市。天台:今浙江省天台县。(52)永嘉:今浙江省温州市。　(53)及于死:差点死亡。　(54)几:几回;多次。

⑤诟大酋:斥责敌方统帅(伯颜)。 ⑥逆贼:指吕师孟等人。 ⑦处:相处。 ⑧争曲直:争辩是非曲直。 ⑨去:离开。 ⑥刭死:刀割颈部而死。 ⑥北舰:元军的舰队。 ⑥物色:搜索。 ⑥从鱼腹死:指溺水而死。 ⑥瓜洲:今江苏扬州市南四十里江滨。扬子桥:扬子津。 ⑥竟使:假使。哨:元军哨兵。 ⑥不由:不由自主。 ⑥殆类:等同。 ⑥桂公塘:地名,在今扬州城郊。土围:围墙。 ⑥骑:元军骑兵。 ⑦贾家庄:在今扬州城北。巡徼:巡察。指南宋的巡逻兵。陵迫:欺负迫害。 ⑦高邮:今江苏高邮市。 ⑦陷死:陷入迷途而死。 ⑦质明:天亮。质,正。 ⑦逻者:指元军的巡逻兵。 ⑦"至高邮"三句:李庭芝下令捉拿文天祥,文天祥因此不敢进入高邮城,坐船离去。制府:淮东制置使的官署。檄下:官府文书。捕系:捉拿囚禁。 ⑦城子河:在高邮县东南。 ⑦邂逅:不期而遇。 ⑦海陵:今江苏省泰州市。 ⑦如:到。高沙:高邮。 ⑧道:取道。海安、如皋:今江苏省海安县、如皋市。 ⑧北与寇:指元兵和盗匪。 ⑧"至通州"二句:通州守将杨师亮因接到李庭芝的通令,拒绝文天祥进城,后杨发现是误会,才接待了文天祥。通州:治所在今江苏南通市。不纳:不肯收留。 ⑧鲸波:巨浪。 ⑧境界:处境。 ⑧痛何如哉:是多么悲痛。 ⑧间:间或;有时。遭:遭遇。 ⑧手自:亲自。 ⑧北关外:临安北门外,当时是元兵驻地。 ⑧发:出发。 ⑨历:经过。吴门:今江苏省苏州市。毗陵:治所在今江苏常州市。 ⑨脱:逃脱。 ⑨三山:今福建省福州市。 ⑨来者:后来的人。 ⑨幸:侥幸。 ⑨幸生:侥幸活下来。何所为:做些什么。 ⑨余僇:余辜。僇,同"戮",罪过。 ⑨"以父母之遗体"二句:用父母留给自己的身体去冒险而死,是要受到指责的。行殆:冒危险。 ⑨请罪:请求饶恕自己的罪过。 ⑨宗庙:帝王祭祀祖宗的庙宇。这里指宋皇室的祖先。 ⑩"修我戈矛"三句:整修我们的武器,随从君王去打仗,作为部队的前锋。戈矛:古代的两种兵器,这里泛指武器。师:军队。前驱:在前面开路。 ⑩雪:洗。九庙:祖庙。 ⑩"所谓"三句:语出诸葛亮《后出师表》。 ⑩委骨:献出生命。草莽:草野。 ⑩浩然:光明正大。愧怍:惭愧。 ⑩微:没有。自文:自我掩饰。君亲:国君和父母。 ⑩诚:实在。不自意:没有想到。返吾衣冠:指回到宋朝重又穿上朝服,做宋朝的臣子。 ⑩日月:喻指天子。 ⑩正丘首:指归葬故国。 ⑩是年:这一年。指德祐二年(1276)。夏五:夏五月。 ⑩改元:改年号。景炎:宋端宗赵昰的年号。

译文

德祐二年正月十九日，我受任右丞相兼枢密使，统率全国各路兵马。当时元兵已经逼近都城北门外，交战、防守、迁都都来不及了。满朝大小官员会集在左丞相吴坚家里，都不知道该怎么办。当时双方使者的车辆往来频繁，元军邀约宋朝主持国事的人前去相见，大家认为我去一趟就可以解除祸患。国事到了这种地步，我不能顾惜自己了。料想元方也还可以用言词打动的。当初，使者奉命往来，并没有被扣留在北方的，我就更想察看一下元方的虚实，回来谋求救国的计策。于是，辞去右丞相职位，第二天，以资政殿学士的身份前往。

刚到元营时，据理抗争，言辞激昂慷慨，元军上下都很受震动，他们也未敢立即轻视我国。可不幸的是，吕师孟早就同我结怨，贾余庆又紧跟着媚敌献计，于是我被拘留不能回国，国事就不可收拾了。我自料不能脱身，就径直上前痛骂元军统帅不守信用，揭露吕师孟叔侄的叛国行径，只想求死，不再考虑个人的利害。元军虽然表面尊敬，其实却很愤怒，两个重要头目名义上是到宾馆来陪伴，夜晚就派兵包围我的住所，我就不能回国了。

不久，贾余庆等以祈请使的身份到元京大都去。元军驱使我一同前往，但不列入使者的名单。我按理应当自杀，然而仍然含恨忍辱地前去。正如古人所说："将要有所作为啊！"到了京口，得到机会逃奔到真州，我立即把元方的虚实情况告诉淮东、淮西两位制置使，相约他们联兵讨元。复兴宋朝的机会，大概就在此一举了。留住了两天，驻守维扬的统帅竟下了逐客令。不得已，只能改变姓名，隐蔽踪迹，奔走草野，宿于露天，日日为躲避元军的骑兵出没在淮河一带。困窘饥饿，无依无靠，元军悬赏追捕得又很紧急，天高地远，号呼不应。后来得到一条船，避开元军占据的沙洲，逃出江口以北的海面，然后渡过扬子江口，进入苏州洋，辗转在四明、天台等地，最后到达永嘉。

　　唉！我到达死亡的境地不知有多少次了！痛骂元军统帅该当死；辱骂叛国贼该当死；与元军头目相处二十天，争论是非曲直，多次该当死；离开京口，带着匕首以防意外，几次想要自杀；经过元军兵舰停泊的地方十多里，被巡逻船只搜寻，几乎投江喂鱼而死；真州守将把我逐出城门外，几乎彷徨而死；到扬州，路过瓜洲扬子桥，假使遇上元军哨兵，也不会不死；扬州城下，进退两难，几乎等于送死；坐在桂公塘的土围中，元军数千骑兵从门前经过，几乎落到敌人手中而死；在贾家庄几乎被巡察兵凌辱逼迫死；夜晚奔向高邮，迷失道路，几乎陷入迷途而死；天亮时，到竹林中躲避哨兵，巡逻的骑兵有好几十，几乎无处逃避而死；到了高邮，制置使官署的通缉令下达，几乎被捕而死；经过城子河，在乱尸中出入，我乘的船和敌方哨船一前一后行进，几乎不期而遇被杀死；到海陵，往高沙，常担心无罪而死；经过海安、如皋，总计三百里，元兵与盗贼往来其间，没有一天不可能死；到通州，几乎由于不被收留而死；靠了一条小船渡过惊涛骇浪，实在无可奈何，对于死本已置之度外了！唉！死和生，不过是昼夜之间的事罢了，死就死了，可是像我这样境界险恶，坏事层叠交错涌现，实在不是人世间所能忍受的。痛苦过去以后，再去追思当时的痛苦，那是何等的悲痛啊！

　　我在患难中，有时用诗记述个人的遭遇，现在还保存着那些底稿，不忍心废弃，在逃亡路上亲手抄录。现在将出使元营，被扣留在北门外的，作为一卷；从北门外出发，经过吴门、毗陵，渡过瓜洲，又回到京口的，作为一卷；逃出京口，奔往真州、扬州、高邮、泰州、通州的，作为一卷；从海路到永嘉、来三山的，作为一卷。我将把这诗稿收藏在家中，使后来的人读了它，为我的志向而悲叹。

　　唉！我能死里逃生算是幸运了，可幸运地活下来要干什么呢？要求做一个忠臣，国君受到侮辱，做臣子的即使死了也还是有罪的；要求做一个孝子，用父母留给自己的身体去冒险，即使死了也有罪责。将向国君请罪，国君不答应；向母亲请罪，母亲不答应；我只好向祖先的坟墓请罪。人活着不能拯救国难，死后还要变成恶鬼去杀贼,这就是义;依靠上天的神灵、祖宗的福泽,修整武备,跟随国君出征,作为先锋,洗雪朝廷的耻辱,恢复开国皇帝的事业,也就是古人所说的:"誓不与贼共存","恭敬谨慎地竭尽全力,直到死了方休",这也是义。唉!像我这样的人,将是无处不是可以死的地方了。以前,假使我丧身在荒野里,我虽然正大光明问心无愧,但也不能掩饰自己对国君、对父母的过错,国君和父母会怎么讲我呢?实在料不到我终于返回宋朝,重整衣冠,又见到皇帝,即使立刻死在故国的土地上,我还有什么遗憾呢!还有什么遗憾呢!

这一年夏天五月,改年号为景炎,庐陵文天祥为自己的诗集作序,诗集名《指南录》。

阅 江 楼 记

[明]宋濂

题解

宋濂(1310—1381),字景濂,号潜溪,浦江(今浙江金华)人,元末荐授翰林编修,辞不就,入龙门山著书。明初奉命主修《元史》,官至翰林院学士承旨知制诰。后因长孙宋慎案,全家流放茂州(今四川茂汶),中途病死于夔州。

本文是作者奉皇帝朱元璋旨意为阅江楼撰写的一篇应制文。文章开篇由叙述金陵山川王气,引出对当今皇上的歌功颂德,继之以偏安江左的六朝与大明开国伊始的雄壮声势作比,很自然地转到作者要表达的中心内容,即希望朱元璋能居安思危,安抚百姓,励精图治,不要像亡国之君陈后主那样骄纵淫欲,流连光景。因此,文中虽不乏粉饰之言,但作者能借景物抒发感慨,以歌颂之辞寓箴规之意,使文章的思想内容得到升华。

原文

金陵为帝王之州①。自六朝迄于南唐②,类皆偏据一方,无以应山川之王气③。逮我皇帝④,定鼎于兹⑤,始足以当之。由是声教所暨⑥,罔(wǎng)间朔南⑦;存神穆清⑧,与天同体。虽一豫一游⑨,亦可为天下后世法⑩。京城之西北,有狮子山⑪,自卢龙蜿蜒而来⑫。长江如虹贯,蟠绕其下⑬。上以其地雄胜⑭,诏建楼于巅,与民同游观之乐,遂锡嘉名为"阅江"云⑮。

登览之顷,万象森列⑯,千载之秘,一旦轩露⑰。岂非天造地设,以俟大一统之君,而开千万世之伟观者欤?当风日清美,法驾幸临⑱,升其崇椒⑲,凭阑遥瞩,必悠然而动遐想。见江汉之朝宗⑳,诸侯之述职㉑,城池之高深,关阨(è)之严固㉒,必曰:"此朕栉(zhì)风沐雨㉓,战胜攻取之所致也。"中夏之广㉔,益思有以保之。见波涛之浩荡,风帆之上下,番舶接迹而来庭㉕,蛮琛(chēn)联肩而入贡㉖,必曰:"此朕德绥(suí)威服㉗,覃(tán)及内外之所及也㉘。"四陲之远㉙,益思有以柔之。见两岸之间、四郊之上,耕人有炙肤皲(jūn)足之烦㉚,农女有捋桑行馌(yè)之勤㉛,必曰:"此朕拔诸水火,而登于衽(rèn)席者也㉜。"万方之民,益思有以安之。触类而思,不一而足。臣知斯楼之建,皇上所以发舒精神,因物兴感,无不寓其致治之思,奚止阅夫长江而已哉㉝!

彼临春、结绮㉞,非不华矣;齐云、落星㉟,非不高矣。不过乐管弦之淫响㊱,藏燕、赵之艳姬㊲。一旋踵间而感慨系之㊳,臣不知其为何说也。虽然,长江发源岷(mín)山㊴,委蛇(yí)七千余里而入海㊵,白涌碧翻,六朝之时,往往倚之为天堑㊶。今则南北一家,视为安流㊷,无所事乎战争矣。然则,果谁之力欤?逢掖(yè)之士㊸,有登斯楼而阅斯江者,当思圣德如天,荡荡难名,与神禹疏凿之功同一罔极㊹。忠君报上之心,其有不油然而兴者耶?

臣不敏,奉旨撰记。欲上推宵旰(gàn)图治之功者[45],勒诸贞珉(mín)[46]。他若留连光景之辞,皆略而不陈,惧亵(xiè)也[47]。

注释

①金陵:今江苏南京市。明太祖朱元璋建都于此。州:这里相当于地方、居所。　②六朝:指三国吴、东晋,南朝的宋、齐、梁、陈。这六朝均建都金陵。南唐:五代十国之一,亦建都金陵。　③"无以"句:古时迷信说法,以为帝王受于天命,统治天下气运,谓之王气。　④我皇帝:指朱元璋。　⑤定鼎:建都。传说夏禹铸了九鼎,象征九州,把它作为传国的重器,王朝建在哪里,鼎就放在哪里。故称建都为定鼎。　⑥暨:及;到。　⑦罔间:不分。朔南:北方和南方。　⑧穆清:指天地清和之气。古代专用以称颂皇帝。　⑨一豫一游:指游览行乐。豫、游:同义反复,即娱乐、巡游的意思。　⑩法:规范;榜样。　⑪狮子山:在今南京挹江门外。　⑫卢龙:卢龙山,在今江苏江宁县西北。　⑬蟠绕:盘曲环绕。　⑭上:指明太祖。　⑮锡:赐。嘉名:美名。云:句末语助词。　⑯森列:层层叠叠地排列。　⑰轩露:开畅显露。　⑱法驾:皇帝的马车。幸:指皇帝驾临。　⑲崇椒:高山。椒:山顶。　⑳江汉:长江和汉水。朝宗:本指诸侯朝拜天子,这里指江河水流入大海。　㉑述职:陈述自己的职守。　㉒陁:险要之地。　㉓栉风沐雨:用风梳发,用雨洗头,形容道路奔波的辛苦。　㉔中夏:中国。　㉕番舶:外国船只。来庭:前来朝见。㉖蛮琛:指四方的进贡物品。蛮,古代对南方各族的泛称。这里指四方。琛,珍宝。　㉗绥:安抚。　㉘覃及:延及。　㉙陲:边疆。　㉚炙:烤。皲:手脚受冻开裂。　㉛捋桑:采桑叶。行馌:给在耕地的人送饭。　㉜衽席:床上的席子。这里借指太平的日子。　㉝奚止:何止。　㉞临春、结绮:南朝陈后主建造的楼阁。　㉟齐云:唐朝曹恭王所建楼阁,在今江苏苏州。落星:三国吴大帝所建楼阁,在今江苏南京。　㊱淫响:淫荡的歌曲。　㊲燕、赵:战国时期的两个诸侯国。　㊳一旋踵:转一下脚后跟,指时间很快。踵,脚跟。㊴岷山:在今四川北部。古人认为它是长江的发源地。　㊵委蛇:逶迤。㊶天堑:天然的壕沟。这里指长江。　㊷安流:平静的水流。　㊸逢掖:宽袖的衣服。这里代指读书人。　㊹神禹:夏禹。罔极:无穷。　㊺宵旰:"宵衣旰食"的略语。意思是天不亮就穿衣起身,天晚了才吃饭。比喻勤政。㊻勒:刻。诸:之于。贞珉:贞石,碑石的美称。　㊼亵:轻慢。

译文

金陵是帝王的住处。从六朝至于南唐，大都是偏安一方，无法与山川的王气相适应。直到当今皇上，在这里定都，才完全与它相称。从此。圣朝声威和教化所到达的，不分南方和北方。皇上的涵养精神和穆而清明，与天道融为一体。即使一次巡游、一次娱乐，也可以为天下后世所效法。京城的西北方有座狮子山，是从卢龙山蜿蜒伸展而来。长江有如彩虹贯通，盘绕在山脚下。皇上因为这地方形势雄伟壮观，下诏在山顶上建楼，与百姓同享游览观景之乐，于是赐给它美妙的名字叫"阅江"。

登临游览的一瞬间，万千景色次第罗列，千年的奥秘，一下子显露。这不就是天地造就的美景，以等待一统天下的明君，来展现千秋万世的奇观吗？当风和日暖时，皇上御驾亲临，登上山巅，倚栏远眺，必然会神情悠悠地引起遐想。看见长江、汉水东流入海，诸侯上京陈述职守，高高的城墙，深深的城河，坚固的关塞，必定说："这是我栉风沐雨，攻城夺地才获得的啊。"想到广阔的中华大地，思考要怎样来保全它。看见波涛浩荡起伏，帆船来来往往，外国船只连续前来朝见，四方珍宝争相进贡奉献，必定说："这是我用恩德安抚、以威力征服，声望延及内外所达到的啊。"想到四方僻远的边陲，思考要设法有所安抚。看见大江两岸之间、四郊田野之上，耕夫有烈日烘烤皮肤、寒气冻裂脚趾的烦劳，农女有采桑送饭的辛勤，必定说："这是我把他们从水火中拯救出来，使他们安稳地睡在枕席之上。"想到天下的百姓，思考要让他们安居乐业。对相类事物引起的联想，不胜枚举。我知道这座楼的兴建，是皇上用来振奋精神的，由眼前的景物而触发感慨，其中无不寄寓着他治理天下的思想，哪里只是观赏长江的风景就完了呢？

那临春阁、结绮阁，不是不华美啊；齐云楼、落星楼，不是不高大啊。但无非是演奏淫荡的歌曲，藏匿燕、赵的美女。但转瞬之间消失了而令人感慨万分，我不知怎样来解释它啊。虽然这样，长江发源于岷山,曲折蜿蜒地流经七千余里才向东入海,白波汹涌,碧浪翻腾,六朝之时,往往将它倚为天然险阻。如今已是南北一家,人们把它看作平安的河流,不再用于战争了。然而,这到底是谁的力量呢?读书人有登上这座楼观看长江的,应当想到皇上的恩德有如苍天,浩浩荡荡,难以形容,与大禹凿山疏水拯救万民的功绩一样无边无际。忠君报国的心情,难道还不油然而生吗?

我不聪敏,奉皇上旨意撰写这篇记文。心想把皇上昼夜辛劳、操持国事的功德,铭刻在碑石上。至于其他流连光景的言辞,一概略而不言,怕亵渎了皇上的圣意。

卖 柑 者 言

[明]刘基

题解

刘基(1311—1375),字伯温,处州青田(今浙江青田)人。元末进士,曾任江西高安县丞、江浙儒学副提举。受元朝统治者排挤,弃官隐居。后受朱元璋礼聘,协助统一中国,官至御史中丞,封诚意伯,谥号文成。

本文写于元朝末年。文章借卖柑者之口,尖锐地揭露了那些坐高堂、骑大马,腰金衣紫、神气十足的文武大臣,其实都是些不懂用兵、不会治国的蠢材,如同"金玉其外,败絮其中"的柑子,表现出作者愤世嫉俗之情。文章构思新奇,寓意深刻。结构上采用自远及近、由表入里的方法,使文章层次清楚。形式上,运用问答的方式,不仅深化了主题,而且使文章更富情趣和感情色彩。

原文

　　杭有卖果者^②,善藏柑,涉寒暑不溃^③。出之烨(yè)然^④,玉质而金色^⑤。剖其中,干若败絮。予怪而问之曰:"若所市于人者,将以实笾(biān)豆^⑥,奉祭祀,供宾客乎? 将衒(xuàn)外以惑愚瞽(gǔ)乎^⑦? 甚矣哉为欺也。"

　　卖者笑曰:"吾业是有年矣^⑧,吾业赖是以食吾躯^⑨。吾售之,人取之,未闻有言,而独不足子所乎^⑩? 世之为欺者不寡矣,而独我也乎? 吾子未之思也^⑪。今夫佩虎符、坐皋比(pí)者^⑫,洸(guāng)洸乎干城之具也^⑬,果能授孙、吴之略耶^⑭? 峨大冠、拖长绅者^⑮,昂昂乎庙堂之器也^⑯,果能建伊、皋之业邪^⑰? 盗起而不知御,民困而不知救,吏奸而不知禁,法斁(dù)而不知理^⑱,坐糜廪粟而不知耻^⑲。观其坐高堂,骑大马,醉醇醴(lǐ)而饫(yù)肥鲜者^⑳,孰不巍巍乎可畏,赫赫乎可象也^㉑? 又何往而不金玉其外、败絮其中哉? 今子是之不察,而以察吾柑!"

　　予默默无以应。退而思其言,类东方生滑(gǔ)稽之流^㉒。岂其忿世疾邪者耶? 而托于柑以讽耶?

注释

　　①柑:果名。形状似橘而体积较大,橙黄色。　②杭:今浙江省杭州市。③涉寒暑不溃:经过一冬一夏也不腐烂。　④烨然:灿烂鲜艳的样子。⑤玉质:玉石一样的质地。金色:黄金一样的颜色。　⑥笾豆:古代祭祀用的礼器。笾,竹制,盛果脯。豆,木制或陶制、铜制,盛鱼肉等物。　⑦衒:炫耀。瞽:盲人。　⑧业是:以此为业。有年:有好多年。　⑨食:喂;供养。　⑩子所:你这儿。　⑪未之思:宾语前置,"未思之"的倒文。　⑫虎符:虎形兵符。古代朝廷用以调兵遣将的凭证。皋比:虎皮,这里指虎皮椅。　⑬洸洸:威武的样子。干城:捍卫城池,后用于代指守卫的将领。具:才能,这里指人才。　⑭孙、吴:指孙武和吴起。均为春秋、战国时的名将。　⑮峨:高耸。这里用作动词。大冠:指官帽。拖:同"拖"。绅:古代士大夫束在腰间的带子。　⑯昂昂:态度轩昂的样子。庙堂之器:管理国家的人才。庙堂,这里指

朝廷。　⑰伊:伊尹,商汤的大臣。皋:皋陶,禹舜时的大臣。两人都被后人当作贤臣的代表。　⑱敳:败坏。　⑲糜:耗费。廪:仓库。　⑳醴:甜酒。饫:饱食。　㉑赫赫:气势壮盛的样子。象:效法。　㉒东方生:东方朔,汉武帝时人。滑稽:诙谐机智。

译文

　　杭州有个卖水果的,很会贮藏柑子,经历寒冬酷暑也不腐烂。拿出它来,仍光泽鲜亮,玉石般的质地,黄金似的颜色。把它剖开,里面干枯得像破烂的棉絮。我感到奇怪,问他说:"你出售给别人的柑子,是准备用来装在盛祭品的容器中,供奉神灵、招待宾客呢,还是要夸耀它的外表来迷惑傻瓜和瞎子呢?这样骗人太过分了吧!"

　　卖柑的人笑着说:"我从事这种职业,已有好多年了。我靠它养活自己。我卖它,别人买它,还没听见有说什么的,却唯独不能满足您吗?世上干骗人勾当的人不少,难道就我一个吗?您是没有想过这个问题啊。当今那些佩带兵符、坐虎皮椅子的人,一副威风凛凛的样子,好像是捍卫国家的人才,他们真的能够传授孙武、吴起的韬略吗?那些高高地戴着官帽,腰上拖着长长带子的人,一副神气活现的样子,好像是朝廷的重臣,他们真的能够建立伊尹、皋陶的功业吗?盗贼兴起却不知道抵挡,百姓贫困却不知道解救,官吏狡诈却不知道禁止,法度败坏却不知道整顿,白白地耗费国家仓库里的粮食却不知道羞耻。看看那些坐在高敞的厅堂上,骑着高头大马,喝足了美酒,吃饱了鱼肉的人,哪一个不是威风凛凛令人生畏,哪一个不是声势显赫可供效法呢?可是无论到哪里,又何尝不是外表像金玉、内里像破絮呢?现在您对这些不去分析明辨,却来查究我的柑子!"

　　我沉默着,无言答对。回来再想想他的话,觉得他好像是东方朔一类人物,难道他是对世事表示愤慨,对邪恶表示憎恨的人吗?他是假借柑子来进行讽刺吗?

豫　让　论^①

[明]方孝孺

题解

方孝孺(1357—1402),字希直,人称正学先生。宁海(今浙江宁海)人。宋濂的学生。明太祖时授汉中教授。惠帝时任侍讲学士。燕王朱棣起兵入南京后,命他起草即位诏书,不从,被杀,共灭九族和他的学生,死者达八百七十余人。

本文所论述的豫让,是春秋战国时期晋国人。曾为中行氏家臣,因不受重用,去而事智伯。赵、韩、魏三家灭晋后,他为智伯报仇,改姓换名,潜入赵襄子宫中,一再行刺。被抓获后,伏剑自尽。本文认为,豫让虽有为报人主之恩而"捐躯殒命"的壮举,但称不上是一位"国士"。真正的忠义之士,应以国家利益为重,敢于直言谏君,使君主能"销患于未形,保治于未然"。而不能仅在祸患之后,凭血气之勇,沽名钓誉。文章运用了对比手法,层层剖析,逻辑严密,有较强的说服力。

原文

士君子立身事主,既名知己,则当竭尽智谋,忠告善道^②,销患于未形,保治于未然^③,俾身全而主安^④。生为名臣,死为上鬼,垂光百世,照耀简策^⑤,斯为美也。苟遇知己,不能扶危于未乱之先,而乃捐躯殒(yǔn)命于既败之后^⑥,钓名沽誉^⑦,眩世炫俗^⑧,由君子观之,皆所不取也。

盖尝因而论之。豫让臣事智伯^⑨,及赵襄子杀智伯^⑩,让为之报仇,声名烈烈,虽愚夫愚妇[11],莫不知其为忠臣义士也。呜呼! 让之死固忠矣,惜乎处死之道有未忠者存焉。何也? 观其漆身吞炭[12],谓其友曰:"凡吾所为者极难,将以愧天下后世之为人臣而怀二心者也。"谓非忠可乎? 及观斩衣三跃[13],襄子责以不死于中行(háng)氏[14],而独死于智伯。让应曰:"中行氏以众人待我,我故以众人报之;智伯以国士待我[15],我故以国士报之。"即此而论,让有余憾矣。

段规之事韩康[16],任章之事魏献[17],未闻以国士待之也,而规也、章也,力劝其主从智伯之请,与之地以骄其志,而速其亡也。郗(xì)疵(cī)之事智伯[18],亦未尝以国士待之也,而疵能察韩、魏之情以谏智伯,虽不用其言以至灭亡,而疵之智谋忠告,已无愧于心也。让既自谓智伯待以国士矣,国士,济国之士也。当伯请地无厌之日,纵欲荒暴之时,为让者,正宜陈力就列[19],谆(zhūn)谆然而告之曰:"诸侯大夫,各安分地,无相侵夺,古之制也。今无故而取地于人,人不与,而吾之忿心必生;与之,则吾之骄心以起。忿必争,争必败;骄必傲,傲必亡。"谆切恳至,谏不从,再谏之;再谏不从,三谏之;三谏不从,移其伏剑之死[20],死于是日。伯虽顽冥不灵[21],感其至诚,庶几复悟[22]。和韩、魏,释赵围,保全智宗,守其祭祀。若然,则让虽死犹生也,岂不胜于斩衣而死乎? 让于此时,曾无一语开悟主心,视伯之危亡[23],犹越人视秦人之肥瘠也,袖手旁观,坐待成败,国士之报,曾若是乎? 智伯既死,而乃不胜血气之悻(xìng)悻[24],甘自附于刺客之流,何足道哉,何足道哉?

虽然,以国士而论,豫让固不足以当矣;彼朝为仇敌,暮为君臣,靦靦然而自得者[25],又让之罪人也。噫!

注释

①豫让:春秋战国时期晋国人。 ②忠告善道:诚恳地告诫,善意地劝说。 ③未然:事情未发生。 ④俾:使。 ⑤简策:指史籍。 ⑥捐躯殒命:献出生命。 ⑦钓:骗取。沽:买。 ⑧眩:迷惑。 ⑨智伯:即智瑶,晋

国的执政大臣。　⑩赵襄子：赵孟。晋国贵族。与人杀智伯而灭其族,尽分其地。　⑪愚夫愚妇：对普通老百姓的蔑称。　⑫漆身吞炭：豫让欲谋刺赵襄子,替智伯报仇,乃漆身变容,吞炭变声。　⑬斩衣三跃：赵襄子外出,豫让谋刺未成,被捕。要求得到赵襄子的衣服,"拔剑三跃,呼天击之",然后自杀。　⑭中行氏：春秋时晋大夫荀林父之后。　⑮国士：一国的杰出人物。⑯段规：韩康子的谋臣。韩康：春秋末晋大夫。　⑰任章：魏献子的谋臣。魏献：春秋末晋国的大夫。　⑱"郄疵"句：智伯率韩、魏之军围赵晋阳时,谋士郄疵从韩、魏的利害关系断言韩、魏必反,劝智伯防备。智伯不听,结果被赵、韩、魏三家联合灭亡。　⑲陈力就列：施展才力,胜任自己的职位。　⑳伏剑：自刎。　㉑顽冥：愚昧。　㉒庶几：或许能够。　㉓"视伯"句：以越人视秦人之肥瘦作比喻,说明豫让坐视智伯危亡而不关痛痒。　㉔悻悻：愤恨的样子。　㉕觍觍然：厚颜无耻的样子。

译文

　　有美德的士人置身世上,事奉君主,并被称为君主的知己就应该竭尽智谋,给予君主忠告并善意开导,在祸患没有形成时就消除它,在事情没有出现之前尽力维持它,使自身得以保全,使君主平安。活着作为名臣,死了成为高尚的英灵,英名垂留光辉于百代,照耀在史籍之中,这才是美好的啊。倘若遇到知己的君主,不能在变乱发生前消除危机,而在已经失败后去牺牲生命,沽名钓誉迷惑并夸耀于世俗之人。从君子的眼光看来,都是不足取的。

　　我曾按照这样的观点来评论。豫让做智伯的家臣,等赵襄子杀了智伯以后,豫让为他报仇,声名显赫,即使是愚昧的男子和无知的妇女,也没有不知道他是忠臣义士的。唉！豫让的死确实是忠心的,可惜他采用的死的方式还有不够忠心的地方。为什么呢？看他用漆涂身变容貌,吞食木炭变声,对自己的朋友说："我所做的都是极其艰难的事,我将以此来使天下后世做臣子却不忠心的人感到惭愧。"能说这不是忠心吗？但看到他对赵襄子的衣服三跃而刺,赵襄子责问他为何不为中行氏去死,偏偏为智伯去死,豫让回答道："中行氏以对待普通人的态度来待我,我因此也用普通人的态度来回报他;智伯以对待国士的态度来待我,我所以用国士的行为来报答他。"就从这一点来看,豫让还是有让人遗憾的地方的。

段规事奉韩康子,任章事奉魏献子,并未听说曾以国士来对待他们,但段规也好,任章也好,竭力劝说他们的君主依从智伯的要求,把土地割给他,使智伯越加骄纵,从而加速他的灭亡。郤疵事奉智伯,智伯也未曾以国士来对待他,但是郤疵能觉察出韩、魏的情况来谏止智伯,虽然智伯不采纳他的话,导致灭亡,然而郤疵的智谋及其忠告,已经可以问心无愧了。豫让既然自己说智伯以国士对待他,国士就是救国之士!当智伯索求土地而贪心不足之日,纵欲肆暴之时,作为豫让,正应该献出自己的能力,尽自己的责任,诚恳地劝告他:"诸侯和大夫,应该安守各自的封地,不应互相争夺,这是自古以来的制度。如今无故索取别人的土地,人家不给,我们会心生气愤;人家给了,我们会心生骄气。气愤必定会争夺,争夺必然会失败;骄纵必定要傲慢,傲慢必然要灭亡。"把话说得亲切又诚恳,一次劝谏不听,就再次劝谏;再谏不听,就第三次劝谏;三谏还不听,就把那事后的"伏剑而死"挪到这个时候来死。智伯即使是糊涂透顶,被他的至诚所感动,很可能会醒悟过来的。这样一来就会与韩、魏和好,解除赵国的围困,保全了智氏的宗族,保持了他祭祀祖先的礼仪。如能这样,豫让就是虽死而犹生,这难道不是胜过斩衣而死吗?豫让在当时,没有一句话来启发觉悟君主的心,眼看着智伯的危险以致灭亡,好似越国人看着秦国的人肥瘦一样不关心,袖手旁观,坐等成败,所谓国士的报答,能是这样的吗?等到智伯死了,才受不了自己的血气的愤恨之情,甘心成为刺客之类的人,这有什么可称道的,有什么可称道的啊?

虽然这样,以国士来评论,豫让确实是配不上的;而那些早上还是仇敌,到了晚上就成了君臣,厚着脸皮而自鸣得意的人,又是豫让的罪人了。唉!

瘗(yì)旅文①

[明]王守仁

题解

王守仁(1472—1528),字伯安,余姚(今属浙江)人。曾筑室故乡阳明洞中,世称阳明先生。明武宗正德初,王守仁因得罪宦官刘瑾,被贬为贵州龙场驿丞。本文作于作者到任后的第三年秋天。文章在对吏目主仆三人客死异乡的哀悼中,抒发了天涯沦落、怀才不遇的感慨,抒发了自己抑郁和愤懑的心情,并透露出对阉党的不满和不屈服于恶劣环境的意志。

原文

维正德四年秋月三日②,有吏目云自京来者③,不知其名氏。携一子一仆将之任。过龙场④,投宿土苗家。予从篱落间望见之,阴雨昏黑,欲就问讯北来事,不果。明早,遣人觇(chān)之⑤,已行矣。薄(bó)午⑥,有人自蜈蚣坡来,云:"一老人死坡下,傍两人哭之哀。"予曰:"此必吏目死矣。伤哉!"薄暮,复有人来,云:"坡下死者二人,傍一人坐哭。"询其状,则其子又死矣。明日,复有人来,云:"见坡下积尸三焉。"则其仆又死矣。呜呼伤哉!

念其暴骨无主,将二童子持畚(běn)锸(chā)往瘗之⑦,二童子有难色然。予曰:"嘻!吾与尔犹彼也。"二童闵然涕下⑧,请往。就其傍山麓为三坎⑨,埋之。又以只鸡、饭三盂,嗟吁涕洟(yí)而告之曰⑩:

呜呼伤哉!繄(yī)何人⑪?繄何人?吾龙场驿丞余姚王守仁

也[12]。吾与尔皆中土之产[13]。吾不知尔郡邑[14]，尔乌乎来为兹山之鬼乎？古者重去其乡，游宦不逾千里。吾以窜逐而来此，宜也。尔亦何辜乎？闻尔官吏目耳，俸不能五斗[15]，尔率妻子躬耕可有也[16]。胡为乎以五斗而易尔七尺之躯？又不足，而益以尔子与仆乎？呜呼伤哉！尔诚恋兹五斗而来，则宜欣然就道，胡为乎吾昨望见尔容蹙然[17]，盖不胜其忧者？夫冲冒霜露，扳（pān）援崖壁[18]，行万峰之顶，饥渴劳顿，筋骨疲惫，而又瘴疠侵其外[19]，忧郁攻其中，其能以无死乎？吾固知尔之必死，然不谓若是其速，又不谓尔子、尔仆亦遽然奄忽也[20]。皆尔自取，谓之何哉？吾念尔三骨之无依而来瘗耳，乃使吾有无穷之怆也。呜呼伤哉！纵不尔瘗，幽崖之狐成群，阴壑之虺（huǐ）如车轮[21]，亦必能葬尔于腹，不致久暴尔。尔既已无知，然吾何能为心乎？自吾去父母乡国而来此，三年矣。历瘴毒而苟能自全，以吾未尝一日之戚戚也[22]。今悲伤若此，是吾为尔者重，而自为者轻也。吾不宜复为尔悲矣。吾为尔歌，尔听之。

歌曰：连峰际天兮飞鸟不通。游子怀乡兮莫知西东。莫知西东兮维天则同[23]。异域殊方兮环海之中[24]。达观随寓兮莫必予宫[25]？魂兮魂兮无悲以恫（dòng）[26]。

又歌以慰之曰：与尔皆乡土之离兮，蛮之人言语不相知兮[27]。性命不可期，吾苟死于兹兮，率尔子仆，来从予兮。吾与尔遨以嬉兮[28]，骖（cān）紫彪而乘文螭（chī）兮[29]，登望故乡而嘘唏兮。吾苟获生归兮，尔子、尔仆尚尔随兮，无以无侣悲兮！道旁之冢累累兮，多中土之流离兮，相与呼啸而徘徊兮。餐风饮露，无尔饥兮。朝友麋鹿，暮猿与栖兮。尔安尔居兮，无为厉于兹墟兮[30]！

注释

①瘗：埋葬。旅：客。这里指客死他乡的人。　②维：发语词，无实义。正德四年：公元1509年。正德，明武宗年号（1506—1521）。　③吏目：官名。掌管官府文书。　④龙场：在今贵州修文县境内。　⑤觇：观察；窥视。

⑥薄:迫近。　⑦将:带领。畚:畚箕。锸:铁锹。　⑧闵然:感伤的样子。涕下:流泪。　⑨坎:坑。　⑩涕洟:流泪。洟,鼻涕。　⑪繄:感叹词。　⑫驿丞:官名,掌管邮传、迎送等事务。　⑬中土:内地。　⑭郡邑:指籍贯。⑮五斗:形容月俸很微薄。　⑯躬:亲自。　⑰蹙然:忧愁的样子。　⑱扳援:攀缘。　⑲瘴:旧时指南方山林中湿热蒸郁使人得病的气。疠:瘟疫。⑳遽然:突然。奄忽:死亡。　㉑虺:毒蛇。　㉒戚戚:忧惧的样子。　㉓维:只有。　㉔环海之中:指中国。古人认为中国四周环海。　㉕达观:乐观。随寓:到处安身。宫:房屋;住宅。　㉖恫:惊恐。　㉗蛮:古代对南方各族的称呼。这里指苗族。㉘遨:游。　㉙骖:在两边拉车的马,这里作动词用,相当于驾驭。紫彪:紫色斑纹的小老虎。文螭:有花纹的无角龙。　㉚厉:恶鬼。墟:村落。

译文

正德四年秋季某月初三日,有一名据说是从京城来的吏目,不知他的姓名。带着一个儿子、一个仆人将要上任,路过龙场,投宿在一户苗族人家。我从篱笆中间望见他,天阴下雨昏黑,想靠近他打听北方的情况,没有实现。第二天早晨,派人去探视,已经走了。接近中午时,有人从蜈蚣坡那边来,说:"有一个老人死在坡下,旁边两人哭得很伤心。"我说:"这一定是吏目死了。可悲啊!"傍晚,又有人来说:"坡下死的有两人,旁边一人坐着在哭。"问了他们的情状,知道是吏目的儿子死了。第二天,又有人来说:"看到坡下堆了三具尸体。"那么,他的仆人又死了。唉,令人伤心啊!

想到他们暴尸露骨,无人料理,就带着两个童仆,拿着畚箕和铁锹,前去埋葬。两名童仆脸上流露出为难的情绪。我说:"唉,我和你们,就像他们一样啊。"两名童仆怜悯地淌下眼泪,要求一起去。于是在旁边的山脚下挖了三个坑,把他们埋了。又将一只鸡、三碗饭供上,边叹息边流泪,向死者祭告说:

唉,悲伤啊!你是什么人,什么人啊?我是龙场驿的驿丞、余姚王守仁呀。我和你都生长在中原地区,我不知你是何郡何县人,你为什么来做这座山上的鬼魂啊?古人不会轻率地离开故乡,外出做官也不超过千里。我是因为流放而来此地,理所应当。你又有什么罪过呢?听说你的官职,仅仅是个吏目,薪俸不过五斗,你领着老婆孩子亲自种田就会有了。为什么竟用这五斗的俸禄来换你堂堂七尺之躯?又嫌不够,再加上你的儿子和仆人呢?哎呀,太悲伤了!你如真是为留恋这五斗的俸禄而来,就应该欢喜地上路,为什么我昨天望见你皱着额头、面有愁容,似乎经受不起这忧虑呢?冒着寒霜冷露,攀援悬崖峭壁,走过万山峰顶,饥渴劳累,筋骨疲惫,又加上瘴疠从体外入侵,忧郁攻击内心,这样能免于一死吗?我固然知道你必会死,可是没想到会如此之快,更没想到你的儿子、你的仆人也会很快地死去啊。都是你自己找来的呀,还说它什么呢?我不过是怜念你们三具尸骨无所归依才来埋葬罢了,却使我引起无穷的凄怆。唉,悲痛啊!纵然不葬你们,那幽暗的山崖上狐狸成群,阴深山谷中粗如车轮的毒蛇,也一定能够把你们葬在腹中,不致长久地暴露。你已经没有一点知觉,但我又怎能安心呢?自从我离开父母之乡来到此地,已经三个年头。历尽瘴毒而能勉强保全自己的生命,主要是因为我没有一天怀有忧戚的情绪啊。今天忽然如此悲伤,是我为你想得太多,而为自身想得很少啊。我不应该再为你悲伤了!我来为你唱歌,你请听着。

歌词为:连绵的山峰高接云天啊,飞鸟不通。游子怀念家乡啊,不知西东。不知西东啊,顶上的苍天却一般相同。他乡异地啊,都在四海的环绕之中。乐观的人啊到处为家,何必守住在那旧居中?魂灵啊,魂灵啊,不要悲伤和惊恐!

再唱一支歌来安慰:我与你都是离乡背井的人啊,蛮人的语言听不懂。性命难以预料啊,假使我也死在这地方啊,请带着你的儿子、你的仆人紧相从。我们一起遨游同嬉戏,驾驭紫色虎啊,乘坐五彩龙,登高望故乡啊,放声叹息长悲恸。假使我有幸能生还啊,你尚有儿子、仆人在身后随从,不要以为无伴侣就悲伤啊。路旁的累累枯冢啊,多是中原流落这里的人,与他们一起呼啸,一起散步逍遥啊。餐清风,饮甘露啊,就不会饥饿。早上与麋鹿做朋友啊,晚上再与猿猴同栖息。安心守分居墓中啊,不要变成厉鬼为害这里的村落啊。

项 脊 轩 志^①

[明]归有光

题解

　　归有光(1506—1571),字熙甫,号震川,昆山(今属江苏)人。嘉靖四十四年(1565)进士。授长兴知县,调顺德通判,官终南京太仆寺丞。归有光是明代后期著名的古文家,为文即事抒情,朴素简淡,是"唐宋派"的主要代表。

　　项脊轩,是作者的书斋名。文章以项脊轩及其周围环境的变迁为经线,以与项脊轩有密切联系的往事为纬线,将自己对已故亲人的深切怀念表达出来。真切地再现了祖母、母亲及妻子在世时的音容举止和她们与作者的亲密关系,委婉而深挚地抒发了他失去亲人后的痛楚哀伤。

原文

　　项脊轩,旧南阁子也。室仅方丈^②,可容一人居。百年老屋,尘泥渗漉(lù)^③,雨泽下注^④,每移案^⑤,顾视无可置者。又北向,不能得日^⑥,日过午已昏。余稍为修葺(qì)^⑦,使不上漏。前辟四窗^⑧,垣(yuán)墙周庭^⑨,以当南日^⑩,日影反照,室始洞然^⑪。又杂植兰桂竹木于庭,旧时栏楯(shǔn)亦遂增胜^⑫。积书满架,偃仰啸歌,冥然兀坐^⑬,万籁有声^⑭。而庭阶寂寂,小鸟时来啄食,人至不去。三五之夜^⑮,明月半墙,桂影斑驳,风移影动,珊珊可爱⑯。

然余居于此，多可喜，亦多可悲。先是⑰，庭中通南北为一。迨诸父异爨（cuàn）⑱，内外多置小门，墙往往而是⑲。东犬西吠⑳，客逾庖而宴㉑，鸡栖于厅。庭中始为篱，已为墙㉒，凡再变矣。家有老妪（yù）㉓，尝居于此。妪，先大母婢也㉔，乳二世㉕，先妣（bǐ）抚之甚厚㉖。室西连于中闺㉗，先妣尝一至。妪每谓予曰："某所，而母立于兹㉘。"妪又曰："汝姊在吾怀，呱呱而泣；娘以指叩门扉曰：'儿寒乎？欲食乎？'吾从板外相为应答。"语未毕，余泣，妪亦泣。余自束发读书轩中㉙。一日，大母过余曰㉚："吾儿，久不见若影㉛，何竟日默默在此㉜，大类女郎也㉝？"比去㉞，以手阖（hé）门㉟，自语曰："吾家读书久不效，儿之成，则可待乎？"顷之，持一象笏（hù）至㊱，曰："此吾祖太常公宣德间执此以朝㊲，他日汝当用之。"瞻顾遗迹，如在昨日，令人长号不自禁㊳。

轩东，故尝为厨，人往，从轩前过。余扃（jiōng）牖而居㊴，久之，能以足音辨人。轩凡四遭火，得不焚，殆有神护者㊵。

项脊生曰㊶：蜀清守丹穴，利甲天下，其后秦皇帝筑女怀清台㊷。刘玄德与曹操争天下㊸，诸葛孔明起陇中㊹。方二人之昧昧于一隅也㊺，世何足以知之？余区区处败屋中，方扬眉瞬目㊻，谓有奇景。人知之者，其谓与坎井之蛙何异㊼！

余既为此志㊽，后五年，吾妻来归㊾，时至轩中，从余问古事，或凭几学书㊿。吾妻归宁(51)，述诸小妹语曰："闻姊家有阁子，且何谓阁子也？"其后六年，吾妻死，室坏不修。其后二年，余久卧病无聊，乃使人复葺南阁子，其制稍异于前(52)。然自后余多在外，不常居。

庭有枇杷树，吾妻死之年所手植也，今已亭亭如盖矣(53)。

注释

①项脊轩：作者书斋名。作者远祖归道隆曾居住江苏太仓的项脊泾，故以此名轩，以示纪念。志：一种文体。 ②方丈：一丈见方。 ③渗漉：渗透

下漏。　④雨泽下注:积聚的雨水往下流淌。　⑤案:书桌。　⑥不能得日:见不到太阳。　⑦修葺:修补。　⑧辟:开辟。　⑨垣:矮墙。周庭:环绕庭院。　⑩当:抵挡。　⑪洞然:形容明亮的样子。⑫栏楯:栏杆。直的称栏,横的叫楯。　增胜:增添光彩。⑬冥然:形容沉静的样子。兀坐:端坐。⑭万籁:自然界的一切声响。籁,孔穴里发出的声音。　⑮三五之夜:阴历十五日夜。　⑯珊珊:缓慢移动的样子。　⑰先是:在这之前。　⑱迨:等到。诸父:伯父、叔父。异爨:各起炉灶,即各自分家。　⑲往往而是:到处都是。⑳东犬西吠:东家的狗冲着西家叫唤。　㉑逾庖:穿过厨房。　㉒已:不久。㉓老妪:老年妇女。　㉔先大母:已去世的祖母。大母,祖母。　㉕乳:哺育。二世:指作者和他的父亲两代。　㉖先妣:已去世的母亲。　㉗中闺:妇女居住的内室。　㉘而:你。　㉙束发:古人以十五岁为成童之年,到时将头发束扎盘于头顶。　㉚过余:到我这儿来。㉛若:你。㉜竟日:整天。㉝大类:极像。　㉞比去:等到离去。㉟阖门:关门。㊱象笏:象简、手板,古代大臣上朝时所执,用象牙、玉或木制成。　㊲太常公:指作者祖母的祖父。宣德:明宣宗年号(1426—1435)。㊳长号:大哭。㊴扃:安装在门外的门闩或环钮。此引申为关。牖:窗户。㊵殆:或许;恐怕。㊶项脊生:作者自指。　㊷"蜀清"三句:古代四川有个妇女叫清,她丈夫发现了一个出产朱砂的矿穴,开采后获得巨利。丈夫死后,清谨守夫业,别人不敢侵犯。秦始皇后来为她筑了一个"女怀清台"以示表彰。　㊸刘玄德:刘备,字玄德。㊹诸葛孔明:诸葛亮,字孔明。陇中:当作隆中,山名,在湖北省襄阳县西。诸葛亮辅佐刘备前隐居在这里。㊺昧昧:光线暗淡,这里指名望不大。㊻扬眉瞬目:形容得意时的神情。瞬目,眨眼睛。　㊼坎井之蛙:浅井里的青蛙。比喻目光短浅而又自高自大。　㊽此志:指本文。㊾归:出嫁。㊿学书:练字。51归宁:已婚女子回娘家省视父母。52制:格局;形状。53盖:伞。

译文

　　项脊轩就是旧日南边的楼阁。房间只有一丈见方,可以容纳一人居住。陈年的老屋,泥浆渗漏,由小孔滴下,积聚的雨水,直往下淌。每次移动桌子,朝四周看没有可以安置的地方。又是朝北的,照不进阳光,白天一过中午就昏暗了。我略为修补,使它屋顶不漏,前面开了四扇窗,在庭院的四周筑起了围墙,用来挡住南射的阳光,借助阳光的反射,室内才透亮起来。又在庭院中栽种了兰花、桂花、竹子、树木,旧时的栏杆也因而增加了光彩。书籍放满了书架,大声吟诵,怡然自得,有时则默然端坐,外界的各种声音都听得见。可庭院中显得特别寂静,小鸟不时飞来啄食,有人来它也不飞走。十五的夜晚,明亮的月光照着半个墙面,桂树的投影,纷杂错落,随着风的吹拂,影子也在移动,舒缓轻盈,十分可爱。

然而我居住在这里,可喜的事多,可悲的事也多。在这之前,庭院南北贯通,是个完整的院子。等到伯父、叔父们分家以后,庭院内外开了许多小门,隔墙垒得到处都是。东家的狗冲着西家叫,来了客人得穿过厨房去吃饭,鸡都栖息在厅堂上。庭院中先是扎下篱笆,后又垒起了墙,一共变动了两次。我家有个老婆婆,曾经在这间屋里住过。她是已经去世的祖母的婢女,做过两代人的奶娘,我母亲生前待她很好。屋子西面和内室相连,母亲曾经来过,老婆婆常对我说:"那里,就是你母亲曾经站立过的地方。"她又说:"你姐姐在我的怀里,呱呱地哭着,你娘听到哭声用手指敲敲房门说:'女儿冷吗?是想吃东西吗?'我隔着门板应声回答。"话还没说完,我就哭了,老婆婆也哭了。我从儿童时代起,一直在这项脊轩中读书。有一天,祖母来看我,对我说:"我的孩子,很久没见到你的人影了,为什么整天不声不响地待在这儿,像个女儿家呀!"等到离开的时候,用手关上房门,自言自语地说:"我家的人读书,很长时间不见成效了,这孩子的成功,那总是可以期待的吧!"一会儿,祖母拿着一块象笏来,说:"这是我祖父太常公宣德年间拿着上朝的,将来你用得上它。"回想起这些往事陈迹,就像发生在昨天似的,叫人忍不住放声大哭起来。

项脊轩的东面,以前做过厨房,人们去那里,从轩前经过。我关上窗子住在里面,时间长了,能够凭脚步声辨别出行人。项脊轩共四次遭受火灾,能不被焚毁,大概是有神灵保护的缘故。

项脊生说:巴蜀有个叫清的妇人,继承了丈夫留下的朱砂矿,获利为天下第一,后来秦始皇筑"女怀清台"来纪念。刘备与曹操争夺天下,诸葛亮从隆中山里走出。当这两个人还待在偏僻角落时,世人又怎么能知道他们呢？我今天居住在这破旧的小屋里,却自得其乐,以为有奇景异致。人们知道我这种情况的话,恐怕会把我看作目光短浅的井底之蛙吧！

我写完了这篇志,过了五年,我的妻子嫁过来。时常到项脊轩来,向我询问古代的事情,有时靠着桌子学写字。我妻回娘家看望父母,归来后转达她的小妹们的话说:"听说姐姐家有间阁子,为什么叫阁子呢?"又过了六年,我的妻子去世,阁子坏了,没有修理。又过了两年,我因久卧病榻,心情无聊,于是叫人再次修理了这间南阁子,式样与以前稍有不同。然从那以后我大部分时间在外,不常在这里居住。

庭院中有一棵枇杷树,是我妻子去世那年亲手栽种的,现在已经长得高大挺拔,像伞一样了。

报刘一丈书①

[明]宗臣

题解

宗臣(1525—1560),字子相,扬州兴化(今属江苏)人。明嘉靖年间进士。曾任刑部主事等职。是明代复古文学流派团体"后七子"之一。

明万历年间,严嵩为相,权倾天下,一些士大夫巴结逢迎,干谒求进,纷纷奔走于严氏之门。这篇文章,以具体、形象的事例,大胆揭露了当时官场的卑鄙龌龊,上层社会的污浊不堪,辛辣地嘲讽了趋炎附势者的奴颜婢膝,当权者的虚伪贪婪以及守门人狐假虎威、敲诈勒索的丑态,有着很强的现实针对性和批判性。

原文

数千里外,得长者时赐一书②,以慰长想③,即亦甚幸矣。何至更辱馈(kuì)遗(wèi)④,则不才益将何以报焉⑤?书中情意甚殷,即长者之不忘老父⑥,知老父之念长者深也。

至以"上下相孚,才德称位"语不才⑦,则不才有深感焉。夫才德不称,固自知之矣。至于不孚之病,则尤不才为甚。

且今世之所谓孚者何哉?日夕策马候权者之门⑧,门者故不入⑨,则甘言媚词作妇人状⑩,袖金以私之⑪。即门者持刺入⑫,而主者又不即出见,立厩中仆马之间⑬,恶气袭衣裾⑭,即饥寒毒热不可忍,不去也⑮。抵暮,则前所受赠金者出,报客曰:"相公倦⑯,谢客矣⑰,客请明日来。"即明日,又不敢不来。夜披衣坐,闻鸡鸣,即起盥栉(zhì)⑱,走马抵门,门者怒曰:"为谁?"则曰:"昨日之客来。"则又怒曰:"何客之勤也!岂有相公此时出见客乎?"客心耻之,强忍而与言曰:"亡奈何矣⑲,姑容我入⑳!"门者又得所赠金,则起而入之。又立向所立厩中㉑。幸主者出,南面召见㉒,则惊走匍匐阶下㉓。主者曰:"进!"则再拜,故迟不起,起则上所上寿金㉔。主者故不受,则固请㉕;主者故固不受,则又固请。然后命吏纳之。则又再拜,又故迟不起,起则五六揖始出㉖。出,揖门者曰:"官人幸顾我㉗,他日来,幸亡阻我也㉘!"门者答揖,大喜,奔出。马上遇所交识㉙,即扬鞭语曰:"适自相公家来㉚,相公厚我㉛,厚我!"且虚言状㉜。即所交识,亦心畏相公厚之矣。相公又稍稍语人曰㉝:"某也贤,某也贤。"闻者亦心计交赞之㉞。此世所谓上下相孚也,长者谓仆能之乎?

前所谓权门者,自岁时伏腊一刺之外㉟,即经年不往也㊱。间道经其门㊲,则亦掩耳闭目,跃马疾走过之,若有所追逐者。斯则仆之褊衷㊳,以此长不见悦于长(zhǎng)吏,仆则愈不顾也。每大言曰㊴:"人生有命,吾惟守分尔矣㊵!"长者闻之,得无厌其为迂乎㊶?

　　乡园多故㊷,不能不动客子之愁㊸。至于长者之抱才而困㊹,则又令我怆然有感㊺。天之与先生者甚厚,亡论长者不欲轻弃之㊻,即天意亦不欲长者之轻弃之也。幸宁心哉㊼!

注释

　　①刘一:姓刘,排行第一。作者父亲的朋友。丈:对长者的尊称。　②长者:指刘一丈。　③长想:长久的思念。　④辱:谦词。意指自己地位低下,屈辱了对方。馈遗:赠送(礼物)。　⑤不才:谦词,作者自指。意即不成才的人。　⑥老父:作者的父亲宗周。　⑦上下相孚:上下级之间互相信任。孚,相信。才德称位:才能与品德都适合自己的职位。称,适合。　⑧策马:以鞭打马。权者:权势显要的人。这里指严嵩父子。　⑨门者:守门的人。故:故意。　⑩甘言媚词:指奉承的话。　⑪袖金:袖里藏着金钱。私之:偷偷地给他。　⑫刺:谒见时的名帖。　⑬厩:马棚。仆马:仆人和马匹。　⑭恶气:难闻的气味。袭:侵袭;熏染。　⑮去:离开。　⑯相公:对宰相的一种称呼。　⑰谢:辞谢。　⑱盥栉:洗脸梳头。　⑲亡奈何:没办法。　⑳姑:姑且。　㉑向:以前;上次。　㉒南面:朝南面。古代以南面为尊贵。　㉓匍匐:手足着地爬行。　㉔上:献上。寿金:礼金。　㉕固:坚持。　㉖揖:作揖,古时礼节。　㉗官人:对守门人的尊称。幸:幸亏。顾:照顾。　㉘幸:希望。　㉙所交识:交游熟识的人。　㉚适:刚才。　㉛厚:优待;看重。　㉜虚言:虚假地讲述。　㉝稍稍:偶或。　㉞心计:心里打算。交赞:交口称赞。　㉟岁时:过年过节。伏腊:夏天的伏日和冬天的腊日,这是古代一年中举行祭祀的重要节日。一刺:拜谒一次。　㊱经年:整年。　㊲间:间或;偶然。　㊳褊:狭隘。　㊴大言:说大话,这里是谦词。　㊵守分:守住本分。尔矣:罢了。　㊶得无:恐怕。迂:迂腐。　㊷故:变故。　㊸客子:离开家乡的人。　㊹抱才而困:怀抱才能而处于困境。　㊺怆然:悲伤。　㊻亡论:不论;别说是。　㊼宁心:安心。

译文

　　数千里以外时常得到您老人家的来信,安慰我长久的想念,这

已经十分幸运了。竟然还承蒙您赠送礼物,那么我更要用什么来报答呢?信中表达的情意十分恳切,说明您没有忘记我的老父亲,也可知老父亲是很深切地想念您老人家的。

至于信中以"上下互相信任,才能和品德与职位相符合"的话劝导我,那正是我深有感触的。我的才德与职位不相符,本来我就知道的。至于上下不能做到相互信任的毛病,在我的身上表现得更厉害。

且看当今社会上所说的上下信任是怎么一回事呢?从早到晚骑马去权贵人家的门口恭候,守门的人故意不让他进去,他就用甜言媚语装作妇人的姿态,把袖里藏着的金钱偷偷地塞给守门人。守门人拿着名帖进去之后,而主人又不立即出来接见,他就站在马棚里,与仆人和马匹相处,臭气熏着衣服,即使是饥饿寒冷或闷热得无法忍受,也不肯离去。一直到傍晚,那个先前曾经接受金钱的守门人出来对他说:"相公疲劳了,谢绝会客,客人请明天再来吧。"到了第二天,他又不敢不来。晚上他披衣坐等,一听到鸡叫就起来洗脸梳头,骑着马跑到相府门口,守门人发怒地说:"是谁?"他便回答说:"昨天的客人又来了。"守门人又怒气冲冲地说:"你这个客人倒来得这样勤!难道相公能在这个时候出来会客吗?"客人心里感到受耻辱,只有勉强忍耐着对守门人说:"没有办法啦!姑且让我进去吧!"守门人再次得到他送的一笔钱,才起身放他进去。他又站在原来站过的马棚里。幸好主人出来了,在客厅上朝南坐着,召他进去见面,他就慌慌张张地跑上去,拜伏在台阶下。主人说:"进来!"他便拜了又拜,故意迟迟不起来,起来后就献上进见的金银。主人故意不接受,他就一再请求收下;主人故意坚决不接受,他就再三请求。然后主人叫手下人把东西收起来。他便拜了又拜,故意迟迟不起,起来后又作了五六个揖才出来。出来他就对守门人作揖说:"多亏老爷关照我!下次再来,希望不要阻拦我。"守门人向他回礼,他就十分高兴地跑出来。他骑在马上碰到相识的朋友,就扬起马鞭得意洋洋地对人说:"我刚从相府出来,相公待我很好,很好!"并且虚假地叙述受到接待的情况。因此与他相识的朋友,也从心里敬畏他能得到相公的优待。相公又偶尔对别人说:"某人好,某人好。"听到这些话的人也都在心里盘算着并且一齐称赞他。这就是所说的上下信任,您老人家说我能这样做吗?

对于前面所说的权贵人家,我除了过年过节例如伏日、腊日投一个名帖外,就整年不去。有时经过他的门前,我也是捂着耳朵,闭着眼睛,鞭策着马匹飞快地跑过去,就像后面有人追逐似的。这就是我狭隘的心怀,因此经常不受长官欢迎,而我则更加不顾这一切了。我常常发表高谈阔论:"人生遭际都是由命运决定的,我只是守自己的本分罢了!"您老人家听了我的这番话,或许不会嫌我过于迂阔吧!

家乡多次遭遇灾祸,不能不触动旅居在外的人的愁思。至于您老人家的怀才不遇,也使我心情悲伤而有所感触。上天赋予您的才德是很优厚的,不要说您老人家不愿轻易抛弃它,就是天意也不愿让您轻易地抛弃啊!希望您安心等待吧!

徐 文 长 传

[明]袁宏道

题解

袁宏道(1568—1610),字中郎,公安(今属湖北)人。万历二十年(1592)进士。选吴县知县,历任国子助教、礼部主事等。与其兄宗道、弟中道合称"三袁",文学成就高于其兄、弟。

本文是一篇人物传记。传主徐文长(1521—1593),名渭,字文长。山阴(今浙江绍兴)人。晚明戏曲家、画家、诗人。性格狂放不羁,因而不容于世俗,政治上很不得志。本文抓住徐渭这一特点为他立传,以简洁明快的笔调生动描述了徐渭狂放不羁的个性、坎坷的生活道路,以及卓然不群的才华,表露了作者对徐渭的由衷钦佩与深切同情。徐渭独立一时的才气与他"大试辄不利"的遭际,从侧面昭示了明代政治的腐败,表明了在封建社会中,优秀人物往往会被埋没、扼杀。

本文有不同的版本,这里所选的为中华书局排印本《徐渭集·附录》。

原文

余少时过里肆中①,见北杂剧有《四声猿》②,意气豪达,与近时书生所演传奇绝异,题曰"天池生"③,疑为元人作。后适越④,见人家单幅上有署"田水月"者⑤,强心铁骨,与夫一种磊块不平之气⑥,字画之中,宛宛可见⑦。意甚骇之,而不知田水月为何人。

一夕,坐陶编修楼⑧,随意抽架上书,得《阙编》诗一帙。恶楮(chǔ)毛书⑨,烟煤败黑⑩,微有字形。稍就灯间读之,读未数首,不觉惊跃,忽呼石篑:"《阙编》何人作者? 今耶? 古耶?"石篑曰:"此余乡先辈徐天池先生书也。先生名渭,字文长,嘉、隆间人⑪,前五六年方卒。今卷轴题额上有田水月者,即其人也。"余始悟前后所疑,皆即文长一人。又当诗道荒秽之时,获此奇秘,如魇得醒⑫。两人跃起,灯影下,读复叫,叫复读,僮仆睡者皆惊起。余自是或向人,或作书⑬,皆首称文长先生⑭。有来看余者,即出诗与之读。一时名公巨匠⑮,浸浸知向慕云⑯。

文长为山阴秀才,大试辄不利⑰,豪荡不羁。总督胡梅林公知之⑱,聘为幕客。文长与胡公约:"若欲客某者⑲,当具宾礼,非时辄得出入⑳。"胡公皆许之。文长乃葛衣乌巾㉑,长揖就坐,纵谈天下事,旁若无人。胡公大喜。是时公督数边兵㉒,威振东南,介胄(zhòu)之士㉓,膝语蛇行㉔,不敢举头;而文长以部下一诸生傲之，信心而行^㉕，恣臆谈谑，了无忌惮。会得白鹿^㉖，属文长代作表^㉗。表上，永陵喜甚^㉘。公以是益重之，一切疏记^㉙，皆出其手。

文长自负才略，好奇计，谈兵多中^㉚。凡公所以饵汪、徐诸虏者^㉛，皆密相议，然后行。尝饮一酒楼，有数健儿亦饮其下，不肯留钱。文长密以数字驰公^㉜，公立命缚健儿至麾下^㉝，皆斩之，一军股栗^㉞。有沙门负资而秽^㉟，酒间偶言于公，公后以他事杖杀之。其信任多此类。

胡公既怜文长之才^㊱，哀其数困^㊲，时方省试，凡入帘者^㊳，公密属曰："徐子，天下才，若在本房^㊴，幸勿脱失。"皆曰："如命^㊵。"一知县以他羁后至^㊶，至期方谒公，偶忘属，卷适在其房，遂不偶^㊷。

文长既已不得志于有司^㊸，遂乃放浪曲蘗（niè）^㊹，恣情山水，走齐、鲁、燕、赵之地^㊺，穷览朔漠^㊻。其所见山奔海立，沙起云行，风鸣树偃，幽谷大都，人物鱼鸟，一切可惊可愕之状，一一皆达之于诗。其胸中又有一段不可磨灭之气，英雄失路、托足无门之悲^㊼，故其为诗，如嗔如笑，如水鸣峡，如种出土，如寡妇之夜哭，羁人之寒起^㊽。当其放意，平畴千里^㊾；偶尔幽峭，鬼语秋坟^㊿。文长眼空千古，独立一时⁵¹。当时所谓达官贵人、骚士墨客，文长皆叱而奴之⁵²，耻不与交，故其名不出于越。悲夫！

一日，饮其乡大夫家。乡大夫指筵上一小物求赋，阴令童仆续纸丈余进⁵³，欲以苦之。文长援笔立成，竟满其纸，气韵遒逸，物无遁情⁵⁴，一座大惊。

文长喜作书，笔意奔放如其诗，苍劲中姿媚跃出。余不能书，而谬谓文长书决当在王雅宜、文徵仲之上⁵⁵。不论书法⁵⁶，而论书神⁵⁷，先生者，诚八法之散圣⁵⁸，字林之侠客也。间以其余⁵⁹，旁溢为花草竹石⁶⁰，皆超逸有致。

卒以疑，杀其继室⁶¹，下狱论死。张阳和力解⁶²，乃得出。既出，倔强如初。晚年愤益深，佯狂益甚。显者至门，皆拒不纳。当道官至，求一字不可得。时携钱至酒肆，呼下隶与饮。或自持斧击破其头,血流被面⑥³,头骨皆折,揉之有声。或槌其囊,或以利锥锥其两耳,深入寸余,竟不得死。

石篑言:晚岁诗文益奇,无刻本,集藏于家。余所见者,《徐文长集》、《阙编》二种而已。然文长竟以不得志于时,抱愤而卒。

石公曰⑥⁴:先生数奇不已,遂为狂疾;狂疾不已,遂为图(líng)圄(yǔ)⑥⁵。古今文人,牢骚困苦,未有若先生者也。虽然,胡公间世豪杰⑥⁶,永陵英主,幕中礼数异等⑥⁷,是胡公知有先生矣;表上,人主悦,是人主知有先生矣。独身未贵耳⑥⁸。先生诗文崛起,一扫近代芜秽之习,百世而下⑥⁹,自有定论,胡为不遇哉⑦⁰?梅客生尝寄余书曰⑦¹:"文长吾老友,病奇于人,人奇于诗,诗奇于字,字奇于文,文奇于画。"余谓文长无之而不奇者也⑦²。无之而不奇,斯无之而不奇也哉⑦³!悲夫!

注释

①里肆:街头店铺。　②北杂剧:北曲。《四声猿》:徐渭创作的一组短剧,包括《狂鼓史渔阳三弄》、《玉禅师翠乡一梦》、《雌木兰替父从军》和《女状元辞凰得凤》。　③天池生:徐渭别号。　④适:往;到。越:越地,今属浙江绍兴。　⑤田水月:徐渭别号。三字合起来即为"渭"。　⑥磊块:堆积的石块。比喻胸中所积的愤懑不平之气。　⑦宛宛:宛如;仿佛。　⑧陶编修:陶望龄,字周望,号石篑,会稽(今浙江绍兴)人。曾任翰林院编修。　⑨恶楮:质量较差的纸。楮,树名。皮可作纸。毛书:粗率的书写。　⑩烟煤:指墨迹。败黑:形容墨质低劣。　⑪嘉、隆:嘉靖、隆庆,明中叶的两个年号。⑫魇:噩梦。　⑬作书:写信。　⑭首称:首先称赞。　⑮名公巨匠:指有名声有成就的文人。　⑯浸浸:渐渐。向慕:向往仰慕。　⑰大试:指考取举人的乡试(省试),与考取秀才的小试相对而言。　⑱胡梅林:胡宗宪,号梅林。曾任浙江巡抚按御史,升兵部右侍郎总督军务。　⑲客某:延请为幕府宾客。某,徐渭自指。　⑳非时:不按规定时间。　㉑葛衣:葛布衣服。乌巾:黑色头巾。指穿戴皆非正式官服。　㉒数边兵:明代边防设有九镇,称九边。这里指胡宗宪统帅了几镇的兵马平定倭寇。　㉓介胄:盔甲。　㉔膝语蛇行:跪着说话,像蛇一样匍匐而行。　㉕信心:任意。　㉖会:适逢。　㉗表:

呈给皇帝的章表。 ㉘永陵:明世宗的陵墓。宋、元、明人以陵名称已故的皇帝。指嘉靖皇帝。 ㉙疏记:奏疏等公文。 ㉚多中:多切中关键。 ㉛饵:引诱。汪、徐:汪直、徐海。海盗首领,与倭寇勾结,被胡宗宪用计消灭。㉜以数字驰公:写短简急送胡宗宪。 ㉝麾下:将帅部下。这里指军营。㉞股栗:大腿颤抖,形容恐惧的样子。 ㉟沙门:僧人。负资而秽:有钱财而行为肮脏。 ㊱怜:爱惜。 ㊲数困:多次考试失利。 ㊳入帘:担任考官。明代考官也叫帘官。 ㊴房:协助主考的官员,阅卷时各占一房,故称房官。㊵如命:遵命。 ㊶以他羁:被其他事缠身。 ㊷不偶:不成功。 ㊸有司:主管的官员。这里指主考官。 ㊹放浪曲蘖:放纵酗酒。曲蘖,酿酒的发酵剂。这里指酒。 ㊺齐、鲁、燕、赵:本为战国时期的诸侯国。这里指北方地区。 ㊻穷览:尽览。朔漠:北方沙漠。 ㊼托足无门:形容无处安身。㊽羁人:旅途中的人。寒起:冒着寒冷而早起。 ㊾平畴:原野。 ㊿鬼语秋坟:形容荒凉、凄苦的境界。 (51)独立:不合群。一时:当时。 (52)奴之:看作奴仆。 (53)阴令:暗中指使。续纸丈余进:把纸连接成一丈多长后奉上。(54)遁情:没有遗漏内容。 (55)王雅宜:王宠,号雅宜山人。明代书法家。文徵仲:文徵明,字徵仲。明代书法家、文学家。 (56)书法:书写的技法。 (57)书神:字的神韵。 (58)八法:书法理论中的“永字八法”。这里指书法艺术。散圣:放纵不羁而自成大家。 (59)间:有时。其余:他的余力。 (60)旁溢为花草竹石:又涉足花草竹石的绘画。 (61)继室:续妻。 (62)张阳和:张元汴,别号阳和。曾任翰林院编修等职。力解:尽力解救。 (63)被面:满面。被,同“披”。 (64)石公:作者自称。 (65)囹圄:牢狱。 (66)间世:隔世。意为难得。(67)礼数:礼节。异等:特别优待。 (68)未贵:指未做官。 (69)百世:百代。古代以三十年为一世。 (70)胡为:为什么说。不遇:没有得到施展的机会。(71)梅客生:梅国桢,字客生。官至兵部右侍郎。 (72)无之:没有什么。(73)奇:即“数奇”之“奇”,不顺。

译文

我年轻时经过家乡的店铺,看见有北杂剧《四声猿》,意趣和气概豪放旷达,与近年来书生所创作的传奇大不相同,署名为“天池生”,怀疑它是元代人的作品。后来到越地去,看见人家单幅上有署款“田水月”的,笔法刚劲有力,一种郁结在胸中的不平之气,透露于字画中,仿佛可见。心中十分惊讶,然而不知道田水月是谁。

　　一天晚上,坐在陶编修家楼上,随意抽阅架上陈放的书,得《阙编》诗集一函。纸张粗糙,书写马虎,墨质低劣,字迹模糊不清。稍微凑近灯前阅读,看了没几首,不由得惊喜欢跃,连忙叫石簣,问他:"《阙编》是谁作的?是今人还是古人?"石簣说:"这是我同乡前辈徐天池先生著的书。先生名渭,字文长,嘉靖、隆庆间人,五六年前才去世。现在卷轴、题额上有署田水月的,就是他。"我方才明白前后所猜疑的都是文长一人。再加上如今正当诗歌领域荒芜浊污的时候,得到这样的奇珍异宝,犹如在噩梦中被唤醒。我们俩跳起来,在灯影下,读了又叫,叫了又读,睡着的佣人们都被惊起。我从此以后,或者对人家口说,或者写书信,都首先称道文长先生。有来看望我的,就拿出文长的诗给他读。一时文学界著名的人物,渐渐地知道向往仰慕他。

　　文长是山阴的秀才,乡试多次未被录取。性格直爽,无拘无束。总督胡宗宪知晓他的才能,聘请他做幕客。文长与胡宗宪讲定:"如果要我做幕客的话,要按照接待宾客的礼节,不规定时间,自由进出。"胡宗宪都答应了他。文长于是穿葛布衣服,戴黑色头巾,拱手行礼入坐,放言畅谈天下大事,好像旁边没有人一样。胡宗宪非常高兴。那时胡宗宪统率着几个方面的兵将,威震东南一带,军人畏惧他以至跪着说话,匍匐在地像蛇一样爬行,不敢抬头;而文长作为部下一秀才对他高傲自得,随心所欲地行事,任意谈论和开玩笑,丝毫没有畏惧顾虑。正逢皇帝捕得一头白鹿,胡宗宪请文长代作贺表。表章上达,世宗皇帝看了很高兴。因此胡宗宪更加看重他,一切奏疏、公文等,都请他代作。

　　文长对自己的才能谋略看得很高,喜欢出奇谋妙计,谈论行军打仗的形势策略大多得其要领。凡是胡宗宪所行的诱降汪直、徐海等盗寇的计谋,都和他缜密商议,然后付诸实行。文长曾经在一座酒楼上喝酒,有几名军士也在楼下喝酒,酒后不肯付钱。文长暗暗写短函迅速告达胡宗宪,胡宗宪立刻命令将军士绑进衙门,全部斩首,全军都害怕得大腿发抖。有一个和尚依仗有钱财而行为不轨,徐渭在喝酒时偶尔提起,后来胡宗宪借其他事把他击毙在梃杖下。文长受到胡宗宪的信任多和这些相仿。

胡宗宪既然怜爱文长的才华,又哀叹他屡次考试不中,适逢乡试,凡是做考官的,都暗中嘱托说:"徐子是第一流才士,如在你的房里,希望不要遗漏。"考官都答应说:"遵照你的话去办。"有一个知县因有其他事耽搁,晚来了一些,到了考期才拜见胡宗宪,胡宗宪偶尔忘了嘱托他,试卷正好分发在他的房中,于是没有被取中。

文长既然科场失利,不为试官所取,于是纵意于饮酒,尽情地游山玩水,旅行于齐、鲁、燕、赵一带,遍历北方沙漠地区。他所见到的奔腾横亘的高山,呼啸汹涌的海水,迷漫遮天的黄沙,变幻不测的云彩,尖啸怒号的狂风,仰面倒地的大树,深曲幽静的山谷,繁华辐辏的都市,各种各样的人物鱼鸟,一切令人惊讶的形状,都逐一在他的诗中表达出来。他的胸中又有一股磨灭不了的锐气,以及英雄茫然失路、无处可以安身的悲愤,所以他所作的诗,又像生气又像嬉笑,好像水流过峡谷而发出巨大的声响,好像种子发芽出土无声无息,好像寡妇在晚上啼哭哀哀欲绝,好像游子作客他乡寒夜而起。当他放纵心意,犹如平坦的田野,一望千里;偶尔幽深峭拔,好像秋天坟地里的鬼魂,啾啾私语。文长眼界奇高,以为千古文人皆不足道,在当时诗坛上独树一帜。当时所谓的高官显贵、诗人文士,文长都大声地斥责,视他们为奴婢,以和他们结交为耻辱,因此他的名声没有流传出越地以外去。可悲啊!

一日,在县令家饮酒,县令指着席筵上一件小东西求他作诗题咏,暗地里叫小仆人把纸张连接成一丈多长呈上,想以此难倒他。文长取笔在手,当场作诗,写满了那张纸,意境和韵味刚健飘逸,那东西的神态被表达得淋漓尽致,在场的人都大为惊叹。

文长喜欢书法,笔意奔放和他的诗一样,苍凉遒劲中流露出婉约媚人的姿态。我字写得不好,胡说一句,我以为文长的字确实写得比王雅宜、文徵仲要高明。不说书写的技法,而说字的神韵,先生确为不拘泥于八法而造诣极高的人,是书法界异军突起的奇士。有时以他的余力,从事于绘摹花草竹石,都画得高远典雅,富有情趣。

他后来因猜忌而杀死他的续妻,被逮入狱,判处死刑。张阳和极力斡旋解救,才被释放。出狱后,他倔强的脾气一如以往。晚年愤慨更深,癫狂更厉害。有名声地位的人登门拜访,他都拒不接待。本地官员来求他写字,连一个字也得不到。常常带钱到酒店,呼唤地位低贱的人一起饮酒。有时拿斧头砍破自己的头,以致血流满面,头骨折断,以手摩擦,发出响声。有时用槌子敲碎肾囊,有时以锋利的锥子刺自己的双耳,锥深入达一寸多,居然没有死去。

石篑说:文长晚年诗文更为奇异,没有刻本,集子藏在家里。我所见到的,仅《徐文长集》、《阙编》二种而已。然而文长始终在当时不得志,心怀怨愤而死。

石公说:先生命运一直不好,因此得了狂疾;狂疾一直不痊,因而被逮下狱。古今文人,忧愁困苦,没有可以同先生相比拟的。虽然如此,胡宗宪是难得的豪杰,世宗皇帝是英明的君主,文长在做幕客时受到特殊的优待,这是胡宗宪知道先生的才能了;献白鹿表上,皇帝嘉悦,是皇帝知道先生的才能了。只不过没有担任一官半职罢了。先生诗文突起,一扫近代以来荒芜污浊的诗风,千百年后,自有定论,为什么说他没有遇合呢? 梅客生曾经写信给我说:"文长是我的老朋友,他的病比他的人更奇异,他的人比他的诗更奇异,他的诗比他的书法更奇异,他的书法比他的文更奇异,他的文比他的画更奇异。"我说文长是没有什么不奇异的人。正因为没有什么不奇异,因此没有什么是顺顺当当的。可悲呀!

西湖七月半①

[明]张岱

题解

张岱(1597—1679)，字宗子，号陶庵，山阴(今浙江绍兴)人，侨寓杭州。出身世族之家，明朝灭亡后，隐居浙江剡溪中，一心从事著述。

这篇文章描述了明末杭州人七月半游西湖的盛况，重现了当时的西湖景色和风土民情，表现了一种闲雅脱俗的生活情趣。作者将游客分成五类，并一一加以描述。其一，为假冒风雅的官僚；其二，为无意风雅的豪富；其三，为故意风雅的游客；其四，为不懂风雅的市井之徒；其五，为读书人中的清雅之士。前四类与最后一类清雅之士，庸俗与高雅，喧哗与清寂，两相对比映照。

原文

西湖七月半，一无可看，只可看看七月半之人。看七月半之人，以五类看之。其一，楼船箫鼓②，峨冠盛装③，灯火优傒(xī)④，声光相乱⑤，名为看月而实不见月者，看之；其一，亦船亦楼，名娃闺秀⑥，携及童娈(luán)⑦，笑啼杂之，还坐露台⑧，左右盼望，身在月下而实不看月者，看之；其一，亦船亦声歌，名妓闲僧，浅斟低唱⑨，弱管轻丝⑩，竹肉相发⑪，亦在月下，亦看月，而欲人看其看月者，看之；其一，不舟不车⑫，不衫不帻(zé)⑬，酒醉饭饱，呼群三五，跻(jī)入人丛⑭，昭庆、断桥⑮，嘄(xiāo)呼嘈杂⑯，装假醉，唱无腔曲⑰，月亦看，看月者亦看，不看月者亦看，而实无一看者，看之;其一,小船轻幌^⑱,净几煖炉,茶铛(chēng)旋煮^⑲,素瓷静递^⑳,好友佳人,邀月同坐,或匿影树下^㉑,或逃嚣里湖^㉒,看月而人不见其看月之态,亦不作意看月者^㉓,看之。

杭人游湖,已出酉归^㉔,避月如仇。是夕好名,逐队争出,多犒门军酒钱^㉕,轿夫擎燎(liáo)^㉖,列俟(sì)岸上^㉗。一入舟,速舟子急放断桥^㉘,赶入胜会。以故二鼓以前^㉙,人声鼓吹,如沸如撼,如魇(yǎn)如呓^㉚,如聋如哑^㉛;大船小船,一齐凑岸,一无所见,止见篙击篙^㉜,舟触舟,肩摩肩,面看面而已。少刻兴尽,官府席散,皂隶喝道去^㉝。轿夫叫船上人怖以关门^㉞。灯笼火把如列星,一一簇拥而去。岸上人亦逐队赶门,渐稀渐薄^㉟,顷刻散尽矣。

吾辈始舣(yǐ)舟近岸^㊱。断桥石磴始凉,席其上,呼客纵饮。此时月如镜新磨,山复整妆^㊲,湖复颒(huì)面^㊳。向之浅斟低唱者出^㊴,匿影树下者亦出,吾辈往通声气^㊵,拉与同坐。韵友来^㊶,名妓至,杯箸安^㊷,竹肉发。月色苍凉,东方将白,客方散去。吾辈纵舟^㊸,酣睡于十里荷花之中,香气拘人^㊹,清梦甚惬(qiè)^㊺。

注释

①西湖:在今浙江杭州。七月半:农历七月十五日。　②楼船:饰有楼阁的华贵游船。箫鼓:两种乐器。这里泛指弦吹之声。　③峨冠:高帽。这里代指士大夫。　④优:优伶,歌妓。僮:同"奚",仆役。　⑤相乱:相错杂。⑥名娃:著名的美女。闺秀:大户人家的姑娘。　⑦童娈:即娈童,美貌的侍童。　⑧还坐:环坐。露台:楼船的平台。　⑨浅斟:慢慢地喝。低唱:低声歌唱。　⑩弱管:箫笛低吹。轻丝:琴瑟轻弹。　⑪竹肉相发:丝竹声与歌声相伴和。肉:歌喉。　⑫不舟不车:不坐船,不坐车。　⑬不衫不帻:不穿长衫,不戴头巾。帻,头巾。　⑭跻:挤。　⑮昭庆:寺院名,在西湖东北隅岸上。断桥:在西湖白堤上。　⑯噪呼:大叫大嚷。　⑰无腔曲:不成腔调的歌曲。　⑱轻幌:细薄的帷幔。⑲茶铛:煮茶用的三足小锅。旋:立刻。⑳素瓷:白色瓷杯。　㉑匿影:藏身。　㉒逃嚣:逃避喧闹。里湖:里西湖。㉓作意:故意;刻意。　㉔已:上午九时至十一时。酉:下午五时至七时。㉕犒:犒劳。门军:守门的军士。　㉖擎燎:举着火把。　㉗列:排列。俟:等

候。　㉘速:催促。舟子:船夫。放:划向。　㉙二鼓:二更。指晚上九时至十一时。　㉚魇:梦中惊叫。呓:说梦话。　㉛如聋如哑:想听听不见,如聋子;想说说不响,如哑巴。指声音嘈杂。　㉜止:只;仅。　㉝皂隶:官府中的差役。喝道:喝令行人让道。　㉞怖以关门:用关城门来恐吓游人。　㉟渐稀渐薄:逐渐减少。　㊱舣舟:船靠岸。　㊲山复整妆:山峦像重新梳妆打扮过一般。　㊳颒面:洗脸。形容湖面洁净。　㊴向:刚才。　㊵通声气:招呼问答。　㊶韵友:风雅的朋友。　㊷箸:筷子。　㊸纵舟:任凭船漂流。㊹拘:包围。　㊺惬:惬意;畅快。

译文

　　西湖的七月半,没有什么可看的,只可以看那些看七月半的人。看七月半的人,可以分五类来看。其中一类,坐在有楼饰的游船上,吹箫击鼓,戴着高冠,穿着漂亮整齐的衣服,灯火明亮,优伶、仆从相随,乐声与灯光相错杂,名为看月而事实上并未看见月亮的人,我就看看他们;一类,也坐在游船上,船上也有楼饰,带着有名的美人和贤淑有才的女子,还带着娈童,嬉笑中夹着打趣和啼哭,在船台上团团而坐,左盼右顾,置身月下而事实上并不看月的人,我就看看他们;一类,也坐着船,也有音乐和歌声,跟著名妓女、清闲僧人一起,慢慢喝酒,曼声歌唱,箫笛、琴瑟之乐轻柔细缓,丝竹声与歌声相互生发,也置身月下,也看月,而又希望别人看他们看月,这样的人,我就看看他们;又一类,不坐船不乘车,不穿上整洁的衣服不戴头巾,喝足了酒吃饱了饭,叫上三五个人,成群结队地挤入人丛,在昭庆寺、断桥一带高声乱嚷喧闹,假装发酒疯,唱不成腔调的歌曲,月也看,看月的人也看,不看月的人也看,而实际上什么也没有看见的人,我就看看他们;还有一类,乘着小船,船上挂着细而薄的帏幔,茶几洁净,茶炉温热,茶铛很快地把水烧开,白色瓷碗轻轻地传递,约了好友美女,请月亮和他们同坐,有的隐藏在树荫之下,有的去里湖逃避喧闹,尽管在看月,而人们看不到他们看月的样子,他们自己也不刻意看月,这样的人,我就看看他们。

　　杭州人游西湖,上午十点左右出门,下午六点左右回来,如冤仇似的躲避月亮。这天晚上爱虚名，一群群人争相出城，多赏把守城门的士卒一些小费，轿夫高举火把，在岸上列队等候。一上船，就催促船家迅速把船划到断桥，赶去参加盛会。因此二鼓以前，人声和鼓乐声恰似水波涌腾、大地震荡，又犹如梦魇和呓语，周围的人们既听不到别人的说话声，又无法让别人听到自己说话的声音；大船小舟一齐靠岸，什么也看不见，只看到船篙与船篙相撞，船与船相碰，肩膀与肩膀相摩擦，脸和脸相对而已。一会儿兴致尽了，官府宴席已散，由衙役吆喝开道而去。轿夫招呼船上的人，以关城门来恐吓游人，使他们早归。灯笼和火把像一行行星星，一一簇拥着回去。岸上的人也一批批急赴城门，人群慢慢稀少，不久就全部散去了。

　　我们这才把船靠近湖岸。断桥边的石磴也才凉下来，大家坐在上面，招呼客人开怀畅饮。此时月亮仿佛刚刚磨过的铜镜，光洁明亮，山峦重新整理了容妆，湖水重新整洗面目。原来慢慢喝酒、曼声歌唱的人出来了，隐藏树荫下的人也出来了，我们这批人去和他们打招呼，拉来同席而坐。风雅的朋友来了，出名的妓女也来了，杯筷安置，歌乐齐发。直到月色灰白清凉，东方即将破晓，客人才刚刚散去。我们这些人放船在十里荷花之间，畅快地安睡，花香飘绕于身边，清梦非常舒适。

五人墓碑记

[明]张溥

题解

张溥(1602—1641),字天如,太仓(今属江苏)人。崇祯四年(1631)进士。改庶吉士。曾组织复社,与朝廷腐朽势力斗争。

天启年间,以魏忠贤为首的阉党,迫害异己,祸国殃民,引起人民的强烈不满和反抗。其中就有苏州人民起来与阉党进行斗争的事件。本文就是为参与这次斗争而被害的"五人"所作的碑文。文章采用夹叙夹议的写法,热情地歌颂了颜佩韦等五壮士的大无畏气概,批判了一些缙绅士大夫屈服于阉党而苟且偷生的行为。表现了作者的民主思想。

原文

五人者,盖当蓼(liǎo)洲周公之被逮①,激于义而死焉者也。至于今,郡之贤士大夫请于当道,即除魏阉废祠之址以葬之②,且立石于其墓之门,以旌其所为③。呜呼,亦盛矣哉!

夫五人之死,去今之墓而葬焉,其为时止十有一月耳。夫十有一月之中,凡富贵之子,慷慨得志之徒④,其疾病而死,死而湮没不足道者⑤,亦已众矣。况草野之无闻者欤!独五人之皦(jiǎo)皦⑥,何也?

予犹记周公之被逮,在丁卯三月之望⑦。吾社之行为士先者,为之声义,敛资财以送其行,哭声震动天地。缇(tí)骑(jì)按剑而前⑧,问:"谁为哀者?"众不能堪,抶(chì)而仆之⑨。是时以大中丞抚吴者⑩,为魏之私人,周公之逮所由使也,吴之民方痛心焉⑪。于是乘其厉声以呵,则噪而相逐,中丞匿于溷(hùn)藩以免⑫。既而以吴民之乱请于朝,按诛五人,曰:颜佩韦、杨念如、马杰、沈扬、周文元,即今之傫(lěi)然在墓者也⑬。

然五人之当刑也,意气扬扬,呼中丞之名而詈(lì)之⑭,谈笑以死。断头置城上,颜色不少变。有贤士大夫发五十金,买五人之脰(dòu)而函之⑮,卒与尸合。故今之墓中,全乎为五人也。

嗟夫!大阉之乱⑯,缙绅而能不易其志者⑰,四海之大,有几人欤?而五人生于编伍之间⑱,素不闻《诗》《书》之训⑲,激昂大义,蹈死不顾,亦曷故哉⑳?且矫诏纷出㉑,钩党之捕㉒,遍于天下,卒以吾郡之发愤一击,不敢复有株治㉓;大阉亦逡(qūn)巡畏义㉔,非常之谋,难于猝发,待圣人之出㉕,而投缳道路㉖,不可谓非五人之力也!

由是观之,则今之高爵显位,一旦抵罪,或脱身以逃,不能容于远近,而又有剪发杜门㉗,佯狂不知所之者,其辱人贱行,视五人之死㉘,轻重固何如哉?是以蓼洲周公忠义暴于朝廷㉙,赠谥(shì)美显㉚,荣于身后;而五人亦得以加其土封,列其姓名于大堤之上,凡四方之士,无有不过而拜且泣者,斯固百世之遇也!不然,令五人者保其首领,以老于户牖之下㉛,则尽其天年,人皆得以隶使之,安能屈豪杰之流,扼腕墓道㉜,发其志士之悲哉!故予与同社诸君子,哀斯墓之徒有其石也,而为之记,亦以明死生之大,匹夫之有重于社稷也㉝。

贤士大夫者:冏(jiǒng)卿因之吴公、太史文起文公、孟长姚公也㉞。

注释

①蓼洲周公:周顺昌,号蓼洲,吴县(今属江苏)人。明万历四十一年(1613)进士。因不满朝政,辞官归里。天启六年(1626),遭魏忠贤党羽迫害,下狱被杀。 ②魏阉:魏忠贤,明后期太监,权倾一时,各地为他建立生

祠。他死后,生祠被毁。阉,对太监的蔑称。 ③旌:表彰。 ④慷慨得志:洋洋得意。作贬义用。 ⑤湮没:埋没。 ⑥皦皦:有光彩的样子。 ⑦丁卯:指天启七年(1627)。望:阴历每月的十五日。 ⑧缇骑:指明代锦衣卫的官校。 ⑨抶:击。 ⑩大中丞:官名,属御史台。抚吴:巡抚苏州。巡抚是省一级的最高长官。 ⑪痛心:痛恨;怨恨。 ⑫溷:厕所。藩:篱笆。 ⑬傫然:堆积的样子。 ⑭詈:骂。 ⑮脰:头颈。这里指头颅。函:用盒子装。 ⑯大阉:指大太监魏忠贤。 ⑰缙绅:指官员。 ⑱编伍:指平民。古代以五户编为一“伍”。 ⑲《诗》、《书》:《诗经》和《尚书》。这里代指儒家传统教育。 ⑳曷故:何故;为什么。 ㉑矫诏:假的诏书。 ㉒钩党:牵连的同党。 ㉓株治:株连治罪。 ㉔逡巡:犹豫不决。 ㉕圣人:指明思宗朱由检(崇祯帝)。 ㉖投缳道路:在途中自缢而死。缳,绳套。 ㉗剪发杜门:剪发装疯,闭门不出。 ㉘视:比较。 ㉙暴:表露。 ㉚赠谥:赠予谥号。崇祯帝追赠周顺昌为“忠介”。古代有贡献的人死后,朝廷根据其生前事迹,赠予称号,叫谥。 ㉛户牖:门窗。这里指家。 ㉜扼腕:握住手腕,表示激动或惋惜。 ㉝匹夫:指百姓。社稷:指国家。 ㉞囧卿:太仆寺卿,掌管皇帝车马的官员。因之吴公:吴因之。吴江(今属江苏)人。太史:明清两代入翰林院的官员。文起文公:文文起。长洲(今属江苏苏州)人。孟长姚公:姚孟长,长洲人。

译文

这五个人,是在周公蓼洲被逮捕时,激于义愤而死的。到现在,地方上的开明士大夫向当局申请,就把魏忠贤废祠的地基加以清理,用来安葬这五人,并且在他们的墓门前立了石碑,以表彰他们的所作所为。唉,这也是很隆重的啊!

这五人的死难,离开现在的建墓安葬,为时只有十一个月。在这十一个月中,富贵人家的子弟,意气激昂、志得意满的人,他们生病而死去,死后就埋没,不再值得称道的,也太多了。何况是民间那些没有名声的人呢!唯独这五个人仍然光彩昭著,这是为什么呢?

我还记得周公被捕,是在天启七年丁卯三月十五。我们复社中那些在行为上为读书人带头的人,为他宣扬正义,聚集钱财,为他送行,哭声震天动地。来逮捕他的锦衣卫官校手按剑柄,跑到群众面前,喝问道:"谁在替他哀哭?"大家再也不能忍受了,就把他们打得跌倒在地。当时以中丞的官衔而担任吴地巡抚的,是魏忠贤的党羽,周公的被捕就是由于他的指使,吴地人民正对他满心痛恨,于是趁他厉声呵责之时,鼓噪起来,上前追逐,中丞躲藏在厕所的篱笆内才得以幸免。其后就以吴地人民暴乱申报朝廷,处死五人:颜佩韦、杨念如、马杰、沈扬、周文元,也就是现在高居于墓中的人。

然而这五人临刑时,意气自得,喊着中丞的姓名斥骂着,在谈笑中从容就义。砍下的头挂在城上,脸色毫无改变。有贤明的士大夫拿出五十两银子,买下五人的头颅,用盒子保存起来,最后与尸体合在一起。所以,现在的坟墓中是完整的五个人。

唉,在那个阉人头子乱政时,为官而能不改变其志操的,虽以天下之大,又能有几个人呢?而这五个人生于民间,从来没有听到过儒家经典所载的训诫,却能为大义所激昂,身蹈死地而毫不顾惜,这是什么缘故呢?况且当时伪造的诏书纷纷下达,整个天下都在逮捕所谓"钩党",最后由于我们地区的这一次发愤抗击,才不敢再株连、迫害别人,魏忠贤这个阉人头子也犹豫畏缩,害怕大义,篡位的阴谋不敢贸然发动,待到圣上即位而在路上自缢,这不能说不是由于这五个人的力量吧。

从这一点来看,现在这些做大官、居高位的人,一旦被判有罪,有的就脱身逃走,却远近都不能获得容身之地,也有的剪掉头发、关起门来、假装发疯而不知到何处去好,他们使自己的为人受到侮辱,品行变得卑贱,与这五个人的死相比,其轻重究竟如何呢?所以,蓼洲周公的忠义在朝廷上显露出来,被赠予美好的谥号,荣耀于身后,而这五个人也得以扩建坟墓,他们的姓名也被排列在大堤上,四方的人经过时没有不下拜而哭泣的,这实在是百世一逢的遭遇呀!否则,使这五个人保住自己的头颅,而老死在家中,活满其自然的寿数,人们都能把他们当佣人来使唤,又怎能使英雄豪杰拜服,在墓门前扼腕痛惜,抒发有志之士的悲愤呢？因此,我和同社的许多朋友,哀伤这座坟墓空有石碑,而为它写了这篇记,也用来说明生死的重大意义以及百姓对于国家的重要性。

上文所说的贤明士大夫是:太仆寺卿吴公因之、太史文公文起和姚公孟长。

附录：

多行不义必自毙 （《郑伯克段于鄢》P1）

例句:多行不义必自毙。那些为非作歹者,迟早要受到应有的惩罚。

一鼓作气 （《曹刿论战》P8）

例句:我们得一鼓作气来渡过危机,完成大业。

彼竭我盈 （《曹刿论战》P8）

例句:文中指出了战前的政治准备……叙述了利于开始反攻的时机——彼竭我盈之时。

一之谓甚 （《宫之奇谏假道》P10）

例句:这样的蠢事一之谓甚,还能再来第二次?

唇亡齿寒 （《宫之奇谏假道》P10）

例句:这两家公司有着多种业务关系,正所谓是唇亡齿寒。

辅车相依 （《宫之奇谏假道》P10）

例句:我们和东南亚各国是辅车相依的友好邻邦。

假途灭虢 （《宫之奇谏假道》P10）

例句:孔明曰:"此乃假途灭虢之计也,虚名收川,实限荆州。"

贪天之功 （《介之推不言禄》P18）

例句:可能是它的根在路上未受损伤,也可能是它的生命力特别强盛。我们还是不要贪天之功吧!

有恃无恐　(《展喜犒师》P20)

例句:这个反动家伙,自从投靠到戴老板的门下,就更加有恃无恐,胡作非为起来了。

室如悬罄　(《展喜犒师》P20)

例句:当年我们全家逃难到陕西的时候,室如悬罄,一贫如洗,那段艰难岁月竟也熬过来了。

东道主　(《烛之武退秦师》P22)

例句:宁安寨的人们作为东道主,一面忙着欢送即将出征的子弟兵,一面忙着接应、招待那些来自各个村庄的乡亲们。

北门之管　(《蹇叔哭师》P24)

例句:这个山口,在古代战争中可谓"北门之管",向来为兵家必争之地。

宾至如归　(《子产坏晋馆垣》P33)

例句:每次到他家,都有宾至如归的感觉。

宽猛相济　(《子产论政宽猛》P36)

例句:我们的司令员,对待他的下属能够宽猛相济,因而在部队里深得全体指战员的尊敬。

防民之口,甚于防川　(《召公谏厉王止谤》P39)

例句:后世用"防民之口,甚于防川"表示压制民主,不让人民说话是办不到的。

道路以目　　(《召公谏厉王止谤》P39)
例句:在法西斯专制主义的高压下,广大群众道路以目,敢
怒而不敢言。

天府之国　　(《苏秦以连横说秦》P53)
例句:我国四川省土地肥沃,物产丰富,素有"天府之国"的
美称。

抵掌而谈　　(《苏秦以连横说秦》P54)
例句:赵苍和李飞这对老朋友,在火车上不期而遇,他们兴
奋地抵掌而谈,毫无倦意。

前倨后恭　　(《苏秦以连横说秦》P55)
例句:他刚才是那样盛气凌人,现在又像泄气的皮球一样,
做出一副卑躬屈膝的样子,前倨后恭,那脸谱变得也真快。

城北徐公　　(《邹忌讽齐威王纳谏》P59)
例句:据婚姻服务处的同志反映,有个别女同志长期找不
好对象,主要因为太挑剔,一心想找一个城北徐公。

自愧不如　　(《邹忌讽齐威王纳谏》P59)
例句:和他相比,无论是学识、品德和修养,我都自愧不如。

门庭若市　　(《邹忌讽齐威王纳谏》P60)
例句:粉妆楼有许多朋友,一天到晚门庭若市。

安步当车　　（《颜斶说齐王》P63）

例句：早上出门时，他安步当车，先过洋泾桥。

晚食当肉　　（《颜斶说齐王》P63）

例句：在现代社会，能甘于清贫，晚食当肉，安步当车的人凤毛麟角。

归真反璞　　（《颜斶说齐王》P63）

例句：现代人已不再向往钢筋水泥的城市生活，却归真反璞，怀念起乡村生活的野趣。

亡羊补牢　　（《庄辛论幸臣》P69）

例句：这次失败了，亡羊补牢，好好总结一下，终将取得成功。

白虹贯日　　（《唐雎不辱使命》P78）

例句：他勤勤恳恳地工作，却总是默默无闻。他希冀有那么一天会出现一种奇迹，改变他的境遇，然而，那种"白虹贯日"的梦幻却迟迟没有出现。

鹏程万里　　（《逍遥游》P81）

例句：有了先进思想和先进技术，就好比添了两个翅膀一样，能够振翼高飞，鹏程万里。

扶摇直上　　（《逍遥游》P81）

例句：在国统区里，物价扶摇直上，有的人家干脆拿金元券当成了糊墙纸。

天高地厚　　（《劝学》P89）

例句：你这个人真不知天高地厚，竟敢在行家面前班门弄斧。

驽马十驾　　（《劝学》P90）

例句：有些人，自恃甚高，却不知勤学苦练，终于失败；有些人，天赋一般，却懂得驽马十驾，赢得了最终的胜利。

锲而不舍　　（《劝学》P90）

例句：虽然困难重重，他仍锲而不舍地钻研，数十年后，终于在科学界占得一席之位。

高山流水　　（《高山流水》P97）

例句：叹良金美玉何人晓，恨高山流水知音少。

淮橘为枳　　（《晏子使楚》P99）

例句：只要懂得淮橘为枳的道理，人们就能辩证发展的看问题。

尝鼎一脔　　（《察今》P101）

例句：那上等的，自有一班王孙公子去问津；那下等的，也有那些逐臭之夫，垂涎着尝鼎一脔。

刻舟求剑　　（《察今》P102）

例句：似你这样寻根究底，便是刻舟求剑，胶柱鼓瑟了！

空穴来风　　（《风赋》P106）

例句：然而银行当事人，安能逃避责任，空穴来风，理有固然。

天下为公　（《大同》P115）
例句：到了共产主义社会，才能达到真正的天下为公的境界。

以暴易暴　（《伯夷列传》P123）
例句：我们革命的宗旨是推翻清朝专制政府，实行民主政治，解除人民痛苦，并不是以暴易暴。

不食周粟　（《伯夷列传》P123）
例句：这四年里，我受了多少苦，完全为不食周粟！积极的，我没做出任何事来；消极的，我可保持住了个人的清白。

暴戾恣睢　（《伯夷列传》P123）
例句：袁世凯既死，革命之事业仍屡遭失败，其结果使国内军阀暴戾恣睢，自为刀俎，而以人民为鱼肉。

附骥名彰　（《伯夷列传》P124）
例句：这选事，小弟自己也略知一二，因到大邦，必要请一位大名下的先生，附骥名彰。

砥行立名　（《伯夷列传》P124）
例句：汉朝司马迁，砥行立名，刻苦著书，成为我国著名的历史学家。

管鲍之交　（《管晏列传》P128）
例句：他俩十几年的友谊颇为浓厚，可比管鲍之交啊！

一匡天下　　（《管晏列传》P128）

例句:先生自比管、乐,管仲相桓公,霸诸侯,一匡天下;乐毅扶持弱燕,下齐七十余城。此二人者,真济世之才也。

褐衣疏食　　（《游侠列传序》P134）

例句:他现在虽然身居高位,却从来没有忘记"褐衣疏食"时的老乡亲。

谈言微中　　（《滑稽列传》P139）

例句:导师指导他人生的一番话,真是谈言微中,使他灰暗的前途瞬时变得明亮起来。

一飞冲天　　（《滑稽列传》P139）

例句:安公子经他两个那日一激,早立了个"一飞冲天,一鸣惊人"的志气。

一鸣惊人　　（《滑稽列传》P139）

例句:他一鸣惊人,实在是出乎大家的意外。

豚蹄穰田　　（《滑稽列传》P139）

例句:现在的年轻人,总是未付出多少便求回报,他们真该读读"豚蹄穰田"的典故。

杯盘狼藉　　（《滑稽列传》P140）

例句:这一顿酒席,吃了五六个钟头,桌上杯盘狼藉,客人醉得东倒西歪。

熙熙攘攘　　（《货殖列传序》P144）

例句:在熙熙攘攘的人流中,他一眼就看见了她,并尽快赶了过去。

拔乱反正 (《太史公自序》P149)
例句:我们必须拨乱反正,还马克思列宁主义以本来面目。

拾遗补阙 (《报任安书》P155)
例句:古代臣子大多以效忠国家为己任,以不能为皇帝拾遗补阙为耻。

不羁之才 (《报任安书》P156)
例句:教师偏爱听话、学习好的学生,往往让一些"不羁之才"受到嘲讽和歧视。

戴盆望天 (《报任安书》P156)
例句:窃国大盗袁世凯野心勃勃,妄想复辟,无异于戴盆望天,落个可耻下场。

大谬不然 (《报任安书》P156)
例句:从表面看,似乎既称红军,就可以不要党代表了,实在大谬不然。

奋不顾身 (《报任安书》P156)
例句:她们都是英勇的、高尚的、奋不顾身的。

救死扶伤 (《报任安书》P156)
例句:医生的天职在于救死扶伤,教师的天职在于教书育人。

　　绝甘分少　　（《报任安书》P156）

　　例句:这个青年为人厚道,虽然家境并不好,但总是绝甘分少,处处想着别人。

　　身非木石　　（《报任安书》P157）

　　例句:看到人民解放军指战员这样对待被俘人员,他简直难以相信。身非木石,谁能无情,他终于被感动得流着眼泪要求解放军把他留下来。

　　九牛一毛　　（《报任安书》P157）

　　例句:就整个社会而言,个人贡献不过是九牛一毛而已。

　　鸿毛泰山　　（《报任安书》P157）

　　例句:若必选择死所,而谓鸿毛泰山,轻重有异,则虽值当死之事,恐亦不能死矣。

　　轻如鸿毛　　（《报任安书》P157）

　　例句:其实我们这种无钱无势的人,也用不着逃难,就是遇到不幸也不过轻如鸿毛。

　　画地为牢　　（《报任安书》157）

　　例句:如果只满足于现状,就是画地为牢,那还要专业作家干什么?

　　学究天人　　（《报任安书》158）

　　例句:自古以来,多少学究天人的大家无不是耐得住坐冷板凳的寂寞才造就了他们功绩卓著的一生的。

一家之言　　（《报任安书》P158）

例句:他虽说得有根有据,但也仅是一家之言,我们应该多听听别人的意见。

藏之名山,传之其人　　（《报任安书》P158）

例句:在新社会,我们要把自己的一切宝贵经验都贡献出来,藏之名山,传之其人的想法是不对。

回肠九转　　（《报任安书》P158）

例句:她日日夜夜思念着流落异乡的儿子,回肠九转,以泪洗面,不知什么时候才能母子团圆。

崤函之固　　[《过秦论(上)》P167]

例句:函谷关地势险要,自古为军事要地,有"崤函之固"之誉。

追亡逐北　　[《过秦论(上)》P167]

例句:他的精锐马队来自大漠,追亡逐北,是其所长。

因利乘便　　[《过秦论(上)》P167]

例句:古话说,因利乘便,确实是不应该坐失良机。

瓮牖绳枢　　[《过秦论(上)》P168]

例句:像陈胜这些原本过着瓮牖绳枢生活的人,居然也能闻名于天下。

揭竿而起　　[《过秦论(上)》P168]

例句:一时各路人马,揭竿而起,不分昼夜,兼水路纷纷入鄂。

深谋远虑 [《过秦论(上)》168]

例句:老兄深谋远虑,办事周密细致,给我们工商界造福不浅,大家一定要好好感谢你才是。

朝令暮改 (《论贵粟疏》P174)

例句:政策要力求相对地稳定,不能朝令暮改。

乘坚策肥 (《论贵粟疏》P174)

例句:这几个富商的儿子,整天无所事事,自快其意,让人不禁想起古代那些乘坚策肥的膏粱子弟。

振臂一呼 (《答苏武书》P180)

例句:班长的号召力很强,只是振臂一呼,各班委都主动前来报名参加下乡支教活动。

椎心泣血 (《答苏武书》P180)

例句:百余年辛苦经营的圆明园,毁于一旦,更是令人椎心泣血的莫大恨事。

勇冠三军 (《答苏武书》P180)

例句:诸葛亮明于治国而为相,关羽、张飞勇冠三军而成将。

窃位素餐 (《报孙会宗书》P187)

例句:孔子作《春秋》而乱臣贼子惧;梁竦作《七序》而窃位素餐者惭。

荒淫无度 （《报孙会宗书》P188）

例句:由于荒淫无度,乡长的身体越来越坏了,随常都在闹病,于是他的太太硬把她的愤怒转注在所有的流娼身上。

刻鹄类鹜 （《诫兄子严敦书》P192）

例句:现在的一些人做事,从不自己动脑筋,反倒弄出许多刻鹄类鹜的笑话来。

画虎不成反类狗 （《诫兄子严敦书》P192）
也作"画虎类狗"

例句:他心里想:都是张铁嘴骗人,现在是画虎不成反类狗。

妄自菲薄 （《前出师表》P194）

例句:任何人都有实现自己理想的可能,千万不要妄自菲薄。

作奸犯科 （《前出师表》P194）

例句:在封建时代,有些官员,无视王法,作奸犯科,令百姓深恶痛绝。

不求闻达 （《前出师表》P194）

例句:当年诸葛亮在南阳时,本不求闻达,没想到后来竟名震天下。

三顾茅庐 （《前出师表》P194）

例句:我住着半间儿草舍,还敢承望谁来三顾茅庐。

零丁孤苦　　（《陈情表》P198）

也作"孤苦伶仃"、"伶仃孤苦"

例句：老大娘看小梅孤苦伶仃的一个人，就开了门，让进屋，拿出馒头给她吃。

茕茕孑立　　（《陈情表》P198）

例句：他远离家乡，独自在这个陌生城市的街头流浪，这时才懂得什么叫"茕茕孑立"。

形影相吊　　（《陈情表》P198）

例句：张大山一人独处，形影相吊，未免凄凉寂寞。

日薄西山　　（《陈情表》P199）

例句：徐小宝刚从局长位置上退下来时，还真有一种日薄西山的感觉。

气息奄奄　　（《陈情表》P199）

例句：小狗被它的主人送进宠物医院时，已经气息奄奄。

朝不虑夕　　（《陈情表》P199）

例句：这位老人病势垂危，已经气息奄奄，朝不虑夕。

崇山峻岭　　（《兰亭集序》P202）

例句：书读得越多，你就越感到眼前是数不清的崇山峻岭。

茂林修竹　　（《兰亭集序》P202）

例句：当他走近山边，便看见到处都是茂林修竹。

游目骋怀　　（《兰亭集序》P202）

例句:远离喧闹的都市,他登上向往已久的黄山,游目骋怀,顿觉心胸开阔了不少。

放浪形骸　　（《兰亭集序》P202）

例句:他平时虽然放浪形骸,本性却是为人厚道。

欣欣向荣　　（《归去来兮辞》P206）

例句:在其间欣欣向荣的,只有鲜花和绿草,也只有它们代表着将来的希望。

不求甚解　　（《五柳先生传》P210）

例句:她淡淡地看了他一眼,那神情是不想再寻根究底,就这样不求甚解也就算了。

环堵萧然　　（《五柳先生传》P210）

例句:学校的领导来到他的家,一派环堵萧然的景象真是让人心酸。

短褐穿结　　（《五柳先生传》P210）

例句:在边远地区,还有许多短褐穿结,衣不蔽体的孤寡老人在等待政府的救济。

青云直上　　（《北山移文》P213）

例句:洪承畴是万历年间的进士出身,登第时年岁很轻,从此步步青云直上,一帆风顺。

物华天宝　　（《滕王阁序》P231）

例句:他来到物华天宝、人杰地灵的苏州,看到的却是一番破落凋零的景象。

人杰地灵　　(《滕王阁序》P231)

例句:江浙一带人杰地灵,自古以来仁人志士无不向往这一方宝地。

高朋满座　　(《滕王阁序》P232)

例句:这里整天车马盈门,高朋满座,不用说进来吃饭,只要从门前经过一下,那些梅汤汽水香槟啤酒散发出来的浓郁气味,阵阵扑人的鼻子。

萍水相逢　　(《滕王阁序》P232)

例句:我们虽然萍水相逢,可是我觉得你是个了不起的有志气的姑娘。

达人知命　　(《滕王阁序》P232)

例句:老李是个达人知命的人,你看他虽身患绝症,却从不悲观厌世,甚至鼓励周围的人乐观向上。

龙蟠凤逸　　(《与韩荆州书》P239)

例句:我国古代有多少才华出众的龙蟠凤逸之士被埋没,被扼杀,恐怕无人知晓其确切数字。

扬眉吐气　　(《与韩荆州书》P239)

例句:那五感到自己又回到了家族声势赫赫的时代。扬眉吐气,得意之态不由自主,尽形于色。

浮生若梦　　(《春夜宴桃李园序》P242)
例句:经过一辈子的坎坷,他时常与家人谈起以往的一切,感叹浮生若梦!

天伦之乐　　(《春夜宴桃李园序》P243)
例句:每逢佳节,绝大多数家庭都可享受到天伦之乐。

荼毒生灵　　(《吊古战场文》P245)
例句:进入现代社会,因战争而荼毒生灵的惨剧仍会发生,所以我们祈祷世界和平。

将信将疑　　(《吊古战场文》P245)
例句:他们拿不定主意,对信上的话将信将疑。

钩心斗角　　(《阿房宫赋》P251)
例句:两个人表面很融洽,其实彼此都在钩心斗角。

行成于思　　(《进学解》P265)
例句:做事要多思考,多分析,这样才能获得成功,正如古人所说的行成于思。

爬罗剔抉　　(《进学解》P265)
例句:要想著成好文章,对于写作素材作家必须得费一番爬罗剔抉的工夫。

刮垢磨光　　(《进学解》P265)
例句:这位学者萤窗雪案,刮垢磨光,学成满腹文章。

钩玄提要 (《进学解》P265)

例句:不求多,只求精,含英咀华,钩玄提要。

贪多务得 (《进学解》P265)

例句:不要急于求成,不要贪多务得。

细大不捐 (《进学解》P265)

例句:针对自己的研究课题,他将相关的材料,细大不捐地搜集起来。

焚膏继晷 (《进学解》P265)

例句:即使是应社会之急需,书的著、编、译者也该焚膏继晷,争分夺秒地工作,以化匆促为充裕,使书的质量更高些。

补苴罅漏 (《进学解》P265)

例句:要有人代做这个转化工作,将剧中情事补苴罅漏应有尽有地搬演出来。

含英咀华 (《进学解》P265)

例句:含英咀华,我看对于接受文学的遗产上,一定会有很切实的贡献。

佶屈聱牙 (《进学解》P265)

例句:有些文字,尤其是所谓直译文字,写得佶屈聱牙。

同工异曲 (《进学解》P265)

也作"异曲同工"

例句:画布上已涂抹了月下的山景、江水与山城的灯火,构图新颖。但迷迷茫茫的缥缈虚无,却与在上海他家中见到过的那幅油画异曲同工,气氛神秘离奇。

闳中肆外 (《进学解》P265)
例句:李白、杜甫以天授之才,闳中肆外,写尽了人世间的喜怒哀乐。

跋前疐后 (《进学解》P265)
也作"跋前踬后"
例句:在紧急关头,我们要保持清醒头脑,切不可跋前疐后,没了主张。

动辄得咎 (《进学解》P265)
例句:倒不是做父母的偏袒自己的儿子,在那无边无沿的专政拳头下边,动辄得咎,做个人实在太难了。

号寒啼饥 (《进学解》P265)
例句:又见那老鸦刮刮地叫了几声,仿佛它不是号寒啼饥,却是为有言论自由的乐趣,来骄这曹州府百姓似的。

头童齿豁 (《进学解》P265)
例句:屈指算来,又过了二十六年,瑞臣、虎文皆作古人,我与小谢也头童齿豁。

牛溲马勃 (《进学解》P266)
例句:编辑的学识要广博,就是牛溲马勃之类的知识,也要懂得学习积累。

俱收并蓄　　（《进学解》P266）

例句：对东西文化的经典，我们要俱收并蓄。

不平则鸣　　（《送孟东野序》P271）

例句："不平则鸣"，看看现实的情况，难怪学生们大声疾呼——革命、救国。

形单影只　　（《祭十二郎文》P278）

例句：失去了双亲，她从此无依无靠，形单影只。

崭然见头角　　（《柳子厚墓志铭》P284）

后作"崭露头角"

例句：第一副司令秦鹏，十年内战时期就已崭露头角。

踔厉风发　　（《柳子厚墓志铭》P284）

例句：逐渐地做一点，总不肯休，不至于比踔厉风发无效的。

遗世独立　　（《前赤壁赋》P339）

例句：那时我表面上奔波于旅途中，精神世界却遗世独立，依旧笺闭在自己的书斋里。

如泣如诉　　（《前赤壁赋》P339）

例句：程派的行腔吐字，幽咽婉转，一唱三叹，如泣如诉。

余音袅袅　　（《前赤壁赋》P339）

例句：她的笑声像一串银铃叮当响，半入河风半入云，香雾中余音袅袅，不绝如缕。

沧海一粟　　(《前赤壁赋》P339)

例句:我们只是沧海一粟,不必为很多不起眼的小烦恼耿耿于怀。

月白风清　　(《后赤壁赋》P343)

例句:他侧耳听到,是舒伯特的《小夜曲》,美得醉人,似是月白风清之夜,在吐露爱情、倾诉衷肠。

不时之需　　(《后赤壁赋》P343)

例句:每当他和家人出门远游时,总是带足了现金,以供全家人的不时之需。

水落石出　　(《后赤壁赋》P343)

例句:他没话可说,只能立在那里,等个水落石出。

金玉其外,败絮其中　　(《卖柑者言》P373)

例句:想不到他长得那么俊俏,却配上这么一副资质! 难怪人说长皮不长肉,中看不中吃! 这才真是金玉其外,败絮其中呢!

《古文观止新编》导读

作家 作品

【编者简介】

《古文观止》的编者是清初山阴(今浙江绍兴)人吴乘权、吴大职叔侄。吴乘权,字楚材。康熙十五年(1676年)就在福州辅助先生教伯父之子学习古文,后竟以授馆终其一生。除参与选编《古文观止》外,他还同周之炯、周之灿一起采用朱熹《通鉴纲目》体例,编过一个历史普及读本——《纲鉴易知录》。吴大职,字调侯,他一生的主要经历是在家乡同叔父一道教书。清吴兴祚在《〈古文观止〉序》中说:"会稽章子、习子,以古文课余子于三山之凌云处;维时从子楚材实左右之。楚材天性孝友,潜心力学,工举业,尤好读经史,于寻常讲贯之外,别有会心。与从孙调侯,日以古学相砥砺。调侯奇伟倜傥,敦尚气谊。本其家学,每思继序前人而光大之。二子才器过人,下笔洒洒数千言无懈漫,盖其得力于古者深矣。"二人的情况现在只能于此序中窥见一斑。

【作品简介】

●《古文观止》是清朝康熙年间选编的一部供学塾使用的文学读本,也是自清代以来最为流行的古代散文选本之一。《古文观止》所选之文上起先秦,下迄明末,大体反映了先秦至明末散文发展的大致轮廓和主要面貌。其中包括《左传》34篇,《国语》11篇,《公羊传》3篇、《礼记》6篇,《战国策》14篇……共222篇。分为12卷,篇幅长短适中,易于阅读和理解,篇目和分卷比较匀称,极宜普及和流行。

●《古文观止》是一部纵横交美的好文选。言其纵,是因为编者按历史的进程将一位位最优秀的作家最具代表性的作品依次编录,读之如同漫步中国古代散文发展史的长廊,沿波讨源,因枝求叶,可以毫不费力地体会到其中的脉络;言其横,则是指《古文观止》几乎收存了我国古代文章的各种样式和各类内容,且其所选文章,不管篇幅长短,都是历代脍炙人口的名篇佳作,具有较高的思想性和极高的艺术性,令人流连忘返。

相关链接

●散文是我国古代的主要文体之一。散文的发展大体上经历了以下几个阶段:一是先秦时期,《尚书》是第一部散文集,春秋战国时代,百家争鸣,产生了诸子散文。《左传》与《战国策》是先秦历史散文的代表。"至战国而后世之文体备"(章学诚《文史通义·诗教上》)。二是两汉时期,此时散文进一步发展,《史记》乃"史家之绝唱,无韵之离骚",代表了两汉散文的最高成就。三是魏晋南北朝时期,此时文章多讲求声律,形成骈俪文体,《水经注》、《洛阳伽蓝记》不同凡响。四是唐宋时期,中唐韩愈、柳宗元领导了古文运动,"文起八代之衰"。北宋时,欧阳修力倡古文,苏氏父子等人互相应和,古文日渐占领文坛。五是元明清时期,此时散文基本上继承发展了唐宋古文运动的精神。明代出现了"前、后七子"的"复古派",反对复古的"唐宋派",主张性灵的"公安派"等,出现了归有光等散文大家,清代影响最大的是"桐城派"。

●《左传》记载:吴公子季札在鲁国观赏乐舞,观看乐舞《韶箾》之后,季札赞叹道:"观止矣!若有他乐,吾不敢请已。"书名为"观止",意在力图选编达到尽善尽美,无以超越。《古文观止》三百多年来流传极广、影响极大,在诸多古文选本中独树一帜。鲁迅先生评价《古文观止》时认为它和《昭明文选》一样,"在文学上的影响,两者都一样的不可轻视"。

鉴赏品评

●《古文观止》是一部比较系统的通史选本,突破了以往分类选编易流于琐细的局限,以时代为纲,作者为目,将作者各类文体的作品集萃于一处,且选文能够大致反映古代散文不同发展阶段和不同风格的概貌,给读者以中国散文史的整体印象。

●《古文观止》的选文以短篇为主,繁简适当,对于学生学习古文非常适用,是一部极好的普及性教材。历代传诵名篇,大都收录在内,而又重点突出。全书以先秦和唐宋为主,其中又以八大家居多。北大著名学者金克木说:"读《古文观止》可以知历史,可以知哲学,可以知文体变迁,可以知人情世故,可以知中国的宗教精神与人文精神,几乎可以知道中国传统文化的一切。"

精彩 推荐

● **《郑伯克段于鄢》** 这是《古文观止》所选的第一篇文章,它出自《左传》,描写宫廷内部勾心斗角、互相倾轧的事情,堪称这类题材的始祖与经典。

● **《逍遥游》** 这是《庄子》的代表篇目之一,也是诸子百家中的名篇,充满奇特的想象和浪漫的色彩,寓说理于寓言和生动的比喻中,形成独特的风格。鲁迅先生曾说:"晚周诸子之作,莫能先也。""逍遥游"也是庄子哲学思想的一个重要方面。它反映了庄子要求超越时间和空间,摆脱客观现实的影响和制约,忘掉一切,在主观幻想中实现"逍遥"的人生观。

● **《谏逐客书》** 鲁迅先生说"秦之文章,李斯一人而已",这一篇则是李斯最出色的文章。秦王政下令驱逐"客",李斯也在被逐之列。在离开咸阳的路上,李斯上此书达秦王。秦王看后,派人急驰挽留。可见此书之强大说服力与强烈感染力。李斯针对秦国利益,抓住秦王心理,启发诱导与批评警告并施,言之有情与持之有故齐发,有如长江大河,千帆竞渡,满纸生气勃勃,势不可当。这样的文章为先秦的纵横家们作了一个滞后但完美生动的注脚。

● **《报任安书》** 这封司马迁写给朋友任安的信中诉尽了司马迁的委屈、耻辱、悲愤与哀叹,它表达了司马迁的生死观:"人固有一死。死有重于泰山,或轻于鸿毛,用之所趋异也。"它道出了司马迁接受屈辱的宫刑以发愤作书的苦涩悲壮的心态。它波涌云连,纵横排宕,堪称一篇小《离骚》。全文铺排淋漓,矫健磊落,笔力真如走蛟龙、挟风雨,气势非凡。后人评价说:"史迁一腔抑郁,发之《史记》;作《史记》一腔抑郁,发之此书。识得此书，便识得一部《史记》，盖一生心事，尽泄于此也。纵横排宕，真是绝代大文章。"

●《过秦论(上)》 早夭的西汉才子贾谊二十多岁就写出了轰动一时、千古传诵的这篇《过秦论》。此文论证分析秦王朝的过失错误，为汉朝帝王提供借鉴，以"过秦"而"规汉"。贾谊精心经营，敛气蓄势，高屋建瓴，一路铺排，时而如小溪潺潺涓涓，时而如大潮波澜壮阔。全文千折百回，写尽秦国之强大，六国之实力，陈涉之寒微，层层对比，步步为营，在文章最后逼出了论点"仁义不施，而攻守之势异也"，然后戛然而止，将思索留给了汉文帝，也留给了我们。

●《前出师表》 南朝著名文艺理论家刘勰在《文心雕龙》中说："孔明之辞后主，志尽文畅……并表之英也。"大诗人陆游也感叹"出师一表真名世，千载谁堪伯仲间"。如此的赞誉，并非溢美，这篇奏表是诸葛亮走出隆中之后半生奋斗经历的结晶，展卷捧读，诸葛丞相劳碌勤苦、呕心沥血之情状，声泪齐下，剀切陈辞之形象如在目前。全篇酣畅淋漓、痛切愤激的气势背后，总有一种深沉凝重的真情在流动。有人说《前出师表》"一字一句，都从肺腑流出，不假修饰，而自为文章之胜"。

●《陈情表》 被誉为千古美文，是李密因祖母年老多病，须由自己侍奉，暂不能应诏做官，而向晋武帝陈述衷情的表。人们常说"忠则《出师》，孝则《陈情》"。作者处处围绕"欲先尽孝而后尽忠"这个主旨摆事实，诉真情，论道理，将事、情、理巧妙穿插，写得情真意切，感人肺腑，催人泪下。

●《归去来兮辞》 陶渊明做了彭泽县令，上级官员来视察。小吏建议陶县令整冠束带、卑躬曲膝地去迎接上级官员，陶渊明说："我怎么能为五斗米折腰向乡里小儿！"一怒之下，弃官而去，开始了退隐田园的生活。此文即是当时所作的一篇宣言书，对后世文人影响极大。

●《滕王阁序》 这篇精美绝伦的美文几乎可以赎尽它之前所有靡丽骈文的"罪孽"。年轻的才子王勃路过洪州，无意中参加了滕王阁上的盛会，中国文学史上便因之留下了最美丽的篇章。其词采华茂绚丽，至今看来余霞满目；其音韵和谐铿锵，至今读来满口留香。无数美丽的景、物、人、情,在这里凝结成永恒的经典,无数的意境、意象从这里流出。这是才气灵秀所致的至美乐章。走近《滕王阁序》才能初品中国古典文学的滋味与魅力。

●《进学解》 "进学"是使学识和德行进步的意思,"解"就是辨析、分析。此文关于治学的见解很有启发性与影响力,而且文采斐然。"业精于勤,荒于嬉;行成于思,毁于随"等传世古训即出于此。

●《祭十二郎文》 谈起韩愈,人们总会说其文如长江大河,浩荡流转,冲飙激浪,瀚流不滞,其实韩文决非单纯一面,其抒情散文委曲、含蓄而有情味。生离死别,两世茫茫,这篇祭文正写此情。《古文观止》选编者评价说:"情之至者,自然流为至文。读此等文,须想其一面哭,一面写,字字是血,字字是泪,未尝有意为文,而文无不工,祭文中千年绝调。"让我们一起品味祭文的最后几句:"呜呼!言有穷而情不可终,汝其知也邪?其不知也邪?呜呼哀哉!"

●《种树郭橐驼传》 柳宗元善写寓言,一位姓郭的驼背老园艺匠的种树理论引发了作者对做官理政的看法,平铺直叙、不动声色中,作者之意已寄寓其中。

●《秋声赋》 自从屈原写下"袅袅兮秋风,洞庭波兮木叶下",宋玉写下"悲哉秋之为气也,萧瑟兮草木摇落而变衰"之后,中国文人眼中的秋就带上了悲的色彩。欧阳修写悲秋,自出机杼,从秋之声着手,异于他人。文中的秋,不仅仅是自然之秋季,也是人生之秋季,心绪之秋季,故有一种浓得化不开的悲凉萧瑟弥漫其中。据载,此文成后,欧阳修曾亲手抄写数本,其钟爱之心可见一斑。

●《泷冈阡表》 这是欧阳修在其父下葬六十年之后所写的一篇追悼文章,是他精心创制的一篇力作。在中国古代文学史上,它与韩愈的《祭十二郎文》、归有光的《项脊轩志》、袁枚的《祭妹文》齐称,被认为是"动人悲戚,增人涕泪"的绝妙至文。全文平易质朴,情真意切,如话家常,历来被视为欧阳修的代表作品。

●《前赤壁赋》 经受了"乌台诗案"的沉重打击,苏轼被贬黄州,那里有著名的黄州赤壁。清风明月中,苏轼来了;洞箫如诉中,苏轼醉了。生命的有限与宇宙的永恒，赤壁昔日的刀光剑影、锣鼓铮鸣与眼前滔滔无尽的东逝之水令苏轼彻悟了!人生是一个最美丽的谜!欢乐与忧郁、澄明与朦胧中，天亮了。文中有诗性的哲理:"哀吾生之须臾，羡长江之无穷，挟飞仙以遨游，抱明月而长终……客亦知夫水与月乎?逝者如斯，而未尝往也;盈虚者如彼，而卒莫消长也。"文中有诗性的江月:"月出于东山之上，徘徊于斗牛之间。白露横江，水光接天。纵一苇之所如，凌万顷之茫然。"文中有诗性的洞箫:"其声呜呜然，如怨如慕，如泣如诉，余音袅袅，不绝如缕。舞幽壑之潜蛟，泣孤舟之嫠妇。"这样的文章就是苏轼所谓的"行云流水"。

●《报刘一丈书》 明代"后七子"之一的宗臣以一封复信活画出谄谀者的嘴脸，真正是毫发毕现，惟妙惟肖。宗臣以最朴实无华的白描手法，一笔一笔勾画出谄谀者由低声下气的求见到故作姿态的见面到出门之后的吹嘘这样一幕丑剧，入木三分，字字见血，是描摹官场形迹的最出色的作品。

同类阅读

●《名家精译:古文观止》(中华书局编辑部，中华书局 2007 年 3 月版)

推荐理由:本书采取了"意译"和"直译"相结合的方式，优美流畅，并在每个作家前面都加写了一篇小传，帮助读者了解古人的人格与文风，还在每篇原文之后添加了一些注释，诠释语词，解释名物人事。

●《唐宋八大家文钞》(清·张伯行选编，上海古籍出版社 2007 年 9 月版)

推荐理由:唐宋古文运动是中国散文发展史上一座重要的里程碑，对后世的影响极其巨大。而此书集八大家之文章精华，从中可领略到他们斐然的文采。

●《文选》(梁·萧统选编，上海古籍出版社 1986 年 6 月版)

推荐理由:又名《昭明文选》，是中国现存最早的一部诗文总集。《文选》所选文章文质并重，盛极一时。士子必须精通《文选》，民间曾有"《文选》烂,秀才半"的谚语。

学业 测试

1. 《古文观止》由清代_____和_____选编。

2. 《古文观止》所选的文体主要是_____。

3. 鲁迅说"在文学上的影响,两者都一样的不可轻视"中的"两者"是指哪两本书?

_____

4. 请谈谈"观止"的含义。以"观止"为题,表明作者怎样的心愿?

_____

_____

_____

5. 名句填空:

①人固有一死。_____,_____,用之所趋异也。(司马迁《报任安书》)

②_____,故能成其大;_____,故能就其深。(李斯《谏逐客书》)

③落霞与孤鹜齐飞,_____。(王勃《滕王阁序》)

④老当益壮,_____;穷且益坚,_____。(王勃《滕王阁序》)

⑤君子曰:_____。青,取之于蓝,_____。(荀子《劝学》)

⑥固知一死生为虚诞,_____。(王羲之《兰亭集序》)

⑦古之学者必有师,师者,_____。(韩愈《师说》)

⑧纵一苇之所如,_____。(苏轼《前赤壁赋》)

⑨_____,渺沧海之一粟。哀吾生之须臾,_____。(苏轼《前赤壁赋》)

导
读

Daodu

⑩悟以往之不谏,_____。(陶渊明《归去来兮辞》)

【参考答案】

1. 吴乘权 吴大职 2. 散文 3.《古文观止》《昭明文选》 4. 观止:看到这里就停止,不再看别的了,称赞所看到的事物十全十美。古文观止,表明作者希望并尽力使此书收集的文章是历代最好的。 5. ①死有重于泰山 或轻于鸿毛②是以太山不让土壤 河海不择细流③秋水共长天一色④宁知白首之心 不坠青云之志⑤学不可以已 而青于蓝⑥齐彭殇为妄作⑦所以传道受业解惑也⑧凌万顷之茫然⑨寄蜉蝣于天地 羡长江之无穷⑩知来者之可追

(王 婷 撰写)

图书在版编目（CIP）数据

古文观止新编／李剑亮 张金泉 陈兰村编著. —杭州：
浙江文艺出版社,2007.4(2020.3 重印)
（最新语文新课标必读丛书）
ISBN 978-7-5339-2379-2

Ⅰ.古... Ⅱ.①李... ②张... ③陈... Ⅲ.古典散文—
作品集—中国 Ⅳ.H194.1

中国版本图书馆 CIP 数据核字(2006)第 105319 号

古文观止新编

（最新语文新课标必读丛书）

李剑亮 张金泉 陈兰村 编著

浙江文艺出版社出版发行
地址：杭州市体育场路 347 号
邮编：310006
网址：www.zjwycbs.cn

浙江省新华书店集团有限公司经销
杭州杭新印务有限公司印刷

开本：850 毫米×1168 毫米 1/32
字数：375 千字
插页：2
印张：13.875
2007 年 4 月第 1 版
2020 年 3 月第 10 次印刷

封面插图 戴敦邦
责任编辑 项 宁
封面设计 王 芳
吕翡翠

ISBN 978-7-5339-2379-2
定价：29.50 元